SENSUROITU SUOMESSA

PANU PETTERI HÖGLUNDIN SUOMEN-, ENGLANNIN-
JA IIRINKIELISIÄ TEOKSIA EVERTYPELTÄ:

Spedestä Säätiöön (2017)

The Book of Poison: Stories inspired by H. P. Lovecraft
(Panu Petteri Höglund & S. Albert Kivinen, 2014)

An Fhondúireacht
(Isaac Asimov, iiriksi kääntänyt Panu Petteri Höglund, 2014)

An Leabhar Nimhe: Scéalta a fuair spreagadh ó H P. Lovecraft
(Panu Petteri Höglund & S. Albert Kivinen, 2014)

Slavenia (Panu Petteri Höglund,
englanniksi kääntänyt Tim Quinlan, tulossa)

An tSlaivéin (2013)

An Leabhar Craicinn: Scéalta earótacha (2013)

Sciorrfhocail: Scéalta agus úrscéal (2009)

SENSUROITU SUOMESSA

Kirjoituksia blogista
Kolinaa Panuhuoneesta
2006

Panu Petteri Höglund

evertype
2019

Julkaisija/*Published by* Evertype, 19A Corso Street, Dundee, DD2 1DR, Scotland. www.evertype.com.

Tekstin/*Text* © 2006–2019 Panu Petteri Höglund.
Tämän julkaisun/*This edition* © 2019 Michael Everson.

Kaikki oikeudet pidätetään. Mitään osaa tästä julkaisusta ei saa monistaa, saattaa saataville uudessa ulkoasussa eikä lähettää viestimissä riippumatta siitä, käytetäänkö elektronisia, mekaanisia, valokopioperustaisia, tallenneperustaisia vai muita keinoja, paitsi julkaisijalta taikka julkaisuoikeuksia valvovalta organisaatiolta etukäteen saadulla luvalla, yksiselitteisesti lain sallimissa puitteissa tai julkaisuoikeuksia valvovan tahon kanssa asianmukaisesti sovitulla tavalla.
All rights reserved. No part of this publication may be reproduced, stored in a retrieval system, or transmitted, in any form or by any means, electronic, mechanical, photocopying, recording, or otherwise, without the prior permission in writing of the Publisher, or as expressly permitted by law, or under terms agreed with the appropriate reprographics rights organization.

Tämän kirjan luettelotietue on saatavissa British Librarylta.
A catalogue record for this book is available from the British Library.

ISBN-10 1-78201-234-6
ISBN-13 978-1-78201-234-4

Chaparral Pro-, Macho-, Palatino-, ja Uðo-kirjasintyypillä latonut Michael Everson.
Typeset in Chaparral Pro, Macho, Palatino, and Uðo by Michael Everson.

Kansi/*Cover*: Michael Everson.

Sisällys

Esipuhe viii
Ennen päivänlaskua ei voi x
Polttamalla eroon valtionkirkosta 2
Kansallisdemokraatti kävi kylässä 4
Ne stallarit 7
Venäjänmaan synkät syöverit 9
Natoon? 11
Mille Kalevi Sorsa nauroi? 14
Klassikot netin aikakaudella 17
Lisää liikuntatunteja, vaikka entisetkin ottavat pannuun 20
Röökien aika on sammua nyt 23
Irlanti ja Palestiina 26
Vastentahtoinen bloggaus vastenmielisestä aiheesta 29
Takaisin Karjalaan 32
Puhutaanpa viinasta, kun on juhannus 35
Pallon pyöreydestä, kun on nuo kisat 38
Suuret puolalaiset seiväsmatkat 41
Pyssyt panee pam-pam 44
Pięćdziesiąt lat temu 47
Kannabistoliitto 50
Nuo mainiot narkkarit liikkuvissa autoissaan 52
Virtsan päivä kauhistava 56
Pol Potin juoksupojat oikeuteen 58
Aseisiin kaikki kuninkaan miehet! 61
Teekkarien vapautusarmeija 64
Robert Heinlein ja Bridey Murphy 67
Ei kukko käskien innovoi 70
Pink Floydin maailmanaikaan 73
Feministimafian oikeistoääni 75
Rexi on ehkä homo, mutta kirja mainio 77
Rivot tanssit, tuhmat runot ja siveetön kansa 80
Bryanin lapset 83
Lyönyt mies, mutta myös liikaa lyöty 86
Bush, kantasolut ja USA:n tieteen tulevaisuus 89
Ylistäkää Keisaria! 93

Clint, pyssymiehet ja inkkarit...................................96
Kun koulukiusattu tulen tuikkasi..............................99
Israelofiliasta ja hieman fobiastakin 102
Salaiset agentit ageeraavat 105
Semper fidelis 107
Ilmiö nimeltä Tony Halme....................................110
Kuka täällä ryssää puhuu?...................................113
Säteilyturvallisuus ja ydinvoimatunteilu 116
Ryyppäämään, ryyppäämään joka päivä sännätään 120
Kauneusteollisuus ja turhat julkkikset 123
...ennen kuin on viettänyt talven Talvessa ja nähnyt jäätikön pinnan 125
Kovat kundit eivät tanssi, he lukevat vieraita kieliä 128
Grass ja Bienek 133
Taistolaiseen tapaan..137
Hyvästi Papurikko 140
Tuutii töötituu 143
Elämää Pölvästilandian länsinaapurissa (köh köh) 145
Pettämätön iskukeino 148
Pahoja ihmisiä on. Oikeasti....................................150
Puhtoiset sankarimme..153
Hey hip hop American graffiti shit fuck yeah 156
Koko kansan sarjakuva 159
Veckans Jörn...162
Nuorten miesten ongelmat: pari korulausetta ja sitten pois
    asialistalta 165
Eliittikouluja lahjakkaille?....................................168
Kekkosen aikaan..170
Sivareita ja pyhimyksiä 173
Amerikkalainen Gulag?.......................................176
Körssi röyhyää taas kerran 179
Odotettu öyhötysjuhla..182
Opintotukimuistojani 185
Odotettu öyhötysjuhla, osa 2 187
Sauma auki alkoholirajoituksille 190
Meksiko 193
Hevi (saati punk) ei tappanutkaan Abbaa......................197
Ruotsin vaalit, sosiaalidemokratia ja feminismi 199
Sarjakuvan aika: Jope Pitkänen ja Jukka Tilsa 201
Sananvajaus..204
Kaskeala sivarien asialla 208
Boakäärmeiden hyökkäys 211
Proinsias Mac Cuarta ar cuairt san Fhionlainn 214
Mansen salama 70 vuotta.....................................218
Tavisupleba 221
Ensimmäisenä murhataan toivo 225

Huumorimiesten ydinpommi 228
Perinteistä mieheyttä? 231
Ottaisinko sittenkin mukaan natoni? 234
Presidentti Gonzalo elämänikäiseen häkkiin 237
Suomalaisen puoluesihteerin nainen 241
Huhtiniemen ristittömät haudat 244
Nuorten maailma on alamaailma 247
Seuraava totalitarismi 250
Kapina uusiksi 253
Linnan Väpi – ajankohtainen, kuten aina 256
Pienlehtikirjoittajan muistelmat 259
Afrikan tähti, Tarzan ja lapset 262
Raittius, viinakuolemat ja märkä pilvi 266
Kiekkotappelua 269
Onko kirjailija palkkansa ansainnut? 271
...vaikka voissa paistaisi 274
"A republic, if you can keep it" (Benjamin Franklin) 278
Nicaragua, Nicaragüita, la flor más linda de mi querer 281
Pelko jäytää sydäntä – peruskoulussa 284
Isot turkit, vähät turkit, turkkiliivit 287
Katainen naisten asialla 290
Ritarillisuus väkivallan ulottuvuutena 292
Borat, Molvania ja Phaic Tän 295
Suuren lannan riu'ut 298
Kauhut julki 301
Sari Näreen sekoilut 303
Ei kestänyt läpi elämän 306
Raitistuva nuorisomme 308
Hemohessun hei, ral-lal-lei 311
Pinochet henkitoreissaan 314
Toinen Joyce, mutta tuntematon suuruus 317
Itsenäisyyspäivä 320
Pahkasika-vainaan muistolle 323
Mitä haluaisin joululahjaksi? 326
Nismi – aikamme sairain uskonto 328
Zuviel des Guten 332
Suomettunut vai lännettynyt? 335
Itse kunkin Internet 338
Sekodiktaattoreita Turkmenistanissa ja muualla 341
Turkki ja EU 344
Uuno Turhapuro ja muita isänmaan ihmeitä 347
Ruotsi haluaa edelleen lisää maahanmuuttajia 350
Niljaiset kourat kähmivät ja kopeloivat kankkuja ja tissejä 354

ESIPUHE

Keväällä 2006 minuun otettiin yhteyttä siinä toivossa, että provosoivilla nettiblogeilla kunnostauduttuani alkaisin pitää palstaa myös Plaza.fi-sivustolla, joka oli tuolloin siirtynyt Soneralta uudelle omistajalle. Sinne haettiin uusia kirjoittajakasvoja, muun muassa minut. Olin pelottavan naisvihaajan maineessa, ja värvääjät odottivat minulta keskustelua herättäneitä provokaatioita. Onnistuinkin suututtamaan milloin minkäkin tahon, yleensä feministit, mutta sivuston johto pysyi määrätietoisesti tukenani. Tilanne muuttui vasta kun kommenttiosastolla alkoivat reuhata äärioikeistolaiset, jotka tietenkin ryhtyivät harjoittamaan massiivista häirintää. Tuohon aikaan – noin vuodesta 2007 alkaen – maalitukseen netissä ei vielä ollut totuttu, vaan se tuli täydellisenä yllätyksenä sekä minulle että työnjohdolle.

Sivuston ylläpidolta ei saanut minkäänlaista tukea äärioikeistolaisten häiriköintiä vastaan. Kun koetin sulkea sivustolle rekisteröityneitä häiriköitä ulos, he alkoivat painostaa ylläpitoa – rekisteröityminen oli kuulemma järjestetty jonkinlaisen amerikkalaisen pääsivuston kautta, joten heiltä meni pääsy monelle muullekin sivulle. Tässä asiassa, kuten yleensäkin, työnjohto piti häiriköiden puolta minua vastaan. Itse asiassa ylläpito esitti toivomuksia, että en provosoisi äärioikeistoa – oli selvää, että minua pidettiin yksin syyllisenä kommenttiosaston sotaan. Oli kuitenkin varsin vaikeaa yrittää etsiä vähemmän ärsyttäviä aiheita, kun jopa Neil Hardwickin *Tankki täyteen* -sarjaa tai Philip Pullmanin romaanista filmatisoitua *Kultainen kompassi* -elokuvaa käsitelleet kirjoitukseni joutuivat asiattoman roskakommentoinnin kohteiksi, jota en juurikaan voinut hillitä.

Ei ole vaikeaa arvata, mihin tällainen johti. Vailla työnjohdon tukea ja jatkuvan nettihärnäämisen kohteena en enää kyennyt pitämään yllä haluamaani tasoa, ja lukijat kaikkosivat siksikin, että kommenttiosaston sota häiritsi heitä yhtä lailla. Vuoden 2012 lopussa sain ilmoituksen siitä, että blogiani oltiin taloudellisin perustein – lukijamäärien laskettua – lakkauttamassa, ja kirjoitin hyvästini lukijoille toukokuun viimeisenä päivänä 2013, säästelemättä sanojani sen suhteen, millainen maku minulle jäi suuhun koko työrupeamasta.

Tämän jälkeen olen ollut tosiasiallisessa julkaisu-, siteeraus- ja haastattelukiellossa kaikissa suomenkielisissä viestimissä (ruotsiksi olen sitä vastoin saanut julkaistua venäläistä kirjallisuutta käsitteleviä esseitä, koska

SENSUROITU SUOMESSA: 2006

olen viime vuosina keskittynyt parantamaan venäjän taitoani ja 1900-luvun venäjänkielisen nykyproosan tuntemustani tavoitteena laaja ruotsinkielinen tietoteos aiheesta). On kuvaavaa, että minulta ei pyydetty minkäänlaista konsulttiapua silloinkaan, kun suomenkielisissä lehdissä ilmestyi juttuja esimerkiksi iirin kielestä. Suomen ainoan iirinkielisen kirjailijan luulisi olevan sellaisissa tilanteissa henkilö, jolta kysytään neuvoa ja tietoa.

Tässä tilanteessa on tietenkin surkuhupaisaa, että sama äärioikeisto, joka ajoi minut häiriköinnillään täydelliseen mediapaitsioon, esiintyy vainottuna ja vaiennettuna. Sanat eivät riitä kuvaamaan sitä, miltä tuntuu lukea tuhansien painoksiin yltävistä julkaisuista, kuinka valitettavan suvaitsemattomasti äärioikeistoa kohdellaan ja kuinka sitä pitäisi sen sijaan ymmärtää ja silittää myötäkarvaan. Kokemukseni jälkeen olen taipuvainen pitämään suomenkielistä julkaisu- ja kustannustoimintaa itsessään moraalittomana alana, enkä enää ymmärrä, miksi HS-lehteä pitäisi jotenkin arvostaa enemmän kuin MV-lehteä.

Siinä missä seitsemän vuoden ura Plaza-sivustolla oli vastaisen työllistymisen kannalta pikemminkin painolastia kuin meriittiä, äärioikeisto ei tietenkään ole unohtanut minua, vaan tappouhkauksia (jotka poliisi tietenkin omien poliittisten sympatioidensa takia jättää tutkimatta) tulee entiseen tapaan, samoin täysin vääristeleviä ja leimaavia väitteitä mielipiteistäni. Kun nyt annan nämä vanhat kirjoitukset Evertypen julkaistavaksi, pääasiallinen tarkoitus on oikoa kyseisiä väitteitä.

En yritäkään väittää, että näillä kirjoituksilla – joita en ole juuri ehtinyt valikoida enkä toimittaa säälliseen julkaisukuntoon – olisi kovinkaan kummoista kirjallista arvoa. Lähinnä pidän niitä aikalaishistoriallisena aineistona, jonka tulee olla esimerkiksi tutkijoiden luettavissa. On selvää, että ammattitaitoisen kustannustoimittajan avulla niistä saataisiin muokattua paljon parempia ja luettavampia, mutta sellaistahan suomenkieliset kustantajat eivät minulle suo.

Panu Petteri Höglund
Turussa huhtikuussa 2019

ENNEN PÄIVÄNLASKUA EI VOI

30. toukokuuta 2006

Uutisissa oli juuri kerrottu Johanna Sinisalon romaanin elokuvausoikeuksien myymisestä. Valitettavasti tämä ei johtanut mihinkään konkreettiseen.

Johanna Sinisalon Finlandia-romaani *Ennen päivänlaskua ei voi* pääsee sitten valkokankaalle, vieläpä itse vapauden ja purukumin suurenmoisessa kotimaassa. Jahka Lordi-mania tuosta vähän laantuu, saammekin sitten peikkomanian, kun isänmaallisen innostuksen villitsemät suomalaiset seuraavat elokuvan rahoitusjärjestelyjä, valmisteluja, näyttelijävalintoja ja tekoja silmä kovana ja nettifoorumeilla kiihkeästi kohkaten. Jotenkin en osaa itse innostua yhtä paljon.

Vaikka olenkin viime vuodet saarnannut romaanin puutteista kaikille vastaantulijoille, en toki yritäkään väittää, ettei sillä olisi merkittäviä ansioita. Idea oli nerokas ja toteutus suurelta osin hyvinkin onnistunut: kuten arvata saattaa, itse peikko ja sen hätäännys villipetona ihmisten maailmassa oli kuvattu uskottavasti. Meidän alempitasoisten miesten pitäisi kai olla synkän tyytyväisiä siihen, että kirjassa oli samastumiskohde meillekin, olkoonkin että homoseksuaali: ujo punkero Ecke, joka tietenkin rakastui kiihkeästi kapakan komeimpaan karjuun – aivan kuten me nössömiehet nuorina aina retkahdimme siihen mukavaan naapurintyttöön. Tietenkin Ecke joutui raivostuneen peikon hengiltä repimäksi: kiitos kaunis kirjailijalle siitä, että hän näinkin rehellisesti näytti meille nynnyille pojille oikean paikkamme maailmanrakennuksessa, statisteina, jotka joutavat elämän näyttämön kauniiden ja komeiden päähenkilöiden lemmikeille raadeltaviksi.

Mitäpä siitä – eli *antteks se*, kuten Hj. Nortamon raumlaset sanoisivat – mutta olen Sinisalolle yhä nyreissäni piinallisen epäuskottavasta tavasta, jolla hän esitti *kaupparatsuksi* mainitsemansa keski-ikäisen miehen aviosuhteen filippiiniläiseen tuontimorsiameen. Mies oli tolkuton raakalainen, joka piti vaimoaan raiskattavana huorana ja pornoleluna: hän ei koko kirjassa ollut läsnä muuten kuin taustalla vaanivana uhkatekijänä, jolla ei ollut itsetuntoa, kommunikaatiokykyä eikä inhimillisiä piirteitä, ja silloin kun hän ilmaantui tapahtumien keskipisteeseen, hän kävi päälle väkivaltaisena luonnonvoimana. Kyllähän tuollaisia miehiä epäilemättä olemassa onkin. Ihmettelen vain, miten uskottavaa on, että kommunikaatiokyvytön räyhääjä toimii kiertävänä myyntimiehenä, siis ammatissa, jossa ihmiseltä odotetaan lipevää ylipuhumistaitoa jos missä.

Kun Sinisalo aikoinaan tuli Turkuun puhumaan kirjastaan, panin hänet tiukille tästä avioliittokuvauksesta, ja hän myönsi tuntevansa henkilökohtaisesti useitakin suomalaisen miehen ja itäaasialaisen naisen muodostamia aviopareja, joissa mies aidosti välittää naisestaan ja on kiitollinen siitä, että tällaisen aarteen on lopultakin kaikkien pettymysten jälkeen saanut omakseen. Mutta koska Veli "Sir Vili" Karppanen -vainaan postimyyntimorsianbisnekset olivat 1990-luvun jälkipuoliskolla olleet puheenaiheena, Sinisalo päätti – vastoin parempaa tietoaan – hyödyntää kirjassaan feministien levittämää vihakliseetä äärimmäisen väkivaltaisesta ja tyhmästä suomalaismiehestä, joka ostaa köyhästä maasta tytön leikkikalukseen.

Ei olisi kannattanut: hän sai aikaan vain sisäisesti ristiriitaisen asetelman, joka laskee kirjan tasoa melkoisesti roskaviihteeseen päin, kuten kokonaisia ihmisryhmiä – tässä tapauksessa suomalaisia miehiä – leimaavat rasisminluonteiset stereotypiat yleensäkin. Eikä Sinisalolle ole todellakaan kunniaksi, että hän tiesi ja tiedosti, miten epäoikeudenmukainen tämä klisee oli, mutta päätti kuitenkin käyttää sitä, koska se oli ollut pinnalla tiedotusvälineissä.

Nyt sitten *Ennen päivänlaskua ei voi* joutuu rahoittajien peikonkynsien raadeltavaksi. Saa nähdä, mitä kirjasta jää jäljelle sitten kun sitä on siistitty amerikkalaisen hyssytyskulttuurin mieliksi. Todennäköisesti ainakin homokapakoiden maailma sensuroidaan pois.

Mahdollisesti Eckestä tehdään nuori *nainen*, joka ihastuu päähenkilöön. Ainakin se antaisi tarinaan lisää draamaa: nuori onnettomasti rakastuva *mies*, jonka hätääntynyt villieläin silpoo kuoliaaksi, joutaakin mennä eikä sen perään itketä, kun taas nuori nainen, jolle käy samoin, on tragedia.

Yhteen asiaan ainakin voi luottaa: väkivaltaista ja tyhmää raiskaajamiestä, joka pitää filippiiniläistyttöä seksiorjanaan, ei takuulla poisteta käsikirjoituksesta rapakon takanakaan. Tämä klisee on nimittäin virallinen totuus keski-ikäisestä heteromiehestä vahvojen feministiliikkeiden Amerikassakin.

POLTTAMALLA EROON VALTIONKIRKOSTA
30. toukokuuta 2006

Porvoon tuomiokirkko joutui tuhopolton kohteeksi toukokuun lopussa. Kirkko saatiin kuitenkin kahdessa vuodessa taas käyttökuntoon. Tuhopolttaja, nuori mies, joka selitti tehneensä rikoksen kännissä ja läpällä, tuomittiin törkeästä tuhotyöstä vuosiksi vankeuteen ja sai miljoonien vahingonkorvausvaateet.

Porvoon kirkko poltettiin samaan aikaan kun vihreät julistivat vaativansa kirkon eroa valtiosta. Kirkosta instituutiona on viime aikoina tullut vähän liiankin hyvä vihollinen sekä aikamme mustapaidoille – itseään viilteleville ja sarvipäätä palvoskenteleville angstisille nuorille, jotka lienevät tämänkinkertaisten kirkonpolttajaisten takana – että vihreiden kaltaisille mielestään radikaaleille ihmisille, jotka saavat elinvoimansa ideologisista taisteluista. Kun ydinvoimalaa ei onnistuttu pysäyttämään, niin täytyy keksiä jotain puuhasteltavaa. Leikitään vaikkapa, että kirkko on merkittävä vallankäyttäjä, jolle pitää panna kampoihin, niin ollaan suuriakin sankareita.

Koko touhu vain haiskahtaa maahantuodulta ja meikäläisiin oloihin sopimattomalta. Monissa katolisissa maissa on voimakas, vanhoillinen ja ihmisten elämässä läsnäoleva kirkko. Se on poliittinen ja kulttuurinen valtatekijä, joka väistämättä herättää uhmaa ja vastarintaa. Papistonvastaisuus ja taisteleva maallistumisliike kuuluvatkin tyypillisesti katolisten maiden kulttuuriin. Ortodoksisissa maissa taas rehottaa ilmiö, jota olen kuullut ortodoksien itsensä kutsuvan fyletismiksi: kirkon samastuminen kansakuntaan ja kansallismielisyyteen, suorastaan murhanhimoisten äärinationalistiliikkeiden siunaaminen. Vastareaktionsa ansaitsee ja saa tietysti tämäkin. Mutta mistä kumpuaa suomalainen kirkonvastaisuus?

Lähinnä tietämättömyydestä: "kirkko on ihan syvältä, kun jehovat aina rimputtaa mun ovikelloo". Tämän tasoista tekstiä saa useinkin kuulla puolisivistyneiden, mutta itseään usein hyvinkin intellektuelleina pitävien nuorten ja nuorehkojen ihmisten suusta. Kirkko ja "jehovat", jotka ovat sekä organisaatioina että teologisilta näkemyksiltään aivan eri planeetoilta, niputetaan yhteen. Ja mitä isot ja fiksut edellä, sitä pienet ja tyhmät perässä. Porvoossa poltelleiden pikkunassikoiden suusta saamme varmaankin kuulla juuri tuontasoisia perusteluja: joku "jehova" teki jotain, mistä emme pitäneet, joten tuikkasimme kirkon tuleen.

Ateismi tai kirkonvastaisuus ei nykyään vaadi suurtakaan intellektuaalista itsenäisyyttä. Koulutetun väestön keskuudessa se pikemminkin on maailmankatsomuksen oletusasetus, jota ei tarvitse erikseen oivaltamalla ja asioita tutkimalla hankkia. Hapannaamaisen yleistympääntynyt humanistiopiskelija ei vaivaudu hankkimaan teologista yleissivistystä voidakseen kritisoida kirkkoa osaavasti ja näkemyksellä. Hän tietää jo valmiiksi, miten ikävä ja epälauha asia kirkko on.

Vihreiden päätöksen takana on siis populismi, jonka yksi tunnusmerkki on juuri ihmisten älylliseen laiskuuteen vetoaminen ja sen liehitteleminen. Menneiden vuosikymmenien hyvinkin dynaamiset radikalismit ovat väljähtyneet koulutetun keskiluokan yhteisiksi ennakkoluuloiksi: ateismi ei enää ole itsenäisen älykön tunnusmerkki, vaan poroporvarin ajattelematon perusasenne. Sen perusasenteen puolesta ideologiseen taisteluun nousevat Vihreät eivät kuitenkaan ole ajatelleet, kuinka moinen sopii yhteen heidän puolueensa perusarvoihin kuuluvan hyvän elämän kanssa.

Kirkko on yhteiskunnallinen instituutio. Instituutioita itsetarkoituksellisesti ja ajattelematta kaatelemaan pyrkivissä radikaaleissa on se vika, etteivät he ymmärrä instituutioiden olevan olemassa tarkoituksia täyttääkseen.

Voi hyvinkin olla, että vaikkapa seurakunnan nuorisotoiminta on "lasten uskonnollista aivopesua veronmaksajien rahoilla", kuten ateistit usein uhoavat. Mikä sitten on vaihtoehto? Perustavatko Vihreät tilalle nuoria tieteelliseen maailmankuvaan kasvattavia rationaalisuuskerhoja? Vai jättävätkö he lapset mieluummin hasis- tai skinijengin kasvatettaviksi? Tai onko heidän mielestään seurakunnan päiväkerhoa parempi, että samoista lapsista huolehtiikin jonkin rapakontakaisten oikeistokristittyjen säätiöiden lahjoitusvaroilla rahoitettu lahko, jonka päiväkerhossa opetetaan luonnonsuojelun ja evoluutioteorian olevan kommunistien juonia?

Minä ainakin haluan, että maassani on tylsä ja turvallinen luterilainen kansankirkko, joka rahoitetaan suomalaisten verovaroin ja joka ei saa Yhdysvalloista evoluutioteorian vastustamista varten korvamerkittyjä rahoja. Vihreät eivät saa ainakaan minun ääntäni suunnitelmilleen.

KANSALLISDEMOKRAATTI KÄVI KYLÄSSÄ

2. kesäkuuta 2006

Puolan äärioikeistosuuntaus oli nähtävissä jo 2000-luvun alussa, mutta siihen aikaan se ei vielä ollut koko Euroopan valtavirtaa.

Vuoden 1993 tienoilla osasin vielä puolaa sujuvammin kuin iiriä. Olin jopa kiinnostunut Puolan politiikasta, vaikka en muuten olekaan taipuvainen masokismiin. Noina aikoina maan valtiollisessa elämässä vaikutti *Zjednoczenie Chrześcijańsko-Narodowe* eli lyhyesti vain ZChN – Kristillis-kansallismielinen yhteenliittymä. Puolueen toiminta ja sen johtajien mielipiteet tekivät tasan yhtä uhkaavan vaikutelman kuin sen nimikin, ja paikalliset tuttavani tuntuivat pelkäävän ZChN:ää tosissaan.

Toisaalta ZChN ei ollut järin suuri puolue, lähinnä vain äänekäs. Sen näkyvin edustaja oli Stefan Niesiołowski, jonka kaksijakoinen maailmankuva pelkistyi erään hänen julkaisemansa polemiikin otsikkoon "Joko kommunismi tai vapaus". Vapaus oli vapautta elää paavi Johannes Paavali II:n oppien mukaan, kommunismia kaikki siitä poikkeava. Kirjoittelu synnytti mielikuvan käreä-äänisestä, kiukkuisesta vanhasta miehestä, ja minulle on ollut suuri yllätys huomata, että Niesiołowski on yhä elossa, eikä näköjään ollut täyttänyt viittäkymmentäkään noina muisteleminani aikoina. Nyt kun ZChN:ää ei enää ole, hän kuuluu liberaalikonservatiiviseksi mainittuun *Platforma Obywatelska* -puolueeseen, jonka nimi tarkoittaa lähinnä "Kansalaisten poliittista ohjelmaa". Onko kova luu pehmennyt, vai onko Puola ajamassa hänestä oikealle? Vastaus taitaa olla jälkimmäistä vaihtoehtoa lähempänä.

ZChN-puoluetta oli perustamassa juuri maassamme käväissyt Puolan pääministeri Kazimierz Marcinkiewicz. Hänen nykyinen puolueensa on nimeltään PiS, *Prawo i Sprawiedliwość* – Laki ja oikeudenmukaisuus. Kaiken lisäksi Marcinkiewicz ei ole hallituksensa konservatiivisin – mukana on vielä vanhoillisempi Puolan perheiden liitto, *Liga Polskich Rodzin* (LPR).

Hallitukseen kuuluu myös *Samoobrona* eli Itsepuolustus, jota minun on aivan piruuttanikin pakko kutsua äärikeskustalaiseksi. Puolue nojautuu maalaisväestöön ja on ainakin sosiaali- ja talouspoliittisilta kannoiltaan vasemmistolainen: sosiaalimenoja tulisi sen mielestä nostaa ja tietysti ennen kaikkea maataloutta tukea. Tasavero, joka on monissa entisissä kommunistimaissa joko jo käytössä tai jota laajat poliittiset piirit siellä tyrkyttävät ihmelääkkeeksi talouden ongelmiin, ei kiinnosta sen enempää

Itsepuolustusta kuin pääministerin omaakaan puoluetta. Eikä talouden avaaminen vapaakaupalle houkuttele LPR:ää, joka kannattaa protektionismia.

Puolan nykyinen hallitus edustaa pitkälti sitä poliittista traditiota, joka on tapana liittää Roman Dmowskin (1864-1939) nimeen. LPR:n puheenjohtaja Roman Giertych lienee saanut etunimensäkin Dmowskin mukaan, ainakin hän kuuluu merkittävään dmowskilaiseen perheeseen: isoisä oli yksi Dmowskin tärkeimmistä yhteistyökumppaneista. Dmowskilaisuus, joka sotienvälisessä itsenäisessä Puolassa järjestäytyi kansallisdemokraattiseksi puolueeksi, on arvostuksiltaan ja arvomaailmaltaan konservatiivinen ja ankaran katolinen. Sotienvälisenä aikana siihen kuului keskeisesti vihamielisyys sekä juutalaisia että saksalaisia kohtaan. Tradition nykyisten jatkajien keskuudessa se suuntautuu pikemminkin homoseksuaaleihin ja Euroopan unioniin. Katolisen kirkon johtoakaan ei välttämättä kuunnella varauksetta, ainakaan nyt, kun Vatikaanin johdossa ei ole enää omaa miestä: oma ankara linja pidetään varmasti, vaikka Roomassa oltaisiinkin sovinnollisella päällä.

Kun opiskelin puolaa puolitoista vuosikymmentä sitten, monet paikalliset tuttavani olivat huolissaan maan "khomeinisoitumisesta". Kommunistisen puolueen – jonka nimi Puolassa oli "yhtynyt työväenpuolue", koska puolalaiset olivat niin antikommunistisia, ettei edes kaikkivoipa Puolue kehdannut kutsua itseään kommunistiseksi – ylivallan väistyttyä he pelkäsivät katolisen kirkon ottavan vastavoimatta haltuunsa heikon demokratian. Kommunistipuolueen jälkeläisen, sosiaalidemokraattien, 1990-luvulla aika ajoin merkittäväkin vaalisuosio on johtunut pitkälti juuri tästä. Nyt näyttää kuitenkin siltä, että Puola on "khomeinisoitunut" aivan vapaaehtoisesti: kansallisdemokraattista perinnettä edustavat puolueet eivät ole kirkon työrukkasia, vaan niitä johtavat oman katolisen omantuntonsa varassa toimivat, pitkälle koulutetut, nuorehkot ihmiset, jotka jossain läntisemmässä maassa kannattaisivat liberaalia liikemiesoikeistoa tai vihreitä.

Entiset kommunistit eivät ole mitenkään itsestäänselvästi vasemmistolaisia. Heidän johdollaan Puola vietiin Natoon ja EU:hun, mutta kumpaakin päätöstä on arvosteltu. Ylikansallisen rakenteen – myös luonteeltaan täysin vapaaehtoisen – jäseneksi liittyminen on psykologisesti huono siirto maassa, joka on saanut kärsiä vieraiden vallanpitäjien määräilystä puoli vuosisataa. Myöskään Yhdysvaltain rinnalla taisteleminen Irakissa ei tunnu enää oikeistolaistenkaan piirissä hirveän hyvältä idealta, jos se asettaa Puolan alttiiksi terroriteoille. Aikoinaan oli hienoa, että päästiin näyttämään venäläisille keskisormea – tai puolalaisittain: Kozakiewiczin elettä – menemällä amerikkalaisten kyytiin, mutta omaan kenkään pissaaminen ei tunnetusti kauaa lämmitä. Kun iskusanana on itsenäisyys, ja se myös otetaan hyvin vakavasti, yhteistyöhön myös Yhdysvaltain kanssa ollaan valmiita vain niin kauan kuin se selvästi on oman maan edun mukaista.

Jos puolalaiset, jotka aiemmin arastelivat khomeinisoitumista, äänestävät nyt sankoin joukoin katolista oikeistoa, kyse ei ole aivopesusta eikä Vatikaanin ylivallasta, vaan siitä, että noiden puolueiden lahjomattomuuteen ja isänmaallisuuteen luotetaan. Entiset kommunistit eivät ole auttaneet maan köyhimpiä selviämään kurjuudestaan: heidän mielletään pettäneen lupauksensa. Katolisten kansallismielisten sitä vastoin nähdään pitävän vilpittömästi Puolan puolta maailman markkinoilla, ja esimerkiksi PRL:n kriittinen kanta Puolan sotilaalliseen läsnäoloon Irakissa osoittaa monelle, että isänmaata ei myydä halvalla edes parhaalle ystävälle – Yhdysvalloille. Ja kun kansallisdemokraattiset puolueet yhdistävät abortin vastustukseen voimakkaan sosiaalisen evankeliumin, abortin kannattajat menettävät pääargumenttinsa: kuka niistä aviottomista lapsista ottaa vastuun, kirkkoko? Me otamme, sanovat katoliset kansallismieliset: viattomat lapset ovat Jumalan lahja isänmaalle. Toistaiseksi heitä myös uskotaan.

Tämä ei tietenkään muuta sitä ikävää tosiasiaa miksikään, että Puolan nykyiset vallanpitäjät ovat ankaran homofobisia eivätkä pidä homoihin kohdistuvia väkivallantekoja suurena vahinkona. Valitettavasti homoilla ei ole nykytilanteessa merkittäviä poliittisia liittolaisia. Länsieurooppalaisten homoliikkeiden solidaarisuus voi olla jopa karhunpalvelus, koska kansallisdemokraatit näkevät sen ulkomaisten hämärämiesten sekaantumisena Puolan sisäisiin asioihin.

NE STALLARIT
2. kesäkuuta 2006

Kesäkuuman kunniaksi töllöllä on tapana lähettää uusintana sellaista ohjelmaa, jota kukaan ei viitsinyt katsella ensimmäiselläkään kerralla. Tällä kertaa vuorossa on jo konseptiltaan arveluttava "Me stallarit". Nimi lienee tarkoitettu viittaamaan ikivanhaan perhesarjaan "Me Tammelat", joka kylläkin kuuluu stallareita edeltävälle vuosikymmenelle. Lisäksi siihen tuntuu sisältyvän tuottajan tuttavallinen koputus katsojien olkapäälle: mitäs me stallarit.

Niinhän se on: mitäs te stallarit ja stallarien lapset, ja nyttemmin taitavat olla jo lastenlapset astumassa remmiin. Stallarien aikakauden tuotteisti ja karnevalisoi jo 90-luvulla Ultra Bra monine paikallisine jäljittelijöineen. Stallarien lasten näkökulma tuli kaunokirjallisuuteen Laura Honkasalon mukana; viimeinen vaihe on sitten koko asian latistaminen epookin rekvisiittaa esitteleväksi mukahauskaksi televisiosarjaksi.

Kuulin tai näin itse koko sanan "stallari" vasta joskus 90-luvun alussa, jollen sitten törmännyt siihen Hannu Salaman teoksissa – mahdollisesti törmäsinkin, mutten ymmärtänyt. Sitä ennen se oli ilmeisesti yksinomaan asianomaisten omaa slangia, koska aikaisemmin oli tapana puhua taistolaisista tai reilusti stalinisteista. Vertahyytävän diktaattorin nimen latistaminen kaverienkeskeiseksi hellittelysanaksi lienee tapana vain niiden keskuudessa, joille diktaattorikin on tavallaan yksi kavereista. (Mahtavatkohan uusnatsit kutsua itseään "hitlukoiksi"?) "Stallarin" yleistyminen sanana merkitsee, että stallarien kielestä on tullut yleiskieltä, kuten heidän kulttuuristaan yleissuomalaista kulttuuria.

Ei siksi että tuo ketään hämmästyttäisi. Jo minun lapsuudessani ja nuoruudessani 70-80-luvulla stallarien lapset olivat vauraan valtakulttuurin edustajia. Siinä missä me kauheat kapitalistiriistäjät (lue: toimeentulominimin rajalla sinnittelevät akateemiset prekaarit) jouduimme elämään jatkuvassa epävarmuudessa, riistäjien ruoskasta hoilaavat taistolaisten kakarat eivät totisesti joutuneet kokemaan puutetta saati hätää. He nyrpistivät nenäänsä meille, oikeasti köyhille, jotka kehtasimme koko olemassaolollamme kyseenalaistaa heidän hienon ideologiansa ja retoriikkansa.

Yksinkertaisesta maalaistaustasta vähävaraisina kansankynttilöiksi ponnistaneet isovanhempani kasvattivat käytännössä meidät lapsenlapset ja tartuttivat meihin taipumuksen idealismiin, joka oli peräisin suoraan itsenäisyyden alkuvuosikymmenten uhrautuvasta isänmaallisuudesta. Kun taistolaisuus syrjäytyi 80-luvun humaanimpien ja kiltimmin keskiluokkaisten aatteiden, kuten kehitysmaa-aatteen ja aseistakieltäytymisen tieltä (kunnon kommunistihan tunnetusti meni armeijaan oppimaan vallankumoustaitoja ja tutustumaan työväenluokkaan), minunlaiseni pikkuporvarillinen idealisti tietysti innostui niistä ihan vakavissaan. Todellisuudessa niihin ei tietenkään ollut tarkoitus suhtautua sillä tavalla. Pikemminkin niissä oli kyse stallariuskonnon seurakuntanuoritoiminnasta, tai suomalaisesta vastineesta amerikkalaisten eliittiopiskelijoiden *Skull and Bones* -salaseuralle. Sen puitteissa vauraan luokan toisensa tuntevat lapset saivat puuhastella kaikenlaista muka radikaalia kaltaistensa seurassa, jossa arvot olivat yhteiset.

Kentän ulkopuolelta ei tietysti maalia saanut tässäkään pelissä tehdä. Köyhäilevän, yksinkertaisen elämän saattoi kyllä omaksua, kun siihen oli varaa – on kuvaavaa, että sitä kutsuttiin silloin ennen vanhaan "vaihtoehtoisuudeksi". Sen valinneilla oli siis muitakin vaihtoehtoja. Ne snobit eivät halunneet olla missään tekemisissä niiden kanssa, jotka olivat oppineet tulemaan vähällä toimeen olosuhteiden pakosta.

Ei minulla sinänsä ole kovin paljoa hampaankolossa taistolaisia vastaan. Eivät kaikki heidän ajamansa asiatkaan ole olleet huonoja, ja kuten Wojciech Jaruzelski aikoinaan, minäkin tyydyn isänmaallisena miehenä palvelemaan maatani sellaisena kuin se on, ei sellaisena kuin sen minun kapeiden luokkaintressieni näkökulmasta pitäisi olla. Vaikka taistolaiset ovatkin tehneet maan itsensä näköiseksi, ei Suomessa ole hassumpaa elellä. Silti pikkuinen kiukunpoikanen pyrkii pintaan aina kun mokomat nousukkaat tekoitkuisesti julistavat olevansa suuriakin sorrettuja ja solvattuja – tai kun heidän lihavat blondit tyttärensä tuomitsevat "fasismiksi" vaikkapa puolalaisten katkeruuden venäläisiä kohtaan tai valkovenäläisten toivomuksen saada lapsille omakielisiä kouluja.

VENÄJÄNMAAN SYNKÄT SYÖVERIT
4. kesäkuuta 2006

Kyllä vain, sellainenkin aika on ollut, kun minä paheksuin ja arvostelin suomalaisten Venäjä-kammoa. Niistä ajoista on paljon pahaa verta Moskva-joessa virrannut.

Diplomatian tarpeet sinne tai tänne, mutta eiköhän jokaisen oikean suomalaisen selkäranka suoristunut sentin parin verran Heidi Hautalan uskallettua arvostella Venäjän viimeaikaista kehitystä. Reaalisosialismin romahduksen jälkeen ja vanhan itsesensuurin väistyttyä asennoituminen Venäjään ei ole hirveästi asiallistunut, ja Hautalan puhe voidaan tulkita myös yritykseksi siirtää sitä terveelle pohjalle.

Karkeaa, kostofantasioiden läpitunkemaa ryssänvihaa kyllä uskalletaan harrastaa hyvinkin avoimesti – "nyt kun kerran saa" – mutta tämä on omiaan vain vahvistamaan sitä käsitystä, että Venäjän kritisointi sinänsä on merkki fanatismista. Hienostuneempana versiona samasta ilmiöstä lienee pidettävä eräiden Venäjää hyvinkin tuntevien kirjoittajien tapaa esitellä esimerkiksi venäläisten kansallisbolshevikkien tai muiden vastaavien kiihkokansallisten tahojen käsityksiä Suomesta Venäjän luonnollisena osana. Vaikka naapurin uudet aatteet toisinaan antavatkin aihetta levottomuuteen, tällainen kirjoittelu ei mielestäni ole kovin produktiivista, koska sen pohjatekstinä on ajatus Suomen täydellisestä avuttomuudesta idän armottoman ja säälimättömän hirviön edessä.

Sen sijaan, että mietittäisiin asiallisesti, millaisella diplomatialla ja politiikalla näissä oloissa ja näin kortein voitaisiin parantaa Suomen osakkeita niin itänaapurin päättäjien kuin tavallisen kansankin silmissä, tällaiset kirjoittelijat tuntuvat tieten tahtoen lietsovan pelkoa – eivätkä edes terveen varovaista karhukammoa, vaan juuri sellaista avuttomuuden tunteesta kumpuavaa lamauttavaa kauhua, josta niinkin viisas mies kuin itse Franklin Delano Roosevelt varoitti: se, mitä eniten on syytä pelätä, on juuri tällainen hysteerinen hätääntyminen, jonka vallassa sitten jäädään tuleen makaamaan. Tuollainen kauhu hallitsee yhä suomalaisten suhdetta itänaapuriin.

Muuan virolainen kulttuurivaikuttaja, jonka nimen olen valitettavasti unohtanut, kirjoitti 90-luvun alussa Suomeen muutettuaan, että hän ei ollut edes vapaustaistelun levottomia aikoja eläneessä kotimaassaan kohdannut sellaista raivokasta ja hammastapurevaa ryssänvihaa kuin Suomessa. Hänen selityksensä oli varsin järkeenkäypä: Virossa, missä kauhut

SENSUROITU SUOMESSA: 2006

on jo koettu ja venäläiset henkilökohtaisestikin nähty, uskallettiin esimerkiksi pelata uhkapeliä itsenäisyyden hankkimiseksi.

Suomalaiset taas pystyvät näkemään Venäjän vain taivaanrannan takaa nousevana mustana, metafyysisenä Mordorina, eivät *valtiona*, jonka kanssa voidaan legitiimisti olla eri mieltä asioista ja sanoa se myös ääneen.

Vaihtoehtoja on siis tasan kaksi: Joko hyssytellään hiljaiseksi kaikki keskustelu Venäjän epämiellyttävistä piirteistä. Tai sitten huudetaan kurkku suorana sitä, miten absoluuttisen, kauhean paha ja hirveä Ryssänmaa on – ja jätetään elämä elämättä, koska jatkuva maanpuolustusvalmiuden ylläpitäminen ja henkisissä juoksuhaudoissa kyhjöttäminen katse inhaan itään päin käännettynä on maailman ainoa tärkeä asia, ja kaikki muu olisi yksinkertaisesti *turhuutta*, samassa mielessä kuin vanhoina, hurskaina aikoina kaikki muu kuin uskonnolle omistautuminen oli "maailmallista turhuutta".

Heidi Hautalan puhe oli irtiotto vanhoista, pahoista ajoista siinä mielessä, että hän näki lopultakin Venäjän epämiellyttävät piirteet *tavanomaisena poliittisena kysymyksenä, johon on mahdollista poliittisesti vaikuttaa*, esimerkiksi juuri esittämällä suoraa arvostelua Venäjän päättäjien suuntaan.

NATOON?
5. kesäkuuta 2006

Tämä on esimerkki niistä pohdinnoista, joiden kautta päädyin lopulta kannattamaan Suomen jäsenyyttä Natossa. Hämmentävää kyllä nyttemmin Nordstream-kaasuputken mannekiiniksi ylennyt Paavo Lipponen oli tuohon aikaan Nato-jäsenyyden kannattaja.

Nato kuuluu niihin poliittisen väittelyn kestoaiheisiin, joista keskustellaan vain säädettyjen rituaalien puitteissa. Natoa koskevat puheenvuorot tuovat yleensä mieleen vanhan, alkujaan Itä-Euroopan jiddišinkielisestä kulttuurista lähteneen kaskun kauppamatkustajista, jotka osaavat ulkoa kaikki parhaat vitsit ja ovat numeroineet ne. Ystävykset viihdyttävät toisiaan huutelemalla vitsien järjestysnumeroita, joille kaikki nauravat asianmukaisesti. Porukkaan eksynyt ulkopuolinen tosin ei onnistu herättämään hilpeyttä samalla keinolla, koska hän sattuu valitsemaan sellaisen vitsin järjestysnumeron, joka pitää osata kertoa erityisellä tavalla.

Myös Natoa koskevat argumentit voisi jo numeroida. Numero yksi kuuluisi tällöin itseoikeutetusti Paavo Lipposelle, joka on omistautunut tekemään itsestään kävelevän Nato-argumentin. Ei tosin ole aivan selvää, onko hän argumentti puolesta vai vastaan, koska hänen henkilönsä on omiaan herättämään voimakkaita tunteita kummassakin leirissä. Hänen kykynsä esiintyä diplomaattisesti ovat tunnetusti samaa luokkaa kuin alokkaita komentavalla tykistönvääpelillä, ja tällä asenteella hän sitten runnoi läpi EU-jäsenyydenkin. Riippumatta siitä oliko itse asia hyvä vai huono, vaikutelmaksi jäi, että "nyt kun kerran saa, niin täytyy" -periaatteella toimiva, vaalikarjansa psykologiaa huonosti ymmärtävä poliitikko teki yksinään merkittävän ja kohtalokkaankin päätöksen, mahdollisesti pääasiallisena motiivinaan henkilökohtainen turhamaisuus ja itsetarkoituksellinen halu päästä historiaan miehenä, joka vei Suomen EU:hun.

EU sinänsä tarjoaa suomalaisille paljonkin uusia mahdollisuuksia niin opiskelun kuin työnteonkin kannalta, mutta Lipposen komentelusta tuntuu jääneen paha maku niidenkin ihmisryhmien suuhun, jotka voisivat saada unionin jäsenyydestä iloa ja hyötyä. EU esitettiin alun pitäen lähinnä eliitin, erityisesti elinkeinoelämän, imagokysymyksenä – herrojen muotina. Kovien kundien klubiin piti meidänkin nilkkien päästä, ja kansan tehtäväksi annettiin maksaa pääsymaksu. Varmuuden vuoksi kansanäänestystulos hankittiin pelottelemalla avoimesti ryssällä, eli Eurooppaan mentiin sellaisin argumentein ja mielikuvin, jotka olisivat oikeastaan sopineet paremmin Nato-kansanäänestykseen.

Odotettava seuraus on, että Natoakin vastustetaan, koska se on Lipposen idea. Ainakin keskustapuolueen asenne tuntuu selittyvän pitkälti tällä, vaikka siinä on kyse myös puolueen perinteestä.

Miten sitten Nato-keskustelu saataisiin asiallisemmalle tolalle? Sen sijaan että vedotaan kylmän sodan aikaisiin mielikuviin, pitäisi ryhtyä esittämään käytännön kysymyksiä siitä, millainen Suomi olisi Nato-maana. Nousisivatko puolustusmenot? Pitäisikö nykyisten torrakoiden ja tussareiden tilalle vaihtaa uudet kalliit pelit ja vehkeet Nato-standardiin pääsemiseksi? Mitä käytännön vaikutuksia Nato-jäsenyydellä ylipäätään olisi suomalaiseen elämään? Miltä Suomi näyttäisi Natossa?

Nato on yleensä hyvin tarkka siitä, että siihen kuuluvien maiden puolustusvoimat eivät saa olla missään tekemisissä ääriliikkeiden kanssa eivätkä uhkailla mitään kansanryhmiä. Tämä merkitsisi ainakin reserviläis- ja sotilaslehtien kirjoittelun siistiytymistä ja asiallistumista korkealta taholta annetulla käskyllä. Takavuosina tavalliset alatyylin vihjailut siviilipalvelusmiesten epämiehekkyydestä saisivat todennäköisesti Naton suhdetoiminnan tarpeiden vuoksi loppua tykkänään. Vanhana sivarina en välttämättä olisi tästä hirveän pahoillani, mutta periaatteellisella tasolla monelle suomalaiselle olisi kova pala, että jokin Suomen ulkopuolella sijaitseva taho tulisi kertomaan meille, mitä saamme lehdissämme kirjoittaa. Niiden, jotka haluavat Natoon vain ärsyttääkseen vasemmiston maailmanparantajia, kannattaisi kysyä itseltään, miltä heistä tuntuisi alistua tällaiseen sensuuriin.

Naton myötä Suomeen ilmaantuisi myös säännöllisesti vierasmaalaisia sotilaita sotaharjoituksiin. Raavaiden nuorten ja nuorehkojen miesten laumat aiheuttavat herkästi kaikenlaisia järjestyshäiriöitä, varsinkin jos he eivät osaa kieltä. Paikallisten poikien kanssa joudutaan tappeluihin naisista, pahoinpitelyitä ja varkauksia esiintyy, joskus luultavasti yksittäinen raiskaus tai tappo. Joka olettaa, että Nato-jäsenyys nostaa merkittävästi suomalaisten turvallisuuden tasoa, osaa toki ottaa tällaiset ongelmat välttämättömän pahan kannalta. Olisi kuitenkin hyvä etukäteen selvittää, miten pikkupaikkakuntien asukkaat ovat eri Nato-maissa ottaneet vastaan nämä aseistetut karjulaumat ja miten niiden aiheuttamasta hämmingistä on selvitty. Yhtä lailla sietäisi miettiä, kuinka hyvin Suomen kansa, jonka sisikunta on viritetty reagoimaan hyvin tunteenomaisesti ajatukseen vieraista sotajoukoista (olivatpa sitten kuinka ystävällismielisiä hyvänsä) isänmaan maaperällä, osaa käytännössä suhtautua moiseen tilanteeseen.

Mitä sitten tulee Naton varsinaiseen puolustukselliseen rooliin, kaikille lienee selvää, että Suomen mahdollinen Nato-jäsenyys on suunnattu etupäässä Venäjää vastaan. Vähemmän selvää on, mitä apua Natosta olisi esimerkiksi terroristiuhkan torjumiseen. Saataisiinko esimerkiksi Al-Qaidaa koskevia tiedustelutietoja paremmin Suomeen olemalla Naton jäseniä?

Luonnollisestikaan kukaan ei uskalla sanoa ääneen, että maallistunut ja rationalistinen Suomi ja uskonnollisten fundamentalistien komentoon hiljakseen valuva Yhdysvallat eivät nykyoloissa muodosta mitään luonnollista arvoyhteisöä, eikä Suomen paikka siksi mitenkään itsestäänselvästi ole Natossa.

Kun vihreät ja vasemmistoliitto taannoin päättivät ottaa kielteisen kannan Natoon, Paavo Lipponen irvaili amerikkalaista republikaania jäljittelevään tyyliinsä, että älymystön pääsyvaatimuksena Suomessa on Natovastaisuus. Vitsi olisi osunut maaliinsa paremmin, jos Lipponen itse olisi koettanut vapautua ideologisesta mielikuvatehtailusta ja koettanut lähestyä Nato-jäsenyyttä käytännön kysymyksenä – mutta koska hän on yhtä lailla ideologi kuin pilkkaamansa vihreät ja vasemmistoliittolaiset, hänkään ei tietysti kykene moiseen.

MILLE KALEVI SORSA NAUROI?

8. kesäkuuta 2006

Taas kerran olemme saaneet lukea uutisia lapsista murhaajina. Tällä kertaa asialla olivat kreikkalaiset viikarit, jotka surmasivat georgialaissyntyisen koulutoverinsa Aleksanteri Mešiešvilin (etunimen kirjoitustapa vaihtelee lähteissä, joten käännän sen suomeksi) Verian (klassisemmin Beroian) kaupungissa, Kreikan puoleisessa Makedoniassa. Yksitoistavuotias poika katosi viime helmikuussa kuukausia kestäneen rääkkäämisen jälkeen. Kiusaajat olivat paria vuotta vanhempia; kiusanteko oli jo saanut pojan vanhemmat huolestumaan asiasta ja ottamaan yhteyttä kouluun. Tämä ei kuitenkaan pelastanut Aleksanteria, vaan kovat kundit tappoivat hänet ja hautasivat rakennustyömaalle.

Tapaus ei tietenkään ole ainoa laatujaan. Aina silloin tällöin tapahtuu jotain tällaista, tiedotusvälineet kohahtavat ja se tavanomainen huutokuoro tyydyttää henkilökohtaiset tarpeensa ärjymällä yleisönosastoilla jotain koossapysymätöntä kovasta kurista, kuolemanrangaistuksista ja muusta samantapaisesta. Lisäksi heitetään joukkoon kliseitä siitä, kuinka lapset nykyaikana raaistuvat eivätkä saa entisaikojen kunnon kasvatusta. Erityisen oleellista on vakuutella, että kyse aivan varmasti on uudesta ja odottamattomasta ilmiöstä, jollaista ei esiintynyt ennen modernia kaupunkikulttuuria. Ja ovathan siellä tietysti mukana nekin vanhat arvokkaat sedät ja heidän nuoret oppipoikansa, joiden mielestä kaikki maailman paha, varsinkin tämäntyyppinen, johtuu sosialismista, mitä sillä sitten tarkoitetaankin.

Aika samanlaista keskustelu oli silloinkin kun minä kävin ala-astetta. Kiusaaminen oli ilmiö, johon en osannut varautua, koska isovanhempani olivat esittäneet minulle koulun omien muistojensa mukaisena, siis kurinalaisena paikkana, jossa annetaan opetusta opinhaluisille ja vitsaa haluttomille. Todellisuudessa vitsasta ei ollut tietoakaan, kiusaamisesta ja sakinhivutuksesta senkin edestä. Ja kiusaamisen, mielivaltaisen väkivallan edessä lapsi oli täysin avuton. Asiasta keskusteltiin kyllä lehdissä hyvinkin monesta näkökulmasta: toisin kuin nykyään on tapana väittää, pelkästä uhrin stereotyyppisestä syyllistämisestä ei tuolloinkaan ollut kyse. Keskustelu vain ei johtanut konkreettisiin tuloksiin. Opettajalla ei ollut eikä edelleenkään ole välineitä puuttua tehokkaasti kiusaamiseen eikä estää sitä.

Joku alkaa tässä kohtaa taaskin saarnata, kuinka hirveää on, että ruumiillinen kuritus on kielletty. Eivät tällä tavallakaan ajattelevat ihan väärillä jäljillä ole, koska omasta lapsuudestani kyllä muistan, että viisaudella, rakkaudella ja oikeudenmukaisuudella vakavasta aiheesta annettu tukistus tai selkäsauna on aivan eri juttu ja paljon helpompi hyväksyä kuin koulun pihan oikeudeton raakuus, jota järjellä käsitettävät säännöt eivät ohjaa. Kun lapsia haluttiin suojella väkivallalta kieltämällä vanhemmilta ruumiillinen kuritus, seurattiin johtolankaa väärään suuntaan. Aivan dysfunktionaalisessa sekoperheessä lasta tietysti piiskataan mielivaltaisesti ja hakataan hengenvaarallisesti, mutta tällöinkään ongelma ei ole väkivalta sinänsä, vaan sen säännöstelemättömyys ja mielivaltaisuus.

Säännöstelemätöntä ja mielivaltaista oli myös se väkivalta, jonka kohteeksi Georgian Aleksanteri joutui kreikkalaisessa koulussa, ja lopulta se vei hänen henkensä. Koulukiusaamista kokenut ei voi pitää tapausta erityisen yllättävänä eikä epätavallisena, sillä lasten maailma on juuri tuollainen. Kuten Paul Graham on sanonut, monet, mahdollisesti kaikki lapset ovat sisäsyntyisesti ja luontaisesti julmia: ennen kuin lapsen omatunto on kehittynyt, kiduttaminen on oikeasti kivaa. Käytös, joka lapsella olisi normaalia, on aikuisella merkki psykopatiasta ja persoonallisuushäiriöstä. Lasten maailma on täynnä ajattelematonta julmuutta, joka valvomattomana ja ilman aikuisten siunauksellista väliintuloa johtaa samanlaiseen loppuun kuin Veriassa.

70-luvun hyväätarkoittavat maailmanparantaja-aikuiset menivät "lasten oikeuksia" korostaessaan ansaan juuri siinä, että he eivät ymmärtäneet lasten ja nuorten maailman pimeää puolta. Ilman aikuisen apua, ohjausta ja esikuvaa lapsi ei todellakaan osaa olla hyvä. Hyvyyden puute on määritelmällisestikin nimenomaan pahuutta. Lapsi on romantisoitu ja sentimentalisoitu suloiseksi ja söpöksi nukkeolennoksi, jonka viattomuus on vain hellyttävää. Mutta itse asiassa viattomuus merkitsee myös moraalin ja etiikan puuttumista. Koska ilman niitä ei voi sosiaalisesti elää, lajimme on kehittänyt joukoittain pelottavia ja syyllistäviä uskontoja, jotta viattomat ja siksi sieluttomat ihmisen aihiot voitaisiin vaikka jumalalla uhaten pakottaa oppimaan kunnon tavoille ja erottamaan hyvä pahasta.

Entä sitten otsikossa mainittu Kalevi Sorsa -vainaan nauru? Sen muistan uuden vuoden 1979 televisiovalvojaisista. Tuohon aikaan Sorsa oli Suomen pääministerinä. Kyseisessä ohjelmassa lapset saivat esittää kysymyksiä Sorsalle, ja muuan poika tiedusteli kohteliaasti, oliko herra pääministeri perillä siitä, että koulukiusaaminen on todellinen ongelma, josta monet lapset kärsivät oikeasti. Sorsa, joka vastasi hyvinkin asiallisesti muille lapsille, purskahti nauruun kuullessaan kysymyksen, minkä jälkeen hän kuittasi sen jollain sellaisella hyväätarkoittavalla latteudella, jolla aikuiset yleensäkin mitätöivät koulukiusattujen lasten hädän. Muistaakseni

SENSUROITU SUOMESSA: 2006

se oli kehotus "elää vain sovussa", ikään kuin mielivaltaisesti kimppuun käyvien päätä pitempien jättiläisten kanssa muka voisi kukaan elää omasta aloitteestaan sovussa.

Tuo oli ja on yhä lapsuuteni kipeimpiä muistoja, koska se jotenkin alleviivasi koulukiusaamisen uhrin suojattomuutta. Edes kuninkaissa käyminen ei auttanut, koska kuningas vain nauroi anojan asialle. Olin Sorsalle vuosia jälkeenpäin suorastaan henkilökohtaisesti katkera tapauksesta ja puolittain uskoin niitä oikeistopopulisteja, joiden mielestä sosialistit halusivatkin koulusta väkivaltaisen ja hirveän kiusaajien paratiisin. Nyt, täysikasvuisena, ymmärrän asian tietysti paremmin.

Pääministerikään ei yksinkertaisesti halunnut eikä osannut kohdata lasten maailman julmuutta. Aikuinen – olipa hän sitten nimeltään vaikka Kalevi Sorsa – lähtee siitä, että lasten maailmassa esiintyvät konfliktit ovat triviaaleja eikä niitä kuulu ottaa vakavasti. Näin asia ei kuitenkaan ole, sillä lapset voivat tosiaankin murhata toisiaan, itsemurhista puhumattakaan. Kun lapsi surmaa toisen, aikuinen ei halua nähdä tätä muuna kuin kieroutumana ja poikkeamana, jonka syylliseksi täytyy osoittaa moderni dekadenssi, vapaa kasvatus, sosialismi, väkivaltaviihde tai milloin mikäkin taatusti oman itsen ulkopuolinen syntipukki. Todellisuudessa kyse on aivan normaalista ja ennustettavasta lasten maailman ilmiöstä, jolta aikuiset eivät ole osanneet tai viitsineet suojella uhria. Mutta juuri tämän tunnustaminen on aikuiselle kova pala.

KLASSIKOT NETIN AIKAKAUDELLA

10. kesäkuuta 2006

Pienenä poikana minulla oli tilaisuus kauhistella sellaista asiaa, että maassa toimi teatteri, jolla oli niinkin rienaava nimi kuin KOM-teatteri. Meillä kotona oltiin varmoja ja vakuuttuneita siitä, että KOM viittasi kommunismiin. Noina taistolaisaikoina pelkäsimme oikeasti, että Neuvostoliitto valtaa maan mm. KOM-teatteria aseenaan käyttäen, ja tämä ahdistus varjostikin ensimmäisiä, muutoin melkoisen idyllisiä elinvuosiani isovanhempien hoivissa. Vasta vuosia myöhemmin sain selville, että KOM-teatterin ensimmäinen kokoonpano oli ollut voittopuolisesti ruotsinkielinen ja että nimi viittasi sanoihin "kom till teatern". Vuonna 1973 ilmestyneessä pamfletissa *Hurrarna – en stridsskrift om finlandssvenskarnas nutid* Anna-Lisa Sahlström (muistaakseni se oli hän, enkä jaksa nyt kaivaa omaa kappalettani esille) kirjoitti katkerahkon esseen, jossa hän antoi ymmärtää suomenkielisten vasemmistolaisten juntanneen teatteriseurueen itselleen. Ilkeämielisenä henkilönä en malta olla epäilemättä, että teatterin nimeen sisältyneet tulkintamahdollisuudet viehättivät taistolaisia liian paljon, jotta moisen namupalan olisi voinut jättää hurreille.

Senaikaiset poliittiset kiistat ovat onneksi hautautuneet jonnekin Neuvostoliiton raunioiden alle, ja nyt lehdet ovat puffanneet äänekkäästi KOM-teatterin kesäteatteritulkintaa Väinö Linnan pääteoksesta, joka ei tietenkään ole *Tuntematon sotilas*, vaan *Täällä Pohjantähden alla* – olkoonkin että se on jonkin verran joutunut kärsimään omasta avuttomanpuoleisesta televisiosovituksestaan. Molemmat ovat tietysti kuuluneet minunlaiseni vanhan ajan isänmaallisten ihmisten kasvattaman miehen yleissivistykseen, ja Tuntematon piti ilman muuta lukea jo ala-asteikäisenä, jos kohta elokuvan olinkin tietysti nähnyt televisiossa jo ennen kuin luin kirjan. Muistan isoäitini kommentoineen elokuvaa asiantuntevasti ("Lehto huomaa, että on toivottomasti haavoittunut") ja esitelleen jokaisen miehen minulle nimeltä sitä mukaa kun he näyttivät naamansa presidentti Kennedyn kuolinvuoden kunniaksi hankitun mustavalko-Philipsimme ruudulla.

Jälkeenpäin tuntuu hyvin hämmentävältä, miten jalon kansamme parhaat voimat sitten jaksoivatkin lyödä rumpua television tyhmistävästä ja kulttuuria heikentävästä vaikutuksesta 1970-luvulla. Meidän perheessämme töllötintä käytettiin sentään näinkin innovatiivisesti isänmaallisten perinteiden välittämiseen: isoäiti, joka vuodesta toiseen kertoi samoja muistojaan kansalaissodan (hänen näkökulmastaan tietenkin "vapaussodan") ajoilta, johdatti tyttärenpojan myös Väinö Linnan maailmaan elokuvaa apuna käyttäen. Uskallan väittää, että jos Internet olisi ollut olemassa isovanhempieni aikoina, noilla vanhoilla kansakoulunopettajilla ei olisi ollut sanottavia vaikeuksia hyödyntää sitäkin lastenlastensa opettamiseen ja valistamiseen. Toki hekin olivat lukeneet lehdistä tuon ajan iänikuisia valituksia television vahingollisuudesta ja saattoivat ajattelemattomuuksissaan niitä itsekin toistella. Onneksi teot puhuivat kovemmin.

Viime vuosina olen törmännyt netissä kaikenlaisiin kukonpoikiin, jotka yrittävät joko provokaatio- tai snobbailumielessä julistaa Tuntemattoman, Pohjantähden, Linnan tai kansallisen kulttuurin yleensä vanhentuneeksi ja kaikkivaltiaan netin aikakauteen sopimattomaksi. Vaikken ole vielä kunnolla ehtinyt keski-ikäiseksikään, en voi muuta kuin virnistää maailman asioista nuoria paremmin perillä olevan vanhan sedän tietäväistä hymyä näiden räkänokkien intoilulle. Olen ehtinyt nähdä tämän jo vähän liian monta kertaa, ja joka kerta nämä poikaset hävisivät historialle, usein jopa muuttivat mielipidettään muutaman vuoden kuluessa. Kaikki klassikot on ehditty julistaa kuolleiksi moneen kertaan, ja yleensä ne penteleet ovat ryömineet välittömästi haudoistaan kummittelemaan. Jottei tarvitsisi pelästyä joutuneensa keskelle *Elävien kuolleiden yötä*, kannattaa alun perinkin ottaa lusikka kauniiseen käteen ja hyväksyä, että uusi kulttuuri rakentuu aina vanhan pohjalle, joko kommentteina tai kapinointina.

Muuan nettituttavuuteni, jonka kylläkin lasken ainakin jossain määrin mukaan noihin nuoriin kukonpoikiin, on keksinyt ja saanut ainakin blogipiireissä yleiseenkin käyttöön termin "ruumismi", jolla hän tarkoittaa mm. taideteosten, kulttuuriluomusten ja tieteellisten teorioiden mieltämistä tietyn fyysisen henkilön – "ruumiin" tai "lihan", kuten hän itse sanoo – omaisuudeksi. Hänen mukaansa ruumismi on merkki niukkuudesta, eli niin kauan kuin suomeksi kirjoitettu kirja sinänsä oli jotain erikoista ja ihmeellistä, oli tarpeen erityisesti hössöttää jostain ruumiista, esimerkiksi Väinö Linnasta, joka oli sen omakohtaisesti ja omakätisesti kirjoittanut. Netin aikakaudella kuitenkin suomeksi kirjoitetaan niin paljon – myös taiteellisesti kunnianhimoisia tekstejä – ja se on niin mutkattomasti saatavilla, että kellään kirjoittavalla ruumiilla ei enää ole toivoa päästä kansakunnan kaapin päälle sillä tavalla kuin se joltakulta Linnalta aikoinaan onnistui.

En tiedä onko tuttavani oikeassa. Jos on, niin se merkitsee, että esimerkiksi Väinö Linna tai hänen teoksensa eivät vanhene koskaan, koska ne klassikot, jotka asettuivat klassikon asemaan ennen netin aikakautta, eivät enää saa haastajia. Ihmiset eivät enää kirjoita "ruumistisista" motiiveista, saadakseen mainetta itselleen ja kuolemattomuutta nimelleen. Jos joku haluaa ruumistista kunniaa tekemällä kulttuuria, hänen on hakeuduttava jonkinlaisen vähemmistökulttuurin piiriin, joka kaipaa tekijöitä ja osaajia ja lupaa heille maineen ja kuolemattomuuden. Varmaankin juuri siitä syystä minäkin rupesin vuosikymmen sitten iirinkielisyysaktivistiksi: pienen ja kitkuttavan kielen kulttuurityössä kun yhtä miestä vielä kaivataan, ja klassikoksikin voi yhä päästä.

LISÄÄ LIIKUNTATUNTEJA,
VAIKKA ENTISETKIN OTTAVAT PANNUUN

12. kesäkuuta 2006

Tämän omistan jälkikäteen vanhalle nettikamulleni Naima Mohamudille, johon tutustuin haukkuessamme yhdessä liikunnanopettajia.

Tänä aamuna aistieni unisen hämäryyden läpi tunkeutuivat ruotsinkieliset radiouutiset, joissa mainittiin jonkun jääkiekkovalmentajan valittaneen, että suomalaisissa kouluissa on liian vähän jumppatunteja, ainakin vähemmän kuin kilpailevissa maissa (Neuvostoliitossa ja DDR:ssä?). Päivä oli taas pilalla, mutta pääsinpähän ainakin bloggaamaan mieliaiheestani, jos "mieli"-aihe nyt on oikea sana: koululiikunnasta. Suurelle osalle, varsin todennäköisesti enemmistölle, peruskoulun ja yliopiston käyneistä miehistä sana "liikuntatunti" assosioituu jonnekin Gulagin ja Auschwitzin suuntaan. Jos vertaus on mielestänne mauton, miettikää tarkemmin. Itse liikuntatunnin aikana tahdin määräävät pikku kriminaalit, ja meidän intellektuellien, jotka kehtaammekin saada kokeista yhdeksikköjä, on väisteltävä heidän alasimenkokoisten nyrkkiensä läjähtäviä iskuja. Tunnin lopuksi on mentävä suihkuhuoneeseen, jonka pukeutumispuoli lemuaa kymmenten murrosiän hormonimyrskyissä hytisseiden nuorukaispolvien pinttyneeltä hieltä: jollei moinen ilma varsinaisesti ole myrkkykaasua, ei sitä kyllä hengittääkään voi.

Siitä saakka kun astuin koulun käytäville ensimmäistä kertaa joskus Urho Kekkosen presidenttiaikoina, olen vilpittömästi ihmetellyt, mikä jumppatuntien todellinen, taivaallinen tarkoitus oli. Niille, jotka harrastivat liikuntaa organisoituneesti, urheiluseuratasolla, meidän avuttomien räpistelijöiden kanssa pelaaminen oli turhauttavaa ja raivostuttavaa. Tämä johti siihen, että voimistelutunneista tuli käytännössä turpatällituntejä. Kun joku kiusanhengistämme, jotka poikkeuksetta olivat arvostettuja, muskelikkaita urheilusankareita, sai jalkapallon osumaan päähämme, hänen lukuisat kaverinsa ja lukuisammat hännystelijänsä rähähtivät vilpittömän riemulliseen hörötykseen. Kun sitten kömmimme jysystä toivuttuamme takaisin pystyasentoon, nauru vaihtui pettymyksen älähdyksiin, kun sitä kirottua pinkoa ei vieläkään saatu tapettua.

Pallopelit soveltuvat erinomaisesti koulukiusaamiseen. Kaikissa on enemmän tai vähemmän käsittämättömät säännöt, ja kaikkiin liittyy jokin vinkeys, jolla estetään kömpelömpiä oppilaita kokemasta vahingossakaan mitään liikunnan iloa muistuttavaa. Lisäksi, kuten jo mainitsin, palloa voidaan käyttää ja käytetäänkin aseena, jolla pahoinpidellään luokan pelokkaimpia ja hintelimpiä.

Pesäpallossa lapselle annetaan maila, joka on niin pitkä ja raskas, että sen mahtava momentti vääntää ranteen sijoiltaan heti kättelyssä. Jos oppilas kaiken uhallakin onnistuu nostamaan tämän valtavan kartun iskuasentoon, ei ole mitenkään kirkossa kuulutettu, että se pysyisi hänen otteessaan lyönnin aikana. Mitä todennäköisimmin se kirpoaa kädestä, jolloin se hyvässä lykyssä osuu johonkuhun koulutovereista. Siinäkin tapauksessa että uhri ei saa surmaansa eikä loukkaannu vakavasti, luokan koko urheilusankariketjun mielestä tämä on yhtä hyvä tekosyy kuin mikä tahansa muukin antaa kirotulle välkylle sakinhivutusta olan takaa. Sitä paitsi mailalla voidaan näppärästi kalauttaa pingolta taju kankaalle tai henki maalle.

Koripallossa saa juosta ja heittää, ja joskus se vähän lihavampikin saattaa onnenkantamoisella saada kaksi pistettä hankituksi joukkueelleen. Mutta tässäkin pelissä on kieroutensa, eli palloa saa kuljettaa vain pompottelemalla sitä lattiaa vasten. Koska vaatii melkoista motorista kyvykkyyttä ja harjoittelua yhtaikaa juosta kovaa, kimmottaa palloa lattiaan ja seurata muiden pelaajien liikkeitä, kömpelö aloittelija jää koripallossakin liikaa jälkeen urheiluseuran kovista kavereista.

Koripallo ei ole kuitenkaan mitään verrattuna lentopalloon, jonka koulukiusaukselliset mahdollisuudet ovat omaa luokkaansa. Koripallossa on positiivinen tavoite, johon heikotkin oppilaat voivat aktiivisesti pyrkiä, eli pallon heittäminen vastapuolen koriin. Lentopallossa sitä vastoin halutaan estää väistämätöntä tapahtumasta, eli palloa osumasta lattiaan, johon painovoima sen kuitenkin lopulta vetää. Putoaminen on tietysti aina sen lihavan välkyn syytä, joten joka kerta kun menetetään piste, rillipäätä vedetään miehissä motoon että mäikyy. Tavallisesti välkyllä on silmälasit, ja vaikka hän olisikin pannut ne sivuun pelin ajaksi, hän yrittää vaistomaisesti suojella silmiään pallon lähestyessä tuhatta ja sataa yläviistosta. Hän väistää, pallo jysähtää lattiaan, ja seuraavassa hetkessä pikkuälykön ympärillä on puoli tusinaa kovanyrkkistä sälliä murhan kiilto silmissään. Luonnollisesti vastapuolen joukkue pyrkii heittämään pallon kohti pinkonynnyn kasvoja, koska hekin ovat koulukiusaajia: siinä pelissä molemmat joukkueet ovat samalla puolella.

Liikuntatunnit eivät taatusti ole saaneet ensimmäistäkään nuorta poikaa innostumaan urheilusta. Kansan kuntourheiluharrastukselle ja kansanterveydelle ne ovat lähinnä haitaksi. Tietokoneen ääressä kyhjöttävien nörttien huonoa fyysistä kuntoa valitellaan, mutta jos he joutuvat jumppatunnilla pallon ja nyrkin väliin, on turha odottaa heidän moisesta motivoituvan.

SENSUROITU SUOMESSA: 2006

Ikävä kyllä suomalaisessa urheiluelämässä on joukko asioita, joista ei kerta kaikkiaan saa puhua. Yksi on se, että koululiikunta pikemminkin lisää kuin vähentää vähän liikkuvien nuorten inhoa kaikenlaista urheiluharrastusta kohtaan, toinen se, että urheiluseurat ovat usein huonoja kasvattajia, joiden piirissä nuoret pikemminkin oppivat ryyppäämään, tupakoimaan ja hakkaamaan heikompiaan kuin päinvastoin. Tahko Pihkala ansaitsee kiitoksen rehellisyydestään: hänhän kuuluu sanoneen, että on parempi, jos nuoriso urheilee ja ryyppää, kuin jos se vain ryyppää. Tämä vain tuntuu johtaneen tilanteeseen, jossa nuoriso joko urheilee ja ryyppää, tai sitten ei urheile eikä ryyppää, ja nimenomaan nuorison ryyppäämätön osa vieroittuu koulun "liikuntakasvatuksen" takia kuntoiluharrastuksesta kokonaan.

RÖÖKIEN AIKA ON SAMMUA NYT

13. kesäkuuta 2006

Tämä kirjoitus oli aikoinaan aikamoinen provokaatio, ja kommenttipuolella itkettiin pettyneesti: "minähän olin pitänyt tätä Panua järki-ihmisenä".

Minun iässäni pitäisi ruveta valittamaan siitä, miten kaikki on rappiolla ja menee huonompaan suuntaan, mutta monet asiat ovat itse asiassa parantuneet sitten 80-luvun, ja itseäni ärsyttää lähinnä se, etten saa olla nuori näin viihtyisällä aikakaudella. Nykyään netti parantaa yksinäisyyden ja naittaa vanhatpojat. Latteiden, kaupallisesti markkinoitujen "kapinallisten" nuorisokulttuurien rinnalle tuntuu syntyneen aitoa moniarvoisuutta ja omatoimisuutta ensimmäistä kertaa sitten viisikymmenluvun, jolloin rokki, tuo tasapäistävä fasismi, vyöryi ruttona länsimaiden yli. Streittariliike mahdollisti nuorille ensimmäistä kertaa vuosikymmeniin alkoholista kieltäytymisen uskonnollisten piirien ulkopuolella. Elämä on siis hyvää ja paremmaksi menee.

Erityisen hyvä uutinen on, että tupakointi ilmeisesti kielletään lähiaikoina kapakoissa kokonaan – eduskunta päätti juuri tupakkaväen karkottamisesta omaan kaasukammioon, pois juottoloiden juopottelu- ja ravintoloiden syöpöttelytiloista. Sen kunniaksi minäkin, vaikka enimmäkseen raittiusmies olenkin, voisin ottaa tujauksen viskiä. Viime kerrasta onkin jo aikaa – se oli silloin kun iirin kielelle päätettiin antaa virallinen asema EU:ssa.

On merkillistä, että tupakointi yleensä on päässyt yleistymään. Siinä missä kahvin tai alkoholin käyttöä ei tarvitse erikseen opetella – kaikki osaavat juoda – tupakan nauttimiseksi on työllä ja tuskalla omaksuttava hankala polttamisen tapa. Alkoholi ja huumeet synnyttävät erikoisia tajunnan tiloja, ja vaikka en itse ole koskaan kokenut sellaisia tavoiteltavina, pystyn älyllisellä tasolla ymmärtämään, että joku toinen on niistä kiinnostunut tai että niihin jää koukkuun. Mutta tupakasta ei tule *edes* humalaan, *vain* riippuvaiseksi.

Kuuluisa matkakirjailija Paul Theroux sisällytti kirjaansa *Fresh-Air Fiend* – en tiedä, onko sitä suomennettu – esseen omituisista viidakkoheimoista. Erään heimon aikuistumisriitteihin kuului, että nuorukaiset asuivat pitkiä aikoja savun täyttämässä talossa. Savu ei mitenkään vahvistanut eikä aikuistanut heitä, vaan pilasi heidän terveytensä pysyvästi ja teki heistä verta yskiviä ihmisraunioita. He olivat itse täysin tietoisia tavan vahingollisuudesta, mutta alistuivat järjettömyyteen stoalaisen tyynesti. En tiedä, oliko tuo kansa oikeasti olemassa. Todennäköisesti Theroux keksi kaikki esseessään kuvailemansa heimot omasta päästään kuvaillakseen länsimaiden kummallisia tapoja vieraannutetusta näkökulmasta, sillä ainakin tuo savutaloissa köhivä kansa on vähän liian ilmeinen parodia tupakoitsijoista. Tuollaiseltahan sauhuttelu näyttää ulkopuolisesta: tapa aloitetaan lähiön rengasnenäisen alkuihmisheimon miehistymisriittinä, ja sen epäterveellisyys on kaikkien tiedossa.

Heimo saisi kaikin mokomin röyhyttää vaikka keuhkonsa pihalle, jos sen voisi tehdä muita häiritsemättä. Tupakansavu kulkee kuitenkin ilmassa naapurinkin keuhkoihin. Kapakkamiljöö, joka on kulttuurissamme jokseenkin ainoa legitiimi paikka tutustua muihin ihmisiin, on ollut viime aikoihin asti körssiväen hallussa ja siellä on eletty sen ehdoilla. Tupakoimattomalta – varsinkin jos hän voi astmaattisten oireiden vuoksi joutua hengenvaaraan tupakansavussa – on jäänyt pakosta elämä hankkimatta. Tupakoijat puolestaan ovat saaneet elää sauhun täyttämässä kuplassa, jossa heidän itsetuhoinen ja muidenkin ihmisten terveydelle vaarallinen käyttäytymisensä on ollut normi, se mitä oikea kunnon ihminen tekee ja mitä sellaisen kuuluu tehdä. Tupakoijat ovat vallanneet koko kansalle tarkoitetun kokoustilan omaksi suitsutussalongikseen samalla kun terveellistä elämää haluavat on jätetty ulos värjöttelemään.

Nyt kun vapaalle polttelulle on vihdoinkin tulossa loppu kaikkien suomalaisten yhteisessä olohuoneessa, on ollut hupaisaa seurata, miten tupakointia puolustavat yleisönosastokirjoittajat ja kolumnistit ovat menettäneet viimeisenkin sivistyksen pintasilauksensa. Alta on paljastunut irvokas, viheliäinen pikku Klonkku, joka vuoroin uhkaillen, vuoroin nöyristellen kiljuu Frodolta takaisin *Aaaaarrettaan* vieroitusoireista hytisten.

Pyhän raivon vallassa nämä laillistetut narkomaanit solvaavat karkeasti jokaista, jolle puhdas ilma on tärkeämpää kuin heidän tarpeensa näyttää kovikselta, taiteilijaboheemilta, maailmannaiselta tai muuten vain dekadentilta. Heidän itsekkyytensä tuo mieleen nelivuotiaan lapsen: kaikkinainen empaattinen kyky muita kuin sauhuttelijoita kohtaan on nollassa. Ihmissielun syvimmät syöverit tulevat esille vainoharhoja myöten: nämä kirjoittajat eivät kykene näkemään tupakointikieltoja minään muuna kuin vanhojen taistolaisten, Yhdysvalloista ohjattujen uusmoralistien tai jonkin muun kasvottoman salaliiton juonina. He itse ovat luonnollisesti hienoja, yksilöllisiä, erityiskohteluun oikeutettuja persoonallisuuksia, jollaisia totalitarismi on aina vainonnut. Tosi kuin vesi – hehän ovat itse sen meille kertoneet, ja hehän eivät valehtelisi, vai mitä?

Omatkin periaatteet heitetään romukoppaan silloin kun ne joutuvat ristiriitaan riippuvuuden kanssa. Suurin osa vihertävistä idealisteista tupakoi piittaamatta tuon taivaallista siitä, mitä heidän röyhyttelynsä merkitsee luonnolle ja heidän lähimmäistensä terveydelle; ja oli opettavaista nähdä, miten vähän aate merkitsi parikymmentä vuotta sitten tupakoijien painostusryhmäksi oletettavasti tupakkateollisuuden rahoin perustetun "Huomaavaiset tupakoitsijat" -järjestön puuhamiehenä toimineelle veteraanikommunisti Aarne Saariselle. Näiden sauhuttelijoiden "huomaavaisuus" oli tyhjää propagandaa: tarkoituksena oli lähinnä viivyttää tupakointikieltoja antamalla epämääräisiä lupauksia "huomaavaisesta tupakointikulttuurista". Millä tahansa muulla elämänalalla moinen sanahelinä vapaaehtoisesta itsesääntelystä olisi varmasti ollut vasemmistolaisen Saarisen mielestä porvarien huijausyritys ja hän olisi huutanut valtiovallan, lainsäädännön, pakkojen ja rangaistusverojen perään. Mutta kun kyse oli hänen omasta nikotiininhimostaan, kaikki oli kaupan, poliittisia periaatteita myöten.

Isoäitini piti ihmisen viheliäisimpänä alennustilana sitä, että on alkoholismin vuoksi vajonnut katuojaan ja joutuu sitten vielä keräilemään kaduille heitettyjä loppuunpalaneita sätkiä tyydyttääkseen nikotiininhimoaan. Minusta tuntuu, että on olemassa jotain vielä surkeampaa: ihminen, joka muuten on hyvinkin suoraselkäinen ja aatteellinen, mutta joka hylkää periaatteensa heti kun tupakka viedään hänen suustaan ja joka on valmis pitämään pilkkana omia pyhimpiä arvojaan saadakseen syöpäkääryleensä takaisin.

IRLANTI JA PALESTIINA
16. kesäkuuta 2006

Äskettäin katsoin DVD:ltä ensimmäisen kerran elokuvan, jonka taustatarinan olen tuntenut pikkupojasta saakka – Neil Jordanin kymmenen vuotta vanhan filmatisoinnin Michael Collinsin urasta irlantilaisena vapaustaistelijana. Jordan oli draaman tarpeiden vuoksi peukaloinut historiallisia yksityiskohtia rohkeastikin, mutta päälinjat tulivat selviksi.

Collins – meille iirinkielisille *Mícheál Ó Coileáin* – oli Irlannin vapaustaistelun avainhenkilö. Hänellä oli varjohallituksen valtiovarainministerin virka, ja entisenä pankkiirina hän järjestikin syntyvälle valtiolle rahoituksen mallikkaasti ja laillisia muotoja noudattaen. Samalla hän toimi vapautusarmeijan – *Óglaigh na hÉireann*in tai IRA:n, miten vain haluatte – tiedustelun päällikkönä ja organisoi iskuryhmän, joka surmasi brittitiedustelun ilmiantajia ja etsiviä. Britit saatiin varsin nopeasti provosoitua hirmutekoihin, jotka sekä murensivat heidän arvovaltansa Irlannissa että nostivat närkästyksen aallon Englannin puolella merta. Tällöin päädyttiin neuvotteluihin Irlannin itsenäisyydestä.

Brittien tarjoama dominioasema vapaavaltiona, *Saorstát Éireann*ina, oli monien mielestä vetelä kompromissi, jota ei tullut hyväksyä, koska heille kelpasi ainoastaan *Poblacht na hÉireann*, Tasavalta. (Tässä yhteydessä sana Tasavalta, *Poblacht*, *Republic* kirjoitetaan isolla, koska irlantilaisille nationalisteille se on ehdottomasti samanlainen metafyysinen käsite kuin Jumala.) Ó Coileáinin mielestä se antoi puutteineenkin irlantilaiselle "vapauden saavuttaa vapaus", ja kansan enemmistö oli hänen kanssaan samaa mieltä. Suuri osa vapaaehtoisarmeijasta ei kuitenkaan suostunut siihen. Nämä kapinalliset kävivät mieluummin sisällissodan vapaavaltion kannattajia vastaan kuin alistuivat edes symboliseen brittivaltaan.

Mícheál Ó Coileáin, joka oli säälimättä murhauttanut niin brittejä kuin näiden irlantilaisia liittolaisia, kääntyi nyt yhtä armottomana entisiä taistelutovereitaan vastaan. Hän ei häikäillyt ottaa vastaan äskeisten vihollistensa apua nyt kun vapaus ja rauha oli käden ulottuvilla. Seitsensatavuotinen sota *Gall*eja, vieraita valloittajia, vastaan oli lopetettu molemminpuolisella sopimuksella, jonka Irlannin kansan enemmistö oli hyväksynyt. Nyt Ó Coileáin oli laillinen esivalta, tasavaltalaiset rikollisia ja kapinoitsijoita, jotka piti murskata yhtä kovalla kädellä kuin brittien yhteistoimintamiehet aiemmin.

Tasavaltalaiset pitivät toki Ó Coileáinia petturina. Hänen toiminnassaan oli kuitenkin sisäisesti johdonmukainen linja. Hän toimi alusta lähtien ikään kuin Irlanti erillisenä valtiona ja esivaltana olisi jo olemassa. Valtion määritelmään kuuluu oleellisesti, että se on ainoa taho, joka omalla alueellaan saa käyttää väkivaltaa, ja tällöinkin sen käytön tulee olla laeilla säänneltyä. Ó Coileáin murskasi kylmästi kilpailevat väkivallan käyttäjät – sekä britit että tasavaltalaiset – ja vakiinnutti maahan esivallan. Hän kuoli tasavaltalaisten väijytyksessä eikä saanut siivoustyötään aivan päätökseen, mutta jätti kuitenkin kutakuinkin toimivan valtion jälkeensä.

Ó Coileáinia pidetään modernin terrorismin ja kaupunkisissisodan keksijänä. Hänellä oli jäljittelijöitä ja ihailijoita Palestiinassa, jossa tunnetusti juutalaiset kävivät 1940-luvulla oman itsenäisyystaistelunsa Israelin valtion perustamiseksi hyvinkin terroristisin keinoin. Takavuosien Likud-poliitikko Jitzhak Shamir, joka kuului "Sternin joukkionakin" tunnetun ääriryhmän, *Lohamei Herut Israel*in, johtajiin, käytti terroristiaikoinaan koodinimeä "Mikael" juuri Mícheál Ó Coileáinin, esikuvansa, mukaan.

Lohamei Herut Israel oli kovapintainen porukka: se murhasi Folke Bernadotten ja lähetti kaksi nuorta jäsentään surmaamaan brittihallinnon käskynhaltijana Lähi-idän alueilla toimineen Moynen paronin. Tekonsa tehtyään pojat antautuivat brittien teloitettaviksi ja tekivät sekä oikeudenkäynnistään että teloituksestaan suuren propagandashown. Murha tapahtui Kairossa, ja nuorukaisten jämerä asenne kuuluu tehneen vaikutuksen paikallisiin. Nykynäkökulmasta tekisi mieli sanoa, että he näyttivät arabipojille onnettoman huonoa esimerkkiä.

Mutta kiihkoilijoita tai ei: kun Israel itsenäistyi, Shamir osoitti oppineensa esikuvaltaan muutakin kuin sissisodan metodeja: sotavoite oli saavutettu eli maa vapaa, joten oli aika lopettaa terrorismi ja alkaa lainkuuliaiseksi mieheksi. Hän toimi vielä aikansa Israelin tiedustelupalvelussa ennen kuin siirtyi politiikkaan.

Tarinan opetus on, että terrorismi on poliittinen ase, jota voidaan hallitusti käyttää rajallisten ja tarkoin määriteltyjen tavoitteiden saavuttamiseen. Kun niihin on päästy, terrorismi ei enää ole tarpeen, koska on saatu aikaan olosuhteet, joissa voidaan vaikuttaa muuten – äänestämällä ja asettumalla ehdokkaiksi omien pyrkimysten nimissä.

Irlannin tasavaltalaisten terroristien joukossa on yleensä aina ollut kova ydin, jolle tämä ei ole koskaan valjennut. Heille Tasavalta on uskonnollinen käsite, tuhatvuotinen valtakunta, joka koittaa sitten kun *British connection*, yhteys englantilaiseen sortajaan, saadaan katkaistua. Heidän mielestään mikään Irlannin sosiaalinen ongelma ei ole irlantilaisten itsensä poliittisin, pragmaattisin keinoin ratkaistavissa, vaan taustalla luuraa aina *British connection*. Esimerkiksi iirinkielisyyspiireissä, jotka tunnen sisältäpäin, ovat maanvaivana nuoret, typerät ja kieltä osaamattomat IRAsympatisoijat, joiden mielestä parasta työtä kielen säilyttämisen puolesta ei suinkaan ole iirin puhuminen ja kirjoittaminen eikä lasten kasvattaminen iirinkielisiksi, vaan palopuheiden pitäminen englanniksi *British connection*ia vastaan.

Nyt kun näemme palestiinalaisten korruptoituneen ja riitaisan hallinnon murenevan sisällissotaan, osaan vain sanoa, että se sisällissota olisi pitänyt käydä jo kauan sitten. Palestiinalaiset ovat kyllä oppineet osaaviksi terroristeiksi, mutta yksi puuttuu: heillä ei ole ollut omaa Mícheál Ó Coileáinia, jolla olisi ollut rohkeutta ja vaikutusvaltaa pakottaa oma kansa pitämään Israelin kanssa solmitut sopimukset vaikka väkisin. Jasser Arafatin päättämättömyys ja kyvyttömyys puuttua kaikenlaisten käytännössä itsenäisten marttyyriprikaatien touhuihin oli ilmeistä jo kauan ennen hänen kuolemaansa. Ja mitä sitten tulee Hamasin kaltaisten ryhmittymien haikailemaan islamilaiseen tasavaltaan, se ei juurikaan eroa IRA:n haaveiden vapaasta irlantilaisesta tasavallasta. Kummassakin tapauksessa ollaan liian idealisteja, jotta voitaisiin päättää, että tyydytään siihen mitä on ja koetetaan rakentaa siltä pohjalta parempaa, *poliittisin* keinoin. (Hyi olkoon, miten *likaista* se *politiikka* on – pommejahan on sitä paitsi niin paljon hauskempaa räjäytellä.)

VASTENTAHTOINEN BLOGGAUS
VASTENMIELISESTÄ AIHEESTA
17. kesäkuuta 2006

Toisin kuin väitetään, en kirjoittanut mitenkään yksinomaan feminisminvastaisia juttuja silloin ennen vanhaan. Tämäkin syntyi vasta yli kaksi viikkoa aloitettuani Panuhuoneessa bloggaamisen.

Lukijani ovat varmaan ihmetelleet, miksi en ole puuttunut seksikieltolakiin, joka oli juuri valiokuntakierroksella. Yksi tärkeimmistä syistä vaikenemiseeni on se väsymys, turhautuminen, pelko ja inho, jota lain kannattajat sun muut feministit tekopyhyydellään, totalitaarisuudellaan ja fanaattisuudellaan minussa herättävät. Feministeillä on ollut merkittävää vaikutusvaltaa jo kymmenien vuosien ajan; nykyinen yhteiskuntamme ja nykyiset asenteemme ovat pitkälti feministien luomuksia. Siitä huolimatta feministit esiintyvät yhä ikään kuin heidät olisi vaiennettu ja heidän – tietenkin yksinomaan rakentavat ja hyödylliset – ehdotuksensa työnnetty keskustelutta ja perusteetta patriarkan kovalla kädellä Ö-mappiin.

Tässä on paikallaan varoituksen sana: kun puhun "feminismistä", tarkoitan vain valtajulkisuudessa ja valtavirran politiikassa esiintyvää ideologiaa, jonka oleellinen piirre on epäkriittinen naisten keskeinen solidaarisuus. "Feministejä" ovat tässä katsannossa kaikki, jotka asiaa ajattelematta liittyvät tukemaan jokaista "naisasiana" markkinoitua asiaa tai kampanjaa. Tämän "feminismin" iskulause on: "helvetissä on erityinen paikka naisille, jotka eivät auta toisiaan". Toisin sanoen naisille asetetaan totalitaarinen vaatimus kritiikittä toimia sellaisten asioiden puolesta, jotka jokin auktoriteettitaho on julistanut kaikkien naisten yhteiseksi eduksi. Esimerkiksi tässä seksikieltolakiasiassa "naisverkosto" on onnistunut yhdenmukaistamaan vaikutusvaltaisten naisten mielipiteen tehokkaammin kuin mikään hyväveliverkosto koskaan miesten.

Tuskin vaivautuisin kirjoittamaan tästä, ellen olisi perjantaiaamuna kuullut radiosta Eva Biaudet'n valittavan, kuinka "naista alentava" koko laista käyty väittely oli ollut, kun eduskunnan miehet olivat käytävillä oikein kehua retostaneet siitä, kuinka olivat käyneet naisostoksilla. No niin, *man ligger som man bäddar*, sanotaan Biaudet'n äidinkielellä ja minun isänkielelläni. Tekisi mieleni kysyä, mitä ihmettä hän oikein politiikassa sitten puuhaa, jollei kantti kestä. Politiikka on tunnetusti kovaa peliä: Tony Halmeenkin kaltainen karski ja vahva mies pärjäsi paremmin nyrkkeilykehässä kuin politiikan areenalla.

En kuitenkaan kysy, koska tiedän, että Biaudet'n itkeskely mieskansanedustajien käytöksestä on kovaa poliittista peliä jos mikä. Marttyyrin asenne – lyö minua nyt, kun lapsi on käsivarsillani – on naispoliitikkojen tehokkaimpia aseita kääntää keskustelu asiakysymyksistä moralisointiin ja ideologisointiin, jonka he varsinkin naiskysymyksissä hallitsevat verrattoman hyvin. Kyse on demagogiasta, mutta sitä ei helpolla tunnista, koska me tyhmät ja naiivit olemme tottuneet ajattelemaan, että kansankiihottaja on aina kuolaava ja raivoava äijä, joka puhuu mylvivälle kansankokoukselle torilla ja vaatii sitä hyökkäämään juutalaisten, muslimien, brutopialaisten tai syldavialaisten kimppuun. Tällainen perinteinen demagogia on saanut väistyä naisellisen säälinkerjuun, juoruilun ja vihjailun tieltä.

Ala-arvoiseksi juoruiluksi lasken Biaudet'n puheet siitä, kuinka miehet mukamas ovat istuntosalin ulkopuolella kehuneet huorissakäymisillään. Ilmeisesti kieltolain vastustajat ovat keskusteltaessa pysyneet liiaksi asia-argumenteissa (eikä se ole edes vaikeaa), joten pöytäkirjoihin ei ole jäänyt tarpeeksi törkeyksiä, joita Biaudet voisi käyttää heitä vastaan. Niinpä hän alkaa vihjailla käytäväpuheista, joilla ei ole minkään valtakunnan lainsäädännöllistä relevanssia ja joita ei voi mitenkään todistaa. Näin hän saa näppärästi asiat näyttäytymään taisteluna sivilisoitumattomien, raakojen ja siveellisesti rappeutuneiden miesten ja ylevien, hienostuneiden naisten välillä, sen sijaan että kumpikin puoli pitäytyisi edes joten kuten todettavissa tosiasioissa.

Eipä silti, että pitäisin raakojakaan poikajengin puheita tämän keskustelun yhteydessä suurena syntinä. Feministit ovat tapansa mukaan laskeneet keskustelun tason jo aikoja sitten niin alas, että karskeimmatkaan arskat eivät rimaa enää kykene pudottamaan.

Kuten kaikille muille kuin lain fanaattisille kannattajille on selvää, laille on täysin mahdotonta löytää minkäänlaisia järkiargumentteja. Sitä vastaan taas on olemassa paksun kirjan verran. Lakia on mahdotonta valvoa. Sitä on helppoa käyttää väärin: koska oikeatkin prostituutioasiakkaat juuri noiden valvontavaikeuksien vuoksi pääsevät todisteiden puuttuessa kuin koira veräjästä, pelkkä väärä ilmianto, toimenpiteisiin johtamaton epäily tai rauennut syyte riittää juoruakoille viattoman ihmisen mainneen mustaamiseen. Se huonontaa prostituoidun omiakin elinoloja, koska kiltit ja lainkuuliaiset miehet jättävät prostituoiduilla asioimisen, jolloin prostituoitu on taloudellisesti yhä riippuvaisempi lakia joka tapauksessa pilkkanaan pitävistä roistoista ja lurjuksista eikä voi esimerkiksi vaatia asiakkaalta kondomin käyttöä.

Mitä sitten tulee ihmiskauppaan ja parittamiseen, tähän mennessä ne näyttävät pysyneen aisoissa nimenomaan asiakkaiden vastuullisuuden ansiosta: ne harvat ihmiskaupan uhrit, joita Pro-tukipisteeseen on ilmaantunut, ovat saapuneet sinne yleensä asiakkaan tuomina. Jos laki menee läpi nykyisessä kompromissimuodossaan, se vaikeuttaa poliisin työtä ihmiskauppaa vastaan (joka muuten on tutkimustiedon valossa ollut hyvinkin menestyksekästä ja johtanut useiden paritusliigojen murskaamiseen viime vuosina), koska asiakkaat eivät enää ole potentiaalisia todistajia, vaan potentiaalisia rikollisia, joita ei tietenkään voi pakottaa todistamaan itseään vastaan.

Koska laki on tarkoitettukin pelkäksi ideologiseksi "signaaliksi", tämä ei tietenkään kiinnosta lain kannattajia pätkääkään. Sen sijaan, että he kumoaisivat nämä argumentit asiaperusteilla (sellaisia kun ei näytä olevan olemassa), he keskittyvät henkilöönkäyviin solvauksiin: vastustajat voivat ainoastaan olla prostituoitujen asiakkaita itse, mikä automaattisesti pudottaa heidän ihmisarvonsa ja vakavastiotettavuutensa käärmeen mahan alapuolelle. Ja jos prostituoitujen oma etujärjestö ei ole laista erityisen innostunut, tämä voi feministien mielestä johtua vain siitä, että koko järjestö on "seksiteollisuuden" – epämääräisen, uhkaavan, nimettömän riistokapitalismin – hämäykseksi perustama. Järjestön piirissä esiintyneet ajatukset mm. prostituoitujen yhteisistä osuuskunnista tuskin kuitenkaan olisivat propagandapuheissa lietsotulle kasvottomalle "seksiteollisuus"-mafialle mieleen, jos sellainen olisi oikeasti olemassa.

Jos suomalaiset prostituoidut ovat jotain osoittaneet tässä debatissa, niin ainakin kykyä ajaa rohkeasti, asiaperustein ja järkitodistein omaa asiaansa feministejä vastaan. He eivät totisesti ole olleet minkään "patriarkaatin" marionetteja, vaan käyttävät oikeutta päättää itse ruumiistaan – oikeutta, jota feministit ovat vaatineet naisille jo vuosikymmeniä. Feministit ovat kuitenkin kyvyttömiä myöntämään, miten paljon heillä on ollut vaikutusta yhteiskuntaan ja nuorten naisten asenteisiin. Jos he osaisivat mennä itseensä, he myöntäisivät, että terveydestään ja hyvinvoinnistaan huolehtiva, oman elämänsä ohjaksissa oleva ja omaan etujärjestöönsä organisoitunut, tasapainoinen prostituoitu on johdonmukainen ja ilmiselvä seuraus juuri heidän aatteestaan ja opeistaan. Mutta vapautusliikkeiden veteraaneilla on ennenkin ollut vaikeuksia sietää vapaita ihmisiä, jotka käyttävät veteraanien antamaa lahjaa väärin.

TAKAISIN KARJALAAN
21. kesäkuuta 2006

Kuten sukupolveni ns. edistyksellisille yleensäkin, Karjalan palauttamisvaatimukset ovat olleet minulle nuorempana kuin punainen vaate härälle. Nyt kun meillä on Venäjän ohjaama fasistinen äärioikeisto määräilemässä asioistamme, on ikävä vanhan hyvän ajan nationalisteja, joilla oli tällaisia isänmaan omasta historiasta kumpuavia tavoitteita.

Karjalan kysymys on taas nousemassa tapetille, kun Jukka Seppinen on julkaissut kohuväitteen: 90-luvulla ikkuna olisi ollut auki aloittaa neuvottelut Karjalan palauttamisesta, mutta Mauno Koivisto, "vaikeasti tulkittava jarru", meni hassaamaan hyvän tilaisuuden. Seppisen mukaan Koivisto toimi Suomen etujen vastaisesti, oli pallo hukassa eikä "johtanut" ulkopolitiikkaa, kuten presidentin olisi Paasikiven ja Kekkosen maassa kuulunut tehdä. Sinänsä Seppistä vastaan ei ole paljoa huomauttamista. Koiviston päättämättömyys Baltian maiden itsenäistymisvaiheessa on aikalaisten tiedossa, ja se kuvasteli pitkälti Suomen kansan omaa päättämättömyyttä.

Oli helppo tempautua mukaan Viron itsenäistymisen huumaan, mutta Armenian-Azerbaidžanin suunnalla neuvostokansallisuuksien uusi nationalismi oli jo johtanut ikävyyksiin. Neuvostoliittoon oli jo totuttu ja sen vastenmieliset piirteet jotenkin siedettiin. Maan hajoaminen oli odottamaton asia, jonka seurauksia kukaan ei vielä tiennyt. Siksi Koivisto epäröi – ja samasta syystä me kaikki epäröimme.

Mutta mitäs siitä. Seppinen tuntuu lähtevän siitä, että on yksiselitteisesti "Suomen edun vastaista" olla vaatimatta Karjalaa takaisin, jos tilaisuus aukeaa. Tästä olen eri mieltä. "Suomen etu" tarkoittaa äänioikeutettujen kansalaisten etua; mitään muuta "Suomea" ei ole juridisesti olemassa. Suomalaisten enemmistö voi olla sitä mieltä, että Karjala on oleellinen osa heidän omaa identiteettiään ja vaatia alueen liittämistä takaisin Suomeen, maksoi mitä maksoi; mutta yhtä lailla suomalaisten enemmistö voi olla sitä mieltä, ettei se halua maksaa alueliitoksen taloudellisia ja sosiaalisia kustannuksia.

Jälkimmäinen vaihtoehto tuntuu olevan todennäköisempi. Toki, jos sauma avautuisi ja asia saataisiin neuvoteltua hyvässä yhteisymmärryksessä selväksi Venäjän kanssa ja alueen asukkaiden etuja kunnioittaen, kansa voisi hyvinkin äänestää Karjalan palauttamisen puolesta, myös merkittävä osa meistä palautusta vierastavista – maksoi sitten mitä maksoi.

Äänekkäin osa Karjalan takaisinvaatijoista lähtee kuitenkin siitä, että Karjalan palautuksen järkevyyttä voivat epäillä vain kommunistit ja sellaisten sympatisoijat. Karjala on saatava takaisin ilman "satojen tuhansien rikollisten ryssien" painolastia, he julistavat omilla nettifoorumeillaan ja muidenkin keskusteluareenoilla; eikä heidän mielestään edes saisi väittää palautuksen tulevan maksamaan, koska sellaiset väitteet itsessään todistavat epäisänmaallisuudesta.

Keskustelun yleiselle sävylle on kuvaavaa, että netissä esiintyvät röyhkeästi omilla nimillään sellaiset tyypit, jotka suorin sanoin julistavat, etteivät pidä Suomen nykyistä hallitusjärjestelmää legitiiminä, jotka sanovat 95 prosentin kansanedustajista olevan "ryssän" tai "kommunismin" lahjomia maanpettureita tai jotka esittelevät kotisivuillaan kuvia itsestään maastopuvussa ampumassa raskailla panssarintorjunta-aseilla. Samanaikaisesti asiallisen Karjalan palautusta käsittelevän nettipäiväkirjan http://karjalatakaisin.blogspot.com kirjoittajat, jotka esittelevät hyvinkin pohdittuja käsityksiään palautuksen käytännön järjestelyistä, joutuvat piiloutumaan nimettömyyteen ja estämään bloginsa kommentoinnin, koska kommenttiosasto olisi muuten välittömästi täynnä uhkauksia ja solvauksia.

En yritäkään väittää, ettei Karjalan ja karjalaisuuden mukana olisi mennyt merkittäviä kulttuuriarvoja. Esimerkiksi suuri osa ankeudestaan, rikollisuudestaan ja väkivaltaisuudestaan surullisen kuuluisan, "Suomen Chicagoksikin" takavuosina mainitun Lahden asukkaista on tunnetusti Viipurin evakoita ja heidän jälkeläisiään. Kaukana ei ole ajatus, että kotiseudultaan väkisin ajetut ihmiset ovat siirtäneet pahoinvointinsa lapsiinsa ja lastenlapsiinsa. Ennen kuin iskusanaa "monikulttuurisuus" oli keksittykään, Viipuri oli kosmopoliittinen, nelikielinen hansakaupunki täynnä historiaa, kun taas Lahti on tyypillinen nimetön ja sieluton suomalainen provinssiperähikiä, jolla ei ole lapsilleen eikä vieraillleen muuta tarjottavaa kuin teollisuutta – joka sekin romahti 90-luvun lamavuosiin – sekä tietysti lukemattomia urheiluseuroja, koska ruumiinkulttuurin määrä on kääntäen verrannollinen muuhun kulttuurielämään. Jos minä olisin joutunut vaihtamaan Viipurin Lahteen, katsoisin kyllä hävinneeni kaupoissa ja pahasti.

Toisaalta pidän syvästi loukkaavana useimpien palautusta kannattavien ylimielistä ja halveksivaa asennetta toista mieltä olevia kohtaan. Ymmärrettävä reaktiohan se tietysti on menneiden vuosien itsesensuuriin, mutta tyypillinen Karjalan haikailija ei kykene ymmärtämään sitä, että hänen kanssaan voidaan olla legitiimisti eri mieltä. Vastapuoli voi hänen mieles-

SENSUROITU SUOMESSA: 2006

tään olla ainoastaan aivopesty, entinen taistolainen tai väärän tietoisuuden vallassa, joten hänen kantaansa ei saa yrittää ymmärtää eikä eritellä: silloinhan voisi saada itse tartunnan epäpuhtaan väärässäolijan pahoista ajatusviruksista. Vaikka haluaisikin periaatteessa ymmärtää Karjalan palauttajia, tällaisille päällejyrääville kiihkoilijoille on aivan pakko sanoa pahasti, ja mielellään vielä provosoivan ilkeästi.

Henkilökohtaisesti loukkaannun eniten epäisänmaallisuusväitteistä, kun kerran olen isovanhempieni kolmikymmenluvun hengessä kasvattama. Kolmikymmenluku ei tässä tarkoita mitään sotauhoa, vaan sotaa edeltänyttä positiivista, rakentavaa isänmaallisuutta. Vaikka arvostankin Väinö Linnaa, katson asiakseni loukkaantua kansakoulunopettaja Rautajärven pellenhahmosta, koska minun kolmikymmenlukulaiset kansakoulunopettajaisovanhempani olivat aivan toisenlaisia: heille "isänmaallisuus" ei merkinnyt niinkään Suomen epäkriittistä ihannointia kuin sivistyneen kansan ja maan rakentamista niistä aineksista, jotka oli annettu – heidän tehtävänsähän oli aikoinaan sivistää housuihinsa sontivista, mölähtelevistä savolaispojista kunniallisia kansalaisia isänmaalle, joskus hyvinkin kovin ottein.

Niinpä, kun minä pikkupoikana kasvoin näihin ihanteisiin, mielsin "isänmaallisuuden" niin, että se voi kohdistua vain siihen Suomeen, joka minun aikanani on ollut olemassa – ilman Karjalaa. En pidä mitenkään itsestään selvänä, että Karjalan takaisin saaminen olisi sen Suomen etujen mukaista. On totta, että on olemassa hysteerisesti asiaan suhtautuvia taistolaisajan ylijäämävaraston kliseegeneraattoreita, joille on jonkinlainen kunnia-asia liioitella aluepalautuksen taloudellisia ja yhteiskunnallisia riskejä tolkuttomuuksiin asti. Silti odottaisin palautuksen kannattajien myöntävän, että riskejä on – "palautus maksaa ja se on syytä tunnustaa", kuten mainitsemani nettisivun kirjoittajat totesivat. Joillekin meistä taloudellisesti ja poliittisesti vakaa isänmaa näissä nykyrajoissa on merkittävä arvo – ei vain itsekkäistä, vaan myös idealistisista isänmaallisista syistä – emmekä mielellämme halua ottaa Karjalaa vastaan, jos se sisältää sellaisen riskin, että menettäisimme sen, mitä meillä jo on ja mitä olemme oppineet elämämme aikoina arvostamaan.

Aluepalauttajilta odottaisin ainakin, että he opettelisivat kunnioittamaan muidenkin isänmaallisia arvoja omiensa lisäksi. Kyllä minäkin olisin sitten valmis keskustelemaan vaikka siitä, missä olosuhteissa voisin kannattaa Karjalan palautusta.

PUHUTAANPA VIINASTA, KUN ON JUHANNUS
23. kesäkuuta 2006

En tiedä, voiko "suomalaisesta viinapäästä" oikeasti puhua. Aika ajoin julkisuuteen tulee tutkimuksia, joissa milloin minkäkin eteläeurooppalaisen viinimaan alkoholikulttuuri varsinkin nuorten opiskelijoiden keskuudessa esitetään perimmältään hyvin "suomalaistyyppisenä" humalahakuisena pämppäyksenä. Alkoholi on yksi niistä luksushyödykkeistä, jotka kasvava vauraus on tuonut kaikkien ulottuville. Kun alkoholia on vapaasti ja verraten halvalla saatavissa, sitä ostetaan ja juodaan, erityisesti jos perhe- ja työvelvollisuudet eivät ole esteenä. Niinpä esimerkiksi yliopistojen ja korkeakoulujen opiskelijat lienevät kaikkialla taipuvaisia käyttämään runsaita määriä alkoholia, varsinkin kun se vielä helpottaa tutustumista vastakkaiseen sukupuoleen, mikä tietenkin on nuorten ihmisten prioriteeteissa korkealla sijalla.

Se voi kuitenkin olla kansallisesti omaleimaista, että suomalaiset ovat onnistuneet tekemään humalajuomisesta itselleen sosiaalisen pakon ja velvollisuuden. Neil Hardwick sanoi joskus, että suomalaisilla on pakkomielle viinasta samalla tavalla kuin pikkupojilla on tupakasta: sitä käytetään hihitellen, vaivihkaa ja jälkeen päin siitä tullaan hiukan sairaaksi. Paino on sanalla *pakkomielle*. Alkoholi on kiehtova ja kiihottava asia, josta pitää aina intoilla suuntaan tai toiseen, joko olla ankaria raittiusihmisiä tai sitten humalan kiehtovaa salaisuutta etukäteen kiihottuneena makustellen. Alkoholiin suhtaudutaan kuten muutama vuosikymmen sitten seksiin. Suomalaisessa ns. taide-elokuvassa mässäillään ryyppäämisellä ja humalalla niin, että siitä tulee mieleen pornografian mässäily sukupuoliyhdynnällä. Ehkä se on tietoisestikin tarkoitettu jonkinlaiseksi humalapornoksi, nuorten kielellä viinapokeksi.

Pohjimmiltaan viinan juominen ei Suomessa saa kuitenkaan olla juoppojenkaan mielestä hauskaa, vaan siinä on eräänlaisen luterilaisen, protestanttisen velvollisuuden sivumaku. Kossu on tyyristä Jumalan viljaa, jota ei sovi halveksua, ja jos sitä on tarjolla, se on juotava talteen. Meille tyrkytetään alinomaa kliseistä käsitystä sivistyneestä etelämaalaisesta juomisesta: meitä paremmissa ja hienostuneemmissa maissa – selittää metroseksuaalin näköinen tapaguru pikkusormi suorana – alkoholia juodaan suuria määriä, mutta on sivistymätöntä näyttää olevansa humalassa. Tällainen on suomalaisesta näkökulmasta tietysti täysin järjetöntä: meikäläistenhän täytyy päin vastoin korostaa sitä, että viina on ollut hintansa väärtiä, lantraamatonta ja tehokasta.

SENSUROITU SUOMESSA: 2006

Päihtymystä on siksi pikemminkin syytä äänekkäästi liioitella. Kaikkihan me olemme törmänneet kadulla heiluviin nuoriin naisiin, jotka rääkyvät tärykalvoja viiltävällä äänellä: "Enks mä vain ookin kännissä? V— u kun mä oon kännissä!" Aika ajoin näiden kiljukaulojen vakuuttelusta saa sellaisen mielikuvan, että heidän itsetuntonsa romahtaisi ja he kokisivat epäonnistuneensa elämässään, jos heille menisi piruuttaan sanomaan, etteivät he ole oikeasti kännissä. Humala saavutetaan kovalla juomistyöllä, ja surku olisi, jos kaikki se hampaat irvessä kurkusta kaadettu koskenkorva olisi mennyt hukkaan.

Viinan juonti on suomalaisessa yhteiskunnassa valtakulttuuria. Tätä ei voi kyllin korostaa, sillä alkoholifolkloreen kuuluu oleellisena osana merkillinen, ikimurrosikäinen käsitys ryyppäämisestä jonkinlaisena kapinana geneerisiä "tiukkapipoja" vastaan. Ehkä tämä ajattelutapa on nuorimmissa ikäpolvissa väistymässä, mutta vielä kymmenkunta vuotta sitten alkoholinkäyttäjä näki raittiin yhä jonkinlaisen sortajan yhteistoimintamiehenä, jonka pelkästä olemassaolosta piti provosoitua ja ärsyyntyä aivan periaatteesta. Raittius oli uhka hänen elämäntavalleen, koska alitajuisesti hän tuntui pelkäävän, että jokin ylimaallisen vallantäyteinen kontrolliviranomainen voisi jo seuraavana päivänä kieltää sen.

Ennen kaikkea alkoholinkäyttäjä lähti siitä, että raitis oli jonkinlainen ideologi, lähtökohtaisesti joko vapaita suuntia edustava kristitty tai muuten vain "tiukkapipojen" aatteella aivopesty yhden asian ihminen. Tätä mielikuvaa absolutisteista levitti esimerkiksi Erno Paasilinna, joka väitti eräässä aforismissaan juuri raittiiden olevan alkoholisteja ja riippuvaisia siitä, että saavat päntiönään moittia muiden ihmisten alkoholinkäyttöä: "ilman alkoholia hekin menehtyisivät", julisti Paasilinna. Lieneekö tuntenut henkilökohtaisesti yhtään absolutistia?

Olen aina ihmetellyt, mistä on lähtöisin tuo juoppojen kummallinen vainotun asenne. Ehkä he kokevat syyllisyyttä alkoholinkäytöstään ja joutuvat projisoimaan sen johonkin ulkopuoliseen tahoon, tai sitten suomalainen alkoholikulttuuri on tosiaan muotoutunut nykyisekseen vasta kieltolain vaikutuksesta, kuten usein kuulee väitettävän. Kieltolain aikana tunnetusti alkoholin saatavuus oli Suomessa parempi kuin ilman kieltolakia: viinaa oli käytännöllisesti katsoen kaikkialla. Samalla kuitenkin viranomaisten oli periaatteessa valvottava alkoholikäytön täyskieltoa. Toisin sanoen alkoholinkäyttäjä oli juuri siinä asemassa, jossa hän alitajuisesti yhä kuvittelee olevansa.

Ainakin kieltolaki teki viinahuuruisesta seurustelusta paljon yleisempää ja pakollisempaa. Suomessa ei tunnetusti ole suomalaista maalaisruokaa tarjoavia kansan ravintoloita. Tämä johtuu käsittääkseni ihan tutkitusti kieltolaista, joka tuhosi perinteiset maalaisravintolat ja toi niiden tilalle salakapakat, joissa ei ruokailtu, vaan kitattiin viinaa. Myös kahviloista tuli tietenkin salakapakoita. Kenenkään ei enää kannattanut pitää ihmisiä varten seurustelutilaa, jossa ei olisi juotu alkoholia. Toisin sanoen raittius, joka oli siihen asti ollut nouseva kulttuuripiirre – esimerkiksi työväenliikkeen piirissä sitä oli edistetty ideologisin syin, koska viina oli selitetty riistäjän aseeksi, jolla hän turruttaa työläisen taistelutahdon – alkoi marginalisoitua vääjäämättä.

Ennen kuin netti, tuo Jumalan lahja ihmiskunnalle, tuli ja tutustutti raittiit ihmiset toisiinsa, suomalaiset absolutistit luulivat olevansa paljon harvalukuisempia kuin todellisuudessa olivatkaan. Lisäksi absolutistit itse saattoivat omaksua juoppojen ennakkoluulot kaikkia muita absolutisteja kohtaan: *minä* olen absolutisti siksi, että olen persoonallinen ja yksilöllinen ihminen, mutta *sinä* olet varmasti sellainen tylsä, suvaitsematon juntti kuin kaikki muut absolutistit. Nykyään tällainen ajattelutapa tuntuu nuorten keskuudessa väistyneen, mutta silti meitä on paljon, joiden nuoruus meni pahasti poskelleen noiden ennakkoluulojen takia.

Hauskaa juhannusta itse kullekin, niin juopoille kuin absolutisteille.

PALLON PYÖREYDESTÄ, KUN ON NUO KISAT
23. kesäkuuta 2006

En ole koskaan erityisemmin pitänyt pallopelien pelaamisesta, kuten taannoisen liikuntatunteja demonisoineen bloggaukseni lukijat tietävät. Silti jopa minä olen nuoruudessani harrastanut penkkiurheilua lähinnä isoisäni polvella, koska hän oli vanha pesäpallovalmentaja ja kuului siihen isänmaalliseen ikäpolveen, jonka mielestä Suomen asiaa oli edistettävä sekä älyn että ruumiinkulttuurin keinoin, eikä urheilun ja tieteen välillä ollut mitään ristiriitaa. Vuosien myötä omaksuin kuitenkin itse periaatteellisen vihamielen penkkiurheiluakin kohtaan, koska minun näkökulmastani ruumiillisen ja älyllisen kulttuurin välillä totisesti oli sovittamaton konflikti, joka realisoitui väli- ja liikuntatuntien turpatälleinä. Kuten muuan kommentoijista huomautti, omaehtoisen urheilun meditatiiviset, mietteliäät ulottuvuudet on itse aikuisena opittava; ja tällaiseksi meditatiiviseksi urheiluksi soveltuvat ennen muuta juoksun, kävelyn ja uinnin kaltaiset yksinäisen ihmisen lajit.

Hyvän asian vuoksi on kuitenkin uhrauduttava: siksipä katselen aina Espanjan liigan jalkapallopelit iirinkieliseltä televisiokanavalta silloin kun olen Irlannissa. Kun iirinkielinen kanava 90-luvun loppupuolella pitkän soutamisen ja huopaamisen jälkeen toteutui, suuri osa sen toiminnoista ulkoistettiin erillisille tuotantoyhtiöille, joista tunnetuin taitaa olla Irial Ó Murchún perustama Nemeton. Nemeton toimii Irlannin pienimmällä iirinkielisellä alueella Waterfordin (*Port Láirge*) kreivikunnassa lähellä Dungarvanin (*Dún Garbhán*) pikkukaupunkia, Irlannin kaakkoiskulman tienoilla. Paikka tunnetaan englanniksi nimellä Ring of Waterford, iiriksi *An Rinn* tai *Gaeltacht na nDéise*.

Siellä asuu ehkä parisataa ihmistä pienessä, tiiviissä kyläyhteisössä, joka puhuu aivan omanlaistaan murretta. Nemetonin ehdottomin menestystuote on ollut Espanjan liigan jalkapallo-otteluiden spiikkaaminen iiriksi, mutta Waterfordin kreivikunnan iiriksi. Niinpä helpoin tapa päästä kuulemaan kreivikunnan omintakeista kielenpartta on katsoa televisiosta espanjalaista jalkapalloa.

Jalkapallo ei kuitenkaan mielestäni ole erityisen penkkiurheilijaystävällinen tai näyttävä laji. Tiedän, että tämä käsitys johtuu omasta rajoittuneisuudestani. Suomalaisena pikkupoikana olen tottunut siihen, että kaikkien joukkuepelien penkkiurheilullinen viihdearvo määritellään jääkiekkostandardin mukaan. Jääkiekko on tunnetusti vauhdikas, väkivaltainenkin peli. Jääkiekkokaukalo on melko pieni, ja luistimilla pelaaja kulkee sen päästä päähän todella nopeasti, vaikka lastina olisikin haarniska ja peitsi...anteeksi: suojavarusteet ja maila. Toisin sanoen tilanteet voivat muuttua hyvinkin odottamatta. Hyökkäyksiä tulee yhtä mittaa, maalivahdilta edellytetään jatkuvaa valppautta, yhden ottelun aikana saatetaan tehdä kymmenenkin maalia, ja vaikka jossain vaiheessa oltaisiin hyvinkin pahasti häviöllä, siitä voidaan kovalla työllä ja hermojen hallinnalla vielä nousta voittajiksi. Tästä on erinomainen esimerkki se vuoden 2003 Suomi-Ruotsi -ottelu, jonka suomalaiset onnistuivat lopulta häviämään huolimatta saavuttamastaan 5-1 -johdosta.

Tähän verrattuna jalkapallo on perusasetelmiltaan uuvuttavan tylsä laji. Kenttä on leveä kuin tie helvettiin ja pitkä kuin irlantilainen nälkävuosi. Jollen tietäisi, että laji muovautui nykyiseen muotoonsa Englannissa, epäilisin latinalaisamerikkalaisten keksineen sen Kolumbuksen muistoa juhliakseen: jos jalkapallokenttä olisi yhtään suurempi, vastapuolen maalia jouduttaisiin etsimään kaukoputkella kuin Amerikan rannikkoa. Joka hyökkäyksessä pelaajat juoksevat itsensä uuvuksiin päästäkseen Atlantin valtameren toiselle puolen... ei kun kentän toiseen päähän. Siellä he sitten koettavat viimeisillä voimillaan, jo kangistuen ja nääntyen, tehdä maalin. Silloin kun hyökkäys ei ole käynnissä, ts. suurimman osan ajasta, maalivahti mittailee tolppien väliä, hyvä jollei käy nokosille. Ottelu päättyy tyypillisesti tilanteeseen 0-0, 1-0 tai – jos kyseessä on ollut todella harvinaislaatuisen jännittävä voimainkoitos – peräti 2-1. 2-0 taas kielii siitä, että toinen joukkueista on ollut kohtuuttoman ylivoimainen.

Minun on tietysti helppo ivata, kun olen urheilua vihaava nörtti, ja toisaalta voin yhtä helposti ottaa sanani takaisinkin: jalkapalloon liittyy merkittäviä esteettisiä arvoja, jotka kompensoivat puuttuvaa vauhdikkuutta. Alan harrastajien innokkaat väittelyt erilaisista pelityyleistä eivät edes minun näkökulmastani vaikuta viinintuntijoiden teennäiseltä snobbailulta: en ole katsonut maailmanmestaruustason jalkapalloa televisiosta vuosiin, mutta minullakin on selvä mieli- ja muistikuva brasilialaisten pelistä ja siihen liittyvästä visuaalisesti kiinnostavasta koreografisesta elementistä. Myös raavaat miehet, jotka pitävät balettia homojen touhuna, tarvitsevat elämäänsä kauneutta, jota heidän silmänsä epäilemättä löytää jalkapallosta. On toki kyseenalaista, kannattaako mokomaa mennä itse paikalle katsomaan, kun juuri näistä kauneusarvoista ja pelaajien taidoista saa parhaan käsityksen televisiosta.

Suomalaisten huonon jalkapallomenestyksen ansiosta tietysti jalkapalloharrastusta voi täkäläisissä oloissa pitää hienostuneempana ja ylevämpänä penkkiurheilun muotona kuin esimerkiksi lätkämaniaa. Jääkiekkokatsomossa ollaan hammastapurevan aggressiivisia ja huudetaan vulgäärin nationalismin hengessä luuta ja verta jäälle. Jalkapallo sitä vastoin opettaa suomalaiset pellavapäiset pikkupojat ihailemaan tummapintaisia brassisankareita ja Shefki Kuqia. Itse kukin tykönään miettiköön, kumpi lajeista on suomalaisen yhteiskunnan tulevaisuuden kannalta parempi kasvattaja.

SUURET PUOLALAISET SEIVÄSMATKAT
25. kesäkuuta 2006

Puolalaisia ei kommunismin aikoinakaan voinut syyttää yksityisyritteliäisyyden puutteesta, jos kohta maan silloinen lainsäädäntö hieman häiritsikin bisneksiä. Jo vähän ennen vanhan järjestelmän kaatumista esimerkiksi Solidaarisuuden sankarimaineella rahastettiin turisteja hieman juksaamalla ja tekeytymällä vainotuiksi toisinajattelijoiksi. Tämä oli tietysti naiiveille matkailijoille aivan parahiksi niin kauan kuin mihinkään varsinaisiin rikoksiin ei syyllistytty, koska turistin, ainakin paikallista kieltä osaamattoman turistin, kaulassa riippuvat aina hänelle itselleen näkymättömät, mutta kanta-asukkaille näkyvät kyltit "rahaa on" ja "huijaa minua". Se on pelin henki, ja jos leikistä suuttuu, ei pidä matkustella hassunnimisiin maihin, paitsi tietysti opetellakseen hassuja kieliä.

Näin uutisköyhänä keskikesänä – saksalaisittain "happamien kurkkujen aikana" (*Saure-Gurken-Zeit*) – Der Spiegel vaivautui juuri julkaisemaan pienen jutun aiheesta, jota luulisi jo loppuun ammennetuksi: komumatkoista. Joku nuori, innokas pienyrittäjä on taas kerran saanut nerokkaan idean myydä länsituristeille maansa kommunistista menneisyyttä järjestämällä heille maksullisia kiertokäyntejä epookkia simuloivaan puuhamaahan. Hänen yrityksensä on *tietysti* nimeltään "Communism Tours". Koska tällaisista hankkeista on yhdeksänkymmenluvun aikana raportoitu useaankin otteeseen, pitänee kysyä, miksi Der Spiegel vaivautuu erikseen kirjoittamaan asiasta.

Sinänsähän puolalaisen bisnesmiehen elämysmatkat vaikuttavat varsin osaavasti suunnitelluilta. Elämyskohteeksi on valittu juuri oikea paikka eli Nowa Huta, teräskombinaattikaupunki (nimikin tarkoittaa "uutta valimoa"), jonka kommunistit rakensivat Puolan todellisen kulttuuripääkaupungin, Krakovan, naapuriin demonstroimaan sitä, miten työläisten tulevaisuus nujertaa porvarien ja kahviboheemien dekadentin menneisyyden. Tämä suunnitelma täyttikin tarkoituksensa erinomaisesti, sillä Nowa Hutan teollisuuden saasteet pilasivat ilman laadun Krakovassa ja vahingoittivat merkittävästi kaupungin historiallisia rakennuksia ja taideteoksia. Koska itäeurooppalaisissa maissa tehtaat, teatterit, kirjastot ym. isot rakennukset ja laitokset saavat nimikummikseen jonkun historian merkkihenkilön tai suurmiehen, Nowa Hutan metallurginen kombinaatti kastettiin tietysti Leninin valimoksi. Reaalisosialistisempaa matkakohdetta tuskin löytyykään Vorkutan länsipuolelta.

SENSUROITU SUOMESSA: 2006

Nykyään Nowa Hutan tehtaita pyörittää intialaissyntyisen Lakshmi Mittalin konserni, hieman samaan tapaan kuin Günter Grassin romaanissa *Kellosammakon huuto* intialainen liikemies omii itselleen kirjan päähenkilöiden hyväätarkoittavasta päähänpistosta alkunsa saaneen hautausmaabisneksen. Kyseessä on pelkkä yhteensattuma, koska Mittal hankki omistukseensa Nowa Hutan vasta vuonna 2004, kauan kirjan kirjoittamisen jälkeen. Eikä hautausmaalla ja Nowa Hutalla ole paljoa yhteistä, jollei sitten sen verran, että Nowa Hutaa voi pitää yhtenä kommunistisen utopian hautausmaista.

Ehkä kommunismiteollisuus kuitenkin on kasvava, investoijien ja pörssipelurienkin huomiota saava ala Itä-Euroopassa. Kommunismipuistoja, kommunismipuuhamaita ja Komulandioita kohoaa joka niemeen, notkoon ja saarelmaan, ja varakkaat länsieurooppalaiset matkailijat myöntävät niille yhdestä viiteen tähteä elämyksen autenttisuuden ja kouriintuntuvuuden mukaan.

En yhtään ihmettelisi, vaikka kokonaan minun huomaamattani olisi päässyt jo kehittymään erityinen alakulttuuri, jossa pyrittäisiin tuollaisten puuhamaiden avulla pääsemään mahdollisimman lähelle aitoa kommunismikokemusta: aloittelijoille kolme tuntia jonotusta (kokeiltu on) ja pitemmälle päässeille viikko asumista mahdollisimman tarkkaan esikuvan mukaisessa kommunalka-asunnossa, jossa kämppiksinä on votkapalkalla aitoja venäläisiä juoppoja (rekrytoinnissa ei takuulla ole vaikeuksia). Niille, joille mikään ei riitä, järjestetään viikon vankeus Lubjankaa jäljittelevissä oloissa brutaaleine kuulustelijoineen sellitovereina ilmielävät *blatnyje*-kriminaalit (näidenkään värvääminen tuskin on ongelma), tuberkuloosirokotus eri maksusta.

Tai no, ehkä siitäkin pitää vielä edetä pitemmälle: kovimman luokan höyrähtäneistö puetaan puolalaiseen sodanaikaiseen univormuun ja viedään metsään, minkä jälkeen jokaista tökätään silmät sidottuina pistoolinpiipulla niskaan iskurin naksahtaessa. Samalla pään vieressä voidaan laukaista paukkupanos esimerkiksi erillisellä käsiaseella, jotta takaraivoon ammutuksi tulemisen kokemus voidaan luoda mahdollisimman autenttiseksi. Lopuksi urhea ekstreemituristi kiedotaan vaikkapa likaiseen vanhaan vilttiin ja heitetään muiden uskalikkojen sekaan isoon kasaan, jonka päälle ladotaan multaa tai hiekkaa jäljittelevää, mutta hengittävää materiaalia. Siteet voidaan sitten pitää silmillä "teloituksesta" "hautaamiseen".

Ihan kaikki elämysmatkailijat eivät kestäisi jännitystä, varsinkin jos NKVD:n miesten otteet olisivat riittävän riuskoja ja kovia ylläpitämään illuusiota. Joku kuolisi sydänkohtaukseen "teloituksen" yhteydessä, ja hengissä selviävillä esiintyisi pysyviä kuulovammoja. Mutta tuskinpa se vähentäisi moisen äärimmäisyysmatkailun suosiota, pikemminkin päinvastoin: autenttinen kuoleman riski on nykyajan nuorten seikkailuturismissa vain se kaikkein tulisin pizzamauste, kysykää vaikka benjihyppääjiltä.

Tällaisiin visioihin verrattuna Spiegelin haastattelema puolalainen liikemies pysyttelee vielä maan pinnalla. Toistaiseksi hän tyytyy näyttämään vierailleen mm. aitoa nelihenkisen perheen ihanneasuntoa Puolan 70-luvulta, pinta-ala neljäkymmentä neliömetriä. Hänen haaveenaan on palkata näyttelijät räyhäämään ja hakkaamaan toisiaan aidon votkahumalaisen näköisesti, jahka bisnes tuosta kasvaa. Mutta toivotaan pojalle menestystä. Ehkä niille niskalaukausmatkoillekin lopulta pääsee.

Pitäisiköhän minun ottaa yhteyttä kyseiseen herraan? Hän varmaan olisi innoissaan liikeideoistani. Älkääkä kuvitelkokaan, että mitkään pieteettisyyt pidättelisivät.

PYSSYT PANEE PAM-PAM
27. kesäkuuta 2006

Odotettavasti NRA of Finland taantui vielä näistä alkuvaiheistaan muuttuen pelkästään äärioikeistolaisten salaliittoteorioiden levitystahoksi. Aseharrastajien todelliset edunajajajärjestöt ovat ihan muualla.

Vaikkei pitäisi, minulla on huono ja kukkarolle käyvä tapa mennä toisinaan lounaalle kahvilaan, jossa saa vain vatsaa täyttämättömiä piiraspaloja ja sämpylöitä. Lisäksi siellä tulee aina ostettua aamun iltapäiväläystäke, mikä sekään ei aina ole viisasta, kun kainalossa on sopiva nide ammattikirjallisuutta, jolla voisi sivistää itseään sen sijaan että lukisi aivonnollauslehtiä. Kun olin jo aamukahvilla lukenut Ilta-Sanomat, josta minulla vanhaan Plökiin blogatessani oli tapana käyttää peitenimeä *Yiltzhouca*, niin tällä kertaa vuorossa sai olla se toinen tabloidinkaltainen tuote.

Ja kahvithan siinä menivät väärään kurkkuun. Lehdessä nimittäin korskeili Yhdysvaltain kansallisen kivääriyhdistyksen suomalaisen haaraosaston perustanut miekkonen, jonka herostraattista mainetta en aio lisätä mainitsemalla hänen nimeään tässä. Merkillepantavaa on, että herrashenkilö, joka amerikkalaissarjojen salaperäisten miesten ja latinalaisamerikkalaisten diktaattoreiden (Wojciech Jaruzelskista nyt puhumattakaan) taattuun tyyliin lymyää hopeasankaisten aurinkolasien takana, on antanut järjestölleen nimeksi "NRA of Finland", siis ei esimerkiksi Suomen Asevapausyhdistys tai jotain muuta vastaavaa kotimaista.

Koska hän tuskin voisi antaa yhdistykselleen tällaista nimeä ilman emäjärjestön lupaa suoraan rapakon takaa, oletan, että hänen hankkeensa saa sieltä tukena ihan riihikuivaa kahisevaakin. Sinänsähän tässä ei ole mitään ihmeellistä: kyseessä on vain taas yksi pulju, joka edustaa nykyajan taistolaisuutta, jos "taistolaisuus" ymmärretään laajassa mielessä, ts. Suomen eduista piittaamattoman suurvallan (tai jonkin sen sisäisen eturyhmän) rahoilla ylläpidettyä poliittista kaunaliikettä täkäläisestä elämänmenosta vieraantuneille.

Viime postaustani [*jota ei ole sisällytetty tähän kokoelmaan*] joku kommentoi sanomalla, että feminismiä suurempi vaara olisi jokin uuskonservatismi tai uusmoralismi. Tällainen epämääräinen iskusana voi tarkoittaa ihan mitä tahansa asiaa, mikä sen käyttäjää ärsyttää. Tunnetusti mukavana ja ymmärtäväisenä miehenä haluan kuitenkin tulkita tämän käsitteen parhain päin ja käsittää kommentoijani tarkoittaneen juuri amerikkalaisella rahalla ylläpidettyjä tahoja, jotka enenevässä määrin maahantuovat meille yhdysvaltalaisen oikeiston täkäläiseen poliittiseen ilmapiiriin täysin sopimattomia, anakronistisia ideoita. Tällä tavoin tulkittuna myönnän "uuskonservatiivisuuden" olevan sekä käsitteenä merkittävä että aito uhka kansalliselle edulle; mutta jos vasemmisto haluaa vastustaa tätä uuden ajan taistolaisuutta, sen on syytä lopultakin opetella puhumaan isänmaasta, kansallisesta edusta ja valistuneesta itsekkyydestä.

Mitä sitten tulee aurinkolasipäiseen pyssymieheen, kovin vakuuttavia hänen argumenttinsa eivät ole. Charlton Heston on "mukava ja miellyttävä mies", kun taas Michael Mooresta "Suomessa vallitsee täysin vääriä mielikuvia". Suomessa luetaan Mooren kirjoja ja katsotaan hänen elokuviaan; jos suomalaiset omista arvoistaan käsin omaksuvat tietynlaisia käsityksiä asianomaisesta elokuvamaakarista, pyssylobbaajalla tuskin on hallussaan sellaista salattua tietoa, joka heidän päätään kääntäisi.

Moore on tietysti rääväsuinen populisti, mutta vasemmistolaista politiikkaa on Valloissa tehty rääväsuisella populismilla William Jennings Bryanin ajoista saakka, eikä minulla ainakaan ole rahkeita moittia miestä siitä, että hän noudattaa isänmaansa poliittisia perinteitä. Aurinkolasiniekan puheet kuulostavat lähinnä samanlaiselta huonon häviäjän kitinältä kuin feministien kommentit minun teksteihini: kun joku on toista mieltä, hän ei voi olla vilpittömästi ja hyvässä tahdossa toista mieltä, vaan hänellä on "vääriä mielikuvia".

Pyssypainostajan paraatiargumentti se vasta hauska on: "Mieti, että olet Huippuvuorilla, jossa matkaan tulee automaattisesti henkivartija, jolla on kivääri jääkarhujen varalta. Ei jääkarhu erota aseiden vastustajaa hyökätessään kimppuun. Asevastustajien argumentit kaatuvat aina viimeistään tässä vaiheessa." Hetkinen, siis tarkoittaako tämä kaveri ihan tosissaan sitä, että Suomen asekontrollilakeja pitäisi höllentää, koska huippuvuorelaisilla riistanvartijoillakin pitää olla norsupyssyt jääkarhujen varalta? Ja tämäkö on se vastaansanomaton väite, jolla hän hiljentää kaikki erimieliset?

Hupaisa on myös herrasmiehen se heitto, että "suurimpaan osaan kuolemantapauksista liittyvät Suomessa aseiden sijasta nyrkit ja puukot". Just just. Herra ei ole sitten ajatellut tämän voivan johtua juuri siitä, että Suomen aselait eivät kovin herkästi päästä pyssyjä potentiaalisten tappajien käsiin.

Tuskinpa NRA:n kaltainen vieras, eksoottinen kasvi voi suomalaisessa maaperässä kovin kukoistaa. Tämänkin blogin lukijoista suurinta osaa varmasti kylmää ajatus sellaisesta yhteiskunnasta, jossa esimerkiksi *minä* voisin ilman ankaraa rekisteröinti- ja luvanhakumenettelyä hankkia haltuuni lasertähtäimellä varustetun suurikaliiperisen kiväärin. Kun muistetaan, millainen aggressiivinen, patoutunut ja pitkävihainen luonne olen, pelkästä mielikuvastakin lienee syytä vakavasti huolestua, vai mitä? (Juuri tästä syystä vanhempani ja sisarukseni päästivät kauas kuuluvan helpotuksen huokauksen, kun menin sivariin. Lykkäyksen lopun lähestyessä olin pariin otteeseen ajatellut ääneen mahdollisuutta, että haasteellisuus- ja uteliaisuussyistä sittenkin menisin armeijaan, mikä olisi johtanut siihen epämiellyttävään mahdollisuuteen, että *minä* olisin saanut käsiini kovilla panoksilla ladatun oikean pyssyn.)

Jutun otsikossa väitetään, että "kansallinen kivääriliitto haluaa aseet pois pahisten käsistä". Epäilemättä liiton jäsenet pitävät itseään suurinakin hyviksinä. Samaisessa Iltalehdessä julkaistiin kuitenkin juttu Virosta löytyneestä paloittelumurhan uhrista, jota epäillään suomalaiseksi. Se tuo mieleen erään toisen Virossa melko äskettäin tehdyn paloittelumurhan, josta on epäiltynä nuori suomalainen mies – nettipalstoilla kuuluisa aselakien vastustaja ja asevapauden kannattaja, joka epäilemättä kuuluisi Iltalehden esittelemään aseellisten hyvisten etujärjestöön, jos ei viruisi virolaisessa tutkintavankilassa. Itsepuolustuksen tarpeella (jääkarhuja vastaan?) tämäkin herra puolusteli omia käsityksiään aselaeista.

PIĘĆDZIESIĄT LAT TEMU
29. kesäkuuta 2006

Otsikko tarkoittaa "Viisikymmentä vuotta sitten", ja koska kieli on puolaa, lienee selvää, että puhe on siitä, mitä Puolassa tapahtui kesäkuun lopussa 1956. Paikka on Poznań, maan länsiosassa sijaitsevan Wielkopolskan eli Ison-Puolan maakunnan pääkaupunki. Se ei kuulunut Saksaan maailmansotien välisenä aikana, mutta Puolan jakojen aikakaudella se oli osa Preussia nimellä Posen.

Tutustuin itse kaupunkiin reilut kymmenen vuotta sitten melko perusteellisestikin kerätessäni aineistoa graduuni. Siellä oli ainakin mukava kahvila, jossa join aina Instytut Zachodnin kirjastosta poistuttuani teetä – valikoima oli parempi kuin missään tietämässäni päin Suomeakaan siihen aikaan – ja kuuntelin, kuinka pienikokoisten Andien intiaanien yhtye soitti torilla El Condor Pasaa. Paikallinen nuori tyttö tanssi musiikin tahtiin, tänään hänkin on varmasti kolmenkymmenen, vanhempi kuin tyttöystäväni.

Mitä Poznańissa tapahtui viisikymmentä vuotta sitten?

Paikalliset työväenluokan edustajat osoittivat mieltään vaatien leipää, vapautta ja uskonnonopetusta takaisin kouluihin. Kuten arvata saattaa, nämä proletaarit olivat töissä Stalinin mukaan nimetyillä tehtailla ja menivät osoittamaan mieltään Stalinin aukiolle. (Nykyisin se on sentään nimeltään Adam Mickiewiczin aukio – Mickiewicz oli puolalaisten Runeberg, romanttinen kansallisrunoilija, jonka tärkein teos on eeppinen runoelma *Pan Tadeusz* eli "Herra Tadeusz". Se on käännetty sivistyskielille, ts. ruotsiksi, muttei suomeksi.) Alun perin kokous oli tarkoitettu protestiksi huonoja palkkoja vastaan, mutta varsin pian touhu yltyi "antisosialistiseksi" mellakoinniksi, ja "turvallisuus"-palvelun miehet avasivat tulen surmaten useita työläisiä. Panssarivaunut ilmaantuivat kadulle, ja virallistenkin tietojen mukaan kahdeksisenkymmentä siviiliä sai surmansa, myös alaikäisiä.

Vuonna 1980, kun Solidaarisuus-liike oli voimissaan, paikalliset asukkaat perustivat komitean, joka tilasi puolalaisilta taiteilijoilta ehdotuksia muistomerkiksi. Voittanut ehdotus, neljänkymmenen terästonnin kaksoismuistoristi, nousi vapaaehtoisten työläisten voimin neljässäkymmenessäyhdessä päivässä: kyseessä lienee, käytetty materiaali huomioon ottaen, historian nopeimmin väsätty muistomerkki.

Nyt Poznańissa on kunnioitettu vuoden 1956 muistoa naapurimaiden presidenttien läsnäollessa. Muistan itse selailleeni paikallisten tuttavieni kotona noita vuosia käsitellyttä kuvateosta jo elokuussa 1989, kun nuorena ja pelokkaana poikana kävin maassa ensimmäisen kerran. Aivan tabu ne eivät siis silloinkaan olleet, mutta harvapa asia Puolassa oli 1980-luvulla. Kenraali Jaruzelskin julistama sotatilakaan ei johtanut sensuurin kiristymiseen, pikemminkin päin vastoin.

Minä kasvoin sellaisessa maailmassa, jossa Neuvostoliitto näytti ikuiselta ja itäblokki yhteenhitsautuneelta harmaalta helvetiltä. Ennen kuin viisastuin, luulin aika pitkään, että Puolan kaltaisessa maassa puhuttaisiin enimmäkseen venäjää ja puola olisi korkeintaan joidenkin viemärierakoiden käyttämä kieli – vähän niin kuin iiri Irlannissa, tai haltiakielet Númenorissa. Näinhän asia ei tietenkään ollut: kun olin kolmentoista, Solidaarisuus ilmaantui maisemiin, eikä mikään ollut entisellään. Ja kun olin kahdenkymmenenkahden, neuvostojärjestelmän ote Puolasta kirposi, ensimmäinen monipuoluehallitus nimitettiin.

Minä olin juuri silloin Poznańissa. Paikalliset tuttavani istuivat radion ääressä kuuntelemassa vastaäänestetyn, vain osittain vapailla vaaleilla valitun parlamentin ensimmäisiä istuntoja. Falskiin vasemmistolaiseen asenteeseen kasvaneena olin tietysti omaksunut teennäisen kyynisen suhtautumisen Suomen eduskuntaan ja valtiojärjestelmään, mutta oli mahdotonta olla tempautumatta mukaan tunnelmaan. Erityisesti jäi mieleen isäntäperheeni teini-ikäisen tyttären puoliksi helpottunut, puoliksi hämmentynyt huudahdus, kun jokin nokkeluus sai *sejm*in edustajat, *po-seł*it, huvittumaan: *Śmieją się!*Hehän nauravat! – Maata eivät siis enää hallinneet kivikasvoiset puoluepamput, vaan kaltaisemme ihmiset, jotka osasivat jopa *nauraa*.

Siitä hetkestä lähtien minäkin aloin pikku hiljaa *aikuistua* ja totuttautua eroon siitä teennäisestä sanavallankumouksellisuudesta ja arvostaa perustuslakia ja parlamentarismia, kuten sotavuodet eduskunnassa istunut isoisäni. Enkä enää suhtaudu kamalan suvaitsevaisesti saati ymmärtäväisesti sellaisiin ihmisiin, jotka vakavalla naamalla haukkuvat kokoomuslaisia fasisteiksi tai demareita taistolaisiksi. Minä olen oppinut totalitarismin ja demokratian eron, ja se on todella kouriintuntuva ero. Toivotaan, ettemme joudu koskaan oppimaan sitä konkreettisella tavalla omassa arkipäivässämme, vaikka esimerkiksi feministit ja hurrivihaajat niin kovasti haluaisivatkin meille totalitaristisen järjestelmän.

Tietysti Puolan nykyistä poliittista suuntausta voi arvostella paljonkin, ja myönnän itsekin joutuneeni pettymään siihen, että puolalaiset ovat esimerkiksi viime vaalien äänestyskäyttäytymisellään ikään kuin tieten tahtoen pönkittäneet kaikkia niitä ennakkoluuloja, joita hemmotelluilla länsieurooppalaisilla vasemmistolaisilla heistä on. Mutta koska minulla ei valitettavasti tuota Puolan kansalaisuutta ole, minun on kärsivällisesti jätettävä puolalaisten asiaksi äänestää ketä haluavat – se ei kuulu minulle ollenkaan. Onhan heillä nyt sentään vapaus äänestää minunkin mieleni mukaan, ja monet varmasti niin tekevätkin.

KANNABISTOLIITTO
30. kesäkuuta 2006

Kannabistoliitto ei sentään ole Neuvostoliitto, jos kohta Neuvostoliitossa runsaiden tupakkamäärien lisäksi varmasti poltettiin hampputuotteitakin jo Brežnevin aikana. Myöskään Vihreään liittoon otsikko ei viittaa, vaikka se muutama aika sitten antoikin sauhutteluväen metkuttaa itseään, mikä sinänsä ei ole suurikaan ihme. Kun puolueella ei oikein ole muuta linjaa kuin yleisvetkula sallivuus ja kaikkien sellaisten asioiden kannattaminen, joita joku "hyvä tyyppi" pitää hyvinä, tötsylegioonan ei edes tarvitse olla kovin kurinalainen tai hyvin järjestäytynyt kaapatakseen koko puljun omiin tarkoituksiinsa.

Ehei, tällä kertaa kannabistoliiton arvonimi myönnetään Vasemmistoliitolle, jonka pari nuorisojohtajaa on jäänyt nalkkiin omaehtoisesta komeroviljelyksestä. Riippumatta teon rangaistavuudesta tai vahingollisuudesta pidän moista pahimman lajin tyylittömyytenä. Koskaan ei nimittäin pitäisi käyttäytyä huhujen ja ennakkoluulojen mukaan: minäkään en esimerkiksi ole rasisti, äärioikeistolainen enkä homovihaaja, vaikka inhoankin feminismiä.

Samassa mielessä *tyylikästä* on olla visusti juomatta viinaa ja polttamatta kannabista, jos kuuluu sellaiseen poliittiseen ryhmäkuntaan, jota vastustajat yrittävät leimata juoppojen ja/tai/eli hasiksenröyhyttelijöiden puolueeksi.

Pölhöoikeistolaiset piirit ovat haukkuneet niin vasemmistoa kuin vihreitäkin narkomaaneiksi ja hasiksenvapauttajiksi jo vuosikausia ennen ensimmäistä oikeaa huumeskandaalia, vaikka ilmeisesti ainoa huumeliberalismista edes omassa piirissään vakavissaan keskustellut poliittinen taho olivat 90-luvun alkupuolella politiikassa pyrähtäneet nuorsuomalaiset. Sekään ei muistaakseni johtanut mihinkään oikeisiin poliittisiin linjauksiin, ainakaan sen jälkeen kun puolueeseen änkesivät Jaakko Iloniemen kaltaiset vanhat parrat, jotka veivät kaiken uskottavuuden sen nuoruus- ja uudistusmielisyysretoriikalta.

Oikeastaan olisi ollut hyvä, jos nusut olisivat leimautuneet huumeliberalisointipuolueeksi, koska silloin tuo hasiksenvapauttajaporukka olisi saatu heitettyä menemään oikeammilla asioilla olevista puolueista. Samasta syystä pidän harmillisena sitä, ettei ole erillistä feministipuoluetta: roskaväki pitää voida kipata jollekin kaatopaikalle hävittämään keskinäisiin riitoihin se poliittinen uskottavuus, jota sillä ehkä aluksi on.

Itse en pysty juurikaan ymmärtämään edes niitä ihmisiä, jotka juovat suuria määriä alkoholia, joten kannabiksenkäyttäjät ovat vielä enemmän käsityskykyni ulkopuolella. Ennen kaikkea ihmettelen sitä, miksi kukaan jaksaa vaivautua käymään katkeraa poliittista taistelua jonkin huumeen vuoksi. Kannabisintoilijoiden puheista saa usein sellaisen käsityksen kuin että he mieltäisivät kannabiksen jonkinlaiseksi persoonalliseksi, tuntevaksi ja kärsiväksi olennoksi, jonka oikeutta he ajavat – että kannabis on jotenkin oikeutettu viinan kanssa tasa-arvoiseen kohteluun. Minähän en tunnetusti tiedä sen enempää filosofiasta kuin väittelytaidostakaan yhtään mitään, mutta jonkinlaiselta kategoriavirheeltä tuo minusta näyttää. Ja jos kannabiksen käyttö sinänsä johtaa noin hupsuun järkeilyyn, se saa minun puolestani pysyäkin kiellettynä.

NUO MAINIOT NARKKARIT LIIKKUVISSA AUTOISSAAN

1. heinäkuuta 2007

Kaipa tässä voi kirjoittaa päihdeaiheesta toisenkin bloggauksen, kun kerran vauhtiin pääsin, ja Hesarinkin nettisivuilla korostetaan sitä, kuinka huumepäissä ajaminen on yleistynyt pääkaupungissa rattijuoppoutta selvästi enemmän. Joka neljäs vaikutuksenalainen kuski on nauttinut muutakin kuin valtion monopoliaineita. (Kirjoitin vahingossa "koka neljäs", ja nyt sitten mietin, olisiko sekin kirjoitusvirhe pitänyt jättää korjaamatta. Oikeutta myöten pitää kyllä todeta, että Helsingin Sanomien jutussa ei muistaakseni mainittu kokaiinia, vaan amfetamiini.)

Alkoholille autonratissa on tunnetusti säädetty toleranssirajat, kun taas laittomien päihteiden osalta voimassa on nollatoleranssi. Epäilemättä merkittävä osa kannabiksenvapauttajista pitää tätä epikseyden huippuna. Kyse ei kuitenkaan ole heidän kiusaamisestaan, vaan yksinkertaisesti siitä, että uuden päihteen laillistaminen on tässä yhteiskunnassa oikeasti varsin vaikeaa.

Yhteiskunta on sillä tavalla rakennettu, että siihen kuuluu monia intressejä ja tendenssejä, joita joudutaan kovalla työllä sovittamaan yhteen ja jotka joutuvat usein keskinäisiin konflikteihin. Esimerkiksi tästä kelpaa vaikkapa se korkea-arvoinen poliisijohtaja, joka taannoin, olisikohan ollut viime vuonna, jäi kiinni rattijuoppoudesta.

On hyvin todennäköistä, että tilaisuus, jossa hän nautti alkoholia, oli työsyidenkin kannalta niin oleellinen, että hän ei voinut kieltäytyäkään olemasta läsnä. Näinä ankeina aikoinahan töissä ei voi pelkästään *käydä*, vaan kaikilla on *ura*, jota on edistettävä usein työajan ulkopuolella ja vapaa-ajan ihmiskontakteilla. Vanhaa sanontaa mukaillakseni: sano minulle, kenen kanssa ryyppäät, ja minä sanon, montako euroa nettoat kuukaudessa. Toisaalta poliisijohtajalla oli epäilemättä kiire päästä palaamaan ajoissa työpaikalleen, jolloin hänellä ei ollut mahdollisuutta odottaa missään rauhaisassa paikassa alkoholin poistumista elimistöstään. Joukkoliikennekään ei kulje kaikkialle eikä kaikkina aikoina. Niinpä hänelle ei ilmeisestikään jäänyt muuta käytännön vaihtoehtoa avoimeksi kuin astua auton rattiin hieman pöhnäisenä ja panna kaikki sen kortin varaan, etteivät kollegat puhalluta eikä onnettomuuksia satu.

Vaikka olemassa onkin patologisia, psykopaattisia rattijuoppoja, jotka hyppäävät vaikka koskenkorvapullollisen juotuaan ja ajokortinkin menetettyään ohjauspyörän taakse ja rysäyttävät sitten tuhatta ja sataa koslansa päin ensimmäistä koulusta kotiin pyöräilevää pikkutyttöä, veikkaan, että poliisijohtajan tapauksen kaltainen tuottamuksellinen rattijuoppous on selvästi yleisempää ja kertoo enemmän ja oleellisemmin nykyisestä elämänmuodosta. Ilmeisesti kulttuuri ja yhteiskunnan käytännön säännöt ovat siten virittyneet ja jyvittyneet, että tarve juoda sosiaalisesti alkoholia ja tarve olla jatkuvasti skarppina ja tarkkaavaisena – niin työssä kuin liikenteessä – joutuvat vähän väliä väistämättömään, traagiseen ja auttamattomaan ristiriitaan.

Alkoholi aiheuttaa tunnetusti paljon sekä autokolareita että muitakin onnettomuuksia. Alkoholinkäytön sosiaaliset kontekstit ja tilanteet ovat kuitenkin kulttuurissamme määritellyt. Koska alkoholin vaikutukset tunnetaan tutkimuksen ja käytännön kokemuksen ansiosta erittäin tarkkaan, utelias löytää helposti luotettavia laskelmia siitä, miten nopeasti alkoholi poistuu elimistöstä. Alkoholin vaikutuksen loppumiseen liittyy myös selkeitä fysiologisia oireita (krapula), joista käyttäjä tietää, missä mennään. Kuten muuan kommentoijani sanoi, kannabiksesta ei saa krapulaa, joten sen vaikutuksen alaisena voi olla (ja mennä auton rattiin) olematta siitä tietoinen.

Luonnollisesti joku kannabiksen vaikutuksen alaisena autoileva julistaa kohta kommenttiosastolla, että hän poika tai tyttö se vasta hyvin ajaakin kun on ensin ottanut sauhut. Yllätys: myös krooniset rattijuopot ovat herttaisen vakuuttuneita siitä, ettei heidän ajotaidoissaan ole vikaa kun he ovat kännissä. Jotenkin en ole hirveän halukas luottamaan kummankaan porukan väitteisiin.

Lisäksi (tiedän, että seuraava toteamus raastaa loassa kaiken sen, mitä Kannabiskirkon apostolit, papit ja maallikot pitävät pyhänä) alkoholi on täysin vesiliukoinen aine, eli sitten kun se on poissa elimistöstä, se myös on poissa ainakin alkoholina. Tetrahydrokannabinoli taas on mutkikas, hiilivetyketjuinen orgaaninen molekyyli, joka ei liukene veteen, joten siitä voi ainakin teoriassa jäädä jäämiä elimistöön hyvinkin pitkäksi aikaa. Joku alkaa nyt varmaankin kitistä siitä, että tämä on vanha kannabiksenvastustajien klisee. Eipä ole: tämä on jo murrosikäisenä luonnontieteiden harrastajana omilla aivoillani tekemäni oivallus, jota tiedekunnan vaihdon vuoksi kesken jättämieni kemianopintojen aikanakaan en joutunut kyseenalaistamaan. Se on siis ikävä tieteellinen tosiasia.

Kannabistutkimus on poliittinen kuuma peruna. Riippumatta siitä, mitä mieltä kukin on kannabiksen vaarallisuudesta, hän löytää kyllä sekä tutkimuksia, anekdootteja että folklorea pönkittämään omia omituisia käsityksiään siitä. Luottamusta eivät ole omiaan herättämään sen enempää hysteeristen huumeidenvastustajien hätääntyneet purkaukset kuin myöskään hamppuhampparien konspiraatioteoriat salatuista tutkimuksista, jotka todistavat kannabiksen itse asiassa olevan niin maan kauhean terveellistä ja hyödyllistä tavaraa, mutta jotka Pentagon, illuminaatit ja Opus Dei ovat yhdessä piilottaneet Bilderberg-komission vintille, jottei ZOG-maailmanhallituksen toiminta häiriintyisi.

Tässä tilanteessa lainsäätäjän on jokseenkin mahdotonta laatia normeja sille, miten paljon vaikkapa kannabista saa olla kuskin elimistössä, koska luotettavia tietoja ei yksinkertaisesti ole. On mahdollista, että niitä on, mutta ne hukkuvat kaikkien omia esityslistojaan ajavien kiljukurkkujen meteliin, jolloin tavalliselta päättäjältä on kohtuutonta edellyttää valistunutta mielipidettä aineen vaarallisuudesta. Tällöin hän todennäköisesti päättelee, että kielto on varmuuden vuoksi viisainta jättää voimaan, eikä ainakaan minulla ole varaa häntä siitä moittia.

Jotta tarve pysyä liikenteessä ja työssä skarppina ja tarve rentoutua vapaa-aikana kaverien kanssa vesipiipun ääressä voitaisiin sovittaa yhteen, tulisi olla olemassa jonkinasteinen tieteellisesti hyväksyttävä konsensus siitä, kuinka kauan kannabiksenkäytön jälkeen on turvallista mennä auton rattiin tai raskaan teollisuuskoneen valvomoon. Sitä ei ole. Ja siihen ei ole yksinomaan syynä huumekauhistelijoiden propaganda, vaan yhtä lailla myös sinisilmäisten kannabiksenpalvojien haluttomuus rakentaviin ehdotuksiin siitä, miten kannabiksen tuotanto, jakelu ja verotus voitaisiin järkevästi järjestää. Pikemminkin he tuntuvat visioivan maailmasta, jossa kaikki ottavat elämän rennosti ja lunkisti siniset silmät mustien lasien takana ja pohtivat piipun ääressä sisäisiä jumaliaan lyöden samalla niin yhteiskunnan kuin talouselämänkin täysin lossiksi, koska ne ovat vain *kauheeta sortoo jost täytyy niiku vapautuu tiätsä* (puuuuuh).

Jos kannabiksen vapauttajat haluavat huumekeskusteluun oikeasti asiallista sävyä, heidän pitää kuitenkin opetella menemään sisään juuri siihen ikävään yhteiskuntaan, josta he piippunsa ääressä yrittävät vapautua. Utopististen täyslaillistamisvaatimusten sijasta heidän pitää oppia tekemään ikävää ja lehmäkauppaista *politiikkaa*, keskustelemaan esimerkiksi siitä, voisiko kannabiksen laillistaa syötävänä, mutta ei poltettavana (koska polttamisen tavan opittuaan voi langeta *tupakkaan*, jonka terveydelliset ja kansanterveydelliset haitat ovat kiistattomat, *varsinkin* siksi että sen käyttö on laillista). Heidän pitää myös alistua hyväksymään valtion Kanno myymälästä (vrt. Alko) ostettava kauppatavara iloisen anarkistisen kotitarveviljelyn tilalle, koska juuri nuo liikenneturvallisuuslaskelmat edellyttävät, että saatavissa on pitoisuuksien ja lisäaineiden osalta tunnettuja, standardisoituja valmisteita, joiden vaikutuksen kestoaika on mahdollisimman tarkkaan ennustettavissa.

PANU PETTERI HÖGLUND

Kaikki tällainen on kuitenkin ristiriidassa kannabiskulttuuriin ilmeisen oleellisesti kuuluvan rokkarivelttousmentaliteetin kanssa, joka pikemminkin vähentää halua yhteiskunnalliseen osallistumiseen (sellaiseksi en laske reaalipoliittisesti toteuttamiskelvottomia asioita kannattavien hörhölahkojen jäsenyyttä). Lisäksi kannabisväen tavoitteena – sikäli kuin heillä nyt mitään poliittisia tavoitteita on – tuntuu olevan lähinnä rajoittamaton laillistaminen, ja kompromisseihin alistuminen olisi pikkusormen antamista "yhteiskunnalle, joka sortaa". Tällaista tavoitetta ei kuitenkaan voida perustella alkoholin asemalla, sillä ei meillä kotipoltto eikä pimeiden pullojen kauppakaan ole laillista.

VIRTSAN PÄIVÄ KAUHISTAVA
4. heinäkuuta 2006

Ykköslehtemme vaivautui tuossa taannoin ottamaan myös puheeksi kaduille virtsaamisen, koska Helsingin poliisi ottaa ilmeisesti tästedes asiakseen sakottaa ihmisiä "tästä suomalaisesta erityispiirteestä". Veikkaan ettei se ole niin hirveän erityinen, koska muistan tunnistaneeni vanhan virtsan aromin useinkin Puolan tai Moskovan alikulkukäytävissä nuorena miehenä, kun vielä jaksoin seikkailla Itä-Euroopassa. Lauantai-iltapäivällä palatessani kaupungilta kotiin kylläkin törmäsin näkyyn, joka vaikutti suorastaan surrealistiselta.

Three Beersin kesäterassia reunustavien puskien vieressä seisoi kohtuullisen asiallisessa kesävaatetuksessa keski-ikäisehkö mieshenkilö hana esillä ja tankintyhjennys käynnissä. En olisi hirveästi kiinnittänyt huomiota asiaan, jos olisi ollut hämärämpää ja jos herrasmies olisi hakenut hieman suojaisamman paikan välttämättömien tarpeittensa suorittamiselle, mutta vaikka iltapäivä oli jo pitkällä, auringonlasku ei ollut lähelläkään, joten herra seisoi miehen merkki kourassa keskellä katua ja kirkasta päivää.

Sivuutin herrasmiehen ikään kuin en olisi nähnytkään häntä, mikä tietenkin on meidän kulttuuripiirissämme ainoa oikea tapa suhtautua moiseen. Liiallisen huomion kiinnittäminen olisi välittömästi johtanut turpatälliin, minkä lisäksi mies olisi aivan varmasti unohtanut housunsa auki ja letkunsa lorisemaan turpaanvedon ajaksi. Tällöin en olisi ainoastaan joutunut hankkimaan itselleni tekohampaita, vaan myös uudet kengät virtsassa uitettujen tilalle.

Jälkeenpäin tulin tietysti ihmetelleeksi, missä määrin kyse on suomalaisesta kulttuuripiirteestä, ja googletin sanoilla "pissing public Ireland" saadakseni selville, harrastetaanko moista myös adoptoidussa isänmaassani, jonka vuolailla kaljavirroilla voisi kuvitella olevan tuonsuuntaisia seurauksia. Ilmiselvien virtsauspornosivujen lisäksi en löytänyt muuta kuin kunnon kansalaisten valitusta siitä, että juhlapäivien sekasorto voi johtaa äärimmillään (!) niinkin kauhistuttaviin seurauksiin kuin että väki alkaa virtsata kaduille. Lisäksi muistin lukeneeni vuosia sitten Politykasta jutun ranskalaisen pikkukaupungin masentavasta ilmapiiristä, jossa todisteltiin kaupungin rappiota toteamalla, että siellä hoipparoi yksi (!) vanha juopporenttu tekemässä pikkuasioitaan kiviaitoihin ja seiniin. (Artikkelin kirjoittaja kehitti kyseistä henkilöä kuvaamaan puolalaisen uudissanan *oszczymur*, muureihinvirtsaaja.) Osuin myös eräälle Yhdysvaltain etelävaltioiden uutta runoutta käsittelevälle sivulle, jolla yksi esiteltävistä runoilijoista julistaa katu-uskottavuuttaan aitona etelän punaniskana korostamalla joutuneensa pidätetyksi humalassa kadulle virtsaamisesta ja tavanneensa putkassa yksinomaan samaisesta rötöksestä kiinni jääneitä miehiä.

Ehkä tästä voi tehdä sen johtopäätöksen, jonka olen jo pitkään ollut taipuvainen tekemään: että suomalainen alkoholikulttuuri on läpeensä alaluokkaistunut. Tietenkin keskiluokka omaksuu alaluokan ryyppäämistapoja aina jonkinlaisena "itseironisena" "statementtinä", koska "elämme" "ns." "postmoderneja" "aikoja". Nykyäänhän kaikki on lainausmerkeissä ja tarkoitettu itseironiaksi ja itsestään tietoiseksi parodiaksi, varmaan myymälävarkaudetkin. Huonosti kasvatetut ja käyttäytyvät nuoret naiset, ns. pissikset, ovat kuulemma hekin itseironisia postmodernisteja ja noudattavat lajitoveriensa käytöskoodia – räikeää pukeutumista, tupakointia, kadulle virtsaamista ja oman sukupuolielimensä nimen toistelemista – "itseironisesti" ja "tietoisesti".

Olen varmaankin vanhanaikainen, mutta minun logiikkani mukaan kadulle virtsaaminen on anteeksiannettavampaa, jos se tehdään aidossa hätätilanteessa, vaikkapa niin vaikeassa humalassa, että rakkoa ei voida hallita. "Ironinen" ja "tietoinen" ruilauttelu tarkoittaa sitä, että virtsaaja osaisi kyllä olla ihmisiksi, mutta tieten tahtoen käyttäytyy moisella tavalla.

POL POTIN JUOKSUPOJAT OIKEUTEEN
4. heinäkuuta 2006

Pol Pot, oikealta nimeltään Saloth Sar, ehti tunnetusti Ylimmän Syyttäjän eteen ennen kuin maallinen oikeus otti asiakseen punaisten khmerien johdon tuomitsemisen, mutta tuoreen uutisen mukaan Kambodžassa on jo päästy tuumasta toimeen, ja hänen elossa olevia yhteistyökumppaneitaan uhkaa leivätön pöytä. Ainakin Kambodžan punakhmerien aikainen presidentti Khieu Samphan, jota pidettiin pitkään punakhmerien hallituksen, *Angka Loeun*, johtajanakin ennen kuin Pol Potin rooli selvisi maailmalle, joutuu syytettyjen aitioon, eikä todellakaan yhtään liian aikaisin.

Niissä vasemmistopiireissä, joissa yritetään viimeiseen asti livistää ottamasta selkeää kantaa ns. reaalisosialismin julmuuksiin, vedotaan yleensä siihen, että näistä asioista ei ole saatavissa objektiivista tietoa. Tosiuskovaiselle tietenkään mikään tieto ei ole kyllin objektiivista, mutta Kambodžan julmuuksista ilmestyi jo kymmenkunta vuotta sitten varsin tasokas yleisteos, amerikkalaistuneen australialaishistorioitsija Ben Kiernanin *The Pol Pot Regime: Race, Power and Genocide in Cambodia under the Khmer Rouge*. Kiernan oli itse Kambodžassa punaisten khmerien valtaantulon aikoihin ja lähti maasta vasta karkottamalla. Miestä voidaan epäillä pahimman sortin tyhmänrohkeudesta, sillä punakhmerien otteet tuntien ei liene näitä kohtaan epäoikeudenmukaista olettaa, että ulkomaalaisenkin nirri oli Kambodžassa tuohon aikaan hyvin höllässä. Sittemmin Kiernan meni naimisiin kambodžalaisen naisen kanssa ja opetteli khmerin kielen.

Pol Potin hirmuvalta sai oman Solženitsyninsä kambodžankiinalaisesta lääkäristä Haing S. Ngorista, jonka muistelmat ovat alun perin ilmestyneet nimellä *A Cambodian Odyssey*, sittemmin uusittuna laitoksena,*Survival in the Killing Fields*. Ngorin vaimo menehtyi pakkotyöleirin rasituksiin, eikä hän koskaan toipunut tästä menetyksestä. Hän näytteli pääosaa dokudraamassa *Killing Fields*, mutta sivuosa-Oscarista huolimatta näyttelijänura ei ottanut edetäkseen. Syynä olivat osittain hänen kielivaikeutensa: kotimaassa hän oli varttunut puhumaan sujuvasti äidinkielensä, min nan -kiinan chaozhou-murteen, lisäksi khmeriä ja ranskaa, mutta englantia hän ei koskaan oppinut hyvin. Hän sai sittemmin surmansa kolmen kiinalaissyntyisen katujengiläisen ryöstömurhaamana Los Angelesissa: nuorukaiset vaativat häntä luovuttamaan medaljongin, joka sisälsi hänen vaimonsa valokuvan, ja Ngor uhrasi mieluummin henkensä.

Punaiset khmerit olivat Kiinan sponsoroima äärikommunistinen klikki, jonka aatteeseen kuului maolaisuuden lisäksi voimakas khmeriläisnationalismi. Myös lännen uusvasemmistolta oli saatu vaikutteita – loppujen lopuksihan Pol Potilla oli ollut pariisilainen kahvilaintellektuellivaiheensa. Mistään kommunistisesta internationalismista ei Pol Potin porukassa ollut puhettakaan: vietnamilaisiin suhtauduttiin ankaran rasistisesti, mikä sinänsä oli ainakin jossain määrin maan tapa; ja myös omaperäiset kieli- ja kulttuurivähemmistöt, kuten malaijin ja indonesian sukuista chamin kieltä puhuvat kambodžalaiset muslimit, kärsivät Pol Potin vallan alla suhteellisesti enemmän kuin khmeriläinen pääväestö.

Suomalaisesta näkökulmasta voisi myös irvaillen kutsua punakhmerejä äärikeskustalaisiksi, sillä Pol Potin tuki maaseudulla perustui jossain määrin kaupungin ja maaseudun välisiin eturistiriitoihin, ja kaupungit olivat yksi Angka Loeun ideologisista päävihollisista. Kaupunkilaiset evakuoitiin maaseudulle: kaupungit olivat urbaanin rappion, korruption ja kapitalismin täyttämiä synnin pesiä, jotka oli määrä hävittää. Kaupungeista ajetut pantiin ankariin ja (epä)terveellisiin maatöihin, ja jos tämä ei miellyttänyt jotakuta, hautausmaalla oli aina tilaa. Sukupuolisuhteista, silmälasien käytöstä, liian hitaasta työtahdista, liian pehmeistä ja työtätekemättömän näköisistä käsistä ja muista yhtä hirveistä rikoksista rangaistiin kuolemalla, joko ampumalla tai elävältä kiduttamalla. Viihteenä toimivat huonosti kiinasta käännetyt kommunistiset taistelulaulut, jotka jylisivät kovaäänisistä peltojen yli. Vaikka korvia särkikin, äänenvoimakkuudesta ei kannattanut valittaa, jos mieli elää päivääkään vanhemmaksi.

Merkillistä kyllä hirmuvalta ei pahimmillaankaan ulottunut koko maahan. Kiernanin mukaan osa Kambodžaa, ns. itäinen vyöhyke, jäi kommunistipuolueen vietnamilaismielisen, Neuvostoliiton tukeman ryhmäkunnan haltuun. Maailman asiat voivat olla juuri niin merkillisellä tolalla, että tämäkin porukka näyttää punakhmereihin verrattuna peräti inhimilliseltä, mutta 70-luvulla Neuvostoliitto oli jo kalkkeutunut, konservatiivinen voima, joka ilmeisesti tuki mieluummin vakautta ylläpitäviä järkeviä diktatuureja kuin punakhmerien kaltaista ateljeekokeiluihin intoutunutta höyrypääosastoa. Pakolaiset pyrkivät Pol Potin vyöhykkeeltä vietnamilaismielisten alueelle, kunnes Pol Potin ja vietnamilaismielisten välille syttyi sisällissota, jossa Vietnam tuli liittolaistensa avuksi ja ajoi punakhmerit takaisin pusikkoon.

Luultavasti lähes koko maailma veti henkeä helpotuksesta. Kuten sanottu, vietnamilainenkin kommunismi oli kommunismia, mutta siinä vaiheessa Kambodžan olisi voinut valloittaa vaikka simpanssikenraalin johtama gorilla-armeija, ja sekin olisi tuntunut jonkinasteisen ihmisyyden voitolta Pol Potiin verrattuna.

SENSUROITU SUOMESSA: 2006

Pol Potin valtaanpääsyyn myötävaikutti jossain määrin Yhdysvallat: Kambodžan sisällissota, joka toi kommunistit valtaan, sai alkunsa pommituksista, joilla amerikkalaiset yrittivät tuhota vietnamilaisten kommunistien Kambodžan kautta kulkevat huoltoreitit. Pommitusten tuloksena syntyi suuria joukkoja katkeroituneita, kodittomia talonpoikia sekä vanhempansa menettäneitä orpoja, joista polpotilaiset saivat kiinalaisten reseptien mukaisesti leivottua itselleen fanaattisia sissejä. Kun amerikkalaisten tukema kenraali Lon Nol nousi valtaan, hänen salainen poliisinsa keskittyi vainoamaan neuvostomielisiä vanhan kaartin kommunisteja – amerikkalaiset pitivät polpotilaisia isänmaallisina kansalliskommunisteina, jotka olivat heidän geopoliittisten etujensa kannalta lievempi uhkatekijä kuin neuvostoystävällinen ryhmäkunta. Tämä ei ollut ensimmäinen eikä viimeinen kerta, kun amerikkalaiset lukivat jonkin alusmaansa poliittista karttaa väärin.

Tietenkin viime kädessä tämäkin murhenäytelmä oli seurausta kylmän sodan rintamalinjojen ehdottomuudesta. Sellaisissakin kolmannen maailman maissa, joilla olisi omista perinteistään käsin ollut mahdollisuuksia maltilliseen, perustuslailliseen kehitykseen kohti demokratiaa, kylmä sota hävitti kaikki sovittelevat ja välittävät poliittiset positiot ja veti jokaisen yhteiskunnallisen ristiriidan mukaansa, osaksi Neuvostoliiton ja Yhdysvaltojen vastakkainasettelua. Tämä nosti valtaan mitä ärjyimpiä tappajaporukoita siellä sun täällä – Kambodžassa punaiset khmerit, jotka epäilemättä löivät kaikki ennätykset. Maan väkilukuun verrattuna Pol Potin joukkio surmasi varovaistenkin arvioiden mukaan niin paljon ihmisiä niin nopeasti, että Stalin ja Hitler jäävät kauas jälkeen.

ASEISIIN KAIKKI KUNINKAAN MIEHET!
6. heinäkuuta 2006

Kokoomuslaisen äitini kuoltua vuonna 2006 olin varsin innokas edistämään Suomen kansan eheytymistä ja esimerkiksi sisällissodan aikaisten sotakirveiden hautaamista. Kuten tiedämme, rasistinen äärioikeisto hännystelijöineen on sittemmin repinyt Suomen pahemmin rikki kuin ao. sota konsanaan.

Ensi syksynä eduskuntaan menee lakiehdotus vapaaehtoisesta maanpuolustuksesta. Esityksen nojalla myös siviilipalvelusmiehellä evp. voisi olla mahdollisuus liittyä maakuntajoukkoihin ja osallistua vapaaehtoiseen maanpuolustukseen. Armeijan aseet pidetään tiukasti lukkojen takana, eikä niitä ruveta jakelemaan sveitsiläistyyliin kodeissa säilytettäviksi. Tämä vaikuttaa minusta oikein hyvältä ja asialliselta lailta, jota ikäsivarikin voi kannattaa. Tosiasiahan on, että monet minun ikäluokkani sivarit eivät kieltäytyneet aseista minkään pasifismin vuoksi. "En minä kieltäytynyt aseista, minä kieltäydyin pelleilemästä", *mar a dúirt an té a dúirt*. Niihin aikoihin, joskus vuosikymmen sitten, kun menin itse sivariin, kirjoitin ruotsinkieliseen kulttuurilehteen aiheesta jutun *I stället för pacifism*, jossa pohdin, mitkä muut syyt kuin pasifismi – sinänsä harvinainen aate – saavat älykkäät nuoret miehet kieltäytymään aseista. Tämän lakiesityksen johdosta lienee aika puuttua aiheeseen uudemman kerran, ja eri kielellä.

Tyypillinen sivari ei tosiaankaan kieltäydy aseista minkään pasifistisen vakaumuksen pakottamana, vaan pikemminkin siksi, että koko nuorten miesten maailma opettaa armeijan olevan hänelle sopimaton paikka. Tyhmimmät, väkivaltaisimmat ja röyhkeimmät huligaanit homottelevat sivareita ja julistavat mahtavasti menevänsä armeijaan oikeiden miesten tapaan, koska he ovat siihenkin mennessä keskittyneet pikemminkin olemaan miestä – nimenomaan olemaan miestä, ei miehiä – kuin oppimaan mitään koulussa tarjoittua myöhemmän elämän tarpeisiin. Niille pojille, jotka eivät kuulu tupakka- ja turpaanvetojengiin, on alusta lähtien selvää, että sen jengin kanssa ei olla minkään rintaman samalla puolella eikä ainakaan voida mennä samaan armeijaan. Jos armeija on *tuon* sakin unelmien täyttymys, sinne ei kannata kenenkään täysjärkisen alentua.

Luultavasti sekä vapaaehtoiseen maanpuolustustoimintaan osallistuville että puolustusministeriönkin väelle on viime aikoina alkanut selvitä, että tilanne on kestämätön, jos maanpuolustus assosioituu vähälahjaisiin pikkurikollisiin ja siviilipalvelukseen valikoituu lainkuuliaista, älykästä keskiluokkaa. Tilanteen normalisoimiseksi on varsin järkevää antaa muista kuin pasifistisista syistä sivariin menneille kunnon miehille mahdollisuus tulla katumapäälle ja osallistua niin halutessaan maakuntajoukkojen toimintaan. Näin viedään myös argumentteja niiltä vasemmistolatteuksien latelijoilta, jotka selkäytimestä lähtevällä vaistolla huutavat "fasismi" kun niille sanoo sanan "maanpuolustus" tai "isänmaa".

Mitä sotilasvalassa sanotaan? Muun muassa näin: *Minä lupaan ja vakuutan kaikkivaltiaan ja kaikkitietävän Jumalan edessä olevani Suomen valtakunnan luotettava ja uskollinen kansalainen. Tahdon palvella maatani rehellisesti sekä parhaan kykyni mukaan etsiä ja edistää sen hyötyä ja parasta. Minä tahdon kaikkialla ja kaikissa tilanteissa, rauhan ja sodan aikana puolustaa isänmaani koskemattomuutta, sen laillista yhteiskuntajärjestystä sekä valtakunnan laillista esivaltaa. Jos havaitsen tai saan tietää jotakin olevan tekeillä laillisen esivallan kukistamiseksi tahi maan yhteiskuntajärjestyksen kumoamiseksi, tahdon sen viipymättä viranomaisille ilmoittaa. Jos minut asetetaan esimiesasemaan, tahdon olla alaisiani kohtaan oikeudenmukainen, pitää huolta heidän hyvinvoinnistaan, hankkia tietoja heidän toiveistaan, olla heidän neuvonantajanaan ja ohjaajanaan sekä omasta puolestani pyrkiä olemaan heille hyvänä ja kannustavana esimerkkinä.*

Luulenpa, että esimerkiksi minulla ei oikeasti ollut mitään näitä ihanteita vastaan edes 80-90-luvulla, kun olin olevinani kovastikin radikaalia aseistakieltäytyjää. Pikemminkin naiivista nuorukaisesta tuntui siihen aikaan, että armeija, joka ilmeisesti toivotti tervetulleimmiksi selvästi rikolliset roikaleet (puhumattakaan yhteiskuntajärjestyksen kaatamiseen pyrkivistä uusnatsinuorukaisista), oli itse ensimmäisenä pitämässä pilkkana kaikkea sitä, mihin sotilasvalassa oli määrä sitoutua. Kuinka sellainen laitos voisi edistää isänmaan hyötyä ja parasta, joka arvostaa enemmän vähäjärkisiä, väkivaltaisia muskelimiehiä kuin lainkuuliaisia ja kilttejä kuuden laudaturin lukioälykköjä? Tällaisesta tekopyhyydestä ja pelleilystä me kieltäydyimme vuosikymmen pari sitten, emme suinkaan aseista.

Aikuisena miehenä sitä vastoin voi jo odottaa kohtaavansa vaikkapa maakuntajoukoissa toisia aikuisia akateemisesti koulutettuja miehiä pikkupoikamaisten simputtajien sijasta – miehiä, joiden keskuudessa voi tuntea olevansa samalla, oikealla puolella, lainkuuliaisena yhteiskunnan tukipylväänä. Sellaiseen väkeen vanha sivarikin voi samaistua, ja on puolustusministeriöltä odottamattoman järkevää ymmärtää, että keskimääräinen ikäsivari on todennäköisesti lainkuuliainen aikuinen mies, jollaisia maanpuolustustoimintaan varmasti kaivataan – ne armeijaan aikoinaan innolla rientäneet huligaanit kun ovat kolmi-nelikymppisinä jo syrjäytyneet ja ryypänneet itsensä hengiltä.

Jos maakuntajoukot avaavat ovensa siviilipalvelusmiehille, kyse on eräässä mielessä samasta asiasta kuin siinä, että suojeluskunnat aikoinaan avasivat ovensa sosiaalidemokraateille ja työväenyhdistysten jäsenille. Kansa eheytyy: entiset sivarit hyväksyvät itsensä ja heidät hyväksytään osaksi sitä. Näin kuuluu olla. Näin on hyvä.

TEEKKARIEN VAPAUTUSARMEIJA
7. heinäkuuta 2006

Pommiuhka Suomessa! Partamullahit posmottavat Osku bin Ladenin johdolla tuhruisissa videonauhoissa kuolemaa Suomen kansalle niin että räkä viiksistä roiskuu! Ryskäävät räjähteet sinkoavat sisälmyksiä ja riepottelevat ruumiinjäseniä pitkin maita, mantuja, teitä ja tantereita! Allah akbar! Sabah al kheir! Sabah an nuur! – Joo, niinpä kai. Itse asiassa poliisi löysi toistaiseksi räjähtämättömiä pommiaineksia teekkarikylästä.

Kun teekkareilla tuskin vielä oikeasti on omaa itsemurhaiskijöiden sissiliikettä, kyseessä lienee Petri Gerdt -syndrooman seuraava esiintymä. Tällä kertaa vain meillä oli sen verran tuuria, että räjähdetehtailijat eivät ehtineet detonoida jytkyään väkijoukkojen keskellä. Siltikin pistää miettimään, onko tästä tulossa Suomeen perinne.

Petri Gerdtin tapauksesta jaksettiin jauhaa kuin suurestakin arvoituksesta, ja pojan isäparka joutui kaikenlaisten törkeyksien ja loanheiton kohteeksi. Meille alempitasoisten miesten aktivistiliikkeen jäsenille Petrin kohtalossa ei ollut yhtään mitään epäselvää, odottamatonta eikä mystistä: luonnontieteellisesti lahjakkaille, ikäistensä seuraelämästä syrjäytyneille nuorukaisille on erittäin helppo käydä juuri noin.

Luultavasti Suomessa on hyvin paljon luonnontieteellisen tai teknillisen alan miehiä – tai jonkin aikaa alan koulutuksessa olleita, kuten nöyrin palvelijanne – jotka muistavat mainiosti, miltä tuntui olla kiinnostunut vaikkapa kemiasta ja juuri sen kiinnostuksen vuoksi sosiaalisesti eristynyt urheiluhullujen ja prostituoidun näköisiksi meikattujen tytönhilsujen kansoittamassa koulussa. Luulin aluksi sitä vain omaksi kokemuksekseni, mutta netin ja blogien avattua silmäni törmäsin todellisiin nuorten, lahjakkaiden ja ujojen miesten laumoihin, jotka ovat nyt samassa jamassa kuin minä 15-20 vuotta sitten.

Tuollainen yksinäinen poika saattaa varsin helposti innostua kaikenlaisiin tuho- ja katastrofikuvitelmiin, koska hän tietää varsin hyvin, että hänen oma elämänsä on sosiaalisten suhteiden ja pariutumisen kannalta käytännössä umpikujassa. Hän ei kehity – paitsi harrastamallaan alalla – vaan samat nöyryytykset ja pettymykset toistuvat yhä uudelleen, paikallaan polkien. Ainoa mahdollisuus päästä umpikujasta ulos on räjäyttää se – konkreettisesti.

Minä en luojan kiitos koskaan lotrannut oikeiden kemiallisten aineiden kanssa vapaa-aikanani, mikä muuten varmaankin on yksi pääsyitä siihen, että lupaavasti alkanut kemianopiskelu meni lopulta köppätorville: en voinut sietää laboratorion hajua, sormista tippuvia koeputkia, rikkihapposyöpymiä käsissä enkä veren pakenemista päästä pitkän seisoskelun takia. Teorian tasolla olin ja olen varsin hyvin perillä – en räjähdysaineista, mutta – taistelukaasuista, jotka olivat minulle lukioikäisenä samanlainen pakkomielle kuin Petri Gerdtille ja hänen hengenheimolaisilleen räjähteet. Jos pakko olisi, osaisin valmistaa varsin yksinkertaisista aineksista myrkyn, joka aiheuttaisi samanlaisen tuskallisen kuoleman kuin sariini tai tabuuni. Ja totta kai minullakin oli katastrofifantasioita, joista yritin kirjoittaa pöytälaatikkoon omatekoista tieteisromaania jonkin sortin "John Wyndham kohtaa H.G.Wellsin" -tyyppisessä hengessä: kaikki muut olisivat kuolleet hermokaasuun, vain minä jäänyt henkiin lausumaan itsekseen yleviä sanoja mätäneville ruumiille.

Silloin ennen vanhaan ei tietenkään ollut nettiä – se tuli kuvioihin vasta vuosikymmen myöhemmin. En siis koskaan tutustunut toisiin samalla lailla ajatteleviin. Yksinäisyys otti tietysti koville, mutta parempi sekin kuin seota johonkin netissä luuhaavien epäsosiaalisten nuorten miesten alakulttuuriin, joka kiihottaisi toisensa virittämään pommin tai keittämään tynnyrillisen hermokaasua. On varsin mahdollista, että tällaiset nuorukaiset eivät näkisi itseään kostajina eivätkä räjähdettään tai kaasupommiaan rikoksentekovälineenä. Pikemminkin heidän katastrofifantasiaansa kuuluisi oleellisesti tarve luoda katastrofiolosuhteet, joiden vallitessa he sitten itse voisivat esiintyä kaikkien ihailemina ja tyttöjen himoitsemina sankareina kuin Robert A. Heinleinin tarinoiden päähenkilöt.

Joku kommentoijistani sanoi Timo Soinin huomauttaneen jossain välissä jotain sen suuntaista, että ainoa nuorelle miehelle varattu osa yhteiskunnassamme on häiriköinti ja öyhöttäminen. En tiedä onko tilanne vieläkin niin synkkä, mutta minun nuoruudessani se varmasti oli. Tämä merkitsee, että juuri ne nuorukaiset, jotka eivät ryyppää, narkkaa, tappele, urheile eivätkä muutenkaan öyhötä ja häiriköi, vaan keskittyvät pohtimaan pikriinihappomolekyylin synteesiä, jäävät osattomiksi sosiaalisesta elämästä ja ihmisyydestä. Silloin kun he löytävät toisensa, he eivät välttämättä saa toisiltaan parhaita mahdollisia vaikutteita. Pahimmassa tapauksessa he väsäävät pommeja ja räjäyttävät niillä ihmisiä hengiltä – eivät pahuuttaan, vaan jonkinlaista lapsellisuuttaan.

Siinä missä monille muille syrjäytymisvaarassa oleville ryhmille on tarjolla apua ja terapiaa, tällaiset pojat jäävät usein ilman. Sen jälkeen kun Petri Gerdt teki tekosensa, olisi kohtuullista, että sosiaaliviranomaiset ja mielenterveystoimi – vaikkapa opiskelijaterveydenhuolto – pyrkisivät aktiivisesti jäljittämään tällaiset pojat ja auttamaan heitä. Valitettavasti epäilen, että siihen menee kauan, ennen kuin heitä opitaan auttamaan tehokkaasti. Sosiaalitädit tuskin ovat kovin kykeneviä asettumaan heidän asemaansa. Pojat itse taas kokevat epäsosiaalisuutensa ja älykkyytensä osana samaa kokonaisuutta: älykkyys ja asioiden tutkiminen ovat ainoat asiat, joista he kosmisessa yksinäisyydessään saavat tyydytystä ja itsetunnon rakennuspuita, ja vaatimus ruveta sosiaaliseksi ja ottaa muut ihmiset huomioon tuntuu heistä herkästi vaatimukselta ruveta tyhmäksi.

Asialle olisi kuitenkin hyvä tehdä jotain, ellemme halua kotimaista pomminposauttajien alakulttuuria, jolla ei ole mitään tekemistä islamin kanssa, mutta joka on tavallisen kansalaisen turvallisuuden kannalta yhtä vaarallinen kuin komppania aitoja itsemurhapommittajia Lähi-idästä.

ROBERT HEINLEIN JA BRIDEY MURPHY
9. heinäkuuta 2006

Blogimaailmassahan tunnetusti on käyty sotaa luonnontieteilijöiden ja humanistien välillä siitä asti kun sana "blogi" ilmaantui suomen kieleen, ja Usenetissä jo kauemmin. Tyypillinen luonnontieteilijäksi identifioituva kirjoittaja – tai sellaisten hännystelijä: netissähän esiintyy kovista esittäviä mieskirjoittajia, jotka tietävät luonnontieteistä tasan yhtä vähän kuin sika jääkiekosta, mutta jotka haluavat päästä mukaan jengiin – lähtee siitä, että humanistit nyt joka tapauksessa ovat ituja syleileviä taikahippejä, jotka keskittyvät hasissätkien lomassa uskomaan uccapucca-wicca -henkiin ja jälleensyntymiseen. Mehän tiedämme tämän erinomaisesti, kaikki jotka blogeja olemme lukeneet.

Koska minulla tunnetusti on varsin eklektiset lukuharrastukset, tulin viimeksi Akateemisessa käydessäni poimineeksi hyllystä sellaisen kirjoittajan kirjan, jota juuri insinööri- ja luonnontieteilijäväki arvostaa – kenenkäs muunkaan kuin Robert Anson Heinleinin. Heinlein oli yksi tieteiskirjallisuuden kultakauden suurista nimistä, insinööri ja entinen laivastoupseeri, joka oli joutunut luopumaan sotilasurasta sairastuttuaan tuberkuloosiin. Sotilaalliset hyveet olivat kuitenkin hänelle henkilökohtaisesti tärkeitä koko loppuiän ajan, minkä tietävät kaikki, jotka ovat lukeneet hänen romaaninsa *Starship Troopers* tai nähneet Paul Verhoevenin siitä varsin ylimalkaisesti tekemän elokuvasovituksen.

Heinleiniä pidetään yleisesti varsin ankarana *no nonsense* -miehenä, joka pyrki kirjoittamaan ainakin insinööritieteellisestä näkökulmasta suhteellisen tolkullista tekstiä. Ämmämäistä tunteilua ja siirappisääliväisyyttä hän ei voinut sietää, ja kylmän sodan vuosina hän olikin kovin soturihenkinen, kuten vanhalta laivastoupseerilta saattoi odottaa. Ydinsodan jälkeiseen maailmaan varautuneille survivalistipiireille hän oli jollei nyt profeetta niin ainakin esiajattelija, joka kirjoitti aiheesta paljon valistustekstejä kylmän sodan alkuvuosina. Myös yksi hänen vähemmän tunnetuista romaaneistaan, *Farnham's Freehold*, käsittelee aihetta. Heinlein piti myös seksuaalista vapautumista käytännön syistä väistämättömänä ilmiönä ja oli sukupuoliasenteissaan edelläkävijä. Tähän vaikutti jossain määrin hänen tulkintansa amerikkalaisista vapausihanteista, mutta tässäkin oli taustalla se, että hän suhtautui näihin asioihin pohjimmiltaan luonnontieteilijän asiallisuudella.

Sitä hämmentävämmältä tuntuu huomata Heinleinin kirjoittaneen 1950-luvulla huomiota herättäneestä ns. Bridey Murphyn tapauksesta, että se oli "todistanut" kuolemanjälkeisen elämän ja jälleensyntymisen mahdolliseksi. "Bridey Murphy" oli amerikkalainen perheenemäntä nimeltä Virginia Tighe, joka hypnotisoituna alkoi puhua irlantilaisella korostuksella ja muisti tarkkoja yksityiskohtia "aiemmasta elämästään" Bridey Murphy -nimisenä Corkin seudulla 1700-1800 -luvuilla eläneenä irlantilaisena maalaisnaisena. Hypnotisoija, Morey Bernstein, ansaitsi ilmeisestikin rutosti rahaa myymällä sekä Murphy-Tighen muistelmia äänilevyillä että kirjoittamalla kirjankin aiheesta (se on suomennettu nimellä *Bridey Murphyn jäljillä*, ja siinä Tighestä käytetään peitenimeä Ruth Simmons).

Bridey Murphyn muistelukset eivät parapsykologia-nimisen pseudotieteen historiassa ole mikään ihmeellinen juttu: ainoa, mikä niissä on ainutlaatuista, on se, että niin monet uskoivat siihen huijaukseen. Jopa Heinleinin kaltainen mielestään tiukan tieteellisesti ajatteleva ihminen antoi huiputtaa itseään. Itseoppineena keltologina minä satun tietämään, että 1700-luvun lopussa Corkin seudulla syntynyt irlantilainen maalaisnainen olisi jokseenkin varmasti puhunut iiriä äidinkielenään. Corkin kreivikunnan länsiosassa on vieläkin pieni iirinkielinen alue, Cúil Aodha, ja ennen suurta nälänhätää koko kreivikunnan maaseudun on täytynyt olla iirinkielistä. Siitä huolimatta "Bridey" ei osannut kutsua itseään iirinkielisellä nimimuodolla "Bríd Ní Mhurchú" eikä puhunut iiriä.

Nyttemmin on selvää, että Virginia Tighen "muistot" olivat yhdistelmä hänen omia fantasioitaan, hänelle yleisamerikkalaisesta kulttuurista tuttuja irlantilaisuuskliseitä ja hänen lapsena irlantilaiselta naapurin tädiltä kuulemiaan juttuja elämästä Irlannissa ei suinkaan 1800-luvun, vaan 1900-luvun alussa. Kuka tahansa iiriä osaava ja Irlannin kulttuuria ja historiaa tunteva humanisti olisi osannut sanoa tämän tutustumalla aineistoon.

Oikeasti kiinnostavaksi todisteeksi jälleensyntymisestä "Bridey Murphy" olisi muuttunut vasta siinä vaiheessa kun hän olisi alkanut puhua Munsterin iiriä vanhahtavalla kieliopilla. Mutta Heinlein ja muut huijattavat olivat valmiita hyväksymään "todisteiksi" pari yksittäistä hassulta kuulostavaa sanaa, jotka eivät olleet edes iiriä, vaan hieman marginaalisia englannin murresanoja. Kun Murphyyn haluttiin uskoa, keksittiin sitten mitä mielikuvituksellisimpia selityksiä, esim. että juuri nämä sanat olisi omaksuttu omaan iirin murteeseen. Kellekään ei tietysti tullut mieleenkään tutustua siihen, mitä Corkin kreivikunnan iirinkielisistä murteista ja niiden vakiintuneista englanninkielisestä lainasanastosta tiedettiin. Niistä voitiin sanoa jo 1950-luvulla erittäin paljon, iiri on nimittäin yksi maailman tarkimmin dokumentoituja kieliä.

No, nykyään kukaan luonnontieteilijä ei tietenkään usko Bridey Murphyyn. Heinleiniä voitiin huiputtaa siksi, että hänen aikanaan parapsykologia oli suosittu tieteiskirjallisuudessa, ja hän kirjoitti itsekin aiheesta novelleja [puhumattakaan siitä, että se vilahtaa myös romaanissa *Yli-ihmisen aika*]. Luonnontieteellinen maailmankuva ei suojaa luonnontieteilijöiden keskuudessa esiintyviltä ajatuksellisilta muodeilta (muotisanaa käyttääkseni "meemeiltä"), joiden yhteensopivuutta maailmankuvan kanssa ei epäillä, koska meemi on omaksuttu luotettavalta kaverilta. Kunnianarvoinen insinööri saattoi uskoa yliaistilliseen kommunikaatioon: samassa yhteydessä, jossa Heinlein intoilee Bridey Murphystä, hän sanoo, että ihmisen täytyy olla joko itsepäinen tai typerä pitääkseen telepatiaa hölynpölynä. Nykyään "skeptisillä" insinööreillä ja luonnontieteilijöillä saattaa olla omia "Bridey Murphyyn" verrattavia taikaluulojaan, mutta edelleenkään he eivät luota siihen humanistiseen tieteeseen, jonka keräämillä todisteilla ne luulot olisivat kumottavissa. Mieluummin he pysyttelevät autuaallisen tietämättömänä niistä todisteista – mikä on täysin rinnastettavissa jonkun Darwinin haamua pakenevan kreationistin asenteeseen.

Tämän kirjoituksen tarkoituksena olisi nyt saada luonnontieteilijät pohtimaan niitä uskomuksia, joita heillä on omaan erikoisalaan liittymättömistä asioista. Minulla vain on sellainen paha aavistus, että kukaan ei myönnä uskovansa "Bridey Murphyyn". Enhän minä, mutta nuo toiset, kun ne ovat sellaisia kommunisteja, humanismin tartuttamia tms.

EI KUKKO KÄSKIEN INNOVOI
10. heinäkuuta 2006

Nuorena uskoin vihertävien idealistien käsityksiin elinkeinoelämästä *kuolinkeinoelämänä*, ts. jonkinlaisena väistämättömiä uudistuksia, esim. ekologisia uudistuksia, omalla painollaan estävänä jämähtäneistönä. Ajatus yrittäjyydestä omalla kohdalla oli tasan yhtä vieras kuin uskovaiselle kristitylle, juutalaiselle tai muslimille olisi ollut ajatus kääntymisestä johonkin monijumalaiseen uskontoon. Kaikkein hupaisimmalta tuntui tapa, jolla kuolinkeinoelämän meille yläasteen tai lukion opiskelijoille jakamassa propagandamateriaalissa kohkattiin innovaatioista. Innovaatio, meille selitettiin, tarkoitti uudistusta tai keksintöä, jotain sellaista mikä juolahtaisi Pelle Pelottoman mieleen mietintämyssyn avulla. Mutta työnantajajärjestöjen ja teollisuuden edustajat vaikuttivat sellaisilta herroilta, joiden ei ollut tarvinnut innovoida leipänsä eteen yhtään mitään kymmeniin vuosiin, kun raha juoksi muutenkin. Itse asiassa kaikenlainen piilomarxilainen vallankumousta lietsova agitaatiohuttukin tuntui siihen aikaan uskottavammalta.

Nuorena poikana minä tiesin tarkkaan olevani nero, tai ainakin minusta tulisi vielä nero. Ja yhtä selvää silloin 80-luvulla oli, että nerot eivät todellakaan menisi elinkeinoelämän palvelukseen, koska kaikesta innovatiivisuusliturgiastaan huolimatta se elämänalue vaikutti henkisesti täysin kuolleelta. Palkka ehkä oli hyvä, mutta olisiko todellakaan mitään vitsiä nostaa isoakaan rahaa kaikkien uusien ajatusten tukahduttamisesta yhdistettynä sen liturgian robottimaiseen toistelemiseen? Olihan minulla ilmeisiä luonnontieteellisiä ja matemaattisia lahjoja, mutta teollisuuteen insinööriksi? Ei sitten ikinä.

Minusta muuten tuntuu, että 80-luvulla muodikas vihertävä vihamielisyys elinkeinoelämää kohtaan johtui ainakin jossain määrin sen innovaatiohöpötyksen laajemmasta epäuskottavuudesta. Idänkauppa ei tosiaankaan vaatinut sanottavaa kekseliäisyyttä, ainoastaan kestävää maksaa ja lujaa viinapäätä, minkä siihen osallistuneet ovat itsekin melko selkeästi myöntäneet erinomaisessa kirjassa *Moskovitsit – idänkaupan iloiset tuulet*. Kirja löytyy varmasti paremmansorttisten kirjastojen valikoimista, ja oletan, että idänsuhteidemme historian tutkijat julkaisevat siitä ennemmin tai myöhemmin oppineilla kommentaareilla varustetun uusintapainoksen, koska kyseinen huumoriksi tarkoitettu teos kertoo idänkauppiaiden mentaliteetista kaiken tarvittavan. Kun bilateraalisella kaupalla lihonut vuorineuvos puhui *teollisuuden innovaatioista*, siinä oli vaikea pitää naamaansa peruslukemilla.

Nyt vanhemmilla päivillä, kun olen tuossa työelämässäkin jo joitakin vuosia ehtinyt olla, olen alkanut ajatella siihen malliin, että on olemassa kahden sortin yrittäjiä: niitä, jotka puhuvat innovaatioista ja työnteosta, ja niitä, jotka eivät puhu, vaan tekevät; ja joskus minusta tuntuu, että näiden kahden ryhmän väliset ristiriidat ovat yhtä ankaria kuin "porvarien" ja "proletariaatin" konsanaan. Tästä minua muistutti taas kerran Helsingin Sanomien siteeraama Ernest-Antoine Seillière, "Euroopan elinkeinoelämän etujärjestön" puheenjohtaja, jonka mielestä Euroopan kilpailukykyä haittaa yhteisön osavaltioiden "nationalismi". Ranskan sijasta hän puhuu mieluummin "bisnesyhteisön kieltä", englantia. "Me olemme tehokkaita, emme me haaskaa rahojamme tulkkeihin, kuten EU", hän kehuu, ja rivien välistä on helppo lukea, että hänen mielestään EU:nkin kannattaisi siirtyä kokonaan englantiin. "Me käytämme tietokoneita, lennämme lentokoneella ja puhumme englantia", hän kehuu. Hellanduudelis, kuinka edistyksellistä ja tehokasta tuo bisneselämä onkaan!

Mösjöö Seillière vain unohtaa erään asian: ne tulkki- ja käännöspalvelut on ostettava joltakulta. Siis joltakulta sellaiselta *yrittäjältä*, joiden etuja hän väittää ajavansa. Se joku tarvitsee tietokoneistettuja ratkaisuja kääntämisen ja tulkkityön helpottamiseen. Niinpä se joku hankkii tietokoneasiantuntijoita palvelukseensa luomaan tarpeisiinsa sopivia ohjelmistoja ja järjestelmiä. Tästä kaikesta seuraa juuri niitä *innovaatioita*, joita mösjöön kaltaiset mahtavasti puhuvat vuorineuvostyypit peräänkuuluttavat juhlapuheissaan, samalla kun he pahoittelevat niitä Euroopan kulttuuripiirteitä, jotka johtavat näihin innovaatioihin!

Mutta mikäs ihme tuo on. Mösjöö lajitovereineen elää sellaisessa maailmassa, jossa lennetään vallan lentokoneilla, ajetaan hienoilla autoilla, prrrääännn prrrääännn, ja puhutaan, voi tokkiisa, oikein englantia. Jos hän joskus katsoisi autonsa ikkunasta, hän näkisi sieltä joukoittain ihmisiä, jotka ostavat palveluja ja tuotteita ja haluavat käyttöohjeet omalla kielellään. Sanalla sanoen, hän näkisi *markkinat*. Hän vain on päässyt niin korkealle tasolle, ettei siellä tarvitse enää välittää markkinoista, vaikka markkinataloudesta paljon puhutaankin.

Ja tämä tahtoo yleisemminkin olla kaikenlaisten elinkeinoelämän etua mielestään ajavien propagandaämyrien ongelma. Heillä on oman kaveripiirinsä kulttuurista käsin lähtevä lattea käsitys siitä, mikä on *bisnestä*. Kuitenkin onnistuneen yrittäjätoiminnan, sen paljon puhutun innovoinnin salaisuus on se, että keksii jotain sellaista, mitä nämä herrat eivät ole tulleet ajatelleiksi. Toisin sanoen – että tulee laajentaneeksi *bisneksen* käsitettä uusille alueille. Esimerkiksi niille elämänalueille, jotka noiden ukkojen mielestä pitäisi amputoida tehokkuuden nimissä kokonaan, koska *heille* ei ole koskaan tullut mieleen hyödyntää niitä kaupallisesti.

PINK FLOYDIN MAAILMANAIKAAN
12. heinäkuuta 2006

Syd Barrett, Pink Floyd -yhtyeen alullepanija, on kuollut. Koska nuoruudessani harrastin jonkin verran Barrettin perustaman rämpyttäjistön tuotantoa – niin vaikeaa kuin lukijoitteni epäilemättä onkin uskoa *minun* koskaan suuressa, omahyväisessä intellektualismissani koskaan alentuneen mihinkään niin profaaniin kuin rokkiin – tämä on yhtä hyvä tekosyy kuin mikä tahansa muukin heittäytyä muistelemaan kasariaikaista nuoruuttani, jos sitä räpeltämistä nyt voi nuoruudeksi kutsua. Puolustukseksi on sanottava, että vaikka ajat olivat ankeita kuin Kaurismäen myöhäiset elokuvat, ääniraita oli upea, eikä vähiten Pink Floydin ansiosta. (Äh, olen näköjään käyttänyt samaa kielikuvaa vanhassa blogissani. Pitää varmaankin skarpata. Muistutus itselle: älä mainitse SIGiä äläkä varsinkaan siteeraa kappaletta "Elämä vie mua".)

Pink Floydiin tutustuimme – "me" tarkoittaa tässä nöyrimmän palvelijanne lisäksi hänen sarjakuvataiteilijana kunnostautunutta isoaveljeään – oikeastaan sattumalta. Meille provinssin pojille nuorisokulttuurin kuviot pakkasivat olemaan hiukan vieraita, kun ei ollut tuota nettiä eikä puukoteloisessa televisiossakaan ollut värejä.

Jouduimme siis lukemaan isoisän tilaamasta Suomen Kuvalehdestä, millaisia meidän pitäisi olla kun kerran olimme pääsemässä nuorison ikään. Kyseisessä aikakautisjulkaisussa haastateltiin eräänkin kerran nuoria diinejä, fiftareita, tedejä eli rasviksia. Nämä kaverit sonnustautuivat teräväkärkisiin kenkiin, joista käytettiin teknillistä termiä *spittarit*. Kaipa ne lähinnä jonkinlaisia villin lännen karjapaimenten saappaita olivat merkkaavinaan. Teräväkärkisyytensä vuoksi ne soveltuivat erinomaisesti täsmäaseeksi, kun spittareihin sonnustautuneen nuoren herran – *spittarikelmin*, kuten minulla oli tapana nimittää heikäläisiä, joskaan ei päin naamaa – yllätti voimakas ja vastustamaton tarve potkaista pienempää poikaa kiveksiin.

Nimitys *rasvis* viittasi tötteröön eli vookiin (ruotsin sanasta *våg* = aalto), joka oli runsailla hiusrasvamäärillä muovailtu jenginuoren otsan päälle. Käydessään sitä sankarillista sotaa heikompia ja pelokkaampia vastaan, joka on jokaisen ylempitasoisen murrosikäisen pojan kunnia-asia, hän käytti tötteröä kemiallisena aseena. Nyökäyttämällä päätään rennon diinimäisesti hän pystyi sinkauttamaan tästä tykistä hiuskräämiklimpin, joka ilmassa hajaantui pisararoiskeeksi ja aiheutti sanoinkuvaamattoman kemiallisella lemullaan uhrille allergisia oireita.

Fiftari tulee tietenkin englannin sanasta *fifty*, koska asianomaiset nuorukaiset katsoivat edustavansa viisikymmenlukulaisuutta. Siihen he tutustuivat seuraamalla televisiosta amerikkalaista sarjaa *Onnen päivät*, jossa heidän roolimallinaan toimi amerikanitalialainen kovis Arthur "Fonzie" Fonzarelli. Seksikkään ammattinsa (automekaanikko) ja nahkatakkinsa ansiosta Fonzie sai kymmenen nuorta neitoa milloin tahansa halaamaan itseään napsauttamalla sormiaan. Fonzieta esitti tuolloin jo miehen ikään eli päälle kolmekymppiseksi ehtinyt Henry Winkler. Mitä sitten tulee termiin *tedi*, sen taustalla lienee supisuomalainen rockabilly-yhtye Teddy and the Tigers.

Suomen Kuvalehden artikkelissa haastatellut rasvikset – tai "rokkarit" – kehuivat viinanjuonnillaan, tupakanpoltollaan ja seksillään, minkä lisäksi he paheksuivat pitkätukkaisia "liimanhaistajia", hippityyppisiä intellektuellinuoria. "Siihen hommaan kuuluu usein huumeet", julisti muuankin pojista. Liimatukkien elämäntapa oli muutenkin paheksuttava: he lukivat peräti "noin kolme kirjaa viikossa" ("amatöörejä", totesimme me isonveljen kanssa) ja kuuntelivat "sellaista progressiivista poppia, niinkuin joku Pink Floyd". Veljeni, joka oli alkanut pitää pitkää tukkaa, osti sitten Suomen Kuvalehden jutun innostamana Pink Floydin rämpytteen *Wish You Were Here* – jos kerran kunnon liimaletin täytyy. Ei siinä mitään, hyvä levy se oli.

Näin siis ennen vanhaan, kun ei ollut nettiä: nuorisokulttuuriinkin orientoiduttiin Suomen Kuvalehteä lukemalla. Niin ja sit tosiaan meillä oli vain yks levy ja sekin vinyyliä. Joo ja sähkökitarakin oli patterin välissä. Että on sitä tässä kovia aikoja eletty, nuorena. Kun ei tota seksiäkään oltu viel keksitty ja sillai niiku. Eikä ollu Niilo Paasivirtaa ja piti tyytyy tohon Pahkasikaan. Nih!

FEMINISTIMAFIAN OIKEISTOÄÄNI
13. heinäkuuta 2006

Ilmassa on totisesti suuren urheilujuhlan, todellisen maaottelun tuntua, kun titaanien taistelussa kohtaavat ruotsalainen valhe (Maria Carlshamre) ja suomalainen totuus (Anna Kontula). Carlshamre on vihjaillut Kontulan olevan "kansainvälisen, rikollisen seksiteollisuuden" palveluksessa, ja Kontula on tehnyt mahdollisesta kunnianloukkauksesta tutkintapyynnön poliisille. Carlshamre antoi kesäkuussa Expressenille haastattelun, jossa hän esitti mainitunlaisia väitteitä Kontulasta, ja käännätti koko jutun varmuuden vuoksi kalliilla rahalla suomeksi toimittaakseen sen lehdistötiedotteena täkäläiseen julkisuuteen.

Carlshamre ei tästä hätkähdä, vaan vastaa nettisivuillaan, ettei Kontula ole mikään asiantuntija. Lisäksi hän väittää Kontulan pätevöityneen tutkijaksi laatimalla ainekirjoituksen (*uppsats*) vallankumouksellisesta kommunismista ja stalinismista – "ideologiasta, johon hän suhtautuu hyvin myönteisesti", väittää Carlshamre, joka ei itse toki ole mikään vasemmistofeministi, vaan edustaa Euroopan parlamentin liberaaliryhmää. Taktiikka on kuitenkin sama kuin vasemmistolaisilla schymaneilla ja wachenfeldteillä, eli henkilökohtainen solvaaminen. Tällä kertaa vain ei auta leimata kriittistä ääntä "oikeiston käsikassaraksi" eikä "patriarkaaliseksi naiseksi", kuten Evin Rubarille tehtiin, koska Kontulan vasemmistotaustasta ei voi olla epäilystäkään. Niinpä piti hakea kaapista se toinen leimakirves, se stalinistinen. Sitä heiluttamaan pestattiin tietenkin oikeistolainen naispoliitikko.

Tavallaan olen perverssisti ilahtunut siitä, että teoriani osoittautui näin pian todeksi. Oikeistolaisesti suuntautuneet lukijani ovat joko kommenttipuolella tai omissa blogeissaan esittäneet, että feminismi on olemuksellisesti vasemmistolaista ja että oikeiston vaalivoitto olisi omiaan tervehdyttämään Ruotsia feminismin sairaudesta. Olen torjunut väitteen, koska olen ollut jo pitkään vakuuttunut siitä, että feministien mafia – "naisverkostot" – on soluttanut poliittisen kentän laidasta laitaan: oikeiston vaalivoitto merkitsisi siksi pikemminkin, että alettaisiin ajaa varakkaita naisia köyhien miesten kustannuksella hyödyttävää politiikkaa. Oikeistolainen Maria Carlshamre vahvistaa teoriani oikeaksi: hän toistelee papukaijana aivan samoja ennalta-arvattavia fraaseja, joita myös vasemmistolaiset naispoliitikot ovat lasittunutkatseisina zombeina jankuttaneet jo pitkään.

SENSUROITU SUOMESSA: 2006

Feministit eivät ole vasemmistolaisia eivätkä oikeistolaisia. He ovat ennen kaikkea mafia. Koska sana "mafia" kuulostaa tyhjänpäiväiseltä solvaukselta, se on tarpeen määritellä. Viime aikojen mielenkiintoisin sitä aitoa ja alkuperäistä mafiaa käsittelevä teos on anglosaksiselta kalskahtavasta nimestään huolimatta ruotsalaisen journalistin Maud Websterin naurettavan halpana taskukirjana saatavissa oleva *Maffians värld*. Websterille mafia on ennen kaikkea loinen, joka tunkeutuu poliittiseen elämään ja käyttää sitä hyväkseen äänestäjien mandaatin ulottumattomissa. Mafiosoja ja mafian kanssa yhteistyötä tekeviä poliitikkoja voi olla kaikissa puolueissa, ja he ovat aina lojaalimpia mafialle – toisilleen – kuin puolueelleen, perustuslaille, äänestäjille tai isänmaalle. Näin mafia pystyy hankkimaan mandaatitta itselleen vaikutusvaltaa, eikä sitä voi äänestää pois vallasta. Siis – loinen. Juuri tällaiseen loisen asemaan feministit ovat hankkiutuneet Ruotsin politiikassa, ja sitä he tuntuvat tavoittelevan Suomessakin.

Koska tämä hyökkäys tapahtuu koko poliittisen spektrin laajuudelta, myös sen torjumiseen tarvitaan poliittiset rajat ylittävä feminismin vastainen rintama. Sitä odotellessa...näihin kuviin, näihin tunnelmiin täältä maaottelumontusta.

REXI ON EHKÄ HOMO, MUTTA KIRJA MAINIO
14. heinäkuuta 2006

Sittemmin Aino Kontulan osakkeet ovat laskeneet silmissäni, koska hän on jossain haastattelussa antanut ymmärtää pitävänsä koulukiusaajien uhreja huumorintajuttomina ja itse syyllisinä kärsimyksiinsä.

Joitakin päiviä sitten erinomaisen peruskouluromaanin *Rexi on homo ja opettajat hullui!* kirjoittaja salanimeltä Aino Kontula oli taas otsikoissa saatuaan kirjan johdosta jonkin kunnianosoituksen. Tuntuu merkilliseltä, että ensimmäistä rehellistä peruskoulukuvausta sai odottaa kaksi vuosikymmentä sen jälkeen kun tuo maailma oli pääkohdissaan jo paikallaan. Yleisesti ottaen kirjasta löytyvät lähes kaikki tutut peruskoululaisen arkkityypit, mutta eivät aivan latteimmillaan – itse asiassa sen vahvuuksiin kuuluu tietty yllätyksellisyys juuri henkilökuvissa. Mitä epäsympaattisimmatkin henkilöt on kuvattu persoonallisuuksina.

Suurin osa oppilaista edustaa tietenkin puolirikollista, puolihuorahtavaa alaluokkaa kuten oikein onkin. Varsinaisia koulukiusattuja nörttejä ei romaanissa ole, koska pääehdokas "tiedemies Antti" on kyllin itsetuntoinen suhtautuakseen koulun absurdiin elämään rennon irtonaisesti. Tosin kirjassa vilahtelee myös persoonaton ja äänetön Juha, ilmeisesti oman tuskansa ympärille kääriytynyt "koulun paras keskiarvo": ei sanota, että *hänellä on* paras keskiarvo, vaan että *hän on* se. Koulun paras keskiarvo saa lukukauden lopuksi surmansa triviaalissa liikenneonnettomuudessa. Meidän vainottujen pinkojen on ehkä helpoin samastua häneen: hänen persoonastaan emme saa tietää mitään, vain sen että hän pakenee nuorten elämän karua todellisuutta kirjoihin.

Tiedemies Antti näyttäytyykin oikeastaan eräänlaisena ihannekuvana siitä, mitä minunlaiseni olisi halunnut kouluaikoinaan olla – riittävän varma itsestään ja asiastaan noustakseen koulun arjen yläpuolelle. Valitettavasti moinen tuskin onnistui kovin monelle. Tunsin kyllä yläaste- ja lukioaikoina muutaman koulufiksun kaverin, joka pystyi olemaan myös suosittu ja urheilullinen, mutten ketään lunkin ylemmyydentuntoista, sellaista kuin sympaattisen pikkuvanha Antti.

Nörttiehdokas on myös kilpirauhasen toimintahäiriötä poteva Teppo. Hän ei ole varsinaisesti kouluälykkö, mutta hänellä on edes harrastuksia: radio-ohjattavat autot ja Star Trek -aiheisten (vaiheisten?) seikkailutarinoiden kirjoittaminen. Hän samastuu itseensä James Tiberius Kirkiin.

SENSUROITU SUOMESSA: 2006

Vaikkei äidinkielen lehtori arvostakaan Tepon kirjoituksia, romaanin kertojaminä, biologian lehtori, huvittuu niistä ja lukee ne kaikki – hän ymmärtää, että kyse on sentään jonkinlaisesta intohimosta, ja sellaisia ei tämän koulun oppilailla yleensä juurikaan ole, kun jokseenkin kaikki maailman asiat ovat heille "v–un tylsiä".

Teppo on romanttinen, mutta hänen orastavien rakkauksiensa kohteet ovat kiukkuisia neljätoistavuotiaita tyttöjä, jotka haistattavat hänellä ulostetta ja sukupuolielintä. Teppo pystyy puhumaan opettajalle avoimesti seksuaalisen turhautumisensa herättämästä ahdistuksesta, ja opettaja tuntee muodostavansa edes tähän poikaan jonkinlaisen siteen ja olevansa hänellä aikuisena tukena.

Sitten poika lähtee koulusta. Kun opettaja tapaa Tepon myöhemmin ja viittaa tämän Star Trek -harrastuksiin, poika ei enää ole tuntevinaan. Nyt hän on luopunut James Kirk -tarinoistaan, oppinut juomaan kaljaa ja polttamaan tupakkaa – ja saanut tyttöystävän. Nuorisokulttuuri, tuo suuri latistaja ja tasapäistäjä, on saanut hänetkin vaihtamaan olueen ja savukkeisiin kaiken sen, mikä hänessä ominta ja omalaatuisinta oli. Sielu on myyty linssikeitosta. Tai kantavierteestä.

Tämä onkin masentavimpia piirteitä ykäasteen (tahallinen kirjoitusvirhe) maailmassa. Peruskoulu sinänsä ei tasapäistä ketään, mutta se aivottomien massojen idioottikulttuuri väijyy koko ajan tilaisuutta imaistakseen tyhmistävään pyörteeseensä lahjakkaammatkin oppilaat. Tunnelma muistuttaa elokuvaa *Varastetut ihmiset*. Palkoihmiset ja zombiet – erilaiset nuorten alakulttuurit, jotka lupaavat pojalle tai tytölle vapautta, mutta itse asiassa pyrkivät muuttamaan hänet ulkonäöltään ja ajatusmaailmaltaan yhdenmukaistetuksi yhteisön jäseneksi – väijyvät koko ajan tilaisuutta napatakseen uusia rekryyttejä mukaansa. Opettaja huomaa aiemmin hyvin pärjänneen ja avoimen tytön muuttuneen umpimieliseksi ja huonommaksi koulussa. Mikä borgiyhteisö on saanut hänet assimiloitua?

Onhan siellä tietysti myös se reuhaava psykopaatti ja suurrikollisen alku, Rotta, joka yksinään laskee viihtyisyyttä monta pykälää, joka pelkällä läsnäolollaan saa kaikki kulkemaan varpaillaan hermostuksesta ja jolla tietysti on lauma ihailijoita kuten luonnevikaisilla aina. Rotta on väkivaltainen ja lyö tyttöjäkin, mutta hänelle se sallitaan. Rehtori ei uskalla rangaista häntä, vaan jälki-istuttaa mieluummin Rotan hakkaamaa tyttöä. Vain väkivallan uhka – isokokoinen, arvaamaton opettaja – saa Rotankin olemaan ihmisiksi.

Useimmista muista oppilaista koulu selviytyy joten kuten, mutta Rotta elää omaa häikäilemättömän, hallinnasta riistäytyvän raakalaisen elämäänsä. On kuin Rottaan ei olisi osattu millään tavalla varautua. Koululla ei ole loukkua, jonka vangiksi Rotat jäisivät, vaikka noita Rottia on näkynyt minunkin kouluaikanani nakertelemassa reikiään yhteiseen juustoon. Herääkin kysymys, eikö vihdoinkin voisi lopettaa epäkäytännöllisen höpinän lasten ja nuorten *oikeuksista* ja lähteä sen sijaan siitä, että näitä Rottia kuitenkin aina on ja että opettajilla tulisi olla heidän kesyttämiseensä tarvittavat krouvit keinot ja valtuudet.

Pohjimmiltaan kaikki nuoret ovat hyvin lähellä Rottaa – täysin psykopaattinen käytös on heidän keskuudessaan suorastaan normaalia. Psykopaatti on nimenomaan henkilö, jonka moraali ja omatunto eivät ole kehittyneet lapsen tasolta yhtään eteenpäin: lapsi ei todellakaan ole viaton, vaan ennen kaikkea sieluttoman ja moraalittoman julma. Niinpä pitää vakavasti kysyä, eikö nuorille lopultakin pitäisi ruveta tarvittaessa puhumaan sitä ainoaa kieltä, jota Rotat ymmärtävät – raipan ja karttakepin kieltä.

Eivät ne lapset ennen vanhaankaan pilalle menneet, vaikka vähän lyötiinkin: joka vitsaa säästää, se vihaa lastaan, sanoo Herra. Sitä paitsi oikeudenmukaisesti rankaiseva aikuinen on aina parempi vaihtoehto kuin mielivaltaisesti ja sadistisesti pienempiään rääkkäävä Rotta jengeineen. Mieluummin ankaran opettajan autoritaarinen oikeusvaltio kuin ilkkuvien Rottien totalitaarinen diktatuuri. Tämän sanon omasta kokemuksesta, sillä olen saanut sekä perusteltuja ja oikeudenmukaisia selkäsaunoja kotona että kärsinyt koulukiusaamisesta – ja vain jälkimmäisen voin sanoa aiheuttaneen traumoja. Jos Rotat on mahdollista panna järjestykseen aikuisten viisaasti, oikein ja säännellysti käyttämällä fyysisellä väkivallalla, olen valmis vaikka osallistumaan äänekkääseen mielenosoituskampanjaan lasten ruumiillisen kurituksen sallimiseksi.

RIVOT TANSSIT, TUHMAT RUNOT
JA SIVEETÖN KANSA
16. heinäkuuta 2006

Sittemmin Hiidenkivi-lehti on kadonnut samaan unohdukseen kuin suomenkielinen kulttuuri yleensäkin.

Kansallisen kulttuurimme äänenkannattajassa Hiidenkivessäkin on takavuosina viitattu siihen, että kansantanhut siinä muodossa kuin niistä on tullut Suomen Keskustan kekrijuhlien ohjelmaa ("kekri" on vanha suomalainen sana pyhäinmiesten päivälle eli *halloween*ille tai iiriksi *Oíche Shamhna*lle; jostain syystä keskustalaisille ei kelvannut juhlan nimen toinen murretoisinto *köyri*) ovat kansallisuusaatteen tarpeisiin siistittyä kulttuuria. Nyttemmin Suomen kansan rivoja tansseja ja tanssilauluja tutkinut Petri Hoppu on tuonut ulottuvillemme "karmean" totuuden kristillissiveelliseksi ihannoidun vanhan kansan todellisesta tanssikulttuurista: siellä laulettiin isojen poikien lauluja (unohtumattoman "Palpan Killin" kaltaiset kappaleet ovat ilmeisesti alkujaan juuri tanssilauluja) ja mentiin välillä sonniparissakin.

Mitään hirveän uuttahan tässä ei ilmiönä sinänsä ole, koska aiemmin sopimattomina pidetyt kansankulttuurin ja kansanrunouden piirteet ovat jo 80-luvulta alkaen päässeet kirjoihin ja kansiin. Vuonna 1984 Veli Toukomies toimitti kirjan nimeltä "Suomen kansan tuhmat jutut", jonka sisällöstä kyllä merkittävä osa on lukemattakin tuttua kaikille murrosiän kokeneille. Itse asiassa jollekulle tekosiveyspropagandan varjossa lapsuutensa ja nuoruutensa viettäneelle voi olla hyvinkin vapauttava kokemus huomata, miten vähän se osa kulttuuria lopultakaan on muuttunut vuosisatojen saatossa, vaikka erilaiset tuomiopäivän profeetat lahkolaiskristityistä feministeihin ovat työkseen yrittäneet syyllistää ihmisiä seksuaalisuudestaan ja nimenneet juuri käsillä olevan aikakauden entisiä hyviä ja moraalisia aikoja ratkaisevasti pahemmaksi Sodomaksi ja Gomorraksi.

Rinnasteisia ilmiöitä on löydettävissä muualtakin: esimerkiksi 1700-luvulla elellyt runoilija Ivan Barkov, jota silkkaa häijynilkisyyttäni nimitän venäjän kirjakielen *todelliseksi* perustajaksi, koska ihmisillä oli taatusti voittamaton motivaatio osata lukea juuri *hänen* runojaan. Barkov oli nimittäin erinomaisen ruokoton ja pornografinen runoniekka, jonka nimiin pannuista runoista on kotimaassaan tullut ilmeisesti vasta Neuvostoliiton romahdettua vakavan tutkimuksen ja lähdekritiikin kohteita. Jo tsaarin aikana ne kiersivät kädestä käteen kuin konsanaan toisinajattelijoiden *samizdat*it Neuvostoliitossa.

Neuvostosensuurin seksuaaliseen puoleen voi tutustua lukemalla suomeksi Mihail Bulgakovin kuuluisan – ja kotimaassaan kulttimaineeseen nousseen – romaanin *Saatana saapuu Moskovaan*. Suomennokseen [ainakin vanhimpiin painoksiin] on nimittäin ystävällisesti merkitty kursivoimalla neuvostolaitoksen sensuroimat kohdat, jotka varsin usein ovat seksuaalisluontoisia tai sellaiseksi miellettäviä pikemminkin kuin poliittisia: esimerkiksi viittaukset alastomuuteen, silloinkin kun niissä ei ole mitään varsinaisesti sukupuolielämään liittyvää, ovat tekstissä useinkin kursiivilla.

Kaikkein hupaisinta kansankulttuurin seksuaalisuuteen liittyvä sensurointi on kuitenkin ollut Irlannissa. Hupaisinta – tai traagisinta, kuten ns. räätälin ja Anstyn tapauksessa. Räätäli oli Corkin kreivikunnan iirinkielisessä osassa elellyt Tim Buckley, Tadhg Ó Buachalla, ja Ansty tai Anstaí hänen vaimonsa, kirkonkirjoissa Anastasia. Ulsterilaissyntyinen Eric Cross asettui asumaan seudulle ja tutustui räätäliin, jonka omintakeista sananrieskaa hän sitten ryhtyi pakinan luontoisissa kirjoituksissa jakamaan muillekin. Aikanaan hän kokosi nämä jutut kirjaksi *The Tailor and Ansty*, joka ilmestyi vuonna 1942. Sekä Crossin että Anstyn suureksi tyrmistykseksi – räätäli itse säilytti mielenrauhansa entiseen tapaan – kirja joutui sensuurin kynsiin. Räätäliä solvattiin Dublinin lehdissä ja kansanedustuslaitoksessa seksihulluksi ja hänen vaimoaan vähämieliseksi, ja kohu sai myös osan ystävistä ja kylänmiehistä kääntämään selkänsä Buckleyn vanhalle pariskunnalle. Syynä oli räätälin kansanomainen ja maalainen suhtautuminen sukupuoli- ja paritteluasioihin, joka ei sopinut pääkaupungin hienostelijoille.

Nykylukijasta kohu tuntuu täysin ylimitoitetulta ja räätälin puheet luontevalta osalta hänen yleistä sanavalmiin maalaismiehen persoonaansa. Hänen muistelmiensa iirinkielinen versio, Aindrias Ó Muimhneacháinin toimittama *Seanchas an Táilliúra*, ei hätkäytä niinkään seksuaalisuudella kuin mielenkiintoisen yksityiskohtaisilla kuvauksilla räätälien koulutuksesta ja työtavoista. Mitä sitten tulee Eric Crossin kirjaan, nykyisin sen teatterisovitus on suosittua pienimuotoista näyttämöohjelmaa Irlannissa: meillä se varmaan sopisi kesäteattereihin.

Jos räätälillä olisi ollut jotain oikeasti rivoa sanottavanaan, sen olisi varmemmin löytänyt iirinkieliseltä puolelta. Tyypillisesti nimittäin samat asiat, jotka iiriksi sanottuina tuntuivat vain viehättävän junttimaisilta, muuttuivat irlantilaisten kulttuuripatrioottien mielestä törkeiksi siveettömyyksiksi, kun ne käännettiin englantiin. Useammin kuin kerran Irlannissa täysin sama teksti on ollut saatavissa iiriksi subventoituun hintaan valtion kirjakaupasta samalla kun sen englanninnos on joutunut sensuurin ja paheksujien kynsiin. Olen itse virnuillut iirinkielisille tuttavilleni useaankin otteeseen, että Gael-Linnin tai Conradh na Gaeilgen pitäisi lopultakin panna pystyyn iirinkielinen seksilehti kulttuuriministeriön ja An Chomhairle Ealaíonin tuella. Olisipahan ainakin sellainen julkaisu, jota nuoriso olisi motivoitunut lukemaan.

BRYANIN LAPSET
17. heinäkuuta 2006

Vielä vuonna 2006 näytti siltä, että amerikkalaistyylinen oikeistokristillisyys olisi kulttuurisesti liian vierasta juurtuakseen koskaan merkittävässä määrin Suomeen. Sittemmin breivikististä uskovaisuutta edustavat miehitysjoukot ovat tehneet esimerkiksi "kulttuurimarxismista" vakavastiotettavan iskusanan myös suomalaisessa keskustelussa.

Tänä iltana telkkarista näkyy tulevan – tai tulleen – ohjelma amerikkalaisesta uskonnollisuudesta. Kun rohkenin tuossa joitakin viikkoja sitten epäillä, kuulummeko me suomalaiset, ja eurooppalaiset yleensä, pohjimmiltamme samaan arvoyhteisöön Yhdysvaltain kanssa, muuan kommentoijani heitti, että tällaiset epäilykset kyllä väistyvät kunhan nykyinen presidentti lähtee Valkoisesta talosta ja tilalle saadaan demokraatti. Valitettavasti tällä hetkellä demokraatin nouseminen Yhdysvaltain presidentiksi vaikuttaa hyvin epävarmalta, ja yhtä kyseenalaista on, muuttaisiko moinen mitään. Meidän ja Yhdysvaltain välillä ammottaa tällä hetkellä niin suuri kuilu, että täkäläiset valtavirran oikeistolaisetkin kutsuvat presidentti Bushia aivan rutiininomaisesti "Bush II Tyhmemmäksi" tai jollain muulla latteahkolla, mutta osuvaksi mieltämällään pilkkanimellä; ja amerikkalainen uskonnollinen oikeisto, joka on avainasemassa tässä vastakkainasettelussa, saa Suomessa ymmärrystä ja kannatusta vain selvästi marginaalisilta piireiltä.

Amerikkalainen ääriuskovaisuus, se evoluution kieltävä, ei kuitenkaan mitenkään itsestään selvästi ole oikeistolaista. Äskeistä edeltävän vuosisadanvaihteen aikana Yhdysvaltain äänekkäin evoluutionkieltäjä oli William Jennings Bryan, kolminkertainen, mutta joka kerta häviölle jäänyt presidenttiehdokas, jolle darwinismin ja sosiaalidarwinismin vastustaminen oli sama asia. Antidarwinismi oli osa hänen sosiaalista evankeliumiaan: kristillinen lähimmäisenrakkaus oli parempi vaihtoehto kuin darwinistiseen ajatteluun hänen käsityksensä mukaan erottamattomasti kuulunut viha ja halveksunta heikkoja kohtaan. Hän kampanjoi myös mm. imperialismia ja kapitalismia vastaan ja kelpaisi monienkin mielipiteidensä puolesta erinomaisesti keulakuvaksi nykyiselle globalisaatiota vastaan marssivalle vasemmistolle, jollei olisi ollut myös tiukka kieltolain kannattaja. Ja kieltolakihan – puuhhh – on syvältä ja – puuhhh – poikittain, tietää antiglobalistien kannabissätkäpiiri.

Aikansa konservatiiveille Bryan oli populistinen mörkö, kun taas maakansa rakasti häntä. Yksi amerikkalaisen sanataiteen hienoimmista saavutuksista on Vachel Lindsayn runo *Bryan, Bryan, Bryan, Bryan*, jossa Lindsay muistelee kuusitoistavuotiaana kokemaansa Bryanin presidentinvaalikampanjaa. Runossa korostuu vastakkainasettelu rikkaan ja piittaamattoman suurkaupunkiyläluokan ja oikeutta ja parempaa elämää vaativien syrjäseudun junttien välillä.

Bryanin perintö on sittemmin vaikuttanut monellakin tavalla amerikkalaisessa politiikassa, ja miksei meilläkin. Kuusikymmenlukulaisuuden myötä yleistynyt keskiluokan nuorten refleksi ottaa kantaa kaikkien hyvien asioiden puolesta palautuu pohjimmiltaan Bryaniin, joka oli Yhdysvalloissa ensimmäinen kantaaottava julkkispoliitikko. Toisaalta Bryanin käsitys evoluutiosta moraalin tuhoajana on jäänyt elämään amerikkalaisessa uskonnollisessa oikeistossa. Vasemmistoöyhöttäjät hassispusseineen ja Darwinia kiroavat "punaisen" Amerikan kristityt ovat viime kädessä kummatkin Bryanin lapsia. Tämä on paradoksaalista jos mikä.

Jos Bryan palaisi keskuuteemme tänään, hän vastustaisi varmasti globalisaatiota, jos kohta paheksuisikin yleistä tapojen höltymistä. Mutta amerikkalaisen uskonnollisen oikeiston liittoutumista rahaoikeiston kanssa hän epäilemättä kauhistelisi vielä enemmän, sillä hän jos kuka ymmärtäisi, että George Bushin kaltainen rahamies käyttää vain kyynisesti hyväkseen punaisten valtioiden vähäväkisiä. Uskonnollinen oikeisto äänestää kuitenkin arvojensa mukaan, siis kristillissiveellisyyden ja evoluutionvastaisuuden, ja näitä arvoja heille markkinoi rahamiesten puolue – republikaanit. Ne ovat Bryaninkin kannattamia arvoja, ja nykyään Bryan muistetaankin ennen kaikkea ns. Scopes-oikeudenkäynnistä, jossa oli kyse oikeudesta opettaa darwinismia koulussa. Hän oli tietenkin tätä vastustaneen osapuolen asianajaja.

Yhdysvaltain uskonnollinen junttioikeisto on vanginnut itsensä jatkuvan kurjistumisen oravanpyörään, joka samalla toimii rahaoikeiston poliittisena samponona. Uskonnolliset amerikkalaiset näkevät vihollisinaan tiedotusvälineiden liberaalit, jotka turmelevat heidän lapsensa pornolla, huumeilla, rokilla, noituudella, homoudella, Darwinilla ja ateismilla; koulutustakaan he eivät varsinaisesti arvosta – paitsi taattujen jumalaapelkääväisten oppilaitosten antamaa – koska yliopistokampukset ovat täynnä jos jonkinlaista kommaria ja femakkoa ja homonvapauttajaa. Niinpä he antavat äänensä republikaaneille, jotka tietävät hyvin, että epäkristillisen sisällön suodattaminen pois mediavirrasta ei tietenkään rajattoman sananvapauden maassa ole perustuslaillisesti mahdollista. Sitä vastoin raharepublikaanit kyllä hyödyntävät saamansa mandaatin säätämällä verotuksen mielensä mukaiseksi ja kurjistamalla siinä sivussa rappeutuvien, teollisuutensa menettäneiden pikkukaupunkien asemaa entisestään. Seuraus on, että väestö radikalisoituu yhä enemmän oikealle ja äänestää entistä raivokkaammin republikaaneja. Poliittinen ikiliikkuja on siis keksitty, ja se liikkuu amerikkalaisen rahaoikeiston haluamaan suuntaan.

Ei tämä porukka näillä näkymin ainakaan lähetä ketään uutta Bryania Valkoiseen taloon. Minkähänlainen mies heidän äänillään menee sinne Bush-dynastian nuoremman jälkeen?

LYÖNYT MIES, MUTTA MYÖS LIIKAA LYÖTY
19. heinäkuuta 2006

Matti Nykäsen manttelinperijäksi yritteli sittemmin toinen levoton sielu, Harri Olli, joka hänkin viihtyi lehtiotsikoissa mäkihypynulkoisista syistä. Mihinkään Matin veroisiin ihmesuorituksiin hän ei kuitenkaan yltänyt, vaikka mediasopulit tuntuvat uskoneen häneen juuri kohellusten takia.

Luinpa tuossa aamun iltalehden, ja siinä esiteltiin, kuinka olympiavoittaja emeritus Matti Nykänen juhli syntymäpäiviään. Uskaltaisikohan väittää, että juorulehtien tekijät tuntevat jonkinasteista huonoa omaatuntoa roolistaan Matin elämässä, niin hänen jumaloijinaan kuin ryvettäjinäänkin? Ainakin juttua tuntui luonnehtivan vilpitön toivo, että mies saisi edes vähän nauttia rauhallisesta ja onnellisesta elämästä ennen seuraavaa väistämätöntä lööppikierrosta.

Vanhana huippu-urheilun ja suomalaisen urheiluhulluuden vihaajana voisin kirjoittaa pitkän, tulikivenkatkuisen vuodatuksen siitä, miten huono esimerkki Matti Nykänen alkoholiongelmineen, koulutuksen puutteineen ja parisuhdeväkivaltoineen on nuorille miehille, ja miten valheellista on markkinoida huippu-urheilijoita "terveinä esikuvina". Koska kissan hännän tunnetusti voi nostaa vain kolli itse, voisin joka sivulauseessa korostaa, miten paljon parempi Suomen nuorukaisten tietysti olisi jäljitellä *minua*, joka tunnetusti olen sekä raitis, monipuolisesti kielitaitoinen ja sivistynyt, pitkälle koulutettu ja arvostettu ammattimies, irlantilainen kansallissankari että kiltti tyttöystävälleni.

Jätän kuitenkin väliin, koska fatta-asiakkaan ajoiltani minulla on jonkinasteista omakohtaista kokemusta siitä, miltä puutteellinen elämänhallinta tuntuu: loppujen lopuksi otteen höltyminen voi ilmetä monella muullakin tavalla kuin ryyppäämällä ja rälläämällä, eikä siitä aina pelasta sen enempää koulutus, sivistys, raittius kuin ammattitaitokaan. Luulenpa, että aika monella muullakin suomalaisella miehellä on syytä Matin kohellusta seuratessaan sanoa: *minä itse ilman Jumalan armoa*. Jollette ole uskonnollisia, vaihtakaa sen armon tilalle moukan tuuri.

En yritä sanoa, ettei Matti olisi ansainnut väkivaltaisuudestaan vankeusrangaistuksia sen mukaan kuin oikeus on langettanut, mutta uhrinahan miespoloa ennen kaikkea on pidettävä. Vaikeampi kysymys on, kuka on roisto. Legendaarisen Mäki-Matin muodostivat yhdessä raaka-aine (nuori mies nimeltä Matti Nykänen) ja sen muokkaaja (valmentaja Matti Pulli), ja tässä asetelmassa alkoholinkäytön kontrolli oli kokonaan delegoitu muokkaajaosapuolelle. Pulli huolehti siitä, että Nykäsen viinanjuonti pysyi urheilu-uran kannalta siedettävissä rajoissa; valitettavasti valmentajan toimenkuvaan ei kuulunut huolehtia sen jälkeisestä elämästä.

Tämänkin voisi halutessaan tulkita niin, että Pulli oli kunnianhimon sokaisema, julma mies, joka osasi tunnistaa nuoren Nykäsen lahjakkuuden ja viljeli sitä vain niin kauan kuin se tuotti rikkaita mitalisatoja. En kuitenkaan viitsi tehdä valmentajastakaan tarinan konnaa.

Kuten Amerikan slummien koripalloilevat mustat pojat, myös Suomen valkoiset nekrut uskovat urheilu-uraan ja urheilusankaruuteen syrjäytymisvaarassa olevien nuorukaisten ehkä ainoana pelastuksena. Mitä todennäköisimmin Pulli vilpittömästi koki nuorta Nykästä valmentaessaan tempaisseensa pojan turvaan, ja jos häntä sitten mäkiuran aikana huolestuttikin sankarin taipumus erilaisten kuperkeikkaöljyjen ylenmääräiseen nauttimiseen, veikkaan, että hän vakuutteli itselleen villin nuorukaisen tuosta vielä miehistyvän. Sillä eihän sellainen *saa* olla totta, että urheilu pitää miehen pinnalla vain niin kauan kuin uraa jatkuu, ja jättää hänet sen jälkeen taas hukkumaan. Mehän olemme kaikki jo äidinmaidossa imeneet itseemme sen opin, että urheillen nuori pysyy poissa epämääräisesti määritellyiltä "huonoilta teiltä" – että urheilun tiet eivät voi olla niitä huonoja teitä.

En minä Pullia syytä. Nykäsen elämän pilasi Suomen kansa. Kuten tunnettua, Suomen kansan itsetunto on kiinni huippu-urheilumitaleissa, ja kun kullan makuun päästään, sitä pitää vaatia lisää. Näkeehän tuon jääkiekostakin. Kun minä isoisävainaani vaikutuksesta pikkupoikana jaksoin vielä intoilla suomalaisten urheilijoiden saavutuksista, MM-pronssi jääkiekossa oli juuri ja juuri tavoittamaton unelma, jonka toteutumisesta olisi oltu vesissä silmin kiitollisia. Nykyään sieltäkin pitäisi saada kultaa, ja hopea ja pronssi tuntuvat tappioilta.

Matti Nykänen antoi tälle urheiluhullulle kansalle, mitä se halusi: kultamitaleita kultamitalien perään. Urheilusta kiinnostumatonkin joutuu hämmästelemään miehen ansioita – varsinkin kun ne ovat niin jyrkässä ristiriidassa hänen sittemmän elämänsä murheellisten naurettavuuksien kanssa. Valitettavasti, kuten Heikki Kahila sanoi unohtumattomassa jäähyväisradiohaastattelussaan, Suomen ujo kansa tuntee vain yhden tavan ilmaista ihailunsa: se ostaa sankarilleen viinaa. Kädestä pitäen ei uskalleta mennä puhumaan, mutta viinaryyppy ostetaan. Kahila sanoi, että uutistenlukijauransa huippuaikoina hän olisi muutamassa viikossa voinut juoda maksansa pellolle vain näitä lahjaryyppyjä litkien. Hänellä kontrolli piti, mutta valitettavasti mäkimiehen asiat olivat huonommin.

SENSUROITU SUOMESSA: 2006

Olin itse nuori Matin sankarivuosina – en ole kauhean monta vuotta häntä nuorempi. Siksi muistan miehen vaiheet tarkemmin kuin haluaisinkaan, koska jo aktiiviurheilija-aikoinaan Nykänen oli jatkuvasti lehtien etusivuilla. Mutta urheiluvuosia edeltäneistä poikavuosista kuulimme sen ja vain sen verran, että Pulli pelasti pojan tarkkailuluokalta mäkien mahtimieheksi.

BUSH, KANTASOLUT
JA USA:N TIETEEN TULEVAISUUS
20. heinäkuuta 2006

Presidentti Bush kaatoi sitten lain kantasolututkimuksesta, koska hänen uskonnolliset kannattajansa pitivät sitä rituaalisesti saastaisena – se nimittäin assosioituu heidän mielessään jotain aasinsiltaa myöten aborttiin, joka on heille maailman hirvein asia. Näinä feministisinä aikoina, kun naisen itsekäs etu on yhteiskunnan korkein ja tärkein arvo, on tietysti sopimatonta sanoa ääneen, että abortin vastustaminen on inhimillisesti ja eettisesti ymmärrettävää. Kokonaan toinen asia on, että abortista, kuten prostituutiosta, on syntiin langenneessa maailmassa mahdotonta päästä eroon: niinpä on parempi, että raskaudet keskeyttelee laillistettu lääkäri kuin joku länsimaista lääketiedettä epäilevä takapihapuoskari tai muu enkelintekijä. Mutta kantasolukysymys liittyy tähän aborttiasiaan vain väärän koivun takaa, ja tuntuu siltä, että sen takana on jotain ihan muuta kuin syntymättömien lasten elämän puolustaminen. Nimittäin amerikkalaisen uskonnollisen oikeiston periaatteellinen vihamielisyys tiedettä kohtaan.

Kantasolututkimuksen kieltäminen ideologisin perustein ei ole mikään pikkujuttu. Kyseessä on nimittäin lääketieteellisiltä sovelluksiltaan erittäin merkittävä tutkimushaara. Ennen vuonna 2001 voimaan tullutta rahoitusmoratoriota käyttöön ehtineiden solulinjojen avulla on onnistuttu mm. luomaan uusia T-soluja – juuri niitä elimistön puolustajasoluja, joihin HI-virus ensimmäisenä iskee. Aikamme tuhoisimman epidemian parantamiselle olisi siis avautumassa mahdollisuus – mutta Yhdysvalloissa on yhä enemmän sananvaltaa sellaisella fundamentalismilla, jonka näkökulmasta immuunikadon parantaminen on maailmallista turhuutta, koska Herra joka tapauksessa tempaisee lähiaikoina omansa ylös seuraansa ja jättää meidät vääräuskoiset tänne räytymään ilmestyskirjassa ennustetuissa maailmankatastrofeissa.

Fundamentalistit väittävät palaavansa uskonnon aidoille juurille, mutta itse asiassa fundamentalismi on läpeensä nykyaikainen ilmiö. Muutama vuosisata sitten tiedemiehillä ei ollut mitään vaikeuksia sovittaa yhteen tutkimustyötään ja uskonnollista vakaumustaan. Tiede oli työkalu Jumalan luoman maailman ymmärtämiseen, eikä ollut nökönuukaa, vaikkeivät tieteellisin keinoin saadut tulokset aina tukeneetkaan Raamatun luomiskertomusta. Eri asiat saattoivat olla totta eri tasoilla – yksi myytin, toinen mitattavan todellisuuden. Vasta viime vuosisadan aikana on syntynyt sellainen uskonnollinen ajattelutapa, joka vaatii, että myytin totuutta on kaikilla tasoilla julistettava ainoana totuutena.

Tällainen ajattelu on nykyisin onnistunut pesiytymään USA:n johtoon. Tunnetuksi on tullut erään Bushin neuvonantajan heitto journalisti Ron Suskindille: neuvonantaja katsoi Suskindin olevan osa "realiteettilähtöistä yhteisöä", jonka mielestä ratkaisut ja päätökset syntyvät todellisuutta tarkastelemalla ja analysoimalla, kun taas Bushin Yhdysvallat on riittävän vahva luodakseen itse omat realiteettinsa. Ei ole tiedossa, oliko asianomainen neuvonantaja itse missään mielessä ns. uudestisyntynyt kristitty, mutta fundamentalistien asenne paistaa läpi: mitään tiedettä ei tarvita, koska luja usko vie miehen vaikka läpi harmajan kiven, ja tieteellinen skeptisyys – Darwin-paholaisesta puhumattakaan – vain horjuttaa tätä uskoa.

Kun puhutaan siitä, mikä USA:n nykyisessä tilanteessa on pelottavaa, kannattaa lopettaa vasemmistohöpinät "imperialismista" ja "roistovaltiosta". Me pelkäämme Yhdysvaltoja ennen kaikkea siksi, että Yhdysvallat ei enää ole se Amerikan ihmemaa, jota Eurooppa on oppinut ihailemaan ja arvostamaan. Siihen aikaan kun kuninkaat ja kuninkaiden käsikassarat ruhtinas Metternichistä alkaen leimasivat tasavallan vasemmistohörhöjen utopiaksi, eurooppalaiset demokraatit saattoivat aina osoittaa voitonriemuisina USA:ta ja huutaa: katsokaa, noillakin on sellainen, ja se toimii! Normandiassa maihin nousseet amerikkalaisjoukot olivat kiistatta maailman tieteellisesti ja moraalisesti korkeatasoisimman maan lähettiläitä tuomassa valoa Euroopan kansoille, jotka pimeässä vaelsivat.

Tämän ei tietenkään ole tarkoitus kyseenalaistaa USA:n omia yhteiskunnallisia ongelmia. Stephen Vincent Benét kirjoitti hieman ennen toisen maailmansodan aikana tapahtunutta kuolemaansa runon, jossa hän kuvasi USA:ta vääryyttä ja vainoja pakenevien eurooppalaisten viimeisenä turvapaikkana. Runossa hän korosti, ettei hänen tarkoituksensa ollut unohtaa "toista puolta", intiaanien ja mustien kokemaa sortoa – "haluan vain sanoa, että me yritämme parastamme."

Nyttemmin emme enää luota siihen, että Yhdysvallat yrittäisi parastaan, vaan se on tieten tahtoen siirtymässä huonompaan suuntaan, varsinkin tiedettä ajatellen. Fundamentalistit ja oikeisto voivat nykyään asustaa kokonaan omassa mediamaailmassaan, jossa toista mieltä olevat – eikä tämä tarkoita ruostunutta posetiiviaan vääntävää Chomskya, vaan esimerkiksi *American Prospect*in kaltaisen lehden kirjoittajia – leimataan rutiininomaisesti maanpettureiksi ja "liberaali" tarkoittaa samaa kuin "kommunisti" McCarthyn viisikymmenluvulla. McCarthy itse on tuossa maailmassa jo aikapäiviä sitten rehabilitoitu kansallissankariksi. Jenkkiuskovaisilla on tunnetusti myös omia ideologisesti yhdenmukaistettuja yliopistojaan, joissa ei taatusti opeteta mitään tieteellistä skeptisyyttä. Sellaisessa miljöössä on mahdollista syntyä, kasvaa ja varttua aikuiseksi joutumatta kertaakaan kyseenalaistamaan sen lukkoonlyötyjä totuuksia. Jotain samankaltaista tapahtui islamilaisessa maailmassa kulta-aikojen mentyä ohi: tiede ja kulttuuri taantuivat uskonnon noustessa etualalle. Meillä monet "poliittisen korrektiuden" vastustajat kiistävät muslimien koskaan olleenkaan erityisen edistyneitä, ja lieneekin niin, että lännessä unohtuneen hellenistisen tieteen ja insinööritaidon saavutukset pääsivät juurtumaan muslimimaailmaan pikemminkin islamista huolimatta kuin sen ansiosta. (Siltä varalta että jollakulla ovat termit sekaisin: hellenismi ei tarkoita muinaisen Kreikan kulttuuria, vaan Aleksanteri Suuren armeijoiden jalanjäljissä syntynyttä kreikkalais-itämaista sekakulttuuria.)

Oma uskomukseni – joka voi toki olla hyvinkin virheellinen, kuten popularisoituja esityksiä lukevilla harrastelijoilla yleensäkin, minähän en vielä osaa esimerkiksi arabiaa – on se, että siinä vaiheessa kun muslimien valloitusarmeijat ottivat haltuunsa hellenistisen kulttuurin omaksuneet itämaat, islam oli vielä intellektuaalisesti ja teologisesti liian kehittymätön vastustaakseen hellenistisen kulttuurin rikkautta. Sitten kun systemaattinen teologia oli kehittynyt kyllin pitkälle noustakseen rationaalisen hellenistisen luonnon- ja insinööritieteen kanssa kilpailevaksi intellektualismin muodoksi, ajat muuttuivat: koska mullaheja alettiin arvostaa enemmän kuin insinöörejä ja luonnontieteilijöitä, lahjakkaat nuorukaiset valuivat teknillisen korkeakoulun puolelta teologiseen tiedekuntaan.

Tämä johti sitten nykytilanteeseen, jota voidaan havainnollistaa vaikkapa tähtitieteen avulla. Minulla on koneellani planetaario-ohjelma, jonka avulla pääsee tarkastelemaan niin tähtitaivasta kuin maailman tähtitieteellisten observatorioiden karttaa. Tähtitaivas on täynnä arabialaisnimisiä tähtiä, mutta tähtitieteellisten tutkimuslaitosten kartalla Lähi-itä on jokseenkin pimeää aluetta, toki Israelia lukuunottamatta. Tämä kertoo kaiken tarvittavan. Pitkälle maallistunut kaupunkikulttuuri insinööritaitoineen ja eksakteine tieteineen hävisi jäljettömiin, eikä sen perinteistä ole tänään jäljellä yhtikäs mitään. Jopa ne pyssyt ja räjähteet, joilla muslimit lahtaavat milloin toisiaan, milloin vääräuskoisia (yleensä toisiaan), ovat länsimaista tuontitavaraa tai Neuvostoliiton ylijäämävarastoa.

Yhdysvalloissa puolet kansasta on voimakkaan uskonnollisia ja vastaanottavaisia sellaiselle ajattelulle, joka torjuu tieteen kokonaan saatanallisena viettelyksenä. Demokratiakaan ei ole amerikkalaisille fundamentalisteille mitenkään itsestään selvä arvo. Se on tunnettua, että maassa on uusnatsistisia ns. identiteettikristittyjä ryhmittymiä, joille valkoinen rotutietoisuus ja kristinusko ovat yhtä, mutta näiden höyrypäisten pikkuporukoiden takia on turha kenenkään menettää yöuniaan. Huomattavasti lähempänä valtavirtaa on ns. dominionismi, syntyjään amerikanarmenialaisen Rousas John Rushdoonyn perustama suuntaus, joka yhdistää fundamentalistisen uskonnollisuuden, *laissez faire* -henkisen talouspolitiikan ja pyrkimyksen teokratiaan: Rushdoony piti kristinuskoa ja demokratiaa yhteensovittamattomina. Dominionismi soveltuisi erinomaisesti yhdistämään Yhdysvaltain fundamentalistit ja liikemiesoikeiston yhden ja saman lipun alle – ja silloin maailmaa johtaisi tieteen ja demokratian vastaiseen totalitarismiin sitoutunut suurvalta. *Tämä* on se, mitä me pelkäämme, ei jokin epämääräinen "amerikkalainen imperialismi".

YLISTÄKÄÄ KEISARIA!
22. heinäkuuta 2006

Tuttu kulttuurikirjoittaja paheksui Iltsukassa sitä, että tölsön (tylsön?) "Satusuomalainen"-äänestykseen oli koko kansan oikeasti tuntemien hahmojen, kuten pienille tytöille sukupolvi toisensa jälkeen huonoa esimerkkiä näyttäneen psykopaatti-Myyn, rinnalle kelpuutettu *Star Wreck*-elokuvan keisari Pirk, jota kuulemma eivät tunteneet muut kuin "nettinörtit". Sanoma oli selvä: *oikea* kulttuuri on jossain muualla kuin tietoverkoissa, ja joka muuta väittää, hänen pitäisi *hankkia elämä*. Vaikka hieman vierastankin nettinörttien (sic) tapaa esittää netti jonain avantgardena ja kulttuurin etulinjana ja paperikirjallisuus ja perinteiset viestimet omaa hiekkalaatikkoaan *elämäksi* luulevien ikä-älykköjen leikkikenttänä, minun täytyy sanoa, etten pysty näkemään kyseisen herrasmiehen vihamielisyyttä Pirk-parkaa kohtaan muuna kuin kelkasta jääneen kulttuuriskribentin ahdistuneena torjuntana.

Samuli Torssosen kohellus keskellä räiskyvää avaruussotamaailmaa on tietysti lähinnä *tahattoman* koomista, koska miestä ei nyt varsinaisesti voi syyttää ylenmääräisistä näyttelijänlahjoistakaan. Silti olen sitä mieltä, että rääkyvän, inisevän keisari Pirkin hahmoon perustuu suuri osa koko filmin viehätyksestä, ja se olisi huomattavasti tylsempi, jos pääosassa olisi oikea asiansa osaava näyttelijä. *Star Wreck – In the Pirkinning*in kaltaista parodiaahan lähdetään tekemään pitkälti tarkoituksena kiskoa se lapsuudessa ihmetelty ja ihasteltu tieteisfantasia maan pinnalle. Tällaiseen Pirkin kaltainen epäsympaattinen törppö sopii kuin nenä naamaan, koska vastakohtaisuus hänen ja alkuperäisen Star Trekin ylevien, ihanteellisten ja epäitsekkäiden sankarikapteenien välillä on suorastaan hulvaton.

Tietysti Pirkin seikkailut herättävät torjuntareaktioita muistakin syistä: kulttuurintekijöiden omaan alakulttuuriin kun kuuluu se rasittava syvällisyysvaatimus. Tarinoita ei saa kertoa eikä hauskaa ylipäätään olla, mutta yhteiskuntakriittinen pitää olla, mieluiten lattean opettavaisella ja valmiiksi itketyllä tavalla. Tämä perisuomalainen asenne tahtoo tartuttaa lopulta hyvinkin erityislaatuisina ja hauskoina aloittaneet kulttuurintekijät.

Katsokaapa nyt vaikka Aki Kaurismäkeä. Tällaisen vanhan ja hampaattoman ukonrahjuksen ominaisuudessa muistan kuin muistankin, millaista jautaa Kaurismäki-leffat olivat kahdeksankymmenluvulla. Kun esimerkiksi kirjallisuudessa rosaliksomilainen editoimaton puhekieli oli jo muuttunut pakkomaneeriksi, kirjakielinen dialogi oli oikeasti kiinnostava (ja minuun henkilökohtaisesti vetoava) idea. Lisäksi niissä elokuvissa oli sellaista borgesilaista hulluutta ja fantasiaa, joka ei olisi juolahtanut mieleenkään kaikenlaisille puolivillaista yhteiskuntakritiikkiä ja tupakalta haisevia sukupuoliyhdyntöjä sekoittaneille tiedostaville ohjaajille.

Nykyään Aki Kaurismäen aiemmin visuaalisesti kiinnostava pyrkimys kuvata katoavaa tai kadonnutta marginaali-Suomea on rappeutunut kliseiseksi ja epäoriginelliksi alaluokan ihannoinniksi, ja borgesilaisuutta hänen uusimmista elokuvistaan ei löydy hakemallakaan. Mutta kultturelliusväki, joka on oppinut, että Kaurismäki on hyvä koska hän on Kaurismäki ja päinvastoin, taputtaa tietysti äijälle vielä nykyäänkin ja nyrpistää nenäänsä kaikenlaisille torssosille ja vuorensolille jotka kehtaavatkin tehdä hattutempun kentän ulkopuolelta ja joukkueeseen kuulumatta.

Kyllä sellainen julistava taide varmaan oli joskus aikoinaan hyvinkin tarpeellinen juttu, samoin jokin freudilaisvaikutteinen lapsuuden traumojen purkaminen à la Aksel Sandemose. Nuorena minäkin olisin halunnut kirjoittaa sellaisia tekeleitä, mutta onneksi minusta ei tullut kirjailijaa kaksikymppisenä, koska minusta olisi tullut todella hirveä töhryri, menneiden vuosikymmenien "yhteiskuntakritiikin" sokea toistelija ja epävireisen kampiliiran veivaaja. Nykyisin olen vakiintunut ja viisastunut mies, ja yleisesti ottaen sillä kannalla, että tämä on kohtuullisen hyvä maa ja yhteiskunta, mitä nyt feministit vähän hyppivät silmille. Yhteiskuntakritiikki sopii jättää poliitikoille ja sellaisiksi aikoville, se on heidän hommansa. Kirjoissa ja elokuvissa sitä vastoin pitäisi lopultakin oppia kertomaan tarinoita ja kuvittelemaan olemattomia asioita. Kehiin olisi saatava fantasiaa, sitä borgesilaista.

Erno Paasilinna -vainaa edustaa ehkä sitä puisevaa kriittisyyttä pahimmillaan, jos kohta hänkin vähän ennen kuolemaansa viisastui ja alkoi taas kertoa tarinoita. Silti hän sanoi aikoinaan nappiin, että jos jossain olisi opisto, josta valmistutaan kirjailijaksi, tarvittaisiin ehdottomasti kirjailijoita, jotka eivät olisi käyneet sitä opistoa. Sama pätee kuvataiteisiin ja elokuviinkin.

Käytyään Taideteollisen korkeakoulun tiloissa ja nähtyään, millaiset välineet siellä on tarjolla taideopiskelijoille, yksi Star Wreckin tekijöistä kirjoitti blogiinsa voimattoman raivon vallassa siitä, ettei kellekään sikäläiselle juolahda mieleen käyttää niitä hienoja vehkeitä mihinkään muuhun kuin realististen ruokapöytäkohtausten elokuvaamiseen. Samalla hän itse oli mukana tekemässä keittiön kokoisessa studiossa kengännauhabudjetin elokuvaa, jossa pyrittiin tässä maassa ennennäkemättömään visuaalisuuteen – ja onnistuttiin. Hän – ja Star Wreckin tekijät yleisemminkin – olivat niitä taiteilijoita, jotka eivät olleet käyneet opistoa. Ja heitä totisesti tarvittiin näyttämään meille, mikä elokuvan alalla on mahdollista, jopa Suomessa.

Ei tämä tarkoita, että kaikkien pitäisi nyt ruveta tekemään lasersäteitä räiskyviä tieteiselokuvia tai sellaisten parodioita. Sitä vastoin on kyllä selvää, että liiallinen *opistonkäyneisyys* vaivaa suurta osaa suomalaisesta kulttuurista, juuri ja varsinkin nuoresta kulttuurista. Viimeksi kun näin nuorta suomalaista opiskelijateatteria, se esitteli kotirouvan kosmista yksinäisyyttä jonkinlaisesta suffragettiajoilta peräisin olevasta feministisestä näkökulmasta. Olisihan tämä mennyt läpi jos se olisi ollut jokin klassikko, mutta kun käsikirjoituksen oli kirjoittanut joku teatteriseurueen nuorista itse. Siis nuoret tekevät näytelmän, joka on juoneltaan alusta loppuun kirjallista lainaa – koska he ajattelevat, että "näin kuuluu tehdä", että "kulttuuri" on tätä näin. Mitään omia juttuja ei uskalleta kokeilla, koska niitä ei ole mainittu oppikirjassa.

Kun jotain Star Wreckiä vertaa tällaiseen uuvuttavaan "kulttuuriin", se tuntuu elävämmältä juuri siksi, että siinä ymmärretään toteuttaa ne omat jutut lainatuissa raameissa. Se lainattu osa, eli avaruusoopperascifi, on nimenomaan populaarikulttuurin konventio, ja populaarikulttuuriahan ei kuulukaan ottaa vakavasti. Siksi tekijät uskaltavat suhtautua siihen lainaraamiin vähemmän kunnioittavasti kuin tönkön opistonkäyneet pikku taiteilijat omaansa, ja toteuttavat sen puitteissa omat hullut päähänpistonsa. Näin päädytään oikeasti elävään ja hauskaan tulokseen.

Jos siinä yhteiskunnassa on sitä kritisoitavaa tai jos niitä lapsuuden traumoja tekee mieli purkaa hienostuneessa kirjallisessa muodossa, niin tehkää kuten Torssonen. Kirjoittakaa vaikka David Gemmell -tyylinen fantasiaromaani, johon sitten sijoitatte koulukiusaajanne pahiksiksi ja itsenne sankariksi. Niin ainakin *minä* tekisin, jos olisi aikaa ja jollen fantasiaromaania kirjoittaessani kuitenkin uppoutuisi liian syvälle fantasiakielten keksimiseen romaanin eri kansoille (kokeiltu on). Ai, anteeksi, tämähän on Suomi. Ei täällä kukaan kuitenkaan sitä fantasiaromaania julkaisisi. Täällä pitää kirjoittaa urbaanista ankeudesta, postmodernista ahistuksesta ("ahistus" kirjoitetaan suomeksi oikeaoppisesti aina ilman d:tä, koska se d-kirjain tarvittiin siitä lainaksi "depressio"-sanan alkuun) sekä tietenkin ryyppäämisestä ja ilottomasta, syyllisyydentäyteisestä seksistä (jos haluatte kirjoittaa iloisesta seksistä ilman syyllisyydentunteita, kirjoittakaa pornolehtiin). Niin, ja tietysti hiomattomalla, anglisismien ja tekostadilaisuuksien raskauttamalla puhekielellä.

CLINT, PYSSYMIEHET JA INKKARIT
25. heinäkuuta 2006

Kun huomasin maanantaiaamuisesta iltalehdestä, että Clint Eastwoodin elokuva *Unforgiven*, suomeksi ilmeisesti *Armoton*, tulee televisiosta, sanoin tyttöystävälleni, että se on ainoa lännenelokuva, jonka muistan erikseen elokuvana – että kaikki muut olivat ajatuksissani sekaantuneet yhdeksi ainoaksi pyssymiesten ja kulissikaupunkien mössöksi, josta on mahdoton erottaa yksittäisiä teoksia.

Eastwoodin Armoton sijoittuu jo kaupungistuvaan, valkoiseen länteen: intiaaneista ei ole puhettakaan, ja päähenkilökin on yrittänyt tappajanuransa jälkeen rauhoittua uudisraivaajaksi. Näin elokuvan ensimmäisen kerran Irlannissa talvella 1998–1999, ja se teki heti vahvan vaikutuksen. Tiedän nähneeni sen myöhemmin myös suomeksi tekstitettynä, mutten muista, missä. Eastwoodin muu tuotanto on minulle vierasta, jos kohta Varkauden elokuvateatterit mainostivat hänen filmejään lapsuuteni ja murrosikäni aikoina vähän väliä. En tiedä onko Armoton sellainen irtiotto westernin perinteestä kuin väitetään, sillä onhan tuo motiivi – eläkkeelle siirtyneen pyssysankarin paluu alalle pakkotilanteessa kaverin auttamiseksi tms. – aika suosittu. Eastwood tuntuu olevan oikeassa luonneroolissa, sillä hän lienee tuossa vaiheessa ollut yhtä tympääntynyt lännenelokuvien tekemiseen kuin roolihenkilönsä tappajana toimimiseen: muistaakseni juuri Armottoman aikoihin Eastwood alkoi saada mainetta kunnianhimoisena ja vakavastiotettavana ohjaajana. Elokuvan päähenkilö jakaa oman käden oikeutta tympääntyneesti ja ilottomasti: vanha mies on murheissaan siitä, että ihmiset jaksavatkin vielä kiusata häntä tällä asialla. Surmattu ystävä kostetaan säälimättä ja reilun tappelun sääntöjäkin hieman rikkoen; ja lopussa on vain tappajan yksinäinen tie, joka jatkuu, kunnes koltti taikka köysi häneltäkin hengen vie.

Liioittelin hieman sanoessani, että se on ainoa erikseen muistamani lännenfilmi, sillä mietittyäni asiaa huomasin, että myös *The Cowboys*ista ja *Kolmesta kummisedästä* – molemmat John Waynen elokuvia – minulla on selvä mielikuva. Kun ajattelin vielä vähän pitempään, mieleeni alkoi muistua myös muita vaikutuksen tehneitä westernejä. Sitä vastoin genren huipentumaksi mainittua *Shane*a, jonka pääosaa esitti Alan Ladd ja jonka nimi on suomennettaessa parantunut jylhän myyttiseksi *Etäisten laaksojen mieheksi*, en pysty palauttamaan mieleeni; ja myös *Sheriffi High Noon*) on jäänyt vieraaksi, vaikka tiedänkin sen katsoneeni. Ilmeisesti en osaa arvostaa alan asiantuntijoiden eniten ihannoimia klassikkoja.

Tämä ei tosiaankaan tarkoita, etten pitäisi lännenelokuvista tai etten olisi nähnyt niitä erityisen paljon. Päin vastoin. Nuoruuteni ahdistus- ja masennuskausina harva asia lohdutti niin paljon kuin kakkosen Kuukauden western, koska se jos mikä oli omiaan herättämään mielikuvia maailman jatkuvuudesta ja turvallisuudesta. Länkkäri on lajityyppinä erinomaisen rauhoittava, koska se yleensä käsittelee hyvän ja pahan taistelua varsin pelkistetyissä raameissa. Roistot ovat roistoja, hyvikset hyviksiä ja karut olosuhteet siivilöivät miehet eroon nynnyistä.

Mikään varsinainen elokuvaharrastaja en koskaan ole ollut, sarjakuvia luin jo ennen ensimmäistä televisiosta näkemääni lännenelokuvaa. Niinpä siinä vaiheessa kun omaksuin tavakseni katsoa televisiosta länkkäreitä, olin jo tutustunut perusteellisesti Lucky Lukeen, jonka seikkailut kertoivat kaiken tarvittavan lännen kliseistä ja joka samalla opetti jo pikkupojan suhtautumaan niihin tietyllä ironialla. Kyllä lännenleffoja katsoa sai, mutta mitään historiallista uskottavuutta niistä ei kannattanut hakea.

Muistan toki myös *Pienen suuren miehen*, mutta en laske sitä länkkärigenren edustajaksi – sellaiseksi se on liian satiirinen. Se on yhä ihan hyvä filmi, erityisesti siksi, että se pilkkasi 60-luvun jälkeen odotettavissa olleita inkkarienhymistelyleffoja jo etukäteen: niin pyssysankaruus, uudisraivaajat kuin intiaanisoturien ihanteet saavat osansa pilkkakirveestä (tomahawkista?). *Tanssii susien kanssa* olisi tietysti voinut olla huonompikin kuin se oli, ja intiaanielokuva, jossa puhutaan oikeaa intiaanikieltä (tetonsiouxien kieltä eli lakotaa), saa minulta aina pari solidaarisuuspistettä, Hollywood-leffoissa tämä kun ei ole mikään itsestäänselvyys. En tiedä, tehtiinkö intiaaneista vanhoissa lännenelokuvissa poikkeuksetta tunteettomia paholaisia, kuten kuulee väitettävän: *Katkaistu nuoli*, joka kuvasi uudisasukkaiden ja intiaanien välistä konfliktia ja sen traagista väistämättömyyttä realistisesti, on peräisin jo vuodelta 1950. "Vanhat" lännenleffat ovat varmaankin *tosi* vanhoja.

Onhan se totta, että intiaanisodat olivat suurimmaksi osaksi törkeää kansanmurhaa, jos kohta intiaanitkaan eivät suhtautuneet hirveän armeliaasti maanryöstäjiin. Toivoisi kuitenkin, että uudet, realistiset lännenelokuvat näyttäisivät Lännen valloituksen koko kirjon. Tosiasia on, että se "intiaanikulttuuri", jota elokuvat mielellään näyttävät, ei ollut hirveän vanha eikä muinainen, sillä monet lähes kaupunkikulttuurin asteelle ehtineet heimot rupesivat harjoittamaan kiertelevää metsästäjän elämää, kun siitä konkistadorien tuomien hevosten myötä tuli vakiintunutta maanviljelyä ja yhdessä paikassa asumista kannattavampaa. Kyseessä oli hyvin suuri muutos. Tämä ei ole tiedostavissa piireissämme hirveän tunnettua, koska ne ovat langenneet intiaanien kaunopuheisen sotapropagandan pauloihin: intiaanipäälliköt pitivät pitkiä puheita siitä, kuinka heidän esi-isänsä muka ties kuinka monessa sukupolvessa olivat ratsastaneet näillä tasangoilla, vaikka hevoset olivat levinneet Uudelle manterelle vasta äskettäin. Kyseessä oli poliittinen retoriikka, jonka intiaanipäälliköt varmasti osasivat – ei kai sitä muuten päälliköksi pääsisikään.

KUN KOULUKIUSATTU TULEN TUIKKASI
26. heinäkuuta 2006

Kuopion suunnalta on kuulunut uutisia koulukiusaamisen uhrista, joka on tuikkaillut varastorakennuksia tuleen. En tietenkään voi pitää näppejäni erossa tästä herkkupalasta, koska savolainen sakinhivutettu, jolla on pyromaanisia oireita, on juuri minulle tarkoitettu aihe. Minäkin olen ollut koulukiusattuna Savossa, ja koko nuoruus meni siitä toipumiseen. Siis koulukiusaamisesta – savolaisuudesta olen jo vähän päälle kaksikymppisenä ihmistynyt pois kyllin hyvin puhuakseni vahvalla turkulaisella aksentilla, vaikken murretta osaakaan.

Nyt vanhana ja viisaana olen jossain määrin taipuvainen ajattelemaan, että koulukiusaaminen on yksi niitä ilmiöitä, joita ei sinänsä voida saada loppumaan. Koulukiusaajat meillä on aina keskuudessamme, koska kilteimmätkin kakarat ovat jossain vaiheessa elämäänsä niin sekaisin kasvuprosessinsa ja hormoniensa kanssa, että he voivat tulla tehneeksi aika lailla pahojaan. Ainoa, mitä voidaan tehdä, on yrittää minimoida uhrin kärsimyksiä ja auttaa häntä toipumaan niistä. On siis huolehdittava siitä, ettei kouluun tulla ampuma-aseet eikä puukot taskussa, ja keksittävä menetelmiä kiusattujen aktiiviseksi tukemiseksi.

Sakinhivutus kouluissa on oikeasti merkittävä yhteiskunnallinen ongelma, ja ennen kaikkea siksi, että *kiusattu* voi aiheuttaa huomattavia taloudellisia ja inhimillisiä kustannuksia, vaikkapa tulipaloja sytyttelemällä, kuten Savossa nähtiin. Koulukiusaaminen on ilmiö, jonka estämiseen on varsin vähän keinoja, ja tämä johtuu siitä yksinkertaisesta syystä, että alle 15-vuotias lapsi ei ole oikeudellisesti vastuussa teoistaan, mutta aikuinen ihminen on. Laki suojelee lasta aikuisten ihmisten väkivallalta, mutta ei lasta lapsen väkivallalta, ts. jos kiusaaja hakkaa tai härnää koulun hylkiötä, häntä ei voi saada vastuuseen teoistaan, mutta jos opettaja käy käsiksi kiusaajaan, vaikka sitten vain estääkseen tai lopettaakseen käynnissä olevan pahoinpitelyn, opettajaa voidaan syyttää rikoksesta.

Tämä on muuten yksi syy siihen, miksi suhtaudun nykyään yhä kielteisemmin hempeämielisten tanttojen höpinöihin *lasten oikeuksista*. Lapsella on just jetsulleen yksi oikeus eli oikeus oikeudenmukaisesti kurittaviin aikuisiin, jotka pitävät lapsen kohtuullisen syötävissä ja riittävissä safkoissa sekä kasvattavat hänestä parhaansa mukaan yhteiskuntakelpoista sakkia. Muihin määritelmiin kakaroiden oikeuksista minä niistän nenäni.

Lasten ja nuorten keskenään luoma yhteiskunta on aika lailla autonominen ja aikuisten maailmasta riippumaton; lisäksi aikuiset kieltäytyvät tiedostamasta, miten synkkä sen pimeä puoli oikeastaan onkaan. Aikuiset kuvittelevat, että lasten maailmankin voisi valistaa sosiaalidemokraattiseksi onnelaksi, mikä tietysti on sikäli mielekästä, että sitä mukaa kun lapset valistuvat, he myös aikuistuvat ja heistä tulee kilttejä ja yhteiskuntakelpoisia, sosiaalidemokraatteja äänestäviä kansalaisia. Valitettavasti lasten maailmaan tulee koko ajan äitien kohduista lisää valistumattomia pikku penteleitä, ja lapsuuden ja varhaisnuoruuden ajan ihmisen elämän tärkein, kouriintuntuvin ja ennen kaikkea kourilla käsiksi käyvin auktoriteetti on se kaksi luokkaa korkeammalla oleva Pösilöisen Heka. Omat kouluaikansa unohtaneiden tai kultaisiksi romantisoineiden aikuisten on mahdotonta kuvitella, miten suurta valtaa Heka käyttää ikäisiinsä ja nuorempiinsa, koska heidän näkökulmastaan Heka on vain tyhmä, laiska pojankolli, joka rukoilee joka lauseessaan naisen sukupuolielintä avukseen ja jota ei parane vakavasti ottaa.

Valtion määritelmään kuuluu tunnetusti oleellisena osana se, että valtio on ainoa taho, jolla on mandaatti käyttää väkivaltaa. Heka ja hänenlaisensa muodostavat kuitenkin vapaan rälssin, jolla on erioikeus hakkaamalla ja uhkailemalla ylläpitää valtaansa omissa pikku läänityksissään. Toisin sanoen koulukiusaamisen uhri katsoo olevansa sikäli ainutlaatuinen, ettei ole poliisia, miliisiä eikä huliisia, jolle hän voisi tehdä valituksen Pösilöisen Hekasta. Koko järjestynyt yhteiskunta alkaa näyttää huonolta vitsiltä. *Todellisuus* on se, että Pösilöisen akan poika voi hakata häntä ranteen nyrjähtämiseen asti poliisikoiran perään haukkumatta. Todellisuus on viidakon laki, ja poliisi, laki ja laillinen meno ovat vain todellisuudesta vieraantuneiden lällärien mielenrauhoitteeksi keksimää itsepetosta.

Kun koulukiusattu oppii ajattelemaan tällä tavalla, hän saattaa helposti syyllistyä raskaaseen rikokseen – vaikkapa tuhopolttoon tai pommin räjäyttämiseen – ja kun poliisi ottaa hänet kiinni, se on hänelle vain lopullinen todiste siitä, että laki ja oikeus ovat pelkkää huijausta. Pösilöisen Heka ei joutunut vastuuseen hänen rääkkäämisestään, mutta hän itse joutuu vastuuseen tuhopoltosta, – ja tämähän on mitä ilmeisintä epäreiluutta. Lait sortaa, hallitukset pettää, ja koulukiusatun ihmisoikeuskin ompi tyhjä lause tuo.

Toivottavasti kaikki ymmärtävät jutun moraalin: vaikka koulukiusaamista ei ehkä saada loppumaan, jonkinlaisia erikoistoimenpiteitä tarvitaan, jotta sen uhrit mieltäisivät lain ja yhteiskunnan olevan kanssaan samalla puolella. Olen itse ollut aina sitä mieltä, että helvetinjälkeisessä elämässään menestyneiden entisten koulukiusattujen tulisi käydä puhumassa kouluissa, tai uhreille pitäisi ainakin järjestää mahdollisuus tavata ja kuulla heitä. Ikävä kyllä on todennäköistä, että hekin puhuisivat sovinnollisesti ja korrektisti lässyttäen.

Oikeampaa olisi, että he avoimesti kertoisivat kostofantasioistaan ja katkeruudestaan – sekä tietysti siitä, miten he onnistuivat kesyttämään raivonsa kunnianhimoksi, joka vei sitten vaikka läpi harmaan kiven. Koulukiusatulle olisi luonnollisesti tärkeää tietää muidenkin olleen samassa helvetissä – mutta myös kiusaajille olisi kasvattavaa edes joskus nähdä auktoriteettiasemassa ja korokkeella aikuinen, joka puhuu selvin sanoin omasta lapsuudenaikaisesta katkeruudestaan ja murhanhimostaan ja kohtaa heidän katseensa sammumaton, leppymätön viha silmissään leimuten.

ISRAELOFILIASTA JA HIEMAN FOBIASTAKIN
29. heinäkuuta 2006

Sittemmin on selvinnyt, että KGB on neuvostovallan vuosina vahvistanut arabimaiden antisemitismiä levittämällä arabiankielisiä käännöksiä "Siionin viisaiden pöytäkirjoista", tsaarin ohranan luomasta väärennöksestä. Näin johdonmukaisesti ja pitkään on Venäjä myrkyttänyt maailmaa.

Silloin kun Israel hyökkäsi Libanoniin vuonna 1982 – kyseessä oli sillä kertaa operaatio nimeltä *Rauha Galileaan* - isoäitini kysyi television sotakuvia katsellessaan, irakilaisetko sinne Libanoniin olivat hyökkäämässä vai iranilaiset. Samaan aikaan oli nimittäin meneillään Iranin ja Irakin välinen sota, josta joku Suomen Kuvalehden nokkelikko sanoi, että on samantekevää, päättyykö sodan voittajamaan nimi n- vai k-kirjaimeen, koska Persianlahdella päällimmäisenä tunteena pysyy kuitenkin *ira* -"viha" latinaksi. Siitä sodasta ei sitten valmista tullut ikinä, mutta se saatiin soviteltua aselevoksi 1980-luvun lopulla; siinä ajassa minä olin vanhennut yläasteelta yliopistoon.

Isoäitini viaton kysymys sai minut kauhistumaan, koska pidin sitä ilmeisenä vanhuudenhöperyyden oireena, ja taisin olla ihan oikeassa. Huuli hämmästyksestä pyöreänä vastasin, että Libanonissa asialla olivat toki israelilaiset. Isoäiti katsoi minua kuten naiivia pikkulasta katsotaan ja sanoi: "Voi voi sinua mummun kulta kun *eiväthän israelilaiset koskaan hyökkää.*"

Isoäitini ei ollut vapaakirkollinen kristitty eikä hänellä muutenkaan ollut hirveän voimakkaita suurvaltapoliittisia lojaaliuksia, jos kohta kommunistinen Ryssänmaa tietenkin oli absoluuttinen paha, mutta sitä ei tarvinnut erikseen mainitakaan. Israelin viattomuus oli kuitenkin hänelle itsestään selvä asia, mahdollisesti Hitlerin keskitysleirien takia, vaikka meillä puhuttiinkin Berijan tarhoista – Vankileirien saaristosta – paljon enemmän.

Israel oli tunnetusti alun perin pitkälti vasemmistoutopistinen projekti, eikä itsenäisen valtion syntyessä ollut mitenkään kirkossa, synagoogassa eikä moskeijassa kuulutettu, että siitä tulisi Yhdysvaltain liittolainen. Itsenäisyyden tunnusti ja sitä tuki myös Neuvostoliitto, ja maan yhteiskuntajärjestys perustui pitkälti sosialistisiin maatalouskollektiiveihin. Vielä 1960-luvun lopulla esimerkiksi ruotsalaiset anarkosyndikalistit ihailivat Israelin onnistuneita sosialistisia kokeiluja. Arabit olivat monille muillekin vasemmistolaisille feodalismiinsa ja taikauskoiseen uskonnollisuuteensa jämähtäneitä kummituksia menneisyydestä, kun taas israelilaiset ottivat maat järkevään käyttöön: vasemmistonäkökulmasta kyse oli siis eräänlaisesta maareformista. Lisäksi arabijohtajien yhteistyö natsien kanssa oli lykännyt palestiinalaiset vasemmistolaisten näkökulmasta aika kauas asteikon alapäähän. Tähän israelilaismyönteisyyteen tuli muutos vasta sitä mukaa kun vasemmistopiireissä tuli muodiksi korostaa kolmannen maailman – esimerkiksi arabien – oikeutta omaan näkökulmaansa.

Erikseen on sitten karismaattisten uskonnollisten piirien Israel-ystävyys, joka tuntuu osalta Jumalan asettamaa maailmanjärjestystä, varsinkin kun muistetaan, että noita piirejä pitkälti kauko-ohjataan Yhdysvalloista. Toisaalta juuri Yhdysvalloissa paikallisen juutalaisyhteisön ja Israelia teologisista syistä tukevien protestanttisten kiliastien välinen liitto ei ole ihan niin eheä kuin luulisi, koska viime kädessä juutalaiset ovat jälkimmäisten mielestä kuitenkin vääräuskoisia ja saavat armon vain jos alistuvat näyttelemään sitä roolia, joka heille on varattu evankelisen oikeiston maailmanloppukäsikirjoituksessa. Tähän käsikirjoitukseen lienee helpointa tutustua lukaisemalla sen kaunokirjallinen versio, LaHayen ja Jenkinsin kirjasarja *Left Behind*.

Kristillinen Israelin-rakkaus on ylipäätään altista muuttumaan vihaksi: ehdottomat ja mustavalkoiset maailmankuvat saattavat yhtäkkiä napsahtaa omaksi negatiivikseen. Minulla on sukulaisia, jotka asuvat Utin ja Vekarajärven naapurissa; heidän kotikylästään käytännössä kaikki pojat lähtivät YK-joukkoihin Lähi-itään. Perinteinen koti-uskonto-isänmaa -ajattelu oli kylässä vahvoilla, ja siihen kuului ainakin silloin 80-luvulla myös uskonnollispohjainen israelilaismyönteisyys. Muistan tätini takavuosina kertoneen erään rauhanturvatehtäviin kovana arabivihaajana lähteneen pojan palanneen sieltä yhtä ankarana antisemiittinä ja käännyttäneen vanhempansakin tälle kannalle.

Myös Israelia ihannoivista uskonnollisista sirpaleryhmistä irrottautuvilla ihmisillä on riski muuttua antisemiiteiksi, koska he "polttavat sen, mitä ovat ennen palvoneet". Joka on uskovaisaikoinaan pitänyt juutalaisia ihmisiä Jumalan erityisesti merkitseminä olentoina, saattaa ateistiksi käännyttyään suhtautua rasistisen vihamielisesti hyvin maallistuneisiin ja uskonnollisesti välinpitämättömiinkin juutalaisiin, jopa ottaa vakavasti puheet "juutalaisesta salaliitosta".

Nykyään ns. edistyksellisissä piireissä on tapana asettua hämmästyttävän kritiikittömästi ja lapsellisesti palestiinalaisten puolelle. Tavallaan tämä on rohkeampi ja selkeämpi kanta kuin 1980-luvun rauhanmarssiväen perusasenne: siihen aikaan me lähinnä toivoimme amerikkalaisten ja venäläisten pääsevän yhteisymmärrykseen siitä, ettei Lähi-idän rähinöiden kummankaan osapuolen tukijaksi kannattanut tosissaan asettua, ei ainakaan ydinsodaksi asti tosissaan. Jos kaksi porukkaa kylähulluja tappelee verissäpäin siitä, kumpi pääsee ensin panemaan sormensa veneen tapinreikään, tapelkoot, kunhan *meidän* ei tarvitse joutua kärsimään mokoman takia. Palestiinalaisten ongelma on kuitenkin, että heillä ei ole yhtä eteviä poliitikkoja kuin Israelilla: heidän johtajansa ovat joko korruptoituneita tai sitten neuvottelukyvyttömiä kiihkomuslimeja. Passaahan sitä solidaarisuutta julistaa, mutta omasta mielestäni poliittista tukea kannattaa antaa vain ryhmille, joilla on selkeä ja neuvottelujen pohjaksi kelpaava poliittinen ohjelma. "Jutkut mereen" on huono poliittinen ohjelma, koska sitä ei voi viedä neuvottelupöytään.

Israelin toimia tulee ilman muuta voida arvostella: esimerkiksi käsillä olevaa suurhyökkäystä Libanoniin on mahdoton hyväksyä, vaikka libanonilaisten olisi toki pitänyt riisua Hizbollah aseista ajat sitten tai sulauttaa sen aseellinen siipi osaksi armeijaansa. Toisaalta on melkoisen ärsyttävää, että kaikenlaiset arabien ystävinä itseään pitävät henkilöt antavat jujuttaa itsensä uskomaan, että he tekevät ystävilleen suurimman palveluksen myötäilemällä näiden Israelin-vastaisuutta. Kuitenkin niissä arabimaissa, jotka eivät ole suoraan Israelin tulen alla, palestiinalaisille osoitettavaa solidaarisuutta käytetään kyynisesti ohjaamaan kansan tyytymättömyys vaivihkaa poispäin vallanpitäjistä ja moskeijasta. Arabimaiden demokratiakehitykselle ei myöskään ole hyväksi se rasistinen juutalaisvastainen propaganda, jota näissä maissa epäilemättä hallitusten hiljaisella hyväksynnällä levitetään.

Itse en jaksa edelleenkään ottaa hirveän äänekkäästi kantaa Lähi-idän asioihin, koska käden työntäminen sontaan, tai palavaan öljyyn, ei juurikaan nappaa. Olisi ihan hyvä homma, jos arabit saisivat ns. aktinsa kasaan ja oppisivat lopettamaan öyhöttämisen; ja yhtä lailla olisi ihan hyvä homma, jos Israel toimisi naapurimaille myönteisenä esikuvana ja talousveturina. Sanalla sanoen: ei olisi ollenkaan hullumpi juttu, jos maailman kirjat olisivat vaihteeksi kunnossa ja järjestyksessä. Tiedän, että tämä on latteaa ja valjua; mutta tiedän ihmisiä, joille jompaa kumpaa osapuolta puolustelevan kannan ottaminen Lähi-idän asioihin on maailmaa suurempi intohimo, ja heidän kohkaamistaan katseltuani olen päätynyt sille kannalle, että elämä on hieman liian lyhyt tuhlattavaksi *tuollaisiin* intohimoihin. Sitä paitsi latteus ja valjuus on juuri sitä, mitä Lähi-idästä puuttuu.

SALAISET AGENTIT AGEERAAVAT
31. heinäkuuta 2006

Yksi lapsuuteni valopilkuista, Seuran pakinoitsija Mikko Haljoki alias "Mikko-setä", jonka kirjoituksia muistelen häpeämättömän nostalgisesti ja joka eittämättä kuuluu tavoittamattomiin kirjallisiin esikuviini, ehdotti jossain pakinassaan, että Suomeen perustettaisiin "Turvallisuuspalvelu kansalaisten puolustamiseksi" eli TURPAKAPU. Tämän turvallisuuspalvelun tehtävänä olisi sitten ollut hannukarpolaiseen populistityyliin paljastaa hyväveliverkostoja ja muita herrojen juonia ja julkistaa joka kuukausi salaisimmatkin raporttinsa. Mikko-setä ei suorastaan halunnut myöntää turpakapulaisille oikeutta tappaa, iskeä kaunottaria ja pelata valtion piikkiin Monte Carlon kasinolla, mutta kunnanjohtajia ja muita paikallispomoja heillä olisi ollut lupa vetää turpiin. Siksipä heitä kai kutsuttiinkin moisella nimellä.

Valitettavasti sisäministeri Kari Rajamäki – en tunne henkilökohtaisesti, vaikka olenkin alkujani kotoisin samalta paikkakunnalta – ei ole ehdottanut Turpakapun perustamista, vaan puhunut poliisin oikeudesta soluttautua rikollisryhmiin. Tuskin erehdyn, jos oletan, että tämä saa Voima-lehteä lukevan kantaaottaviston taas vinkumaan siitä, miten ollaan just kohta seuraavalla sekunnilla siirtymässä poliisivaltioon ja miten fasismi uhkaa jne., koska "rikollisryhmä" on *tietenkin* vain epämääräisesti mielettyjen "vallanpitäjien" eufemismi "toisinajatteleville", ts. prekaariliikkeelle, eläinsuojelijoille, aseistakieltäytyjille sun muille hyviksille.

Tästä edistyksellisen väestön automaattisesta poliisikammosta tulee aina mieleen oma esikouluikäinen uskomukseni, että poliisit olivat muka sellaisia henkilöitä, joilla oli pakonomainen tarve pidättää ihmisiä. Järjestäytyneessä yhteiskunnassa tällaisia taipumuksia tietenkin hyödynnetään kaikkien yhteiseksi hyväksi, joten poliisit oli tapana kutsua paikalle vain silloin kun joku rikollinen oli tarkoitus pidättää. Muina aikoina he ajelivat erikoisen värisillä autoilla helposti tunnistettava univormu päällään, pillejä soittaen ja valoja vilkuttaen, jotta ihmiset tietäisivät varoa heitä.

Jotenkin minusta tuntuu, että aktivistijengi on jäänyt poliisia koskevissa käsityksissään samalle tasolle, jolla minä olin viisivuotiaana. Tai sitten he eivät ymmärrä, että jos perustaa "vallankumouksellisen" järjestön, ilmoittautuu potentiaalisten rikollisten listalle. "Vallankumous" näet tarkoittaa ihan määritelmällisesti kansan antamalla mandaatilla toimivan poliittisen järjestelmän ohittamista lupaa kysymättä, eli rikosta, jota laissa kutsutaan valtiopetokseksi. "Vallankumoukselliseksi", siis valtiopetokselliseksi, julistautuminen on ehkä vain keskiluokan kakaroiden tapa hankkia tylsään elämäänsä hiukan jännitystä, mutta poliisin velvollisuus on yhtä kaikki tutkia tällaisten uhoajien tekoset, vaikka uskon, että sillä olisi omastakin mielestään parempaakin tekemistä.

Aktivistiväki myös valittaa jatkuvasti siitä, että esimerkiksi maltillisten ja lainkuuliaisten luonnonsuojelujärjestöjen jäsenistö joutuu vaikeuksiin, koska poliisi ei erota heitä sabotaasia harrastavista ketunhalaajista. Valitettavasti aktivistien poliittiseen kulttuuriin kuuluu aika oleellisesti perinteisten yhdistysrakenteiden korvaaminen kaikenlaisella mafiamaisella epämuodollisella verkostoitumisella, ja vallankumousromanttisin osa alakulttuuria kehuu aivan avoimesti sillä, että muodollisten komento- ja vastuusuhteiden puuttuminen mahdollistaa aidosti "vallankumouksellisen" vaikuttamisen yhteiskuntaan. Poliisilta tämä ei tosiaankaan jää kuulematta, joten poliisi ymmärtää, että muodolliset yhdistysjäsenyydet eivät välttämättä ole koko totuus tai edes oleellisin totuus huligaanitouhuihin sotkeutuneesta alakulttuurista, vaan kohdistaa repressiiviset toimenpiteensä koko alakulttuuriin. Minä en suoraan sanoen osaa pitää tätä minään "kamalana sortona".

Kun yhdistysrekisterin antamiin tietoihin ei voi luottaa, poliisilla ei tosiaankaan ole hirveän paljon muita mahdollisuuksia kokonaiskuvan hankkimiseen kuin yrittää soluttautua piireihin ja hankkia niiden jäsenistä mahdollisimman paljon vakoilutyyppistä informaatiota. Kyse ei ole mitenkään yksiselitteisesti siitä, että haluttaisiin itsetarkoituksellisesti, piruuttaan ja fasistisuuttaan sortaa, urkkia ja pamputtaa ihmisiä. Kyse on siitä, että jos halutaan varjella alakulttuuriin mahdollisesti kuuluvien oikeasti syyttömien ja lainkuuliaisten ihmisten oikeusturvaa, sekä heistä että heidän vähemmän kilteistä aatetovereistaan on pakko kerätä tietoja oikeudenkäyntiä varten.

Jos sitten ette halua joutua hankaluuksiin poliisin kanssa, niin opetelkaa ajattelemaan, että olette osa avointa yhteiskuntaa ja että teidän pitää organisoitua sen sääntöjen mukaan. Toisin sanoen: perustakaa selkeitä yhdistyksiä ja puolueita, joilla on kokoukset, pöytäkirjat, kassanhoitajat ja tilintarkastajat, ja joiden alle ei edes salaliittoleikin kiihottavuuden takia piiloteta mitään epämuodollisia rakenteita. On älyllisesti, moraalisesti ja poliittisesti epärehellistä paheksua sitä, että päättäjät tapaavat toisiaan epämuodollisissa Bilderberg-konferensseissa, jos itse harrastetaan lapsellisia vallankumoustouhuja ja aletaan sitten parkua ja poruta, kun poliisi kiinnostuu niistä leikeistä.

SEMPER FIDELIS
2. elokuuta 2006

Tekstissä mainittu kovaotteinen kenraali oli nimeltään Valeriano Weyler. Sanonta vapaustaistelun veteraanista, joka kertaa vain muistojaan kykenemättä avaamaan tulevaisuutta, on viittaus Franz Fanonin pääteokseen SORRON YÖSTÄ.

Fidel Castro on tuoreimpien uutisten mukaan päässyt niin ikämiehen ikään, että on ehkä tulossa aika katsella majoitusta kaikkein korkeimmilta tahoilta. Valta on tiettävästi liukumassa veljelle, Raúl Castrolle, josta en tiedä juurikaan muuta kuin että häntä muinaisessa *Der Spiegelin* jutussa karahteerattiin kovin stalinistiseksi asenteiltaan. Vapautumista ei siis ole Kuuban poliittiseen järjestelmään tiedossa, vaikka pitkä parta lopulta menisikin poikki.

Kuuba oli tunnetusti kuusi-seitsemänkymmenluvulla radikaalien suosittu pyhiinvaelluskohde, mitä en sinänsä hirveästi ihmettele. Kylmän sodan kahtiajakautuneessa maailmassa oli hyvinkin uskottavaa nähdä Eurooppa ja Latinalainen Amerikka toistensa peilikuvina. Kun Euroopassa Yhdysvallat tuki demokratiaa ja Latinalaisessa Amerikassa diktatuureja, uskoisin aika monen järkeilleen, että Neuvostoliitto, joka tuki Euroopassa diktatuureja, saattaisi Latinalaisessa Amerikassa tukea jollei nyt suorastaan demokratioita, niin maanosan yleiseen meininkiin verrattuna kohtuullisen siedettäviä maita. Kuuban koulutus ja terveydenhuolto tiedettiin korkeatasoiseksi; ja jos niitä sitten ylläpidettiinkin Neuvostoliiton avokätisellä "kehitysavulla", Kuuban virallinen kanta oli, että juuri tällainen pitääkin kehittyneen maan (NL) ja kehitysmaan (Kuuba) oikeudenmukaisen suhteen ollakin.

Vaikka Euroopassa jokin Itä-Saksa ei ollut mitenkään uskottava haastaja Länsi-Saksalle, kyllä minä uskon, että Kuuba vaikutti joskus seitsemänkymmenluvulla varsin vakavasti otettavalta vaihtoehdolta Latinalaisen Amerikan muille maille, joiden pääasiallinen ongelma ei ollut niinkään kommunismi kuin sotilasjuntat ja kuolemanpartiot. Siinä missä eurooppalainen kommunismi romahti 80-luvun lopussa, Etelä-Amerikassa oli mahdollista vuosikymmentä-paria aikaisemmin sanoa vakavalla naamalla, että kapitalismi, markkinatalous ja monipuoluedemokratiat olivat romahtaneet aivan yhtä peruuttamattomasti. Jopa vakaudestaan ja vauraudestaan tunnettu Uruguay, "Latinalaisen Amerikan Sveitsi", oli ajautunut ensin sissisotaan ja sitten sotilasjuntan käsiin. Kokonaan toinen asia on, että vaikka esimerkiksi meillä "sotilasjuntan" miellettiin tarkoittavan yksinomaan äärioikeistolaista, köyhiä huvikseen sortavaa sadistikoplaa, maanosassa esiintyi myös yhteiskunnallisen oikeudenmukaisuuden kasvattamiseen suuntautuneita, esimerkiksi maareformia väkisin ajaneita sotilashallituksia. (Yksityiskohdista kiinnostuneita neuvon perehtymään Pekka Valtosen vuosituhannen vaihteen paikkeilla ilmestyneeseen Latinalaisen Amerikan historiaan.)

En kylläkään oikeastaan usko, että Kuuban länsi-intellektuelleissa herättämä myötätunto olisi ollut seurausta yksinomaan tai edes etupäässä poliittisesta solidaarisuudesta. Pikemminkin kyse on siitä aika elementäärisestä myötämielisyydestä, jota Daavid vastaan Goljat -asetelma inspiroi useimmissa ihmisissä. Vaikka ei olisikaan erityisen vasemmistolainen tai kolmasmaailmahenkinen, voi jonkinlaisessa talvisodan hengessä asettua puolustamaan pienempää.

Sinänsähän Kuuban ja Yhdysvaltain välinen riita ei yksinomaan johdu kommunismista. Siinä on hyvin paljon perheriidan makua. Kuuba oli alkujaan Espanjan uskollisin siirtomaa, joka aloitti itsenäisyyssotansa vasta aivan 1800-luvun lopussa. Espanjalaiset lähettivät vastarintaliikettä tukahduttamaan kovaotteisen kenraalin, ja sota raaistui siinä mitassa, että yhdysvaltalaiset joukot saapuivat lopulta ajamaan espanjalaiset ulos. Valtaa ei kuitenkaan annettu vastarintaliikkeen hallitukselle, vaan jenkit asettuivat itse taloksi saarelle ja kohtelivat tummaihoisia kuubalaisia usein rasistisesti. Ensimmäisen miehityksen jälkeen amerikkalaiset miehittivät Kuuban vielä uudestaan ja sekaantuivat maan myrskyisään sisäpolitiikkaan myöhemminkin. Toisaalta siinä vaiheessa kun maata hallitsi kovapintainen diktaattori Gerardo Machado, Yhdysvallat osoittautui haluttomaksi häntä kaatamaan kuubalaisten pyynnöistä huolimatta, vaikka mies ei ollutkaan edes Washingtonin mieleen ja vaikka amerikkalaiset olivat miehityksen jälkeen sisällyttäneet Kuuban perustuslakiin oman pienen pränttinsä, jonka perusteella USA:lla oli oikeus ja velvollisuus tulla Kuuban kansan avuksi sortajia ja vieraita valloittajia vastaan.

Kuubalaiset näkevät Yhdysvallat siis isonaveljenä, jolta kovasti odotettiin apua, joka oli auttavinaan ja lupasi apua, mutta petti aina. Toisaalta taas vuoden 1962 ohjuskriisi, jonka aikana Fidel oli valmis panemaan oman maansa alttiiksi tuhoisalle ydiniskulle vain kostaakseen jenkeille kaikki nöyryytykset, oli luonnollisesti tavallisenkin amerikkalaisen mielestä sellainen temppu, ettei sitä herkästi annettaisi anteeksi mitään poliittista väriä edustavalle valtionpäämiehelle. Mutta Fidel olisi tuskin ryhtynyt moiseen älyttömään uhkapeliin, jollei hänellä – ja kuubalaisilla yleisemminkin, sillä kaikesta huolimatta hänellä on maassaan merkittävästi aitoa kannatusta – olisi mielestään *henkilökohtaista* syytä kantaa kaunaa isolleveljelle.

Fidelistä kerrotaan, että hän lähetti pikkupoikana kirjeen Yhdysvaltain presidentille, jossa hän mm. pyysi kymmenen dollarin seteliä, koska ei ollut koskaan nähnyt sellaista. Kirjeeseen vastattiin kohteliaasti, mutta kymmentä taalaa kuoressa ei tietenkään näkynyt. Tarina kuulostaa osuvassa vertauskuvallisuudessaan tyypilliseltä historialliselta kaskulta, mutta jos siinä on pätkääkään totta, presidentin (joka lienee ollut Franklin Delano Roosevelt) olisi varmaan kaikkien myöhempien tapahtumien valossa kannattanut lähettää pikku-Fidelille se kymppi.

Karismaattinen Fidel on ennen muuta maanosansa caudilloperinteiden jatkaja ja nationalisti; kommunismi tuntuu olevan pohjimmiltaan neuvostoystävyyden ulkopoliittisen tarpeen vuoksi omaksuttu poseeraus (älkäämmekä tietenkään unohtako sitäkään, että sillä saadaan mukavasti nostettua jenkkien ketutuskäyrää), jos kohta irvistys sittemmin onkin kasvanut naamaan kiinni. Ennen kaikkea Kuuban ideologia on vapaussotaveteranismia, eli yhteiskunta toimii Granma-laivalla seilanneen sukupolven ehdoilla ja mieliksi. Vapaussodan muistoihin jämähtäminen sinänsä on monien vastaitsenäistyneiden maiden ongelma, eikä sekään ole epätavallista, että maata johtaa tolkuttoman kauan vapautustaistelun veteraani, joka keskittyy vain oman ja kaverien sankaruuden muistelemiseen kykenemättä oikeasti avaamaan tulevaisuutta kansalleen.

ILMIÖ NIMELTÄ TONY HALME
3. elokuuta 2006

Perussuomalaiset ovat aina olleet kaltaisiaan.

Kuten tunnettua, Perussuomalaiset ovat se puolue, joka Suomessa äänekkäimmin vastustaa huumekauppaa, rattijuoppoutta ja muitakin rötöksiä ja valittelee niistä annettuja kohtuuttoman alhaisia tuomioita. Puolueen tähtikansanedustaja on juuri tuomittu ehdolliseen vankeuteen törkeästä rattijuoppoudesta. Aiemmin hän on syyllistynyt mm. ampuma-aserikokseen, salakuljetukseen, huumausaineiden käyttörikokseen ja Ponterosa-elokuvassa näyttelemiseen. Viimeksi mainitusta häntä ei tosin ole kiistämättömillä todisteillakaan tuomittu elinkautiseen, koska rikosta ei sen törkeydestä huolimatta löydy lakikirjasta. Maailmassahan on tunnetusti niin kauheita asioita, ettei lainlaatijoiden pimeä alitajuntakaan riittänyt niiden kuvittelemiseen etukäteen. Tai no, laithan yleensäkin ovat lepsuutensa vuoksi ristiriidassa kansan syvien rivien oikeudentunnon kanssa, kuten juuri Perussuomalaiset ovat meille perusteellisesti tähdentäneet.

Viimeksi käydessäni tyttöystäväni luona Vaasassa luin paikallislehdestä jonkun sikäläisen perussuomalaisen palopuhekirjoituksen, jossa kovasti peloteltiin ihmisiä islamin uhalla. Kuten lukijani tietävät, minä en vaivaudu juurikaan kauhistelemaan kyseistä "uhkaa", kun on tuo elämäkin tullut hankittua, mutta kieltämättä perussuomalaisen kirjoitus pani hieman miettimään. Jos puolue nimittäin pyrkii torjumaan islamin uhkaa samanlaisella ehdokasvalinnalla kuin se taisteli rikollisuutta vastaan, seuraavissa vaaleissa sen listoilla nähtäneen mullah Krekar, Osama bin Laden ja Hassan Nasrallah, mustana hevosena Mahmud Ahmadinejad.

Tony Halmeen tausta on yleisesti tiedossa: rikkinäinen koti, alkoholismia, perheväkivaltaa ja pikkupojan turvattomuuden tunne, joihin sitten vastataan pyrkimällä kaikkia muita kovemmaksi ja väkivaltaisemmaksi. Järjestynyt yhteiskunta, lait ja oikeus eivät ole koskaan antaneet mitään turvaa eivätkä suojaa kylmältä maailmalta, joten omalla kohdalla ei lakia tarvitse noudattaa. Toisaalta kuitenkin Halmeelle on ominaista pyrkimys todistella äänekkäästi omaa kunniallisuuttaan sillä tavalla kuin kiinnijäänyt pikkurikollinen hätääntyneenä vakuuttelee syyttömyyttään konstaapelille: enhän minä nyt oikeasti rikollinen ole. Naisia, lapsia ja sotaveteraaneja hän katsoo kovasti puolustavansa, miehiä sitä vastoin saa vetää turpaan kun tarvetta ilmaantuu. Narkkareille pitää tietysti olla kova, samoin "lorvijoille" ja "kusettajille": ulkomaalaisissa on vikana se, että he "lorvivat" ja "kusettavat", hän julisti eräässä haastattelussa.

Silti Halme keräsi mahtavan äänisaaliin ilmeisesti pitkälti juuri sen alaluokan keskuudesta, joka elää lain ja rikoksen rajalla, "lorvii" sosiaalituilla, nauttii kossua vahvempiakin virvokkeita ja "kusettaa" eli tekee omaisuusrikoksia. Mutta tämähän on populismin oletusasetus, johon turvaudutaan silloin kun mitään oikeaa ja edes teoriassa toteuttamiskelpoista poliittista ohjelmaa ei ole, eikä sitä ole toteutettavaksi tarkoitettukaan. Äänestäjille on poliittisia tavoitteita tärkeämpää, että Halmeeseen voi samaistua. Kyse on samasta asiasta kuin getosta lähteneiden mustien amerikkalaisten koripalloilijoiden kohdalla: vaikka heidän rahansa eivät juurikaan hyödytä geton asukkaita, heidän urheilumenestyksensä on mustille köyhille samastumisen kautta merkittävä itsetunnon voimistaja.

Halme ei itsekään ole mikään puhdas pulmunen, kuten tuli jo mainittua, ja vuosi pari sitten hän pääsi lööppeihin siksi, että joku hänen ystävänsä kuoli alamaailman välienselvittelyssä, kuten iltapäivälehdistö tapauksen tulkitsi. Itse asiasta kuultuna Halme oli kovasti hämillään mukavan kaverin murhasta ja luonnehti surmattua herrasmieheksi, joka ei lyönyt naisia, kun he yhdessä liikkuivat Helsingin yössä. Miehellä oli ollut hämäräperäisiä liiketoimia, joista Halme oli tietoinen, muttei haastattelussaan mieltänyt niitä laittomiksi. Eipä tietenkään – eihän hän mieltänyt laittomaksi sitä doping-aineiden salakuljetustakaan, josta itse sai rapsut. Mutta siinä maailmassa, jossa Halme on varttunut, eletään viidakon lain mukaan, ja tärkeintä on rakentaa sellainen itsetunto ja minäkuva, että voi ristiriitatilanteissa aina itse mieltää olevansa oikealla, hyvällä puolella. Mä ja mun kaverit ollaan hyviksii, sanoi laki ja poliisi sitten mitä hyvänsä. Ne on vain noi toiset kun on paatuneita rikollisia, varkaita ja huumekauppiaita. Ja kaikki Halmetta äänestäneet ovat tietysti viime kädessä meikäläisiä, Halmeen kavereita.

Kaikki populistipoliitikkojen esiin nostamat ongelmat eivät ole olemattomia eivätkä merkityksettömiä, mutta kansanvillitsijöiden tavoitteena ei ole epäkohtien korjaaminen, vaan niiden hyväksikäyttäminen henkilökohtaisen hyödyn ja vallan hankkimiseen, eikä sekään ole harvinaista, että he ovat itse merkittävä osa moittimaansa vääryyttä ja syyllisiä siihen. Halmeen kohdalla vain populismi on saavuttanut loogisen päätepisteensä: rikollisuuden vastustajana eduskuntaan noussut poliitikko, joka on kansanedustajauransa aikana onnistunut istumaan jo pariin otteeseen syytettyjen penkillä.

Halmetta on kuitenkin turha pilkata, sillä hänen kohdallaan jos kenen kaikki kliseet ankean lapsuuden kielteisestä vaikutuksesta lainkuuliaisuuteen ja elämänhallintaan pitävät paikkansa. Sitä paitsi miehestä, jolla oli

SENSUROITU SUOMESSA: 2006

Hollywoodissa pokena toimiessaan pokkaa (ja ammattiylpeyttä) olla päästämättä Madonnaa ja Sean Penniä (tuolloin Madonnan mies) kutsumatta juhliin kuokkimaan, on aika vaikeaa olla jollain tasolla pitämättä. Tarinan roisto on pikemminkin Timo Soini, joka on koko ajan toiminut kyynisen *poliitikkomaisesti*, jos kohta siinä ei sinänsä ole mitään odottamatonta; Soini on varsinaiselta ammatiltaan politiikan tutkija, jonka populismi on laskelmoitua laboratoriokoetta alusta loppuun, eikä hän ole edes erityisemmin yrittänyt salailla tätä haastatteluissaan. Hieman kyllä käy sääliksi sekä Halmetta että hänen äänestäjiään, jotka ovat joutuneet tiedemiehen koekaniineiksi.

KUKA TÄÄLLÄ RYSSÄÄ PUHUU?
4. elokuuta 2006

Joku on ehkä huomannut, että tuo Euroopan unioni laajeni taannoin muistoissa autuaan Neuvostoliiton (äläkä nyt jumankeppastiinakaroliinavonschanz vieköön vain herää kuolleista) entisten alusmaiden ja osavaltioiden alueelle. Unionilla on nyt siis yhteistä maarajaa Ukrainan, Valko-Venäjän ja Venäjän kanssa, eivätkä Armenia ja Georgiakaan enää niin kauhean kaukana ole. Maassa on muutama kymmenen tuhatta venäjänkielistä siirtolaista, joiden kanssa on elettävä ja joiden asioita ja elämäntilannetta tutkimuksella seurattava integraation helpottamiseksi. Tässä tilanteessahan luulisi kaikkinaisen ns. Itsenäisten valtioiden yhteisöä koskevan tieteellisen tutkimuksen nousevan hyvinkin merkittäväksi, myös täällä Suomessa. Paino sanalla "luulisi", mutta ihminen päättää, valtiovarainministeriö säätää. Uudessa budjettiesityksessä Venäjän ja Itä-Euroopan instituutin määrärahoja ollaan nimittäin leikkaamassa puoleen. Instituutti on ilmeisesti tarkoitus lakkauttaa ensi vuonna.

Kun mietitään Suomen asemaa ison karhun kainalossa toisen maailmansodan jälkeen ja verrataan sitä maailmansotien välisiin vuosiin, yksi suurista menetyksistä olivat tasaveroiset kulttuuriyhteydet Baltian maihin, Puolaan ja Tšekkoslovakiaan. Ennen sotaa Tšekkoslovakia oli kehittyvä, moderni kansanvaltainen maa, jota Matti Kurjensaaren kaltaiset nuoret suomalaiset intellektuellit arvostivat. Kurjensaari oli Olavi Paavolaisen ystäviä jollei peräti hännystelijöitä, mies, joka saattoi kaupungilla kaveerata niin suojeluskuntaidealistien kuin kiilalaisten vasemmistotaiteilijoidenkin kanssa. Kun Tšekkoslovakian ensimmäinen presidentti Tomáš Masaryk vuonna 1937 kuoli, Kurjensaari teki mietteliäänä, synkeänäkin kunniaa esikuvansa arkun ääressä. Suuri demokraatti oli mennyt manan majoille, ja huonompia aikoja oli luvassa.

Harvapa nykyään vaivautuu lukemaan Kurjensaaren kirjoituskokoelmaa *30-luvun vihainen nuori mies*, sillä sen näkökulma ei ole koskaan ollut erityisen muodikas tai sitä ei ole pidetty oleellisena. Meidän kuvamme Suomen 30-luvusta pelkistyy yleensä lapuanliikkeeseen, työväenliikkeeseen ja nousevaan sodanuhkaan. Kurjensaari avaa näkymän toisenlaiseen maailmaan, jossa aktiiviset, solidaariset yhteydet muihin Itä-Euroopan pikkuvaltioihin olivat suorastaan moraalinen ja isänmaallinen velvollisuus – koska niin monet niistä olivat meidän kanssamme hyvin samankaltaisessa jamassa itsetietoisen lännen ja punahämäräisen, salaperäisen Neuvostoliiton välissä.

SENSUROITU SUOMESSA: 2006

Kurjensaari ei ole ainoa lähde, josta minä olen nuorena poikana saanut tietoni Suomen kulttuuriyhteyksistä Itä-Euroopan reunavaltioihin ennen toista maailmansotaa. Isoäitini muisteli usein nuoruuttaan savolaisen teollisuuskylän kansakoulunopettajana, ja tarinoissa vilahteli usein eksoottinen hahmo nimeltä Rosireijo – aika pitkään luulin, että tämä Rosireijo oli mies, jonka etunimi oli Reijo, ja että Rosi oli jonkinlainen liikanimenä toimiva etuliite. Kesti aikansa, ennen kuin Rosi-Reijo muuttui mielessäni Rosi Reijoksi, sillä kyseessä oli virolainen naisopettaja, Rosalie Reijo ilmeisestikin nimeltään, joka jonkin vaihto-ohjelman puitteissa oli tullut Puurtilan koululle veljeskansan lapsia opettamaan. Minun lapsuuteeni ja nuoruuteeni eivät mitkään rosireijot kuuluneet – Viro oli osa Neuvostoliittoa, josta meille ei kaivattu minkäänlaisia vaihto-opettajia, ja se, että Lasse Liemola -niminen mies, joka oli kai jonkinlainen julkkis, otti vaimon Virosta, oli suuri seurapiiriuutinen. Rosi Reijo kuului totisesti kadonneeseen ja meren alle uponneeseen menneisyyden maailmaan. Viro itsenäinen valtio, Suomen veroinen? Eksoottinen ajatuskin.

Suomi on yhtaikaa sekä skandinaavinen että itäeurooppalainen maa.

Itäeurooppalaista Suomessa on ennen kaikkea täkäläinen kokemus toisesta maailmansodasta keplotteluna Hitlerin ja Stalinin, kahden pahan, välissä. Länsi-Euroopassa oli yksi vihollinen, natsit, ja lopulta amerikkalaiset tulivat ja nujersivat tämän vihollisen. Itä-Euroopassa ainoa toivo oli, että Hitler ja Stalin jotenkin uuvuttaisivat toisensa niin että pienet kansat siitä välistä pääsisivät taas vapaiksi, ja tämä johti erilaisiin faustisiin sopimuksiin jomman kumman osapuolen kanssa. Ainoa itäeurooppalainen maa, joka tällaisella sopimuksella onnistui pelastamaan itsenäisyytensä, oli Suomi.

Meillä olisi siksi erinomaiset mahdollisuudet toimia taas kerran välittäjinä itä- ja länsieurooppalaisen mentaliteetin välillä: tämä maa on esimerkiksi suhteessaan toiseen maailmansotaan seuraillut länsieurooppalaisia malleja (kuusikymmenluvun kapinointi ja jopa taistolaisuus olivat läpeensä länsieurooppalaisia ilmiöitä), mutta toisaalta tavallisen kansan keskuudessa on säilynyt muisto itäeurooppalaisesta sotakokemuksesta. Koko 90-luvun olemme sitten joutuneet integroimaan näitä kahta virtausta – radikaalisukupolven aloittamaa antifasistista itsesyytöskulttuuria, joka on lainaa länsisaksalaisilta, ja kansan muistoihin perustuvaa, mutta länsieurooppalaisissa oloissa vähemmän salonkikelpoista itäeurooppalaista näkemystä – yhdeksi ainoaksi kokonaiskuvaksi Suomen lähihistoriasta. Suomalaiset tutkijat voisivat nyt tulkita Itä-Eurooppaa Länsi-Euroopalle ymmärrettävään muotoon (ja päinvastoin), kun alkaa jo olla kokemusta.

Valitettavasti se vain ei taida käytännössä käydä päinsä, kun tutkimusinstituuttia ollaan ajamassa alas.

SÄTEILYTURVALLISUUS JA YDINVOIMATUNTEILU
5. elokuuta 2006

Ydinvoiman renessanssia on enteilty jo pitkään ja vihreitä haukuttu siitä, että he ovat kieltäneet insinööreiltä tämän jännittävän lelun. Näyttää kuitenkin siltä, että torium- ja fuusiovoimalat eivät edelleenkään ole muuta kuin iskulause, jolla ruinataan rahoitusta tutkijanplanttujen viinakulujen peittämiseen.

Kuten kaikki ydinvoimauskovaiset hyvin tietävät, Tšernobylin ydinvoimalarikko johtui ryssän myötäsyntyisestä ja geeneissä kulkevasta soromnoo-asenteesta. Eihän sellaista *tietenkään* voi tapahtua *meillä*, kun olemme sentään niin paljon parempia ihmisiä ja rikkaampaa rotua. Mutta niinpä vain kävi, että Ruotsissa, jossa tunnetusti pehmolelutkin varustetaan varoitusmerkein ja alaikärajoin, Forsmarkin voimalan turvajärjestelmät oli ilmeisesti pelkän lonkanvetoasenteen vuoksi jätetty rapistumaan, ja kun käyttöhäiriö tuli, puolet turvalaitteista jäi ilman virtaa. Nyt Ruotsissa on otettu syyniin loputkin maan ydinvoimaloista siltä varalta, että niissäkin on samanlaisia vikoja. Tämä on yhtä hyvä tekosyy kuin mikä tahansa muukin blogata ydinvoimasta.

On vallan mahdollista, että ydinvoiman käytöstä ei käytännön syistä tai poliittisen mahdottomuuden vuoksi voida luopua. Kansa nyt vain yksinkertaisesti ei halua alistua sellaisiin itsekieltäymyksiin, joita moinen vaatisi. Kun tuo öljykin on kuulemma loppumaan päin, edes jotakuinkin siedettävään elämiseen tarvitaan kaikki energia, mitä mistä vain irti saadaan. Tiivistetysti ilmaisten: ei *joko* ydin- tai tuulivoimaa (vaihda tuulivoiman paikalle haluamasi uusiutuva energiamuoto), vaan *sekä* ydin- että tuulivoimaa; ja uraanin lisäksi myös sitä paljon riittoisampi torium tulee varmaankin vähitellen käyttöön fissiovoimaloiden polttoaineena (tai tarkkaan ottaen sellaisen raaka-aineena). Voidaan perustellusti olettaa, että esimerkiksi vihreän liikkeen maailmanhistoriallinen rooli ei ole ydinvoimasta luopumisessa, vaan ankarampien turvamääräysten kehittämisessä, ja että luopumisvaatimus on ennen kaikkea – Tuomas Nevanlinnaan viitatakseni – se poliittinen hyperbola, jolla esim. uusiutuvat energianlähteet ylipäätään nostetaan asialistalle – tai lisätään toriumia koskevaa mielenkiintoa.

Torium, alkuaine numero 90, on luonnossa keskimäärin yhtä yleistä kuin lyijy; luonnon torium on radioaktiivista, mutta sen puoliintumisaika on pari kertaa maapallon oletettua ikää pitempi ja säteilymyrkyllisyys siksi vähäinen. Toriumia on monatsiitissa, joka on ennen kaikkea ns. harvinaisten maametallien eli lantanidien tärkeä lähde; maapallon suurimmat esiintymät ovat Intiassa, mutta kyllä monatsiittihiekkaa löytyy Suomestakin. Toriumilla ja toriumyhdisteillä on joitakin hyvin spesifejä teknisiä käyttötarkoituksia samaan tapaan kuin noilla harvinaisilla maametalleilla; vanha kansa lienee meillä Suomessa joutunut toriumin kanssa tekemisiin ennen kaikkea petromaksin sukkaa käsitellessään.

Mitenkään hirveän terveellistä torium ei elimistöön joutuessaan toki ole, mutta vanhana kemistinä veikkaan, että toriumin haitat ja syöpäriskit johtuvat pikemminkin sen kemiallisesta myrkyllisyydestä raskasmetallina kuin sen radioaktiivisuudesta (samaa tosin voi sanoa uraanista). Ongelmallisinta toriumin hyödyntämisessä on käsittääkseni se, että se ei itsessään ole halkeavaa materiaalia, vaan pitää ydinlaitoksessa muuttaa erääksi uraanin harvinaiseksi isotoopiksi, joka on säteilymyrkyllisyydeltään selvästi äreämpää tavaraa.

Mutta se toriumista. Vaikka ydinvoiman kanssa elettävä olisikin, se ei tarkoita, että turvallisuusmääräyksiin saisi tai pitäisi suhtautua kuin kettutyttöjen mielipiteisiin. Naiivin vihreyden lisäksi on olemassa naiivi antivihreys, johon kuuluu hyväuskoisen lapsellinen asenne ydinvoimaan ja usko sen vaarattomuuteen. Nettikeskusteluissa minulla on ollut mahdollisuus seurata esimerkiksi akateemisesta koulutuksesta osattomaksi jääneen nuoren herran raivokasta hyökkäilyä CERNin ydinfyysikkoa vastaan: nuorukainen syytteli ydinfyysikkoa (joka muuten oli itse ydinvoiman kannattaja) "säteilyhysterian" lietsomisesta ja asiantuntemattomuudesta.

Ydinvoiman kannattajien keskuudessa on tullut jo kliseeksi väittää, että ydinvoimaa vastustetaan yksinomaan tai pääasiallisesti tunnesyistä ja että ydinvoiman vastustajat ovat järkiään luonnontieteellisesti lukutaidottomia. Vaikka syytöksessä olisikin perää (omasta mielestäni olisi oleellisempaa moittia ydinvoiman vastustajia energiataloustieteellisestä lukutaidottomuudesta ja poliittisen realismin puutteesta, jos nyt ydinvoiman puolesta halutaan ottaa kantaa), valitettavasti ydinvoimaa(kin) on alusta alkaen kannatettu nimenomaan tunne- ja imagosyillä, ja juuri irrationaalinen ydinvoimaystävyys sekä lienee alkujaan synnyttänyt ydinvoiman vastaisen liikkeen että ruokkinee sitä edelleenkin.

Silloin kun radioaktiivisuus aikoinaan keksittiin, siitä intoiltiin muutama vuosikymmen tavalla, joka olisi ollut naurettava, jollei se olisi aiheuttanut oikeita vaaroja. Esimerkiksi radiumia sisältävät "terveysvedet" olivat 1900-luvun alkupuoliskolla nykyisiin homeopaattisiin ja muihin puoskarilääkkeisiin verrattava muoti-ilmiö, koska säteilyn riskejä ei ymmärretty; ja mitä triviaaleimpiakin sairauksia lääkittiin "radiumsäteillä" ilman kunnon säteilysuojia. Tunnetuksi on tullut 1930-luvulla menehtyneen amerikkalaisen pohatan Eben Byersin tapaus: mies joi radiumvettä janoonsa, kunnes sai säteilysairauden, jonka viimeisessä, groteskissa vaiheessa häneltä suorastaan murenivat luut. Tästä linkistä[1] (PDF-tiedosto) pääsee tarkastelemaan aikakauden erään radioaktiivisen puoskarimenetelmän esitettä: kyseessä on veteen tarkoituksellisesti radonkaasua ("nitonia" tai "radiumemanaatiota", kuten sitä ennen vanhaan nimitettiin, koska se on radiumin hajoamistuote ja "emanoituu" radiumista) lisäävä, karnotiittinimisellä uraanimalmilla silattu juomavesisäiliö, "Revigator". (Tähänkin[2] kannattaa tutustua.)

Radium- ja radonperustaiset "terveystuotteet", joiden tarkoituksena on juottaa ihmisille näitä alkuaineita, ovat puolta järkyttävämpi ajatus siksi, että radium ja radon ovat monien raskaiden alkuaineiden isotooppien tapaan alfasäteilijöitä. Alfasäteily, joka koostuu periaatteessa heliumatomin ytimistä (alfahiukkasista), ei läpäise kunnolla edes paperiarkkia, ja alfasäteilijät ovat oikeasti vaarallisia vasta päästessään sisälle elimistöön – esimerkiksi juomavedessä, tai rintamamiestalon kellari-ilmasta hengitettyinä.

Jos hyväksymme ikään kuin keskustelun premissinä sen oletuksen, että vihreä liike on syyllistynyt ylilyönteihin ydinvoimaa vastustaessaan, terveysradiumin järjettömyyksien synnyttämä vastareaktio on ihan riittävä historiallinen ja aatehistoriallinen selitys niille ylilyönneille. Valitettavasti monet ydinvoiman ylimmät ystävät eivät vastusta vihreitä sen järkevämmin perustein: heidän ajattelunsa tuntuu nimittäin perustuvan "atomikahviloiden" aikakauden radioaktiivisuusmuotiin, ja he pitävät säteilyltä suojautumista *sinänsä* joidenkin nimeämättömien viherhörhöjen irrationaalisena houreena. Epäilemättä heidän ajattelunsa taustalla vaikuttaa myös radioaktiivisuuden dramaattinen kutkuttavuus: tuulivoimasta ei saa hyvää scifijännäriä, kun taas ydinvoimamaailma on esteettisesti mielenkiintoinen juuri futuristista tunnelmaa luovien riskiensä takia.

Yläasteen pihalla ydinvoimaa kannattavat äänekkäimmin kovat kundit juuri dramatiikan vuoksi, kun taas sitä vastustavat vastuulliset, välkyt oppilaat, jotka saavat hyviä numeroita fysiikasta ja kemiasta. Suurin osa ihmisistä jää asenteissaan pysyvästi yläasteelle (minä jos kuka sen tiedän) ja käy vielä aikuisiällään niitä samoja pikkupoikien arvovaltakiistoja. Riippumatta siitä, halutaanko energiapolitiikkaa rakentaa merkittävästi ydinvoiman varaan vai ei, olisi hyvä päästä pois yläasteelta.

---

[1] http://www.theodoregray.com/PeriodicTable/Files/Revigator.pdf

[2] http://www.theodoregray.com/PeriodicTable/Elements/088/index.s7.html #sample6

Valitettavasti keskustelut ja kampanjat käydään pitkälti yläasteikäisten mielikuvien pohjalta ja visusti riman alitse, mistä esimerkiksi Posivan takavuosien ilmoituskampanja puunhalaajatyttökarikatyyreineen oli surkuhupaisa esimerkki. Oivaltavampaa olisi esimerkiksi viitata Gabonin Oklosta aikoinaan löytyneisiin ilmeisesti tuhansien vuosien ajan toimineiden *luonnon muodostamien ydinreaktorien* jäänteisiin, joiden jätteet ovat pysyneet turvassa kallion sisässä. Ydinvoiman PR on hoidettu todella huonosti, jos minunlaiseni ydinvoimaskeptikko on ainoa, joka tulee edes ajatelleeksi, millainen propagandavaltti Oklo olisi ydinvoiman vastustajia vastaan: puolustajat jaksavat vain edelleenkin jauhaa vanhoja henkilökohtaisuuksiin meneviä fraasejaan puunsyleilijöistä ja ituhipeistä.

Yläasteen pihalla on kaksi tapaa suhtautua ydinvoimaan. Minua jotenkin hermostuttaa sellainen mahdollisuus, että Ruotsin ydinvoimalavikojen takana olisi joku kirkassilmäinen atomihullu, joka uskoo ydinvoiman siunauksellisuuteen niin sokeasti, että jättää "ämmien" turvalaitteet tieten tahtoen huoltamatta. Sellainen tyyppi on nimittäin tasan yhtä vahingollinen kuin ydinvoimalaan soluttautuva fundisvihreä ekoterroristi, joka jättää samat laitteet rappeutumaan siinä toivossa, että tämä aiheuttaisi kohtalokkaan ydinhaaverin, joka kääntäisi koko yhteiskunnan lopullisesti ja ehdottomasti atomivoimaa vastaan.

RYYPPÄÄMÄÄN, RYYPPÄÄMÄÄN
JOKA PÄIVÄ SÄNNÄTÄÄN

7. elokuuta 2006

Päihderintamalta kuuluu sekä hyviä että huonoja uutisia. Hyvänä uutisena on ehdottomasti pidettävä sitä, että EU katsoo tupakoijien syrjinnän työhönotossa olevan sallittua. Tupakoijat eivät nimittäin muodosta sellaista etnistä, uskonnollista tai siihen verrattavaa ryhmää, jonka syrjintä olisi ihmisoikeussopimusten vastaista. Oikeutta myöten on toki syytä todeta, että monet tupakoitsijat suhtautuvat päihteeseensä kuin tosiuskovaiset pyhään asiaan, joten uskonnollisen ryhmän syrjintäkieltoa voitaisiin ehkä soveltaa tupakkaan. Ehdotankin tupakoitsijoille, että he eroaisivat kirkosta ja perustaisivat rekisteröidyn uskonnollisen yhteisön, jossa jumalina palvotaan eri savukemerkkejä. Veikkaan, että sponsorointiakin järjestyisi. Sitten ei muuta kuin messuamaan: *Oi mahtava Mallu, oi nerokas Nortti, nyt aukaise sauhusi säihkyvä portti...*

Huonompi uutinen on sitten se, että alkoholinkäyttö on noussut Suomessa kaksinkertaiseksi viimeisten neljän vuosikymmenen aikana. Nykyisin meillä juodaan jo yli kymmenen litraa puhdasta pirtua mieheen ja naiseen vuodessa, eli enemmän kuin *wódka wyborowa*n kotimaassa Puolassa ja yhtä paljon kuin Venäjällä – jos kohta ainakin jälkimmäisessä tilastot varmaankin valehtelevat melko reippaasti, koska kotipoltto on yleistä. Silti kannattaisi kysyä, eikö tilanne ala olla huolestuttava, jos meillä aletaan lähestyä venäläisiä lukuja. *Умираем, как на войне* – "meitä kuolee kuin sodassa", julisti Literaturnaja Gazetan otsikko jo reilu vuosikymmen sitten käsitellessään maansa viinakuolleisuutta; ja Venäjällä aikuisten miesten enemmistö lienee käytännössä alkoholisteja. (Tämä ei ole panettelua. Venäläistä elämäntyyliä tuntevat vahvistanevat käsitykseni.)

Pohjoismaista Suomea enemmän juodaan vain Tanskassa, mikä sinänsä ei hämmästytä ketään, Kööpenhaminan rautatieasemallekin saapuva matkaaja kun luulee aika herkästi pysähdyspaikan olevan nimeltään joko Carlsberg tai Tuborg. Jopa islantilaiset, jotka minun aloittaessani islannin kielen opintoja olivat suomalaisiakin kovempien ryyppymiesten ja -naisten maineessa, ovat kaukana takanamme, norjalaisista ja ruotsalaisista puhumattakaan.

Suomalaisten edellä ovat tšekit, jotka juovat tunnetusti olutta janojuomanaan, slovakit, joille maistuvat sekä länsinaapurien kaljat että oma viini (meillä ei taideta tietää yleisesti, että Slovakia on viinimaita), manner-Euroopan suuret olut- ja viinimaat Italiaa lukuunottamatta sekä eräät Itä-Euroopan maat. Luxemburgilaisten alkoholinkulutus asukasta kohti on Euroopan ehdotonta kärkeä. Tilastoharhoja on tietysti monenlaisia Venäjän ulkopuolellakin, koska viinaksia tunnetusti ostetaan sieltä mistä halvimmalla saadaan, jos rajat ovat auki ja naapurimaat lähellä. Silti Suomessa juodaan nykyään niin paljon Ruotsia ja Norjaa enemmän, että juopposian maineemme ei ole enää ansaitsematon.

Mistäkö tämä johtuu? Viime vuosisadan lyhyehkö kieltolakikausi alkaa olla jo kaukaa haettu syy, vaikka olen jo eräässä aiemmassa kirjoituksessani maininnut, että suomalaisen seurustelukulttuurin alkoholisoituminen on tutkimusten mukaan saanut alkunsa juuri sieltä: kieltolakihan itse asiassa pikemminkin *lisäsi* kuin vähensi alkoholin saatavuutta. Parin vuoden takainen alkoholiverotuksen lasku ei sekään riitä selitykseksi, vaikka jokseenkin kaikki vakavasti otettava alkoholitutkimus viittaa siihen, että hintapolitiikka on ainoa tehokas keino säädellä alkoholin kulutusta: elämänhallintansa säilyttänyt ihminen kuluttaa viinaan keskimäärin tietyn aina samansuuruisen osan tuloistaan, ja jos häppä halpenee, sitä ostetaan lisää. Ja totta mooses se litku pitää myös nakata tuulensuojaan, kun se kalliilla rahalla on hankittu.

Kyse lienee jossain määrin alkoholin ostamisen tavasta, joka ei välttämättä sinänsä ole merkki mistään alkoholismista – ainoastaan alkoholisoitumisriskistä. Tuhlaan itse nykyään paljonlaisesti rahaa turhiin kirjoihin, koska talvella 1998-1999 Irlannissa omaksuin huonon tavan käyttää runsaan stipendini iirinkielisiin kirjoihin Kenny's Bookshopissa – "niitä kun on niin vaikea tilata Suomeen" – puhumattakaan siitä, että päätin Irlannissa lopultakin opetella espanjan ja aloin kerätä espanjankielistä kirjallisuutta motivoimaan opintojani. Tapa on sen jälkeen jäänyt päälle, ja nyt kun minulla on stipendien sijasta oikea palkka, rahaa tulee pannuksi espanjankielisiin taskukirjoihin siinä toivossa että joskus muka ehtisin ne oikeastikin lukea (nykyisellä espanjan lukuvauhdillani siitä ei ole vaaraa). Pystyn oikein hyvin kuvittelemaan, että joku samalla tavalla *ostamaan tottuneena* hankkisi kotiinsa yhtä suuret määrät viinaksia varastoon kuin minä espanjalaisia taskukirjoja.

Oma osuutensa asiaan on sillä, miten "eurooppalaisista viinitavoista" on lyöty rumpua ainakin puolitoista vuosikymmentä. On syntynyt mytologia, jonka mukaan alkoholihaitat liittyvät ainoastaan rahvaanomaiseen ryyppäämiseen, kun taas jatkuva siemaileminen mukamas olisi vaaratonta. Alkoholipoliittiset toimet sinänsä on leimattu "holhoukseksi", ja viinaverojen ja ikärajojen tilalle on kaivattu "asennekasvatusta", ikään kuin aikuiset ihmiset ikinä olisivat kuunnelleet asennekasvattajaa, joka pitää itseään heitä tietävämpänä. Holhoavampaahan sellainen saarnaaminen on kuin hintapolitiikka. Ja väkijuomien kalleudesta valittaville vanha kansa on jo moniaita miespolvia sanonut, että viina on aina hintansa väärti.

Äänekkäimpien "holhouksesta" valittajien joukossa on vilahdellut viinikauppias ja ravintolayrittäjä Petri Viglione, jonka vetoomukset "mannermaisen alkoholikulttuurin" puolesta kuulostaisivat huomattavasti uskottavammilta, jollei suomalaisen viinastenjuonnin "eurooppalaistuminen" kilisisi kovina euroina hänen säästöpossuunsa. *Il dottore* on ihailtavan lahjakas ja taitava suhdetoimintamies ja moninkertaisesti akateemisen oppiarvonsa väärti, kun on saanut myynninedistämispuheensa menemään kansaan noin täydellisesti. Kukaan ei ole kehdannut sanoa ääneen, että Viglione on tässä asiassa ennen kaikkea omaa etuaan ajava liikemies eikä italialaisen viinikulttuurin pyyteetön edistäjä.

Tietysti Viglione sanoo vain sen, minkä suomalainen keskiluokka haluaa kuulla. Viinakset ovat aikuisten makeisia, ja lapsetkin haluaisivat varmasti mielellään kuulla, että on olemassa jokin "eteläeurooppalainen karkkikulttuuri", jota noudattamalla voi syödä makeisia pitkin viikkoa, ei vain karkkipäivänä, ja tietysti hampaiden reikiintymättä. Jos hampaat sitten kuitenkin mätänevät, syynä voi olla vain se, että asianomainen ei ole kyennyt sisäistämään hyvää ja sivistynyttä eteläeurooppalaista karkkikulttuuria, vaan on sydämessään vieläkin uskollinen pahalle ja rahvaanomaiselle suomalaiselle makeistenmässäilytavalle.

Suomalaisilta ovat kuitenkin kylmät lääketieteelliset tosiseikat pahasti hukassa, jos he kuvittelevat, että alkoholihaittoja koituu vain "suomalaisesta" kaatokännäämisestä. Maksakirroosi tulee nimenomaan jatkuvasta "sivistyneestä" tissuttelusta, viinin juomisesta osana arkipäivää. Perinteinen suomalainen ryyppäämis- ja rälläämiskulttuuri on sikäli parempi vaihtoehto, että se tekee selvän eron arjen ja juhlan välillä: asialliset hommat hoidetaan arkena selvin päin, ja Ellun kanoiksi heittäydytään vain perjantaina ja lauantaina. Tämä johtaa kyllä pahimmillaan aivosoluvaurioihin tai akuuttiin alkoholimyrkytykseen, puhumattakaan siitä, että se altistaa tapaturmille ja tappeluille. Mutta jos elimistö saa viikolla levätä kunnolla perjantaipullon rasituksista, perisuomalainen viikonlopurälläys lienee kokonaisuutena ottaen jatkuvaa maksalle käyvää tissuttelua parempi vaihtoehto – varsinkin kun viimeaikaiset tutkimukset ovat osoittaneet, että aivosolut uusiutuvat jossain määrin aikuisellakin eikä alkoholin aiheuttama aivovaurio välttämättä olekaan pysyvä.

KAUNEUSTEOLLISUUS JA TURHAT JULKKIKSET
9. elokuuta 2006

Äskettäin meitä taas ilahdutettiin Jasmin Mäntylää käsitelleellä laajalla lehtijutulla muistaakseni jomman kumman aamullisen iltalaäystäkkeemme viikonloppuliitteessä. Olen autuaallisesti unohtanut sen, kummasta lehdestä oli kysymys, eikä minua siitä varmaan kukaan moitikaan. Jutusta jäi mieleen, että Mäntylä oli saavuttanut "Suomen turhimman julkkiksen" tittelin vuotta Lola Odusogan, nykyisen Wallinkosken, jälkeen.

Wallinkoskea kohtaan on toki aika epäoikeudenmukaista väittää hänen olevan Mäntylän kanssa samalla tasolla. Wallinkoski on sentään sympaattisen persoonallinen hahmo, eikä se johdu ihonväristä, vaan ärräviasta ja turun murteesta, joista hän ammattikaunottarena toimiessaan osasi tehdä itseironisen brändinsä. Tanssia kammoavana henkilönäkin myönnän, että tanssijan ja tanssinopettajan pätevyys, joka Wallinkoskella käsittääkseni on, on erityisesti opeteltava, vaikea ammattitaito; ja koska tanssiminen on esiintyvää taidetta, olisi väärin sanoa, että alalla toimiva ammatti-ihminen olisi varsinaisesti *turha* julkkis.

Kaikkia mallityttöjäkään ei pitäisi moittia tyhmiksi, koska useimmilla taitaa olla ihan kohtuullisesti koulutusta, ja monet tuntuvat olevan ihan vilpittömiä valittaessaan joka juorulehden sivulla, että mallintöiden takia ei ehdi opiskella lapsuutensa unelma-ammattiin. Eivät ne työt mitenkään helppoja ole – me mieshenkilöt muistamme kyllä pikkupoikavuosiltamme, miten ahdistavaa oli kokeilla yhtä rytkyä tai kenkäparia toisensa jälkeen, kun vaikutelma ei koskaan ollut äidin silmään tarpeeksi taiteellinen – ja voin kuvitella, että joku kaunis ja näyttävä nuori nainen, joka tyrkyttäytyy malliksi alun perin vain hankkiakseen opiskelurahoja, ei välttämättä ole hirveän tyytyväinen, jos hän päätyy paiskimaan mallin töitä täysipäiväisesti voimatta ja jaksamatta jatkaa sen ohessa opiskelujaan, koska ei uskalla, kehtaa tai ymmärrä kieltäytyä liioista töistä. Hyväkään palkka ei välttämättä riitä korvaukseksi menetetyistä nuoruusvuosista.

Jasmin Mäntylä on kuitenkin mallienkin joukossa omassa luokassaan. Eivät hänen koheluksensa sinänsä mitenkään ihmeellisiä ole. Nuoret ja elämässään vailla suuntaa olevat ihmiset munaavat elämässään usein hyvin samaan tapaan kuin Mäntylä, ja jos eivät, se ei välttämättä ole merkki kypsyydestä, fiksuudesta eikä aikuisuudesta, vaan ehkä pikemminkin liiallisesta ujoudesta ja arkuudesta, jonka takia esimerkiksi pariutumistyperyyksiin uskaltaa kunnolla ruveta vasta kolmekymppisenä (huomatkaa kokemuksen syvä rintaääni). Mäntylän munaukset ovat kuuluisia, koska hän on julkisuudessa pelkän ulkonäkönsä takia, eikä hänellä ole ammattia eikä koulutusta. Niinpä hän päätyy väistämättä "tyhmän mallitytön" ja "turhan julkkiksen" arkkityypiksi, ja kaikki hänen toilailunsa vahvistavat arkkityyppistä vaikutelmaa – jopa siinä määrin, että moni muukin kuin minä toivoisi Mäntylän todellisuudessa olevan huippuälykäs nuori nainen, joka vain vetää meitä kaikkia nenästä ja nauraa partaansa, kun me uskomme hänen tehneen kaikki kohelluksensa ihan vakavissaan. Näinä postmodernin itseironian aikoina se olisi ihan mahdollistakin.

Mutta viis siitä. Mäntylän todellisesta henkilöstähän me emme tiedä mitään. Kaikki, mistä jotain tiedämme, on hänen julkinen hahmonsa, ja se on todella groteski. Televisio-ohjelmalehdestä saksalaistyyppisen huonon maun äänenkannattajaksi muuttuneen Katso-lehden nettisivuilla Mäntylä esiintyi eräänkin kerran omituisessa pehmopornovideossa – ei kai sitä muutenkaan voi luonnehtia – jossa hän ei ilmeisesti tehnyt mitään muuta kuin kieriskeli pelkkään kylpyvaahtoon pukeutuneena kameran edessä. Feministit, jotka jaksavat soittaa suutaan naisen esineellistämisestä pornossa, eivät todellakaan tajunneet, missä mennään, jollei heille valjennut, että moinen pätkä oli minkä tahansa järkevän määritelmän perusteella *esineellistävämpi* kuin mikään kova porno ikinä. Kovassa pornossa naiset nimittäin esitetään omatahtoisina, aloitteen tekevinä ja halukkaina olentoina, mutta saippuassa kieriskelevä Jasmin Mäntylä ei näyttäydy edes ihmisenä, vaan jonkinlaisena ihmisen muotoisena kuorrutettuna karamellina.

Taannoin feministit kampanjoivat Hennes & Mauritzin uimapukukampanjaa vastaan, koska siinä pantiin uikkareihin pukeutuneiden mallityttöjen kuvia julkisesti näkyville. Uimapukujen tai kalsarien mainostaminen on kuitenkin yksi niitä harvoja asiayhteyksiä, joissa vähäpukeisen naisvartalon julkinen esitteleminen on täysin perusteltua – kyse ei siis ole missään mielessä samasta asiasta kuin esimerkiksi siinä, että nuoret naiset kiemurtelevat autonäyttelyissä maitotaloudellinen varustus paljaana konepellin päällä. Tai siinä, että nuori pelkästään ulkonäöllään ansioitunut nainen piehtaroi saippuavaahdossa nakupellenä.

Kannattaisi miettiä, kumpi oikeastaan on vahingollisempaa vaikkapa pikkutytöille: tuntemattomat ulkomaalaiset bikinimallit, joiden vähäpukeisuudelle on järkevä selitys, vai maanlaajuisesti tunnettu julkkis, joka valitettavasti on aika monen esipuberteetti-ikäisen tytön roolimalli ja ihailun kohde, näyttämässä heille, että opiskella ei tarvitse, kun rahoihin ja hyvään elämään pääsee käsiksi vain rypemällä kelteisillään.

...ENNEN KUIN ON VIETTÄNYT TALVEN TALVESSA JA NÄHNYT JÄÄTIKÖN PINNAN

11. elokuuta 2006

Sarjakuvapiirtäjän pikkuveljenä luen tietysti säännöllisesti Sarjainfoa ja kaupunginkirjaston sarjishyllyä, eikä anime- ja mangaharrastuksen rantautuminen Suomeen ole jäänyt minulta huomaamatta. Termit "anime" ja "manga" olen mielestäni kuullut jo 80-luvun puolella, mutta hieman yllättävää on ollut nähdä, miten laajoissa nuorisopiireissä anime- ja mangaharrastus on nyttemmin lyönyt itsensä läpi. Nyt mm. *Liikkuvasta linnasta* kuuluisan animeohjaajan Hayao Miyazakin poika Goro Miyazaki on kuulemma tarttunut Ursula Le Guinin *Maameren tarinoihin*, velho Ged Varpushaukan seikkailuihin.

Saa nähdä, mitä siitä tulee kun anime-estetiikka kohtaa Le Guinin. Joku voisi pitää moista pyhäinhäväistyksenä ja raiskaamisena, koska ensi ajattelemalta Varpushaukka ei kyllä oikein tunnu sopivan mollottavasilmäiseksi animeolennoksi. Itse en kuitenkaan ole koskaan jaksanut hirveästi innostua Maameri-universumista, koska se vaikuttaa Le Guinin tuotannossa aika lailla välityöltä. Tarinat sijoittuvat arkkipelagiin, jonka paikannimet kuulostavat välillä melkein Skotlannin gaelinkielisiltä saarilta vohkituilta. Maameren maailmaan kuuluu magiaa, kielimystiikkaa ja puhuvia lohikäärmeitä, kaikki genren tavallista tykötavaraa, ja kielimystiikka melko puhdasta Tolkienia. Miljöö on varhaisrautakautinen ja eroaa siksi jonkin verran tyypillisen fantasiaromaanin pseudokeskiajasta, ja kulttuureja ja uskontoja on luonnosteltu kulttuuriantropologin tyttären asiantuntemuksella, mutta todellakin vain luonnosteltu – Le Guin pystyisi kyllä parempaan, jopa nuorille suunnatussa fantasiassa.

Tämähän ei tarkoita, etten arvostaisi Le Guinia. Päin vastoin, hän oli jo varhain yksi lempitieteiskirjailijoitani: sekä *Osattomien planeetta* että *Pimeyden vasen käsi* kuuluvat mielestäni ehdottomasti yleissivistykseen. Jälkimmäisestä en koskaan saa tarpeekseni, eikä syynä ole ajatusleikki, jolle romaani perustuu – siinähän päähenkilö, Genly Ai, on yksinäisenä heteroseksuaalisena Maan miehenä joutunut lähettilääksi kaksineuvoisten ihmisolentojen maailmaan – vaan Le Guinin kyky luoda maailmoja ja kulttuureja. Itse asiassa kaksineuvoisuus siirtyy romaanissa taustalle ja siitä tulee varsin arkinen asia, kun taas etualalle nousee itse Gethenin planeetta, jota Ain edustaman avaruusfederaation, Ekumeenin, asukkaat kutsuvat myös Talveksi. Planeetan elämä ja arki on pieniä yksityiskohtia myöten niin käsinkosketeltava, että Gethen on yksi niitä kuviteltuja maailmoja, joissa mielelläni kävisin – Tolkienin Keski-Maa ei sitä vastoin olisi ollenkaan minun matkakohteeni.

Talvi-planeetalla on tosiaan talvista, lumimyrskyt ja pakkaset arkipäivää ja kuuma olut yleinen seurustelujuoma. (Jonkin haastattelun mukaan Le Guin sai idean talviseen planeettaansa luettuaan W.R.Meadin kirjan *Winter in Finland*. Ilmankos Gethen vaikuttaa niin kodikkaalta paikalta.) Sodat eivät kuulu Gethenin kulttuuriin, meille vakuutellaan aluksi, ja Genly Ain valmennusmateriaalinaan lukeman aikaisemman tutkijan arvio on, että se johtuu getheniläisten kaksineuvoisuudesta: väestö ei jakaannu raiskaajiin ja raiskattaviin, valloittajiin ja valloitettaviin. Tämä on lähtöasetelmana pahaenteisen latteaa pölhöfeminismiä, ja vielä ärsyttävämmin sitä perustellaan vetoamalla "sotaa" tarkoittavan sanan puuttumiseen kielestä – tähän vastaan Justin Ryen tapaan, ettei moinen todista mitään, koskapa Maapallon ihmistenkään kielessä ei ennen kahdettakymmenettä vuosisataa ollut sanaa "kansanmurhalle". Onneksi Le Guin on riittävän hyvä kirjailija kyseenalaistaakseen nämä kliseet: Genly Ain seikkailujen aikana itse asiassa sota on käsitteenä syntymässä Getheniin, kun planeetan tärkeimmät valtiot Karhide ja Orgoreyn ajautuvat napit vastakkain.

Kiintoisimpia teemoja kirjassa onkin Karhiden ja Orgoreynin välinen ristiriita. Karhide on vetelä ja koossapysymätön feodaalinen kuningaskunta, jossa Ai joutuu hovi-intrigien pelivälineeksi hänen ystävänsä ja auttajansa Estravenin vajotessa odottamatta epäsuosioon. Ekumeenin asiat eivät noissa oloissa oikein etene, joten Ai jättää Karhiden ja suuntaa Orgoreyniin. Hän tulee ylittäneeksi rajan huonossa kohdassa: paikassa, jossa rajakaupunkien välillä on riita. Ai joutuu keskelle karhidelaisten iskua orgoreyniläisten puolelle, ja orgoreyniläisiä eloonjääneitä hämmästyttää tieto, että hyökkääjät eivät tulleet naapurikylästä, vaan jostain kauempana Karhiden puolella sijainneesta kartanosta, jolla "ei ole riitaa" heidän kylänsä kanssa. Sota on siis jo kehittymässä ja valtiot yhtenäistymässä riittävästi käydäkseen sotia, mutta pelkkiin vanhanaikaisiin naapuririitoihin ja verikostoihin tottuneet orgoreyniläisen rajakylän asukkaat eivät vielä oivalla, mitä kello on lyönyt.

Orgoreynissä, joka on Karhideen verrattuna moderni, mukava ja tehokkaasti hallittu valtio, Ai uskoo pääsevänsä lopultakin yhteistyöhön paikallisten vallanpitäjien kanssa voidakseen kutsua häntä avaruudessa odottavan risteilijän laskeutumaan planeetalle ja solmiakseen viralliset suhteet Gethenin ja Ekumeenin välille. Orgoreyn vaikuttaa sosialistiselta maalta, koska siellä kaikkea julkisesti hallittua kutsutaan "pöytäkunnalliseksi" ja ihmiset kutsuvat toisiaan "pöytäkumppaneiksi". Lupaavan alun jälkeen Ai päätyy kuitenkin orgoreyniläiselle Gulag-tyyliselle pakkotyöleirille, jota kutsutaan osuvan orwellilaisesti "vapaaehtoiseksi maatilaksi".

Yhdysvallat ja Neuvostoliitto, totta kai. Mutta on mielenkiintoista, että Le Guinille Neuvostoliitto-Orgoreyn on nimenomaan se päältä katsoen tehokas ja moderni maa, jonka pimeä puoli sitten vähitellen paljastuu, kun taas Karhiden, eli Yhdysvaltojen, leimaava piirre on luova kaaos, joka mahdollistuu nimenomaan tietynlaisessa tehottomuudessa ja feodaalisessa jälkeenjääneisyydessä vetelän ja heikon hallituksen alaisuudessa. Le Guinin amerikkalainen alitajunta tulee esille siinä, että hänellekin tehokas ja toimiva hallitus tarkoittaa viime kädessä jonkinlaista totalitarismia ja feodaali anarkia vapautta, ainakin Gethenin planeetalla. Meille Hegelin ja Snellmanin sisäistäneille suomalaisille tietysti vahva hallitus ja vahva valtio ovat viime kädessä pienen ihmisen turva mielivaltaa, punakaartia ja narkkareita vastaan.

KOVAT KUNDIT EIVÄT TANSSI, HE LUKEVAT VIERAITA KIELIÄ

12. elokuuta 2006

Viimeksi kun tyttöystäväni oli täällä Turussa, kiusasin häntä panemalla tietokoneeseen pyörimään Gael-Linnin uuden DVD-levyn: viisi-kuusikymmenluvun vaihteessa valmistuneen dokumenttielokuvan *Mise Éire*, "Minä olen Irlanti". Elokuva on historiallisesta kuvamateriaalista koottu vuoden 1916 Pääsiäiskapinan historia, jonka taustalla Liam Budhlaeirin ja Pádraig Ó Raghallaighin 1900-luvun puolivälin selostajatyyliin dramaattiset äänet kommentoivat kuvia iiriksi, ilmeisesti kumpikin omalla murteellaan (toinen on selvästi kerryläinen, toisella taitaa olla connachtilainen aksentti). Elokuvan nimi on sitaatti Pádraic Mac Piaraisin eli Patrick Pearsen runosta:

> *Mise Éire,*
> *sine mé ná an Chailleach, Béarra.*
> *Mór mo ghlóire,*
> *mé a rug Cú Chulainn cróga.*
> *Mór mo náire,*
> *mo chlann féin a dhíol a máthair.*
> *Mise Éire,*
> *uaigní mé ná an Chailleach, Béarra.*
>
> "Minä olen Irlanti,
> vanhempi kuin Béarran vanha eukko.
> Suuri on kunniani,
> minä synnytin urhean Cú Chulainnin.
> Suuri on häpeäni,
> omat lapseni pettivät äitinsä.
> Minä olen Irlanti,
> ja yksinäisempi kuin Béarran vanha eukko."

Runo on sikäli keskeinen osa irlantilaisen kansallisuusaatteen symbolikuvastoa, että se kuuluu jokaisen iirinharrastajan ulkoa osattavaksi. (Netistä löytyy erilaisia versioita tästä runosta, eräät hyvinkin huonosti iiriä osaavien irlantilaisten nationalistien väärin kopioimia. Joten ei kannata tulla ilkkumaan minulle, että tuo ylläoleva muka olisi jotenkin virheellinen. *Minä* osaan tämän homman, toisin kuin valtaosa niistä vihreän rätin huitojista. No, myönnetään: Pearse luultavasti kirjoitti ...*do dhíol a máthair* ja *mé do rug*..., mikä meikäläisestä näyttää joko vanhanaikaiselta tai Kerryn murteelta.) Patrick Pearse oli yksi vuoden 1916 Pääsiäiskapinan johtajista ja teloitettiin Kilmainhamin (Cill Mhaighneann) vankilassa saman vuoden toukokuussa. Hän päätyi irlantilaiseen nationalismiin ja terrorismiin iirinharrastuksensa kautta: hänen runonsa ovat taidokkaasti hiottua, lakonista ja klassista kieltä 1600-luvun ja Seathrún Céitinnin tyyliin, mutta novellinsa enemmänkin sitä tyypillistä maalaisiiriä, jota iirinkielisen kirjallisuuden enimmäkseen 1920-1950-luvuilla syntyneet modernit klassikot ovat täynnä.

Mise Éire -elokuvaa pidettiin pitkään osana iirinkielistä pakkopullakulttuuria ja nationalistista propagandaa, eikä syytös ole aivan aiheetonkaan, mutta siinä missä Suomessa on nykyään herätty arvostamaan vaikkapa vanhoja suomifilmejä, Irlannissa opitaan parastaikaa hyväksymään Mise Éiren kaltaiset kulttuuri-ilmiöt osana omaa historiaa, joka on tunnettava ihan yleissivistyksen vuoksi – yliampuvuus kuuluu aikakauteen ja se voidaan sieventää pois, samalla kun keskitytään pohtimaan kyseistä teosta iirinkielisen elokuvataiteen ja irlantilaisen dokumentarismin merkkipaaluna. Myös nuorehkona kuolleen (itsensä hengiltä ryypänneen) soitantoalan monitaitomestari Seán Ó Riadan, irlantilaisen kansanmusiikin elvyttäjän, varta vasten säveltämä ja johtama ääniraita antaa sille oman säväyksensä.

Mise Éiren ääressä onkin mukava muistella – erään kommentaattorini pyynnöstä – sitä, miten minusta tuli iirinkielisyysmies, sekä kieliaktivisti että iirin tutkija – jos kohta iirin harrastus hiukan häiritsee saksalaisen kirjallisuuden tutkimusta, johon ikuisesti kesken oleva väitöskirjani liittyy. (Täytyy varmaankin luopua siitä, ottaa lusikka kauniiseen käteen ja suosiolla keskittyä norkoilemaan iirin kunniatohtorin arvonimeä jostain irlantilaisesta yliopistosta paiskimalla vain lisää puhdetöitä netin iirinkielistämiseksi.) Iiristä olin kiinnostunut jo kauan ennen kuin aloin sitä opetellakaan vakavissani.

Hankin ensimmäisen oppikirjan jo kemianopiskeluaikoinani: kyseessä oli Mícheál Ó Siadhailin hauska ja edelleenkin suositeltava *Learning Irish*, jonka lukukappaleet kertovat mm. siitä, kuinka pojat ostivat romuauton tai siitä, kuinka he menivät kesätöihin (iiriksi kesätyöt tai tilapäiset sekatyöt ovat *sclábhaíocht*, siis oikeastaan "orjuus") julmalle englantilaiselle, joka hakkasi heidät, kun he ilveilivät tämän maneereille hänen selkänsä takana. Vaikka se on hyvä kirja, en tyytynyt siihen, koska tuohon aikaan minulla ei ollut riittävästi itsekuria lukea oppikirja harjoituksia tehden johdonmukaisessa järjestyksessä alusta loppuun, mikä ei sinänsä ole ollenkaan tyhmä, huono eikä tehoton menetelmä (tämä siis tiedoksi niille,

SENSUROITU SUOMESSA: 2006

jotka luulevat, että minulla on käytössäni jotain ihmekuureja ja oikoteitä). Sen sijaan ostin muutaman oppikirjan lisää, samoin kuin hyvän sanakirjan – iirille ei valitettavasti ole olemassa niin hyvää kuin skottigaelin Dwelly, mutta Niall Ó Dónaillin iiri-englanti -sanakirjan lyhentämätön versio, jota olen ehtinyt kuluttaa loppuun jo kolme kappaletta (onneksi iirinkieliset kirjat ovat verraten halpoja), riittää yllättävän hyvin useimpiin tarpeisiin. Lisäksi hankin muutaman lukemistoksi suositellun kirjan, ennen muuta ne pakolliset kuviot, jotka luetetaan kaikilla irlantilaisilla koululaisilla, eli Peig Sayersin ja Tomás Ó Criomhthainin omaelämäkerrat.

Aluksi sain kokoon – vuosia huolettomasti oppikirjoja selaamalla – suuren passiivisen sanavaraston, mutta kieliopin vaikeimmat ydinkohdat – iirissä niitä ovat sananalkuiset konsonanttimuutokset eli ns. mutaatiot (*fear* = mies, *tá peann agus páipéar ag an* **bhfear** = miehellä on kynä ja paperi), iirin kaksi olla-verbiä (ero on suunnilleen sama kuin espanjassa, mutta iirissä vain toinen näistä olla-verbeistä on oikeasti verbi, toinen on pikemminkin partikkelin ja verbin välimuoto ja sellaisena ihan oma sanaluokkansa omine lauseoppeineen) ja kysymyslauseiden muodostaminen – jäivät aktiivisesti oppimatta. Hanskasin ne oikeastaan vasta siinä vaiheessa kun aloitin sen harrastuksen, jota fonetiikkaa tutkiva ystäväni kutsuu irvaillen "panuamiseksi". Jos minulla on mitään erikoismenetelmää kielen oppimiseksi, se se taitaa olla. Mutta se ei ole helppo menetelmä eikä oikotie, pikemminkin päin vastoin.

"Panuamisella" tarkoitetaan seuraavaa kolmen kohdan ohjelmaa: 1) Otetaan vieraskielinen kirja ja selaillaan se läpi. Kaikki oudot sanat ja ennen kaikkea oudot konstruktiot ja sanonnat, *jotka jotakuinkin ymmärtää, mutta joita ei olisi itse osannut muodostaa*, alleviivataan. Tuossa vaiheessa ei vielä katsota sanakirjaa eikä kielioppia, eikä välttämättä yritetä pysyä juonesta kärryillä. 2) Luetaan sama kirja läpi uudelleen, tarkistetaan sanat sanakirjasta (suosittelen hyvää suursanakirjaa, iirin tapauksessa Ó Dónaillia; suomea puhuvia venäjän opiskelijoita varten on olemassa erinomainen Kuusinen-Ollikainen-Syrjäläinen) ja tuherretaan niiden uusien sanojen merkitykset marginaaleihin. Kannattaa kokeilla erilaisia kyniä, koska on aika ikävää, jos paperi on sellaista, jolle ei voi kirjoittaa millä tahansa kynällä. Lisäksi irlantilaisissa kenttäoloissa – ja "kenttäoloiksi" luetaan tässä yhteydessä mitä suurimmassa määrin sisätilat – vesiliukoisella musteella kirjoitetut marginaalimerkinnät pyrkivät leviämään, haalistumaan ja häviämään, koska ilma on niin kosteaa. 3) Luetaan kirja vielä kolmannen kerran, ja tällä kertaa koetetaan pysyä kärryillä juonesta. Yleensä se onnistuu.

Suositeltavin kirjatyyppi tällaiseen tarkoitukseen on novellikokoelma. Yhden novellin voi "panuta" kerrallaan. "Panuamisen" kolme vaihetta, varsinkin keskimmäinen, vievät niin paljon aikaa, että novelli kerrallaan panuaminen on paras vaihtoehto. Tosin iirin kaltaisen monikeskuksisen ja murteiltaan hajanaisen kielen ollessa kyseessä panuttujen kirjojen tyyli voi vaikuttaa omaan tyyliin vähän liikaakin: ensimmäisiä johdonmukaisesti panuamiani kirjoja oli Séamus Ó Griannan novellivalikoima *Cora Cinniúna*, ja Séamus on kuuluisa siitä, että viljelee yksinomaan omaa Ulsterin murrettaan. Niinpä Ulsterin murteesta tuli minunkin tavaramerkkini, kun liityin Gaelic-L -sähköpostilistalle, jopa siinä määrin, että joku piti sitä suorastaan pelottavana: hän epäili, että Suomen päässä piuhaa ei ollut ihmistä ollenkaan, vaan jonkinlainen tekoäly, johon oli ohjelmoitu Séamus Ó Griannan koötut teokset. (Minä vastasin tähän tietenkin sähköpostiviestillä, jonka sisältö oli suunnilleen seuraavanlainen: *Hälytys! Hälytys! Hälytys! Salaisuus paljastunut! Itsetuhoprosessi käynnistyy! Pum!*)

Venäjän opiskelijoille esimerkiksi Tšehov ja nykykielen oppimiseksi Dovlatov ovat erinomaisen suositeltavia. Paperin laadulla ja marginaalien leveyksillä on merkitystä, ja kuten sanottu, kynä on valittava niin, että sillä voi kirjoittaa hyvin pientä käsialaa. Jollette osaa tuhertaa puolen millimetrin korkuisia kirjaimia, nyt on aika opetella. Pikakirjoituksen opettelemista tai omien pikakirjoitusmenetelmien virittelemistä voi suositella, vaikka kummastakaan minulla ei ole kokemusta. Kunnon kielinörtti valitsee panuttavan materiaalin ihan muiden kriteerien kuin sisällön kiinnostavuuden perusteella, nimittäin tyylin hyödyllisyyden (kielen rikkaus ja suositeltavuus esikuvaksi) ja – ihan oikeasti – paperin laadun ja marginaalien leveyden. Tosin ns. huonon kielen tai yleisesti paheksutun kioskikirjallisuuden (pornolehdet, harlekiinit) käyttö ei ole mitenkään kiellettyä tai paheksuttavaa, päin vastoin.

Todella kovat kaverit opettelevat tietysti saksansa lukemalla Thomas Mannin paksuimmat romaanit, venäjänsä kahlaamalla läpi Sodan ja rauhan, puolansa Henryk Sienkiewicziä tavaamalla, ruotsinsa Vilhelm Mobergin maastamuuttajatetralogialla ja islantinsa Halldór Kiljan Laxnessin romaanilla *Läpi harmaan kiven*, mutta tällä alalla, kuten yleensäkin, kannattaa olla kokeilematta ammattilaistason menetelmiä heti kotona, ettei tule traumoja.

Tyvestä puuhun noustaan.

Mutta jos mikään muu ei toimi, voi kerta kaikkiaan vain purra hammasta, ottaa sen kaikkein paksuimman venäjänkielisen romaanin yhteen käteen, ison sanakirjan toiseen käteen ja panuta. Jos kyseessä on romaani, kannattaa tehdä se luku luvulta ja panna vaikka sängyn viereen lista kirjan luvuista. Sitten vain viivaa yli kaikki ne luvut, jotka on kuvaamallani kolmiportaisella tavalla käynyt läpi. Takuulla toimii ja auttaa, jos taistelumieltä ja pahaa sisua riittää, mutta hommaan tulee sitten suhtautua asianmukaisesti, ts. mielipuolen raivolla. Sopivaan tunnelmaan pääsemiseksi kannattaa katsoa Pekka Parikan *Talvisota*, jos opittavana kielenä on venäjä. Kovat kundit eivät tanssi, he lukevat kirjoja vieralla kielillä – Panun menetelmällä.

Kommentaattorini uteli jotain sensuuntaista, onko iirin opetteluun – tai kielten opetteluun yleensä – nörttimäisiä keinoja, joita voi käyttää omassa nörtinkammiossaan, vai onko pakko mennä ikävien ihmisten ilmoille sökeltämään ja solkkaamaan. No, iirin minä opettelin pääasiassa panuamalla, kenenkään opettajan häiritsemättä, mutta en ollenkaan neuvoisi väheksymään syntyperäisiä opettajia ja henkilökohtaisia ihmiskontakteja oppimisen apuna. Iirin kohdalla vain on pakko tyytyä panuamiseen, joka kyllä on tehokas ja ennen muuta nörttimäinen tapa opetella kieliä, jos sielu sietää sellaista raadantaa.

Oikeastaan se on menetelmänä sopivin ammatti-ihmisille, joilla on jo kokemusta kielten omaksumisesta ja jotka osaavat itse tunnistaa uuden kielen vaikeimmat piirteet ja valikoida ne erityisen harjoittelun kohteiksi. Yleensä jokaisessa kielessä on suurin osa helppoa, mutta sitten on yksi suhteellisen helposti rajattava kierous tai vinkeys, joka pitää jossain määrin harjoitella korvakuulolta ja kontaktissa syntyperäisten kanssa (saksassa adjektiivitaivutukset ja sivulauseen sanajärjestys, puolassa maskuliinin yksikön genetiivin pääte, ruotsissa o-kirjaimen ääntäminen, venäjässä tavulta toiselle tanssiva paino, espanjassa verbien taivutus), tai sitten sille pitää omistaa aivan erityistä teoriamuotoista tai kirjallista harjoittelua, jos ei ole sosiaalinen ihminen.

GRASS JA BIENEK
13. elokuuta 2006

Tämän kirjoitettuani olen tutustunut Horst Bienekin elämään ja tuotantoon entistä paremmin ja tiedän nyt hänen olleen homoseksuaali: itse asiassa hänen sukupuolielämänsä oli varsin rajua ja täynnä rankkaa riskinottoa, ja kuolinsyy oli se mitä uumoiltiinkin.

Saksalainen Nobel-kirjailija Günter Grass tunnetaan ennen kaikkea lörpöttelevistä, burleskeista veijariromaaneista, joissa sotkuisesti polveileva juoni toimii lähinnä tekosyynä milloin ladella rahvaanomaisia anekdootteja, milloin kertoa enemmän tai vähemmän mytologisia tai muuten vain uskomattomia tarinoita. Rakenteellisesti niille löytynee vastineita uuden ajan alusta alkaen Saksassa ilmestyneistä kansankirjoista, ja esimerkiksi *Peltirummun* päähenkilö Oskar Matzerath muistuttaa kansankirjojen sankareita. Myös Grimmelshausenin *Der abentheuerliche Simplicissimus Teutsch* lienee omalta osaltaan rohkaissut Grassia omaksumaan tavaramerkikseen muodostuneen anarkistisen tavan rakentaa romaaneja, eikä liene sattumaa, että siinä missä Grimmelshausenin sotkuinen veijariromaani kumpusi kolmikymmenvuotisen sodan koettelemuksista, Grassin absurdit tarinat liittyvät läheisesti toisen maailmansodan kokemukseen. Toisin kuin Heinrich Böll, jonka pienimuotoisten satiirien sukkeluus pakkaa romaaneissa tukehtumaan saksalaisen syyllisyysposeerauksen alle, Grass pystyy pitämään itseruoskinnan sikäli aisoissa, että saarnaamisen sijasta etualalle nousee koko dickensiläisen hirviömäinen henkilögalleria.

Oman graduni aihe, sleesialaissyntyinen ja evakkoaiheista kirjoittanut Horst Bienek, ei ole aivan eturivin kirjailijan maineessa, eikä häntä valitettavasti voi lukea suomeksi (ruotsiksi tietysti voi). Saksalainen kielialue on täynnä hyviä tai kohtalaisen hyviä (mies)kirjailijoita, joita ei suomenneta; naiskirjailijoilla on tietysti aina sukupuolietu puolellaan (jos kohta suomennetuista ainakin romaniansaksalainen Herta Müller on oikeasti hyvä kirjailija, jota minä olen lukenut saksaksi jo lukiolaispoikana, kun Suomessa juuri kukaan ei ollut kuullutkaan hänestä – *Matala maa* on ilmestynyt alkukielellä jo 80-luvun alussa). Bienek oli poliittisesti lähinnä maltillinen konservatiivi, joskin hänellä lienee oletettuna homoseksuaalina (hänen väitetään kuolleen immuunikatoon) ollut vaikeuksia suhtautua luonnolliseen poliittiseen kotiinsa eli kristillisdemokraatteihin, eikä hän kirjoittanut Böllin ja Grassin kaltaisten avoimesti vasemmistolaisiksi tai (silloin kun se ei vielä ollut Yhdysvalloista kauko-ohjatun räyhäoikeiston käyttämä haukkumasana) "vasemmistoliberaaleiksi" tunnustautuneiden kirjailijoiden itseruoskivaan tyyliin, vaan jätti natsismin moraalikysymykset pienten lukijalle annettujen vihjeiden varaan.

Hyvä esimerkki on hänen yläsleesialaisen romaanitetralogiansa sivuhenkilö "Vesi-Milka" eli Emilie: tämä naimaton ja hieman omalaatuinen keski-ikäinen nainen on vaarassa joutua juonituksi mielisairaalaan, koska hänen ahneet sukulaisensa haluavat päästä hallinnoimaan hänen perintöosaansa. Lukijan tiedossa on, että mielisairaalaan joutuminen olisi Natsi-Saksassa todennäköisesti tiennyt eutanasiaa. Romaanihenkilöt sitä vastoin eivät ymmärrä sitä, mikä tekee asiasta puolta kaameamman: he ovat siis tietämättään tuomitsemassa Milkan kuolemaan. Milka välttää kuitenkin tämän kohtalon liittymällä itse natsien naisjärjestöön, jolloin häntä ei enää voikaan julistaa hulluksi. Tämä kertoo oikeastaan paljon enemmän siitä, miksi ihmiset alkoivat natseiksi, kuin mikään moralisointi; ja luonnollisesti tätä voi soveltaa myös Neuvostoliittoon ja muihin kommunistidiktatuureihin.

Konservatiivinen Bienek ei koskaan erityisemmin salaillut sitä, että oli nuorena poikana ollut nuorten poikien tapaan innostunut Hitler-nuorison touhuista. Toisaalta hän ei myöskään juurikaan vaivautunut ymmärtämään saksalaisia evakkoja, *Heimatvertriebene*, jotka kokoontumisissaan ja juhlissaan haikailivat takaisin kotiseudulleen, koska häntä tympäisi heidän itsesäälinen uhrimentaliteettinsa: toinen maailmansota oli suuri katastrofi, jolla oli paljon muitakin uhreja, ja muualla.

Bienek oli sodan jälkeen päätynyt aluksi Itä-Saksaan ja joutunut epäillyksi vakoilusta. Noina stalinistisina aikoina Itä-Saksan turvallisuuspoliiseina toimivat venäläiset, joten Bienekin tuomitsi neuvostoliittolainen sotilastribunaali, ja hän joutui 50-luvulla muutamaksi vuodeksi Gulagiin. Hän ei kuitenkaan joutunut istumaan koko absurdin pitkää tuomiotaan, vaan pääsi vuosikymmenen lopulla Müncheniin, missä hänestä sittemmin tuli radion kulttuurijournalisti, kirjallisuuskriitikko, kustannustoimittaja (muistaakseni Deutscher Taschenbuch-Verlagilla) ja tietenkin proosakirjailija – lyyrikkona hän ehti aloittaa jo Itä-Saksassa. Gulagissa hän oppi venäjää, ja hänen ovensa oli aina auki venäläisille emigrantti-intellektuelleille. Solženitsyn oli luonnollisesti hänelle tärkeä kirjailija, kun kerran herrat olivat istuneet samassa vankileirien saaristossa.

Bienek harrasti kyllä modernistisia muotokokeiluja – hänen esikuviaan ja lempikirjailijoitaan olivat ainakin William Faulkner, Ezra Pound ja Jorge Luis Borges – mutta mikään (enemmän tai vähemmän kuvitteellisen) "porvarin" ärsyttäminen ei koskaan tunnu kiinnostaneen häntä, ei silloinkaan kun ärsytettävä porvari olisi ollut vasemmistolaisen kulttuurivakiintuneiston jäsen. Hänen merkittävin teoksensa, yläsleesialainen tetralogia, on ennen kaikkea kertomataiteellinen voimannäyte, ja seksuaaliset (myös homoseksuaaliset) kohtaukset on nivottu luontevaksi osaksi tarinaa, ihmisten elämää – siinä missä uskonnollisuuskin. Bienekin ihmiset, nimenomaan porvarilliset, keskiluokkaiset ihmiset, ovat usein raadollisia, vilpillisiä ja tekopyhiä, mutta kyse ei ole minkään "porvarillisuuden" osoittelevasta arvostelemisesta, vaan yksinkertaisesti hänen ihmiskäsityksestään, joka nyt vain on tällainen.

Siinä missä Bienek oli maltillista oikeistoa, Günter Grass tuki sodanjälkeisessä Saksassa sosiaalidemokraatteja, mutta sitten kun nämä pääsivät maata hallitsemaan, Grass alkoi kiukutella siitä, että mokomat keskittyivätkin jonkinlaisen poroporvarillisuuden vastaisen utopian luomisen sijasta turvaamaan työväestön mahdollisuuksia turvattuun poroporvarilliseen elämään. Hieman ilkeästi tekisi mieli sanoa, että Grassin mentaliteetti oli "kommunistisella" – utopistisella – tavalla vasemmistolainen, vaikka hän kannattikin sosiaalidemokratiaa. Hän oli sosiaalidemokraatti härnätäkseen porvaria, ja jopas häneltä naama venähti, kun osoittautui, että sosiaalidemokraatit halusivatkin antaa kaikille oikeuden olla poroporvareita. Hänelle ei ollut valjennut, että vasemmistolaisuuden jokseenkin ainoa järkevä pointti demokraattisessa yhteiskunnassa on turvata milloin minkäkin sorretun tai syrjäytymisvaarassa olevan ryhmän mahdollisuudet päästä halutessaan viettämään poroporvarillisen turvattua, ennustettavaa ja lainkuuliaista elämää – että keltään ei esimerkiksi ihonvärin tai epähienon syntyperän vuoksi tukita tietä tällaiseen elämäntapaan. Demareita äänestänyt Saksan työväestö halusi juuri tätä ja sen myös sai.

Tämän jälkeen ei tunnu *hirveän* odottamattomalta, että Grass nyt tunnustaa kuuluneensa lyhyen aikaa SS-joukkoihin sodan loppuvaiheessa, ilmeisesti jonkinasteisesta vakaumuksesta eikä pakotettuna, ja suhtautuneensa sotilaselämään jopa myönteisesti, koska se merkitsi hänelle poispääsyä "poroporvarillisesta" kotiympäristöstä. (Elämäkerran tähänastisen "virallisen version" mukaan hän oli *Flakhelfer* eli ilmatorjuntajoukkojen apumies.) Hän ilmoittautui vapaaehtoiseksi (tosin ei SS:ään, vaan sukellusvenejoukkoihin, mutta nämä eivät ottaneet vastaan uusia alokkaita), koska kotipiiri ahdisti, ja sota ilmeisesti tuntui anarkistisesti vapauttavalta kokemukselta. Armeijaan liittyminen ja sota houkuttelivat nuoria miehiä pohjimmiltaan samalla tavalla kuin boheemielämä ja renttuilu sodan jälkeen.

Joka tuntee saksalaista kulttuuria, huikkaa tässä kohtaa "Jünger!", ja tosiaankin, Grassin äidinkielen opettaja oli saksalaiskansallinen asenteiltaan, muttei varsinaisesti natsi, ja natsien propagandaroskan sijasta hän suositteli pojalle luettavaksi Ernst Jüngerin esikoisteosta *In Stahlgewit-*

tern. Jüngerille sota ja machoilu olivat kaikkein suurin kapina poroporvarillisuutta vastaan, eikä ensimmäisen maailmansodan älytön lihamylly ilmeisestikään saanut häntä luopumaan tästä asenteesta, joka oli varsin tavallinen rintamalle vuonna 1914 rientäneiden, lyhyttä ja voitokasta sotaa odottaneiden nuorukaisten keskuudessa. Brittiläisellä puolella sen on ikuistanut parhaiten Rupert Brooke runossaan *Now, God be thanked Who has matched us with His hour*, jossa sodasta puhutaan selän kääntämisenä kunnian unohtaneelle, väsyneelle ja romantiikasta piittaamattomalle *belle époque* -idyllille, "loikkana puhtauteen" ja ihanteellisuuteen. Brooke kuoli itse hyttysenpistosta saamaansa verenmyrkytykseen Kreikassa, matkalla Gallipoliin.

Natsismin boheemimainen, poroporvarillisuuden vastainen luonne on ollut puheena monissakin Hitlerin Saksan historiaa käsittelevissä teoksissa, ennen muuta tietysti Michael Burleigh'n suurteoksessa *The Third Reich: A New History*, joka on nimellä *Kolmas valtakunta* saatu onneksi suomalaistenkin lukijoiden ulottuville. Aikalaistodistukset ovat harvinaisen yksimielisiä siitä, että esimerkiksi natsipuolueen nuorisojärjestöihin, kuten Jungvolkiin, Hitler-Jugendiin ja Bund Deutscher Mädeliin liittyminen merkitsi monelle nuorelle saksalaiselle irtiottoa vanhemmista ja kotikurista. Perinteinen konservatiivisuus ei ollut mitenkään itsestään selvästi liitossa natsismin kanssa, sillä, kuten eräässä natsinuorten taistelulaulussa laulettiin, *wir sind die fröhliche Hitlerjugend, wir brauchen keine Christentugend* – me olemme iloinen Hitler-nuoriso, me emme tarvitse kristillisiä hyveitä. Kristillisessä kodissa oli tylsää, Hitler-nuorissa oli hyvä pössis, ja juuri pössiksen avulla nuoret voidaan vietellä. Esimerkiksi natseiksi.

Nykyinen henkisesti laiska vasemmistolaisuus on kuitenkin tehnyt nuorison "kapinallisuudesta" siinä määrin palvotun fetissinsä, että minäkin olen joutunut useammin kuin kerran vastakkain jonkun pölhövasemmistolaisen inttäjän kanssa, joka ei halua nähdä mitään eroa terveen poroporvarillisen konservatiivisuuden ja Hitlerin edustaman vallankumouksellisen, perinteiset arvot kumoavan pahuuden välillä. Tietenkin olisi liikaa vaadittu, että tällaiset inttäjät näkisivät kaikenlaisissa "nuorissa kapinallisissa" tuhoavaa potentiaalia, koska heille "nuorten kapinallisuus" sinänsä on jotain hyvää ja arvostettavaa. Se, että nuori voisi kapinoida poroporvarillista, konservatiivista kotiaan vastaan alkamalla natsiksi, on pölhövasemmistolaiselle mahdoton ajatus, koska pölhövasemmistolainen on liian tottunut haukkumaan kilttejä konservatiiveja "natseiksi" älytäkseen konservatiivisuuden olevan eri asia kuin fasismi.

TAISTOLAISEEN TAPAAN
15. elokuuta 2006

Jo Obaman valtakauden aattona Suomessa oli amerikkalaisen uskonnollisen oikeiston kannattajia. Sittemmin heikäläiset ovat tunnustaneet avoimesti breivikiläistä väriä ottaessaan käyttöön iskusanan 'kulttuurimarxismi' viittaamaan suunnilleen koko oikeusvaltioon.

Paljon parjatun taistolaisuuden suurin vika ja vaara ei ollut siinä, että se oli jonkinlaista vasemmistolaisuutta, koska vapaassa maassa on lupa olla poliittisesti vaikka minkä värinen kunhan ihmisiksi elää ja lakeja noudattaa. Monenkinlaisia hörhöaatteita saa julistaa niin kaduilla, aitovierillä kuin varmaan synagoogissakin, mutta jollei kansa niitä kannata, siinähän hörhöilet keskenäsi. (Eikä tosiaankaan toinna inttää, että kansa muka oikeasti on puolellasi, muttei poliittisen korrektiuden, demarien hirmuvallan tai jonkin muun myyttisen entiteetin pelossa tai aivopesemänä uskalla äänestää sinua.) Taistolaisuus oli kuitenkin useimpia muita hörhöaatteita vaarallisempi siksi, että taistolaiset tuppasivat asettamaan Neuvostoliiton, siis vieraan suurvallan, edun Suomen kansallisen edun edelle.

Nykyisin meillä on keskuudessamme uudenlaisia taistolaisia, joille isänmaata suurempi lojaalisuuden kohde on maailman ainoa oikea suurvalta eli Yhdysvallat. Tietynlaisille luonteille antaa suurta tyydytystä olla aina vahvemman puolella, mutta koska harva on oikeasti kyllin rehellinen itselleen ja maailmalle myöntääkseen olevansa kyyninen valtapoliitikko, hänen täytyy uskotella olevansa myös moraalisesti oikealla hyvisten puolella. Taistolaiset jakelivat mielellään neuvostovastaisuusleimoja; samaa tyyliä amerikkalaismyönteisestä näkökulmasta saimme lukea sunnuntain Helsingin Sanomista jonkun Markku Ruotsilan kynästä, joka tituleeraa itseään vallan Yhdysvaltain historian dosentiksi Tampereen yliopistossa. Heh, miksihän minua ei hämmästytä, että stalluhenkistä natkutusta käänteisin etumerkein tulee juuri siltä maantieteelliseltä suunnalta?

Jo kirjoituksen otsikko kertoo, missä tyylilajissa mennään: "Amerikanvastaisuus on älyllistä laiskuutta ja pelkuruutta". Eli siis Yhdysvaltoja ei ilmeisestikään voi eikä saa arvostella, tai muuten on "Amerikan-vastainen". Ainakin arvostelun pitäisi herra dosentin mielestä perustua "objektiiviseen tietoon" ja sitä pitäisi harjoittaa Yhdysvaltojen omilla ehdoilla, maan omista historiallisista lähtökohdista käsin. Ihan kuin olisimme kuulleet tämän aikaisemmin, missäköhän ja milloin? No tietysti kultaisella

SENSUROITU SUOMESSA: 2006

70-luvulla ja vähän sen jälkeenkin. Silloin ennen vanhaan oli kahdenlaisia tahoja ja toimijoita: ulkopoliittisesti vastuulliset ja "neuvostovastaiset". Luonnollisesti jälkimmäiset eivät olleet "objektiivisia". Kas, Neuvostoliittohan oli objektiivisesti hyvä, joten se, jolla oli objektiivista tietoa maan oloista, tietenkin saattoi olla vain neuvostoystävällinen. (Se, jonka päätä "objektiivinenkaan" tieto ei kääntänyt, oli tietysti myötäsyntyinen ja parantumaton ryssänvihaaja ja fasisti uskoessaan kaiken maailman solženitsynien ja muiden parjaajien propagandaan.)

Ilkeämielisestä sävystä kirjoittaja ei pääse eroon jatkossakaan, sillä hän julistaa joidenkin epämääräisten "eurooppalaisten intellektuellien" puhuvan pahaa Yhdysvalloista ja jättävän jälkensä kaikkeen vapauden ja purukumin kotimaata koskevaan keskusteluun. Tällainen vihjaileva kirjoittelu kuuluisi enemmänkin rasistiblogeihin kuin valtakunnan ykköslehden pääkirjoitussivulle. Jos on asiaa, puhu suoraan ja nimeltä mainiten, tai pidä suusi kiinni. Kiertely ja vihjailu ei ansaitse asiallista vastausta.

Amerikkalaisen uuskonservatiivismin ja sen hännystelijöiden koko kliseevalikoima pääsee käyttöönsä, kun Ruotsila syyttelee ensin Yhdysvaltain arvostelijoita antisemitismistä ja salaliittoteorioista ja julistaa sitten, että amerikkalainen verotus on "yrittäjäystävällistä". Tämän tyyppiset latteudet, moralisoinnit ja syytökset ovat oikealla paikallaan erityyppisten kiihkoilijoiden välisissä nettikeskusteluissa, mutta printtimediassa niitä on pidettävä riman alituksena ja lukijoiden aliarviointina.

Ainakin suomalaisen Amerikan-vastaisuuden taustan Ruotsila käsittää joko tietämättömyyttään tai tahallisesti täysin väärin syyttäessään siitä "eurooppalaisia intellektuelleja". Eihän täällä herra nähköön edes osata eurooppalaisia kieliä. Täkäläinen rauhaa, hasista ja Hizbollahia kannattava pösilövasemmisto lukee pikemminkin Noam Chomskya, joka on onnistunut tekemään enemmän tai vähemmän ennalta-arvattavasta "yhteiskuntakritiikistään" todellisen kansainvälisen brändin ja käärii hyvät rahat. Viimeksi kun tarkistin, Chomsky oli amerikkalainen, enkä oikein tiedä viitsiikö hänenlaistaan naarmuista vanhaa älppäriä edes kutsua "intellektuelliksi".

Myös "objektiivisen tiedon" vaatimukset kuulostavat jokseenkin naurettavilta, kun muistetaan, että Suomessa suurin piirtein apukoulunkin käyneet osaavat englantia ja nuorisovankiloistakin on vedetty piuhat nettiin. Amerikkalaisia lehtiä New York Timesistä American Prospectiin voidaan lukea ja luetaan netistä reaaliajassa. Monilla suomalaisilla on amerikkalaisia nettituttuja pienen kylän verran, joilta sitten voi kysellä, miltä meno maistuu Bush-dynastian kuningas Yrjö II:n valtakunnassa. Suomalaisten käsityksiä Yhdysvalloista ja amerikkalaisista eivät totisesti pääse himmentämään mitkään keskieurooppalaiset suodattimet. Itse asiassa minusta tuntuu, että suuri osa, ehkä enemmistö, suomalaisista tietää amerikkalaisten arkipäivästä, kulttuurista ja yhteiskunnasta juuri niin paljon kuin heidän voi kohtuudella odottaa tietävän. Ja sekös ottaa pannuun herra dosenttia, joka mielellään ammattipätevyytensä avulla pääsisi jakamaan objektiivisuussertifikaatilla siunattua "oikeaa" tietoa.

Jos Suomessa ollaan näissä oloissa Amerikan-vastaisia, se ei ehkä ole suomalaisten eikä liioin nimettömien "eurooppalaisten intellektuellien" syytä. Voi olla niinkin, että peili on ihan kunnossa ja naama oikeasti vino. Mukavana miehenä olen kuitenkin valmis myöntämään Yhdysvalloille ns. *benefit of the doubt*in ja toteamaan, että maan kehno maine ainakin jossain määrin on ansaitsematon – amerikkalaisista vain saa turhan huonon kuvan sen perusteella, millainen väki Suomessa äänekkäimmin ihannoi Yhdysvaltoja ja soimaa sen arvostelijoita. Eihän toki ole amerikkalaisten vika, millaisia "ystäviä" heillä Suomessa ja suomalaisessa julkisuudessa on.

Jottei totuus unohtuisi, on syytä myöntää, että Ruotsilan kirjoituksessa on pari ihan osuvaakin huomautusta: esimerkiksi siinä hän on oikeassa, että amerikkalaiseen uskonnollisuuteen suhtaudutaan meillä tarpeettoman vihamielisesti, ja vaikkapa V.S.Naipaulin varsin kiintoisasta matkakirjasta *A Turn in the South* (tyypillistä kyllä, sitä ei ole suomennettu, mutta ruotsinnettu kyllä, nimellä *I Sydstaterna*) saa hyvän kuvan siitä, miten uskonnollisuus auttaa lääkitsemään juuri etelävaltioiden rotuvastakohtaisuuksien jälkeensä jättämiä arpia tavallisen kansan keskuudessa: Naipaul tapasi matkallaan mm. syvästi uskonnollisia valkoisia eläkeläisiä, jotka opettivat vapaaehtoistyönä koulunsa kesken jättäneitä mustia sekatyömiehiä lukemaan. Teokratiahaaveiden ja antievolutionismin lisäksi amerikkalaiseen uskonnollisuuteen kuuluu myös tämä oikeasti yhteiskuntaa hyödyttävä puoli, josta meillä harvoin kuullaan.

Ruotsilan kirjoitus on kuitenkin ja pysyy taistolaistyylisenä syyttelynä ja moralisointina, ja joukkoon sotketut pari pientä totuuden siementä vain lisäävät yhtäläisyyksiä stallaripropagandaan. Olihan siinäkin yleensä mukana hiukan aiheellista yhteiskuntakritiikkiä antamassa uskottavuutta.

HYVÄSTI PAPURIKKO
16. elokuuta 2006

Elina Karjalainen kuoli 14. elokuuta 2006. - Olen sittemmin kuullut Kuopion nykyisiltä asukkailta, etteivät kuopiolaiset diskokuningattaret enää puhu savoa.

Uppo-Nallen seikkailuja en ole koskaan lukenut, vaikken pikkupoikana mitenkään periaatteesta kieltäytynytkään lukemasta lastenkirjoja, mutta Elina Karjalaisen nimi on kyllä ollut tuttu minullekin jo polvenkorkuisesta räkänokasta. Hän kuuluu lapsuuteni 70-lukuun siinä missä toinen senaikaisista lempipakinoitsijoistani, pari viikkoa sitten muistelemani "Mikko-setä" Haljoki. Kotiimme tuli Suomen Kuvalehti, jota jo pienenä luin, vaikka siitä hirveän paljon käsittänytkään; Elina Karjalaisen kodikas tyyli oli kuitenkin hyvin sopivaa jo sen ikäiselle.

Elina Karjalainen kirjoitti juttuja Kuopiosta – siitä Savosta, jossa oltiin oikeasti mukavia ja seurallisia ihmisiä. Vaikka olen viettänyt elämäni ensimmäiset kahdeksantoista vuotta Varkaudessa, en ole koskaan ymmärtänyt, mistä savolaisten lupsakka maine on peräisin. Vasta vanhemmilla päivillä olen alkanut ymmärtää, että vanha ja itsetunnossaan vakiintunut Kuopion kaupunki, jossa viimeisen päälle stailatut diskon kuningattaretkin kuulemma puhuvat savoa sitä erityisemmin häpeilemättä, on ehkä oikeasti mentaliteetiltaan erilainen paikka kuin Varkaus, jossa juurettomuus ja kyräily on normaalia, suurin osa asukkaista elinkelvottomaksi käyneeltä maaseudulta teollisuuskaupunkiin puoliväkisin kaavittuja muuttajia ja jossa jokaisen sanan ensimmäisen tavun verran yritetään puhua kirjakieltä, mutta sen jälkeen valahdetaan takaisin nolosteltuun murteeseen.

Syntyperäinen kuopiolainen Elina Karjalainen ei yllättävää kyllä ollut, vaan ihan oikeasti karjalainen muutenkin kuin nimen puolesta – tyttönimeltään hän oli Saraste. Lieneeköhän sukua Jukka-Pekka Sarasteelle? Muusikkoja hänellä ainakin oli perheessään, sillä hänen vanhempi poikansa soitti mm. crwthia – *ei, se ei ole kirjoitusvirhe*, hän kertoi lukijoille pakinassaan *Crwth*. (Jos joku ihmettelee: crwth äännetään [kruθ] – vokaalin pituudesta en mene takuuseen, kun en tuota kymrin kieltä osaa pariakymmentä sanaa ja kieliopin alkeellisimpia alkeita lukuun ottamatta – ja tarkoittaa walesilaista harpun tai lyyran tapaista kielisoitinta. Sana on lainattu muodossa *cruit* iiriinkin – oikea kunnon harppu, joka löytyy Irlannin vaakunastakin, on nimeltään *cláirseach*.) Sitä kirjoitusta ei kylläkään julkaistu Suomen Kuvalehdessä, vaan Kotiliedessä, johon hän kirjoitti nimimerkillä Papurikko; ne jutut julkaistiin joskus kokoomaniteenä, jonka lainasin kirjastosta.

Papurikon pakinoissa Karjalainen kertoi ennen muuta perheestään, kuten juuri pojistaan. (Kokoomateoksen nimikin näkyy olleen *Perhe on paras*.) Toinen, tämä crwthinsoittaja, oli yhteiskunnallisesta todellisuudesta erillään elelevä, musiikkimaailman ulkopuolisesta elämästä piittaamaton taiteilija, nuorempi taas aikansa iskulauseita toisteleva räyhäradikaali. Minulla itselläni oli juuri pakinakirjaa lukiessani jokin idealismivaihe tai mikähän lieneekään ollut auktoriteettikapina päällä, ja hämmästelin sitä, miten luontevasti ja filosofisesti Karjalainen pystyi suhtautumaan poikiensa mentaliteettieroon ja miten hän sodan kokeneena ihmisenä osasi ottaa nuoremman pojan vasemmistointoilun niin lunkisti. Mutta lapsiahan he tietysti hänelle olivat.

Joviaalin savokarjalaiseukon ohella Karjalainen oli myös kieliä osaava maailmannainen, mikä 1970-luvulla oikeasti tarkoittikin jotakin. Saksaa hän puhui varmaankin sujuvammin kuin minä (ja siltä varalta että joku on asiaa ihmetellyt: porvarillinen ammattini, siis se homma jonka osaamisesta minulla on todisteena hienolla leimalla ja värikkäällä sinetillä varustettu pahvi, on saksan maisteri). Eräästä hänen pakinastaan opinkin itse asiassa, mitä kuola on saksaksi: se on *der Geifer*.

Kyseisessä kirjoituksessa Karjalainen kertoi siitä, kuinka hänen piti mennä kylään jonkin saksaa puhuvan perheen luo, ja häneen iski hirveä ramppikuume ja epävarmuus omasta kielitaidostaan: *Hyvänen aika, onko jalkapallo der-, die- vai das-sukuinen?* (Muistan hämmästelleeni tätä kovasti, koska jo tuolloin, varmaankin noin kuudentoista tai seitsemäntoista ikäisenä, tiesin jo itse erinomaisesti, että jalkapallo on *der Fussball*. Nykyään olen jo kokenut sen, kuinka sujuvakin kielitaito saattaa hermoillessa pätkiä – viikko sitten tapasin pari keskemmästä Euroopasta Turkuun turistimatkalle tullutta tuttua, joiden kanssa puhuin saksaa, enkä aluksi muistanut, että pimeä on saksaksi *dunkel*.) Vierailu sujui kuitenkin vaikeuksitta, joskin isäntäväen isot koirat intoutuivat tervehtimään vierasta niin railakkaasti, että hän pelkäsi niiden *kuolaavan ainoan pyhäpukuni pilalle* - ja tässä kohtaa Karjalainen lisäsi lukijan tiedoksi, että oli itsekin hämmästynyt, kun muisti, mitä tuo avainsana "kuola" oli saksaksi.

Itse asiassa minulle oli pienenä aika hämmentävä asia, että vieraita kieliä ylipäätään joku osasi – lapsuudenkotini oli niin yksikielinen, ettette uskokaan – ja ihmettelin usein, miltä se mahtoi tuntua. Elina Karjalaisen pakinoista sain tietää myös sen, millaista käytännössä on olla "kieliä osaava" ihminen ja millaisia nolauksia siihen joskus liittyi. Oli toki tärkeää lukea hänen pakinoistaan sekin, että niistä kommelluksista myös selvisi viime kädessä hengissä, ainakin hänen asenteellaan. Ehkäpä hän on tietämättään rohkaissut minua valitsemalleni (tai pikemminkin minut valinneelle) uralle.

Mitä noloimmatkin asiat Karjalainen saattoi esittää turvalliseen ja rauhoittavaan pakinatyyliin. Kuvaava oli tarina suomalaisesta perheestä "saunomassa" ulkomailla, missä "sauna" tarkoitti jotain aivan muuta kuin meillä: saunan pukuhuoneeseen mennessä nimittäin *joukkoon tunkihe naiseläjä*, joka *kieputti kummasti kankkuja* ja antoi isälle, äidille ja lapsille (!) ihka aidon striptease-esityksen. Sitten kun saunaan – ilmeisesti ilman naiseläjää – päästiin, osoittautui, ettei löylynheittoon ollut kunnollista mahdollisuutta, mutta seinässä oli jonkinmoinen kädensija, jota toinen lapsista halusi vetää. *Siitä tulee varmaan löylyä*, arveli isä, *joo, vedä vaan*. Kyseessä oli tietenkin palohälytin.

Karjalaisen jutut Savon elämästä saattoivat käsitellä sellaisia aiheita kuin Savonlinnan oopperajuhlia, länkiritarien seremonioita tai Neuvostoliiton ilmavoimien vierailua Kuopioon. Häntä kiinnosti ennen kaikkea tavallisen ihmisen näkökulma tällaisiin tapahtumiin, ja tunnelman tiivistäville repliikeille herkkänä hän saattoi kertoa lukijalle, kuinka pikkupoika rauhoittelee vanhempiaan: *ei se mitään, mikit* (venäläiset MiG-hävittäjäkoneet) *vuan rikkovat iänivallin*, tai kuinka väkijoukossa joku länkiritarien ohimarssia seuratessaan toimittaa, että *herranen aeka, siellähän on tohtori Alhava, minun leikkuuliäkärj*. ("Kirurgi" on siis puhtaalla suomella "leikkuulääkäri", mikä täten kaikkien tiedoksi todettakoon. Muistakaa käyttää vastedes tätä mainiota sanaa.) Myös oopperajuhlista raportoidessaan Karjalainen muisti liikkua kaupungilla ja seurata torimyyjien ja näiden asiakkaiden puheita. Näin syntyi mukaansatempaavia kokonaiskuvia, journalistisia freskoja, joiden ansiosta lukijakin saattoi tuntea olleensa läsnä ja tietävänsä, miltä tuntui olla savonlinnalainen oopperajuhlien aikana, miten juhlat vaikuttivat kaupungin tunnelmaan ja muuttivat sitä.

Tämä oli Elina Karjalaisen suurin ja erityisin journalistinen lahja, jollaista olen myöhemmin usein kaipaillut suuria yleisötapahtumia käsittelevistä reportaaseista. Mutta ehkä niitä tekemään ei enää kaivata hyväkorvaista ja ihmisläheistä toimittajaa, vaan mellakkapoliisin varustuksessa läpi kännimölinän, yrjöilyn ja öyhötyksen rämpivää kommandosoturia – nyt kun olemme vapautuneet ikävän stalinistisen seitsemänkymmenluvun alkoholipoliittisesta holhouksesta.

(Huomautus: kursivoidut sitaatit Elina Karjalaiselta ovat täysin muistinvaraisia – en ole lukenut mitään hänen kirjoittamaansa vuosiin. Mielelläni kyllä lukisin.)

TUUTII TÖÖTITUU
21. elokuuta 2006

Tampereesta puhuttaessa Napoleonin ajat viittaavat tietysti kaupunginjohtaja Erkki Lindforsiin.

Kari Rajamäkeä on moitittu siitä, että hän ilmeisesti ennen peruskoulun kulta-aikoja kasvaneena miehenä ei osaa tyydyttävästi edes englantia, saati sitten muitakaan kieliä. Tätä on pidetty jonkinasteisena moraalisen närkästyksen aiheena ja miestä soimattu jos jonkinlaiseksi juntiksi. Kielialan ammattimiehenä minulla tietysti katsotaan olevan oma lehmä ojassa, mutta olen sitä mieltä, että Rajamäellä ei ole yhtään mitään häpeämistä: poliitikko saa, ja poliitikon pitää, tarpeen vaatiessa turvautua tulkkipalveluihin.

Suurin haitta, joka poliitikolle kielitaidon puutteesta voi syntyä, on se, ettei hän voi osallistua epäviralliseen käytäväpolitikointiin. Minusta tuntuu, että tämä on hiukkasen asiaton huoli. Käytäväpolitikointi on yksi tapa vaikuttaa ja taktikoida kansainvälisissä konferensseissa, eikä taatusti ainoa. Kielitaidoton ja tulkin varassa oleva osanottaja voi heittäytyä epäluuloiseksi ja yhteistyöhaluttomaksi kiusankappaleeksi ja inttää omia näkökantojaan maailman tappiin asti, kunnes muut väsyvät panemaan hanttiin ja antavat sen penteleen saada tahtonsa läpi edes joidenkin kysymysten osalta. Itse asiassa tuon tyyppisellä kiukuttelulla parannetaan kokousten avoimuutta ja sääntöjenmukaisuutta, kun Tampereen kaupunginvaltuuston Napoleonin-aikaisesta päätöksenteosta tuttu kunniajäsen, mösjöö On Sovittu, ei pääse määräämään asioista pöytäkirjan ulkopuolella.

En pidä sitäkään katastrofaalisena, että Suomen asioista ovat kansainvälisillä foorumeilla päättämässä etupäässä Suomen omilla kielillä Suomen näkökulmasta toimitettua uutismateriaalia seuraavat poliitikot. Vaikkapa huonoa suomea osaava korsnäsiläinen kansanedustaja on oikeasti ihan hyvä kansanedustaja, vaikka, jos ja koska hänen pääasiallista lukemistoaan on jokin pohjanmaanruotsalainen maakuntalehti puutteellisen suomen taidon vuoksi. Asia on nimittäin niin, että kyseisen kansanedustajan ovat valinneet etuaan ajamaan sen provinssin asukkaat, ja jos hän katsoo asioita kyseisen provinssin ahtaaksi mainitusta näkökulmasta, hän ilman muuta tekee oikein äänestäjiensä eli työnantajiensa kannalta.

Aivan samalla tavoin on meidän suomalaisten kannalta ihan hyvä homma, jos kansainvälisiin kokouksiin menee sliipattujen, kielitaitoisten

SENSUROITU SUOMESSA: 2006

maailmanmiesten lisäksi myös Rajamäen kaltaisia umpisuomalaisia ihmisiä. Usein esitetty kysymys, pitäisikö suomalaisten poliitikkojen huonoa kielitaitoa jotenkin hävetä, ei osu maaliinsa ollenkaan. Kansainvälisiin kokouksiin ei mennä briljeeraamaan omalla kansainvälisyydellä, vaan ajamaan oman maan etua. Maan etu taas tahtoo olla sellainen asia, joka unohtuu kansainvälisyydestä ja maailmanmieheydestä haaveilevilta pukukeikareilta.

On liiankin helppoa olla pinnallisesti ja typerästi "kansainvälinen". Meidän aikanamme se tarkoittaa useinkin sitä, että luetaan netistä englanniksi amerikkalaisten poliittisten kommentaattoreiden löpinöitä ja pidetään niitä suurenakin viisautena, vaikka ne ovat todellisuudessa USA:n yhteiskunnan yhden eturyhmän käsitys maailman asioista. Jos ehdottomasti pitää valita, otan mieluummin kielitaidottoman Rajamäen kuin jonkun muka aikaansa seuraavan törpön, joka suurella vaivalla englantia opittuaan uskoo tällaisia löpinöitä enemmän kuin meikäläisiä maakuntalehtiä.

En toki läheskään kaikista asioista Rajamäenkään kanssa ole samaa mieltä, en pidä miehestä erityisemmin, eikä varkautelaisuuskaan ole minun kirjoissani mikään plussa, vaikka minulla onkin ollut se onnettoman huono tuuri, että olen joutunut viettämään Varkaudessa ensimmäiset kahdeksantoista elinvuottani. Mutta Rajamäen arvostelijoiden tulisi keksiä haukkumiseen parempia ja oleellisempia syitä kuin puuttuva kielitaito tai valkoiset sukat mustien kenkien kanssa. Kumpikaan ei sinänsä tee hänestä huonompaa poliitikkoa. Itse asiassa ns. demokratia (oletteko sellaisesta kuulleet?) edellyttää ihan oleellisimpana piirteenään, että maan asioita ajamaan pääsee sellainenkin ihminen, joka ei täytä hienohelmayhdistysten ulkonäkö- ja muotovaatimuksia.

ELÄMÄÄ PÖLVÄSTILANDIAN LÄNSINAAPURISSA (KÖH KÖH)

22. elokuuta 2006

Kävimme tässä asioilla Helsingissä. Venäjä on toki viime aikoina kärynnyt täällä Turussakin, mutta kun astuimme junasta Helsingin rautatieasemalla, hätkähdin ihan: aromi oli aivan kuin Irlannissa, jossa poltetun turpeen hajua ei pääse pakoon missään – itse asiassa se on koko maan luonteenomainen tuoksu. Ihmettelin ensin, onko VR siirtynyt lämmittämään Helsingin rautatieasemaa turvebriketeillä. Sitten vasta oivalsin, että haju oli ilmeisestikin peräisin itärajan takaa. Se tuntuu vaatteissa vieläkin, vaikka olemme palanneet tänne lounaisrannikolle sivistyksen pariin.

Tätä on jo jatkunut monta viikkoa, eikä loppua tunnu näkyvän. Kun Rajamäki tiedusteli asiaa Venäjän Venäjän-asioiden ministeriltä, anteeksi, piti sanomani hätätilaministeriltä, vastaus oli, että tilanne on hallinnassa ja että sitä paitsi kaikki on suomalaisten turistien syytä, kun ne heittävät tupakantumppejaan minne sattui. Niinpä niin: "minähän en sinun ruohonleikkuriasi rikkonut ja sitä paitsi se oli rikki jo alun perin". Kun muistetaan, että juuri venäläisten miesten enemmistö luultavasti on nikotinisteja ja alkoholisteja, kannattaisi olla turvautumatta noin surkeisiin selittelyihin. Kyllä sen sätkänheittämisen osaavat ihan paikallisetkin ilman suomalaisten apua.

Venäjän naapurina ei ole mukava olla. Tai, onhan tässä ehkä vähän siedettävämpää kuin sillä yhdellä tontilla Syyrian, Jordanian, Egyptin ja Libanonin välissä, mutta siihen se sitten jääkin. Koko maailma on täynnä mukavampia maita, joiden länsipuolella asua, mutta meille osui onnetonta tuuriamme tuo naapuriston kauhu. Kaiken lisäksi olemme oppineet lakeijamaisesti imartelemaan sitä röyhkimystä, kun pelkäämme, että se muuten alkaa öyhöttää ja rähjätä, vaikka taatusti meitä kaikkia suututtaa ja puristamme nyrkkiä takataskussa, niin mielin kielin kuin olemmekin.

Neuvostoliiton romahtaminen ei auttanut mitään, päin vastoin: siinä vaiheessa kun se diktatuuri teki kuolemaa ja oli menettänyt kaiken uskottavuutensa, meikäläiset etusormen heristäjät odottivat uuden Venäjän syntyä kuin kuuta nousevaa, jotta taas pääsisivät ojentamaan maanmiehiään ryssänvihasta, tuosta hirveästä synnistä. Joo, olinhan siellä minäkin: piti näet kapinoida sodat kokeneilta isovanhemmilta saamaani "neuvostovastaista" ja "rasistista" kotikasvatusta vastaan. Onneksi olen sittemmin kasvanut moisesta murrosikäisyydestä ulos, sitä mukaa kun olen

SENSUROITU SUOMESSA: 2006

oppinut venäjää ja päässyt perille Venäjän kulttuurin merkittävimmistä edustajista, ts. Solženitsynistä, Vojnovitšista, Šalamovista, Ahmatovasta, Ginzburgista ja Tertz-Sinjavskista, eikä unohdeta Sorokinia ja Peleviniä. (Puškin? Kuka ihmeen Puškin?) Mitä paremmin Venäjän tuntee, sitä vähemmän siitä pitää.

Mikään ystävällisyys ja solidaarisuus Venäjälle päin ei tunnu maksavan itseään takaisin. Kun kuuntelee erilaisten Venäjän-tuntijoiden mielipiteitä esimerkiksi lähialueiden auttamisesta, heidän puheensa kuulostavat siltä kuin olisi kaksi vaihtoehtoa: joko emme anna naapuriapua, jolloin Venäjän köyhä kansa nousee nälissään epätoivoiseen raivoon ja hyökkää kimppuumme; tai sitten annamme naapuriapua, jolloin Venäjän itsetuntoa loukataan ja se hyökkää kimppuumme. Mitä sitten teemmekin, se on aina väärin; mutta Venäjä saa tehdä meille ihan mitä vain lystää ottamatta mitään vastuuta asiasta, tuikata metsät tuleen että tikahdumme, tai sitten joku Sergei Fukov vääntää Sosnovyi Borin reaktoriytimen jäähdyttimet pois päältä koska hänen omassa huoneessaan on liian holotnaa. Me siitä joudumme kärsimään ja jäljetkin siivoamaan; paitsi että jos nyt tarjotaan sammutusapua, niin sitä ei oteta vastaan eikä suomalaisia palomiehiä kiusallakaan päästetä maahan, koska Venäjällä kaikki, mitä ei ole vielä ehditty varastaa ja trokata rikollisjengeille, on sotasalaisuus ja *совершенно секретно*. Ihmishengistä taas ei ole väliksi. Ihmishenki on Venäjällä halpaa bulkkitavaraa. *Нас много* – ei meiltä porukka kesken lopu.

Nykyisin olen sillä kannalla, että paras tapa osoittaa solidaarisuutta Venäjälle on haukkua sitä aina kun tarvetta ilmaantuu. Se nyt on heikko toivo, että ne torvelot minun elinaikanani oppisivat olemaan ihmisiksi, mutta silloin kun ne töpeksivät, pitää antaa palautetta sen ällöttävän makean liturgiakinuskin sijasta, jolla olemme pilanneet hampaamme 70-luvulla. Tai no, venäläisethän töpeksivät alvariinsa. Ja tässä sauhussa menee nopeasti ääni käheäksi, jos joka kerta pitää ärähtää, kun posliinikaupassa rymsteeraavien elefanttien kansakunta särkee taas yhden ming-maljakon.

Laiha lohtu on, ettemme ole ainoita, jotka joutuvat kärsimään venäläisten typeryydestä. Kaksi vuotta sitten puolalaiset muistelivat vuoden 1944 Varsovan kansannousua. Tunnetusti kyseisessä kapinassa puolalaiset vastarintamiehet yrittivät karkottaa saksalaisia miehittäjiä pääkaupungistaan. Neuvostoarmeija oli jo saapunut aivan Varsovan tuntumaan, mutta odotti että saksalaiset olivat saaneet "oikeistolais-nationalistisen" (itse asiassa pikemminkin sosiaalidemokraattisen, mutta koskapa neukkupropaganda on totuudesta viittäkään veisannut) *Armia Krajowa* -vastarintaliikkeen nujerrettua. Tämän jälkeen neuvostojoukot miehittivät pääkaupungin ja pitivät suurella riemulla ja hulabaloolla juhlat Puolan vapautumisen kunniaksi. Jos vastarintaliikkeestä oli joku hassu osasto jäänyt jäljelle, vastavakoilu huolehti heistä sillä perinteisellä tavalla, jolla Neuvostoliiton turvallisuuselimet aina ovat *huolehtineet* maan edulle, anteeksi, *asian edulle* harmillisista henkilöistä.

Kun tätä traagisesti päättynyttä kapinaa siis muisteltiin, Neuvostoliiei kun Venäjän paikallinen suurlähettiläs lähetti juhliin kirjeen, jossa hän ylisti puolalaisten ja venäläisten rinta rinnan yhteistyötä tekemällä saavuttamaa voittoa fasistisesta sortajasta ja miehittäjästä, ts. uusinsi samaa vanhaa neuvostopropagandistista tulkintaa Varsovan kansannoususta, johon taatusti kukaan täysijärkinen Bug-joen länsipuolella ei enää usko. Kyse on saman suuruusluokan asiasta kuin jos vaikkapa Venäjän täkäläinen suurlähettiläs paheksuisi jotain talvisodan muistelua siksi, että hänen tulkintansa mukaan talvisota oli suojeluskuntafasistisen Suomen imperialistinen hyökkäys viattoman rauhanvaltion kimppuun. No jaa – eipä sekään hämmästyttäisi...

Tämä siis on Venäjän käsitys diplomatiasta: täydellinen ja röyhkeä piittaamattomuus naapurimaiden legitiimeistä eduista. Ehkä meidän pitäisi sittenkin ottaa yhteyttä Ehud Olmertiin ja ehdottaa maiden vaihtoa. Paitsi että siinäkin kaupassa me varmaan joutuisimme maksamaan liikaa väliä.

PETTÄMÄTÖN ISKUKEINO
24. elokuuta 2006

Tämänkertainen iltapäivälehtien herkkupala oli se, että joku setä oli tehnyt todella vanhanaikaisen eli kalastanut pimuja sänkyynsä lupailemalla heille pääosaa jonkinmoisessa groteskissa tositelkkuohjelmassa, jonka tuottaja hän mukamas oli. Ajat muuttuvat, mutta koeteltu konsti puree edelleenkin, vain pienin päivityksin. Tytöt eivät kuulemma ole edes haastamassa kähmyrisetää oikeuteen, paitsi yksi, joka sattui olemaan jonkinlainen suhdetoimintayrittäjä ja jonka toiminimeä hämärämies käytti vetonaulanaan hankkiakseen lisää nuoria kaunottaria ("missejä", julistaa Iltalehti, mutta eiköhän kyse ole keskinkertaisista meikatuista julkkistyrkyistä) makuuhuoneeseensa. Muutama pimuista jopa suostui sänkypuuhiin, eli odotettu tulos saavutettiin.

En tiedä, minkä pykälän perusteella tuota voisi pitää rikoksena – siis sitä toiminimen luvatonta hyväksikäyttöä lukuunottamatta, joka on asia erikseen – koska tytöt eivät vielä olleet työsuhteessa olemattoman shown tuottajaan eivätkä siis taloudellisesti hänestä erityisesti riippuvaisia. Ihmisten jymäyttäminen on tiettyyn rajaan asti laillista, koska ketään ei rajattomiin voida suojella omalta tyhmyydeltään, varsinkaan näissä sukupuoliasioissa.

Esimerkiksi jos joku statuksen- ja rahannälkäinen nuori naiseläjä antaa huippukalliin näköisiin lainavetimiin pukeutuneen tyhjätaskun iskeä itsensä, Suomen laissa ei ole ensimmäistäkään pykälää eikä asetusta, jolla uljas rakastaja saataisiin vastuuseen todellista ääveriäämpänä esiintymisestä, eikä kuulukaan olla: kuten juuri naiset ovat minunlaiselleni pariutumiselämän epäreiluutta valitelleelle miehelle toistelleet maailman sivu, kaikki keinot ovat sallittuja sodassa (myös ja etenkin sukupuolten sodassa) ja rakkaudessa.

Samantyyppiset huijaukset toimivat erinomaisesti vastakkaiseen suuntaan. Kaikkihan me muistamme yläastevuosiltamme, ja valitettavasti jotkut meistä myös niiden jälkeisiltä ajoilta, kuinka nuoret naiset ovat joko herttaisella avuttomuudellaan, seksikkyydellään tai näiden ominaisuuksien erilaisilla yhdistelmillä kautta rantain kärttäneet meiltä erilaisia palveluksia. Ja mehän olemme tietysti menneet halpaan ja tehneet näiden neitojen matikan- tai fyssantehtävät heidän puolestaan, koska olemme luulleet saavamme siitä palkaksi jotain muutakin kuin lämpimän hymyn.

Tuon tosi-tv-ketkunkaan verkkoon uineet tytöt tuskin olivat puoliksikaan niin naiiveja kuin iltapäivälehden päivittelyjuttu antaa ymmärtää.

Ne nuoret naiset, jotka eivät vaivaudu tekemään koululäksyjään, vaan panostavat sen sijaan ulkonäköön toivoen sen avaavan ovet julkisuuteen ja rikkauteen, eivät välttämättä kärsi älyn puutteesta. Monet ovat mielestään varmaan koviakin pelimimmejä, ja mitä todennäköisimmin osa olemattomaan tositelkkariin kärttäneistä uskoi olevansa se vievä osapuoli ja "tuottajan" itse asiassa hoitavan vikisemisen. Tällä kertaa vain tuli takkiin, kun mies olikin heitä kierompi. Mutta mitäs siitä, ensi kerralla päästään pinnalle.

Jos ylipäätään haluaisin moralisoida, juputtaisin jotain latteaa yhteiskunnasta, jonka arvot ovat pinnallisia ja jossa janotaan välitöntä tarpeidentyydytystä. Enpä kuitenkaan viitsi. Jos prostituutio on "maailman vanhin ammatti", niin eiköhän tyttöjen houkutteleminen sänkyyn jollain tämän tyyppisellä keinolla liene maailman vanhin huijaus. Saa nähdä kuitenkin, pitääkö joku feministinplanttu tai eduskunnan naisverkoston agentti tätä tapausta todisteena patriarkaatin ylivallasta ja vaatii muutoksia lainsäädäntöön, jotta moiset naisen naiseutta ja seksuaalisuutta loukkaavat huijarit saadaan käpälälautaan. (Kauankohan siihen muuten menee, että saamme rikoslakiin luvun "Naiseutta loukkaavista rikoksista"?)

Tytöille tietenkin pysyy edelleenkin sallittuna houkutella pojat tekemään heidän matikanläksynsä. Olisihan haljuuden ja patriarkaalisen komentelun huippu vaatia heitä tekemään läksynsä itse, luopumaan maineen ja kunnian tavoittelusta oikotietä ja panostamaan sen sijaan tietoon, taitoon, oppimiseen ja itsensä kehittämiseen – siis "itsensä kehittämiseen" jollain muulla kuin naistenlehtien, naistutkimuksen ja muun *new age* -teollisuuden tarjoamilla keinoilla.

PAHOJA IHMISIÄ ON. OIKEASTI.

25. elokuuta 2006

Tiistain Ilta-Sanomissa ilmestyi mielenkiintoisesti otsikoitu juttu, jossa viime joulukuussa kadonneen ja sittemmin kuolleena löytyneen nuoren naisen "surman syyksi" mainittiin "suhdekiista". Termi on minulle uusi, mutta luetaanpa juttua vähän pitemmälle. Poliisimies, jossa kielenkäytöstä päätellen on mennyt hyvä diplomaatti hukkaan, toteaa tytön kuoleman liittyneen "suhteen rakentamiskuvioon", josta neitonen on "ollut ilmeisesti toista mieltä". Poliisi toteaa suhteen alkaneen vankilakirjeenvaihdosta ja epäillyn yrittäneen ryhtyä "suhteen käynnistämistoimenpiteisiin" päästyään vapaaksi. Naisosapuoli ei ole ollut halukas "toimenpiteisiin", ja mies on sitten kohdellut häntä kuten alamaailman lait käskevät kohtelemaan sitä liiketoiminnan osapuolta, joka yrittää jättää sovitut sitoumukset noudattamatta.

Tulkitaanpa saatuja tietoja hiukkasen: naiivi nuori nainen on alkanut kirjeenvaihtotoveriksi kolmekymmentä täyttäneelle taparikolliselle, jolla on ollut riittävästi kirjallisia lahjoja esittää itsensä olosuhteiden uhrina, syyttömänä tai muuten säälittävänä ja rakkautta kaipaavana olentona. Herra lienee näytellyt kauniin neitosen valokuvaa vankitovereilleen ja uhonnut, että tuollainen vosu se meikäpoikaa odottelee housut märkinä jahka tästä lähdetään siviiliin. Tyttö on vasta viime hetkellä oivaltanut, millaisen miehen kanssa on tekemisissä, mutta silloin on jo ollut liian myöhäistä perääntyä.

Nuori nainen on oletettavasti uskonut, että ne pahat ja hirveät ammattirikolliset kirjoittaisivat myös rumaa ja työstämätöntä kieltä, ja mennyt ansaan. Kukaanhan ei ole osannut selittää tytölle, että kyky manipuloida ihmisiä kielenkäytöllä on ammattirikollisellekin tarpeellinen valmius, jonka monet alan miehistä myös hankkivat. Hän ei ole liioin ollut perillä siitä, että olemassa on ihan oikeasti pahoja ihmisiä – sekä isoja ja raavaita miehiä että pikku Myyn kokoisia naisia – jotka vain kyttäävät tilaisuutta käyttääkseen hyväkseen hänenlaisiaan nenästävedettäviä. Näitä pahoja ihmisiä kutsutaan yleensä teknillisellä termillä *luonnehäiriöinen*, tai kansanomaisemmin psykopaateiksi.

En yleensä ole hirveän ihastunut iskusanaan *poliittinen korrektius*, koska tavallisimmin se on erilaisten demokratiaa ja oikeusvaltiota vastaan taistelevien terroristiainesten tapa sivuuttaa länsimaisia, liberaaleja arvoja puolustavat argumentit. Kun joku syyttää minua "poliittisesta korrektiudesta", hän tietenkin itse asiassa tarkoittaa: "Esittämälläsi argumentilla voidaan puolustaa demokratiaa ja oikeusvaltiota. Minä vastustan juuri niitä aktiivisesti, joten en halua ottaa argumenttiasi huomioon."

Käsitteellä on kuitenkin mielekäs sisältö, jos sillä tarkoitetaan haluttomuutta myöntää pahuuden olemassaolo. Juuri kuusikymmenlukulaisen puhkiymmärtämishengen takia "psykopaatti" tietääkseni joutui käsitteenä pitkäksi aikaa jonkinlaiseen pannaan, josta se on vasta viime aikoina vapautunut, koska ajatus auttamattomasti pahasta ihmisestä oli optimistisille maailmanparantajille niin mahdoton hyväksyä. Toki feminismi, rasismi, "kansallismielisyyden" eri muodot ym. kiihkomieliset maailmanselitykset ovat nekin kömpelöitä yrityksiä eristää ja ruumiillistaa paha johonkin tiettyyn meikäläisyyden ulkopuolella olevaan ihmisryhmään – miehiin, neekereihin, muslimeihin, suomenruotsalaisiin – jotta ei jouduttaisi pohtimaan sitä vaikeasti kohdattavaa asiaa, että molemmissa sukupuolissa ja kaikkien uskontojen ja kansallisuuksien keskuudessa on radikaalisti pahoja ihmisiä, jotka eivät tee pahaa siksi, että heidät olisi johdettu harhaan, vaan siksi, että heissä on sisäsyntyinen halu ja pyrkimys tehdä pahaa.

Hyväätarkoittavan vasemmistoidealismin huono puoli on se, ettei se tarjoa keinoja suhtautua juuri radikaalin pahoihin, luonnevikaisiin ihmisiin. Tässä suhteessa se tietenkin on vain yksi muoto kristillistä hyväuskoisuutta. Kristillinen laupeuskin lähtee siitä, että kaikki ihmiset ovat Jumalan luomia ja puhuttelemia olentoja, että kukaan ei ole ennen kuolemaansa kadotettu ja että kaikki voivat aina tehdä parannuksen. Kristinuskon ihmiskuva on monessa suhteessa realistinen pessimistisyyteen asti, mutta juuri persoonallisuushäiriöisen kohtaamiseen se ei anna eväitä. Meidän odotetaan luottavan luonnevikaisen väkivaltarikollisen tekemään parannukseen, vaikka psykopaatti ihan määritelmällisesti on sellainen ihminen, joka pystyy omantunnon kolkuttamatta (psykopaatilla ei ole omaatuntoa) teeskentelemään tulleensa hyväksi ja luopuneensa pahanteosta.

Silloin kun lapsia ja nuoria kasvatetaan varomaan pahoja ihmisiä, tehdään yleensä se virhe, että pahuuden selitetään olevan helposti nähtävissä. Paha ja vaarallinen ihminen on paha mies, ruma, ruokkoamaton, rivopuheinen, mustaihoinen tai muuten vain ulkoisista merkeistä tunnistettava. Todellisuudessa pahuus, psykopaattinen pahuus, manipulointi ja hyväksikäyttö on jotain paljon viekkaampaa ja kierompaa ja siihen kuuluu useinkin oleellisesti kyky vietellä uhri tilanteeseen, jossa hän on jollain tavalla tilivelvollinen pahikselle. Pahis esittää parasta ystävää, tekeytyy reiluksi ja hyväksi, koska juuri tällainen teeskentely kuuluu pahuuteen – psykopaattiseen, radikaaliin pahuuteen – keskeisenä ja oleellisena osana.

Nuori nainen, joka suostuu kirjeenvaihtoon vaarallisen taparikollisen kanssa, ei tietenkään osaa nähdä asiaa niin, että vankilakundin kyky hämätä ja vietellä ihmisiä sanankäytöllä on osa sitä rikollisen luontoa, jonka takia mies alun pitäenkin on joutunut vankilaan. Kulttuuriin juurtunut kristillis-vasemmistoidealistinen laupeus saa tytön helposti uskomaan kaunopuheisen rikollisen valitteluja omasta syyttömyydestään tai asemastaan olosuhteiden uhrina. Tyttö ei tule ajatelleeksi asiaa siltä kannalta, että rikollinen on rikoksen tehtyään voinut pitemmänkin aikaa vältellä ja väistellä pidätystä ja tuomiota näillä samoilla puolusteluilla. Hän ei myöskään miellä asiaa niin, että rikollinen useinkin kiistää syyllisyytensä viimeiseen asti, kunnes hänet tuomitaan teknisen todistusaineiston nojalla – ja että moni vanki inttää vielä sen jälkeenkin syyttömyyttään.

Vankilakundi voi huiputtaa naiivia lainkuuliaista ihmistä myös muulla tavalla. Ammattirikollisilla on usein rasistisia tai "isänmaallisia" mielipiteitä, mikä on yhtä näppärä tapa voittaa ihmisiä puolelleen kuin vasemmistolais-kristilliset puheet yhteiskunnallisesta epäoikeudenmukaisuudesta tai petollisista lapsuudenkavereista, jotka viettelivät ytimeltään kiltin poikaraasun pahoille teille ja linnakierrokselle. Kun kyyninen linnakundi menee kertomaan sivareita, nekruja ja homoja vihaavalle äärioikeistolaiselle olevansa suoraselkäinen sotaveteraanin poika tai pojanpoika, jollaisia pannaan syyttöminä vankilaan samalla kun sivarit, nekrut ja homot rikkovat lakia rangaistuksetta, äärioikeistolainen menee helposti tähän halpaan ja antaa rikollisen käyttää itseään hyväksi. Tietenkin luonnevikainen linnakundi tietää tarkalleen, mitä tekee. "Nekrujen, muslimien ja demarien sortama isänmaallinen mies" ja "kapitalistisen yhteiskunnan fasistisen mielivaltaisuuden uhri" ovat todennäköisesti saman manipuloivan, psykopaattisen taparikollisen luontevasti omaksumia rooleja, joita hän vaihtaa aina sen mukaan, mikä kehenkin hyväksikäytettävään pokaan vetoaa parhaiten.

Myönnän auliisti, että kaikki vangit ja rikolliset eivät ole psykopaattisia, että joidenkin uskonnollinen tai muu kääntymys kaidalle tielle on vilpitöntä ja että vilpittömiä tulisi auttaa integroitumaan takaisin yhteiskuntaan. Valitettavasti sen enempää psykopaattisten viettelijävankien pauloihin kirjeitse joutuvilla nuorilla naisilla kuin monilla muillakaan ihmisillä ei ole kykyä suhtautua luotettavuudeltaan epämääräisiin ihmisiin varauksellisen ystävällisesti, antaa heille tilaisuus osoittaa kansalaiskelpoisuutensa ja samalla kuitenkin pitää hätäuloskäytävää avoinna. Juuri tällaista varauksellista ja molempiin suuntiin avointa asennetta kuitenkin tarvittaisiin sekä yhteiskunnassa että yksilötasolla paljon enemmän.

PUHTOISET SANKARIMME
25. elokuuta 2006

Muuan huippuluokan jääkiekkojoukkue, jonka nimeä en vaivaudu mainitsemaan (kaikki ne ovat samaa porukkaa), joutui vallan iltapäivälehtien otsikoihin tapeltuaan kännipäissään Ruotsin-laivalla. Länsinaapuriin oli miehissä menty käymään muutama ottelu pohjoismaisia joukkueita vastaan, ja kun kerran suomalaisia lätkämiehiä ollaan, niin totta mooses kaikki vastustajat oli voitettu. Kun menestys oli näin hyvä, valmentaja, kuten Arto Paasilinnan unohtumaton siltainsinööri Jaatinen, antoi miehilleen luvan *viettää päivän viinan merkeissä*.

Mahdolliset moralisoinnit valmentaja väistää etukäteen toteamalla, että hänellä ei ole tapana järjestää joukkueelleen "mitään rippikouluretkiä" – isojen ja riskien miesten, myös jääkiekkomiesten, tapoihin kun kuuluu ottaa väkevää häppää limukan sijasta, kun juhlitaan. Ja senhän tietää, että kun mennään laivalle isoissa ja riskeissä miehissä remuamaan, tulee helposti kinaa muiden isojen ja riskien miesten kanssa, usein sellaista kinaa, joka kärjistyy käsirysyksi. Päätoimisesti urheilevaa jääkiekkoilijaa provosoiva poskisolisti taas joutuu helposti käsitöihin koko joukkueen kanssa, koska alan ammattitaitoon kuuluu oleellisena suorastaan vaistomainen tapa pitää pelikaverin puolta, jos joku uhkailee tätä.

Siihen en ota kantaa, oliko syy tällä kertaa jääkiekkoilijoiden vai heidän kanssaan riidelleen miehen. Valmentaja antaa ymmärtää, että uppo-outo uhoaja haastoi riitaa ja pelaaja väittää saaneensa odottamatta turpiinsa, eikä kumpikaan väite kuulosta ihan mahdottomaltakaan. Kuuluisilla miehillä on tunnetusti aina vaivoinaan kaikenlaisia vainoojahyypiöitä, joille kyseinen julkkis merkitsee jonkin halveksittavan tai vastenmielisen asian ruumiillistumaa ja jotka uskovat tuon asian poistuvan maailmasta poistamalla julkkis. Lisäksi huvipaikoissa esiintyy valtavasti itsetarkoituksellisia riitelijöitä, joiden elämänsisältö tuntuu olevan – ei välttämättä vetää pienempiään turpiin, vaan – saada itse isommiltaan köniin, jotta heidän masokistis-sosiaalidarwinistinen käsityksensä maailmasta väkivaltaisten pahisten taistelukenttänä saisi vahvistusta.

Tuntuu kuitenkin siltä, että pitkä matka on kuljettu minun nuoruuteni päivistä, jolloin ihan vakavissaan markkinoitiin nuorille urheilua "vaihtoehtona" kännäämiselle, tappelemiselle ja päihteiselle elämäntavalle. Tällaisissa yhteyksissä mieleeni palaa se ikimuistoisen idioottimainen television tietoisku – tiedättehän te ne 70-80-luvun tietoiskut, joiden alussa uhkaava koura napsautti äänekkäästi sormiaan ja osoitti syyttävästi katsojaa – jossa ensin näytettiin masentavan laskuhumalaista disko- tai yökerhomiljöötä, sitten sen vaihtoehtona nuoria reippaita tyttöjä koripalloharjoituksissa. Taustalaulu oli tietenkin laadittu kuvakielen mukaan, eli yökerhoelämää säesti syyttävä-ääninen tyttö, joka lauloi: ...*joku halaa, vannoo valaa muka...kiitos ei*... Kun siirryttiin urheilijatyttöjä esitteleviin kuviin, laulun rytmi muuttui reippaaksi ja sanatkin olivat optimistisemmat: *Kuviot on toiset mun, niillä paljon paremmin mä onnistun.*

Me, jotka oikeasti elimme varhaisnuorina tai yläasteikäisinä niitä aikoja, tiesimme hyvin, että liikuntaharrastus ja kännissä rähinöinti eivät millään tavalla sulkeneet toisiaan pois, pikemminkin päinvastoin. Samat kaverit, jotka kuuluivat urheiluseuroihin, myös ryyppäsivät innokkaasti, polttivat kuin pyromaanit ja hakkasivat pienempiään ja heikompiaan että näiden kylkiluut soivat kuin ksylofoni. Tuo tietoisku oli niin läpifalski, että sitä katselemalla sai varsin elävän mielikuvan siitä, miltä Itä-Euroopan kansoista tuntui katsoa illasta iltaan ilmiselvän valheellisia ohjelmia.

Siihen aikaan ei myöskään kirjoitettu lehdissä, ei edes paheellisissa juorulehdissä, urheilijoiden kännitoilailuista. Oikeutta myöten pitää kylläkin muistaa, että kirjailijoiden ja taiteilijoiden kohellukset olivat 60-luvulta alkaen vakiintuneet legitiimeiksi juorukirjoitusten aiheeksi, samoin käsitys kulttuuripiirien elämästä jatkuvana kaatokänninä, jota rytmittivät korkeintaan huumekokeilut ja ryhmäseksiorgiat. Vaikka joukossa toki oli selviä tragedioitakin – Timo K. Mukan elämän tunnetusti tuhosi juorulehtien kirjoittelu – suuri osa juopottelevista ja räyhäävistä taiteilijoista ja kirjailijoista lienee viljellyt örseltävän boheemin julkisuuskuvaa ihan tietoisesti ja tahallaan, visussa symbioosisuhteessa lehdistön (ryyppykaveriensa) kanssa. Näin hyvien apajien ulkopuolella juorutoimittajien ei välttämättä edes *kannattanut* kalastaa. Itse asiassa Matti Nykänen taisi olla ensimmäinen urheilija, jonka alkoholivaikeudet ja hillitön elämäntyyli oikeasti nousivat lehtien palstoille; ja silloinkaan sanoja "viina" tai "alkoholi" ei uskallettu heti painaa, vaan aika pitkään turvauduttiin hermostuneen vihjailevaan salakieleen, josta Matin ongelmien laatu piti lukea rivien välistä.

Tietysti urheilun ja alkoholin liitto oli havaittavissa muutenkin kuin nuorison elämässä. Milloin valmentajansa tuskin hillitsemä urheilujoukkue terrorisoi junan matkustajavaunua ryyppäämällä avoimesti, spurgumaisesti öristen, eikä konduktööri voinut heittää kisakenttien sankareita pois kulkuneuvosta. Milloin Heinolasta nousi bussiin vierumäkeläisiä muskeliurhoja, jotka linnoittautuivat takapenkille ryyppäämään, pummailivat matkustajilta tupakoita ja uhkailivat nuorta hentoa bussiemäntää raiskauksella, kunnes kaikkien helpotukseksi nousivat autosta Joroisissa jatkaakseen juopottelua osuvasti nimetyssä motelli Joronjäljessä. (Kyseisen ikimuistoisen bussimatkan tein muistaakseni keväällä 1986.) Ehkä pitäisi jollain tasolla olla kiitollinen siitä, että Suomi on muuttunut näissäkin asioissa rehellisemmäksi ja jääkiekkovalmentaja voi sanoa avoimesti, että ryyppääminen ja tappeleminen kuuluu oleellisena osana huippu-urheilijan maailmaan. Toisaalta – "rehellisyys" ei itsessään ole niin suuri hyve kuin meillä Suomenmaassa usein ajatellaan: kuten muuan naiskommentaattori juuri sanoi kommenttiosastollani, hänen mielestään reilu väkivaltainen raiskaaminen on "rehellisempää" kuin naisen vietteleminen huiputtamalla. Hallittu annos tekopyhyyttä ja velvollisuudentunnosta harjoitettua valkoista valehtelua tekee elämästä "rehellisen" avointa barbariaa sivilisoituneempaa ja siedettävämpää.

HEY HIP HOP AMERICAN GRAFFITI
SHIT FUCK YEAH
26. elokuuta 2006

Kommenttiosastolla kaivattiin kirjoitusta graffititöhryistä nyt kun yksi töhrääjäsakki on oikein mellakoinut ja tapellut poliisien kanssa Helsingin Pullojen yönä. No, kiitos usuttamisesta. Graffititouhu on yksi niistä tympeän tekourbaaniuden muodoista, jotka ovat ottaneet minua pannuun jo pitkään, ja suurella ylpeydellä voinkin kertoa vastustaneeni graffititoimintaa aktiivisesti: kymmenkunta vuotta sitten silloiseen kantakahvilaani tunkeutui nuoria sakilaisia (eikös ole ihana sana tuo "sakilainen") piirtelemään graffiteja, mistä hyvästä he saivat sitten kahvilaa hoitavan tytön niskaansa. Koska kyseinen kahvila oli kaltaisteni kulttuuripiirien liepeillä pyörivien *Luftmensch*ien suosiossa ja koska minä näytin pitkine hiuksineni jonkinasteiselta "meikäläiseltä", he koettivat saada minut värvättyä avukseen, puolustamaan vapaata taidetta fasistisen järjestysvallan edustajaa (lue: pientä ja hentoa yliopistotyttöä) vastaan. Tietenkin he tulivat kääntyneeksi väärän miehen puoleen.

Muistaakseni nousin pöytäni äärestä syytäen kovalla äänellä iirinkielisiä lauseita kuin kirouksia lähtien samalla etenemään uhkaavan verkkaisesti graffitihuligaaneja kohti. Sakilaiset koettivat lepytellä minua englanniksi, mikä tietenkin vain lisäsi entistä enemmän vanhan iirinkielisyysmiehen raivoa. Lopulta pojat ymmärsivät olevansa tekemisissä isokokoisen, vihaisen ja vaarallisen näköisen miehen kanssa, jota mikään kommunikaatio ei voinut tavoittaa, joten he lähtivät vikkelästi lippahivoon koko paikasta. Kovin suurta vahinkoa he eivät tainneet aiheuttaa, mutta minua itseäni hieman jurppi se, että he olivat ruilauttaneet jonkin hienon vanhan elokuvajulisteen uusintapainatteen päälle "täginsä", ts. ryhmän taiteellisesti muovailtuja koukeroita, joissa näytti lukevan jotain sellaista kuin "Zspûghlà Zsprüýdttâ Fuck Öýgh Shit Killer".

Nykyajan ns. graffititaiteilijat esiintyvät mielellään kaupunkikuvaa parantamaan pyrkivinä esteetikkoina, ja olen jopa valmis myöntämään, että monet graffitikoukerot eivät ole sattumanvaraisesti söhrättyjä, vaan niihin liittyy jonkinasteista taiteellisesti kunnianhimoista suunnittelua. Omina lukioaikoinani tilanne oli toinen. Silloin töhryt olivat joko "Kilroy oli täällä" -tyyppisiä signeerauksia ("Tässä oli Minnan poikaystävä Kalevi"), oikeinkirjoitukseltaan horjuvia kunnianosoituksia kevyen musiikin rautalankarämpyttäjistöille ("Shakin's Tewens") tai erilaisia tutkielmia ihmisten suvunjatkamiselimistä, joko kuvia tai nimiä, usein jopa oppineita nimiä ja tällöin yleensä enemmän tai vähemmän päin honkia kirjoitettuja ("PINES BULVA GLIDORI").

Elävin muistikuvani lukioajoilta – huomattavasti elävämpi kuin esimerkiksi koulukaverien nimet ja naamat – on erään poikkikadun risteyksessä sijainneen talon betoniseinään kirjoitettu teksti LESBO LEHMÄ, jonka vieressä oli varsin yksityiskohtaisesti ja huolella piirretty, joskin hieman epämuodostuneen oloinen vähintään puolen metrin (ehkä pikemminkin metrin) mittainen näköismaalaus miehen siitoselimistä. Tämän *произведение искусства*n (jos minulle sallitaan pikku viittaus Tšehoviin) ohitse kuljin kaksi kertaa koulupäivässä kolmen lukiovuoden ajan. Koska asianomainen hampparinmakkara lienee sinä aikana muodostunut jo osaksi kansalaisten rakastamaa kaupunkikuvaa, veikkaan, että se on siellä vieläkin, mahdollisesti jonkinlaisen muistomerkkisuojan alaisena. Jos käytte joskus Varkaudessa, etsikääpä tätä graffitiperinteemme pioneerityötä Kauppakadun varren seinistä. Mikäli se on maalattu piiloon, pieni mielenosoitus maalauksen restauroimiseksi lienee paikallaan, nyt kun minä olen näinkin julkisella paikalla kiinnittänyt huomiota monumenttiin. Ehkä siitä tulisi jopa kulttuurinähtävyys ja turistihoukutin, paljon muuta historiaa kun siinä kaupungissa ei taida olla.

Leikki sikseen, mutta tuo elokuvajulisteen suttaaminen "tägillä" kielii tietyntyyppisestä itsekkyydestä ja omahyväisyydestä: vaikka omissa tuherruksissa mielellään nähtäisiinkin taiteellisia arvoja, sutattavan kohteen estetiikkaa ei erityisemmin pohdita. Graffitiväen taideteoria rajoittuu yleensä 70-luvun populäärilehdistössä käytyjen kaupunkikuva- ja elinympäristökeskustelujen vulgaariversioon eli sellaiseen ajatteluun, että "kaupunki" sinänsä on määritelmällisesti ahdistava betonierämaa, joka kaipaa "väriläiskiä". Tällaisten latteuksien toistamisesta on tullut itseään valveutuneistona pitävän väestönosan keskuudessa jo niin automaattista, ettei oikeastaan ole hirvean ihmeellistä, jos nuorisohuligaanitkin omaksuvat sen puolustuksekseen. Mitään todellista, positiivista näkemystä siitä, miltä viihtyisän kaupunkimiljöön kuuluisi näyttää, näiden virttyneiden iskulauseiden takana ei ole eikä kuulukaan olla.

Riippumatta graffititouhun takana olevista mahdollisista aatteellisista tai taiteellisista ambitioista töhrääminen on ilkivaltaa ja rikos. Kun tieten tahtoen rikotaan olemassaolevaa lakia vastaan, siitä joutuu väistämättä hankaluuksiin lain ja poliisin kanssa, vaikka rikoksen takana olisi kuinka viisas ja loppuun harkittu ideologia. Itse asiassa ideologisista syistä tehty rikos on *vakavampi* kuin pikaistuksissa kännipäissään tehty tyhmyys, koska vakaa harkinta on pikemminkin raskauttava kuin lieventävä asianhaara.

SENSUROITU SUOMESSA: 2006

Hyvin monet rikokset ovat kuitenkin viime aikoina nimenomaan ideologisoituneet – ei ainoastaan seinien töhriminen. Tätä voitaneen pitää 80-luvun kansalaistottelemattomuusbuumin myöhäisseurauksena. Tästä osattiin kyllä tahoillaan varoittaa jo siihen aikaan, mutta nämä tahot tietenkin rutiininomaisesti leimattiin menneisyyteen jämähtäneiksi. Ei haluttu ymmärtää, että jos sinänsä vilpittömän luonnonsuojeluaatteen nimissä rikotaan lakeja ja saadaan lievempi tuomio tai ei tuomiota ollenkaan rikoksen poliittisten perustelujen takia, ns. oikeat rikollisetkin alkavat selittää rikoksiaan aatteellisin perustein siinä toivossa, että pääsisivät helpommalla. Tummaihoisia hakkaavat nahkapäät ovat hyväätarkoittavia isänmaanystäviä, huumekauppiaat ja pimeän lestin heittäjät kapinoivat brežneviläistä holhousmentaliteettia vastaan vapaamman huumepolitiikan/alkoholipolitiikan puolesta, miehensä murhannut nainen selittää itsensä jälkeen päin feministeiltä lainatuin iskulausein "naisiin kohdistuvan väkivallan" uhriksi, myymälävarkaat pakkoluovuttavat kapitalistisen riistäjän omaisuutta, veronkiertäjä ilmoittautuu libertaristiksi, joka poliittisen ideologiansa mukaan pitää veronperintää varkautena.

Näissä olosuhteissa olen itse sillä kannalla, että on viisainta kääntyä äreäksi vanhaksi jääräksi, perinteisen suomalaisen laillisuusajattelun kannalle. Kaikenlaiseen "perinteiset vaikutuskanavat" ohittavaan, rikoksiin yllyttävään poliittiseen toimintaan on aivan aiheellista suhtautua kuten yleistä lainkuuliaisuutta heikentävään terrorismiin, sillä kansalaistottelemattomuustouhujen jäljet alkavat jo näyttää varsin pelottavilta. Tietty kurinpalautus on kyllä kaikkien kunnon kansalaisten edun mukaista, ja luonnollisesti sen täytyy sattua yhtä kipeästi sekä vasemmistolaisiin että oikeistolaisiin "vallankumouksellisiin". Toivottavasti esimerkiksi demarit palaavat vanhan kunnon Sapeli-Simosen linjoille – silloin he ehkä saisivat minunkin ääneni.

KOKO KANSAN SARJAKUVA
29. elokuuta 2006

Viivi ja Wagner on taas kerran herättänyt huomiota lehtien sarjakuvasivujen lisäksi myös näyttämöllä. Oltiinpa siitä mitä mieltä tahansa, ainakin se on tällä hetkellä suomalainen kansansarjakuva siinä määrin kuin Tuntematon sotilas oli aikoinaan kansanromaani. Sarja on kokenut historiansa aikana monia muutoksia, juonenkäänteet ovat käyneet yhä absurdimmiksi, mikä toki ei ole mitenkään yksiselitteisesti huono puoli.

Vaikea uskoa, mutta Viivi ja Wagner ei ole ensimmäinen tuollaisesta asemasta nauttinut sarjakuva. Se kunnia kuuluu Tarmo Koiviston Mämmilälle. Mämmilä alkoi vähän liiankin ilmiselvänä vaihtoehtona "massakulttuurille", ennen muuta sen "sarjakuvia Suomesta" -konsepti tuntui mieltävän "Suomen" liian itsestään selvästi maaseutumiljööksi ja kirkonkyläksi, mikä jo 70-luvulla taisi olla hiukan ajastaan jäljessä. Aikakauden muodit ja kotkotukset se rekisteröi uskollisesti, jos kohta hieman siloitellen: esimerkiksi kuolemaan johtaneet jengitappelut, joita 70-luvulla oli paljon enemmän kuin nykyään, eivät kuulu Mämmilän ajankuvaan – siinä punkkarien ja diinien erimielisyydet jäävät kahden kirkonkylän pojan veljellisen nahistelun tasolle.

Tavallaan toivoisi, että joku Tarmo Koiviston kaltainen sarjakuvapiirtäjä olisi rekisteröinyt myös ne yhteenotot, joita erilaisten ihmisten ja mielenlaatujen törmäys synnytti noiden aikojen lähiöissä. Uskallan väittää, että vakavuudeltaan ja verisyydeltään ne eivät jääneet mitenkään jälkeen nykyisten "etnojengien" touhuista – jos kohta suomalaisten osuutta Ruotsin samanaikaisissa "etnojengeissä" täkäläinen populäärilehdistö noina aikoina lähinnä ihannoi.

Tämä Mämmilän siloiteltu kiltteys kai oli se syy, joka sai jo nuorena poikana sarjakuvataiteilijan urasta haaveilleen isonveljeni 80-luvun alussa toteamaan, että Mämmilän suurin ansio oli sen kotimaisuus – "Mämmilää ei oikein viitsi haukkua, koska suomalaista sarjakuvaa pitää tukea". Mämmilä edusti siis hänelle jo silloin jonkinasteista vakiintuneistoa, jollaista vastaan nuoren taiteilijan olisi periaatteessa kapinoitava, mutta koska sarjakuva taiteena oli hänen mielestään Suomessa vielä aliarvostettua, oli syytä pitää rivit kasassa ja olla kritisoimatta Mämmilää liikaa.

Mämmilä nousi vivahteikkaan henkilögalleriansa ansiosta 80-luvulla kansakunnan kaapin päälle ja onnistui säilyttämään ainakin kerronnallisesti korkean tason loppuun asti, vaikka Tarmo Koiviston taitoja loppua kohti jo uskaltauduttiin moittimaankin. Moitteista oleellisin oli, ettei hän oikein osannut piirtää nuoria ihmisiä - persjalkaisen peruspunkeron oheen ilmaantui toki noina loppuaikoina jo persoonallisempiakin tyyppejä.

Valitettavasti Koivisto lopetti sarjan teon lamavuosien jälkimainingeissa ja siirtyi Mämmilän kirkonkylän kuvioista urbaanimpaan miljööseen, tekemään viiltävän satiirisia, ilkeitä ja illuusiottomia tarinoita Helsingistä; osa niistä on jo yltänyt dystooppiseen futurismiin. Käsittääkseni ne eivät ole saaneet osakseen samaa suosiota kuin Mämmilä. Ehkäpä siksi, että niitä rasittaa kovin ajastaan jäänyt käsitys maalaiselämästä ainoana oikeana elämänä ja kaupunkilaisuudesta syntisyytenä ja dekadenssina, jossa ei saa nähdä hyviä eikä myönteisiä puolia.

Siitä ei ole kuin kolme vuosikymmentä, kun sarjakuva tuomittiin ns. vastuullisilla tahoilla yksimielisesti. Sarjakuvaa syytettiin kansallisen kulttuurin surmaavaksi tuoneksi, sen katsottiin tuhoavan nuorten lukukulttuurin ja auttamattomasti tyhmistävän heidät. Ehkä jokaisella sukupolvella on biologispohjainen tarve julistaa, että seuraava ei ole mistään kotoisin eikä mihinkään kelvollinen, mutta en tiedä, onko oikeasti mikään nuorisopolvi haukuttu niin lyttyyn niin huonoin perustein kuin meidät 70-80-luvulla kasvaneet: meistä ei kuulemma ollut mihinkään, koska luimme sarjakuvia ja kävimme peruskoulua. Sarjakuvien - "tämän sairaan kirjallisuuden" - ympärille lietsottu moraalinen paniikki onkin erinomainen esimerkki siitä, että uusien populaarikulttuurin ilmiöiden vaikutus on harvoin itsessään niin vahingollinen kuin niihin liittyvän hysterian.

Kun omaperäinen suomalainen sarjakuva alkoi 70-luvulla taas kehittyä, yksi sen merkkipaaluista oli Martti Sirolan omalla tavallaan veikeä *Apassit*-sarjakuva: sitä ilmestyi kolme albumia, ja hassua kyllä kolmannessa, *Rautaparta*-tarinassa, taistellaan ulkomaan - geneerisesti pahan ja pelottavan "ulkomaan" - roskakulttuuria vastaan juuri samantyylisin iskulausein kuin ne, joilla aikakauden tanttaväestö morkkasi sarjakuvia sinänsä.

Suomalainen kulttuuri on sittemmin osoittanut tunnetun elinvoimaisuutensa ja sopeutumiskykynsä ja sulauttanut itseensä sarjakuvan täydellisesti. *Seitsemän veljeksen* tai *Kalevalan* kaltaisten pakkopullaklassikoiden sarjakuvasovitukset ovat jo vanha vitsi, nykyään ovat vuorossa esimerkiksi Veikko Huovisen novellit tai Simo "Aapeli" Puupposen *Siunattu hulluus*. Monella erikoisalojen julkaisullakin on jo omaan aihepiiriin sopiva, kotimaisen tekijän luoma sarjakuva - hyvä esimerkki ovat Timo Mikaman Ruotuväkeä varten piirtämät Krenatöörit, jotka taistelevat Ruotsin-vallan aikaisin asein "vihulaista" vastaan.

On kuvaavaa, että edes sanaa *comics* ei ole lainattu suomen kieleen - ei ole tarvinnut. Tähän lienee osaltaan ollut syynä se, että meillä on oikeasti ollut omaa sarjakuvaperinnettä jo maailmansotien välisenä aikana, ja sarjakuvaharrastajat ovat myös nähneet vaivaa tuodakseen vaikkapa Pekka Puupään – jonka alkuperäinen identiteetti sarjakuvasankarina oli jäänyt sotienjälkeisenä aikana elokuvien varjoon – yleiseen tietoisuuteen. Monissa muissakin maissa on ollut omaperäinen kerronnallisten kuvasarjojen traditio, mutta ne ovat sisällöllisesti tai teknisesti eronneet amerikkalaisesta sarjakuvasta siinä määrin, että uutta tuontitavaraa on pidetty oleellisesti eri asiana ja sitä tarkoittamaan on pitänyt lainata amerikkalainen sana.

VECKANS JÖRN
30. elokuuta 2006

Jörn Donner on jälleen ajankohtainen julkaistuaan tieskuinkamonennen kirjansa. Tällä kertaa hän ei kirjoita itsestään, vaan isästään Kai Donnerista, joka onkin mielenkiintoinen hahmo, yksi Suomen historian suurista aktivistiseikkailijoista – samaa luokkaa Konni Zilliacus vanhemman kanssa. Siinä missä isät olivat nationalisteja ja ainakin jossain mielessä tai jossain vaiheessa äärioikeistolaisiakin, nuoremmasta Konnista tuli tunnetusti Britannian labour-puolueen vasemmistosiiven kansanedustaja, ja Jörnilläkin oli äärivasemmistolainen vaiheensa. Sittemmin Jörn on ollut monessa mukana, yleensä ennen kuin kukaan muu: hän oli mm. yksi Suomen historian ensimmäisistä sivareista ja kirjoitti siviilipalvelusvuodestaan kirjankin, *På ett sjukhus* (*Terveenä sairaalassa*).

On surku, että *Kansakunnan kaapin päällä* -teoksen kirjoittaja Matti Kurjensaari on kuollut dementiaan jo kahdeksankymmenluvulla, sillä hänelle jos kelle Jörn olisi nimenomaan nykyisellään kiitollinen kohde. Pilakirjoittajat ja vitsimaakarit ovat tylsyttäneet kirveensä Jörniin jo vuosia sitten. Joskus minun lapsuudessani Jörn-stereotyyppiin kuului vinoilu siitä, että asianomainen herra raapi itseään erityisen paljon, mikä sitten antoi aiheen nyttemmin jo unohtuneeseen herjaan: -*Mitä saadaan, kun risteytetään Ässä-arpa ja Jörn Donner? – Arpa, joka raaputtaa itse itsensä*. Jörn on kuitenkin sekä tätä ennen että sen jälkeen muuttanut muotoaan. Jörn on aina ollut läsnä elämässämme, vain syy, miksi hän milloinkin on pitänyt erityisesti noteerata, on vaihdellut vuosikymmenten myötä: Jörn on ollut äärivasemmistolainen, sivari, elokuvaaja, valtakunnanpanomies, pornoilija, kirjailija, vakavamielinen kulttuurivaikuttaja, reportteri, diplomaatti. Mutta kaikkea tätä hän on ollut ennen kaikkea Jörninä ja jörniyttään, ja ennen mitään muuta hän on aina ollut Jörn.

Aikaisemmin, ennen muuta kuusikymmenluvulla, Jörn tunnettiin ennen kaikkea naistenmiehenä ja pornahtelevana elokuvaajana (*Naisenkuvia*, *Mustaa valkoisella*, *Sixty-Nine*). Pahkasiassa irvailtiinkin aikoinaan, että kuusikymmenluvun lapset muka olisivat leikkineet jörkkää, leikkiä, jossa yhden pojan housujen etumukseen kiinnitetään porkkana (tämä viittaa muistaakseni erääseen *Naisenkuvien* kohtaukseen) ja tämä poika ahdistelee sitten tyttöjä ähisten samalla: "Mun miälestä mikään ei oo mitään tai kukaan".

Silloin Pahkasian kultaisella kahdeksankymmenluvulla, kun Good Evening Manchester oli kova bändi, Paul Olin ja Michael "Wille" Willenius tekivät tuolloiselle ainoalle ruotsinkieliselle valtakunnan radiokanavalle ohjelmaa, jonka nimi oli jotain sellaista kuin "Topp i Popp". Ohjelmaan kuului populäärimusiikin senviikkoisten klassikoiden ja hyvin pahkasikamaisen yleispelleilyn ohessa "Veckans Jörn", jossa Jörnin ääntä matkiva näyttelijä toivotti kuulijoille "Morjens!" ärrää tunnusomaisesti ääntäen ja lisäsi perään jonkin latteuden jörnmäistä (jörnikästä?) näkökulmaa tavoitellen. Erään kerran Palen ja Willen lähetys tuli muka suomenruotsalaisesta bordellista (koska se oli suomenruotsalainen bordelli, se nautti tietenkin Svenska Kulturfondenin tukea, totesivat Pale ja Wille). Sillä kertaa Veckans Jörn sanoi jotain sellaista kuin: *Morjens! Jag har gjort många filmer. En del har också varit porrfilmer.*

En tiedä, onko Jörn sellainen egomaanikko kuin klisee – "kun risteytetään Jörn ja kirjoituskone, saadaan kone, joka kirjoittaa itsestään" – antaa ymmärtää, jos kohta hän on itsekin myöntänyt, että väsätessään perjantaikolumniaan Hufvudstadsbladetiin hän yleensä otti aiheekseen oman arvoisan persoonansa, jollei muuta keksinyt. Oikeudenmukaisuus vaatii tosin myöntämään, että Jörn osaa kirjoittaa kiinnostavasti juuri tästä lempiaiheestaan. Hänen liike-elämästä kertovat romaaninsa ovat kokemukseni mukaan masentavan tylsiä; pornahtava *Marina Maria* on juuri niin vanhentunut kuin seksuaaliseen rohkeuteen itsetarkoituksellisesti pyrkineet 50-60-luvun kaunokirjat ovat näinä pornoistuneina aikoinamme (lukeeko kukaan enää esimerkiksi *Laulua punaisesta rubiinista*?); mutta niissä kirjoissa, joissa hän todellakin kirjoittaa häpeilemättä ja avoimesti juuri itsestään (totta kai hänen laajaan tuotantoonsa kuuluu myös aivan lukemisen väärti teos nimeltä *Jag, Jörn Johan Donner*), on yleensä enemmän asiaa ja kiinnostavaa ajankuvaa kuin reoolintäydessä muiden kirjailijoiden tunnustuskirjallisuutta.

Jörnin aikoinaan kauhistelluista "porno"-elokuvista ainakin yksi, *Naisenkuvia*, on hauska ja itseironinen: siinä Jörn esittää Amerikasta Suomeen palaavaa elokuvantekijää, joka haluaa ohjata Suomessa pornofilmejä, mutta pyrkii tekemään sen taiteellisuuden varjolla ja kutsuukin tekeleitään "rakkauselokuviksi"; siinä sivussa hän tietenkin kaataa naisen tai seitsemän. Voisi luulla Jörnin lukeneen kaikki hänestä kirjoitetut paheksuvat yleisönosastokirjeet ja paholaismaisesti virnuillen laatineen roolihahmonsa niiden Jörn-viholliskuvan mukaiseksi. Elokuvan päähenkilö ei kuitenkaan ole mikään itsevarma ja suvereeni maailmanmies ja naissankari, vaan hänen lentonsa yhden naisen sylistä toiseen vaikuttaa elämänhallintansa menettäneen söhräämiseltä ja koheltamiselta. Tätäkin vaatimattomuutta voi pitää jonkinlaisena poseerauksena – "en minä tätä huvikseni tee, mutta kun minä olen Jörn, niin tekevälle sattuu kaikkea tämmöistä".

SENSUROITU SUOMESSA: 2006

Jörn on ollut kiitollista riistaa humoristeille, mutta vanhana aatelisena hänellä on kuitenkin ollut sellaista itsetuntoa, rohkeutta ja röyhkeyttä tehdä asiat oman päänsä mukaan, jota harvalla suomenkielisellä tässä maassa on. Jörnin ura on hyvä esimerkki siitä, mitä poleeminen käsite "suomenruotsalaisten etuoikeudet" oikeasti tarkoittaa: sitä, että suomenkielinen Suomi on valmis sallimaan tietynlaisen hävyttömyyden ja rämäpäisyyden vain ruotsinkielisille, vallankin ruotsinkieliselle yläluokalle (tosin suuri osa suomenkielisistä on tietysti suomenruotsalaisten todellisuudesta niin ulalla, että lukee houtskarilaiset kalastajat, ähtäväläiset maanviljelijät ja maarianhaminalaiset pultsaritkin mukaan "suomenruotsalaiseen yläluokkaan"). Jos Jörn olisi ollut suomenkielinen ja suomenkielisten kulttuurissa kiinni, hän olisi varsin nopeasti juonut itsensä ojanpohjaspurgun (tai Pentti Saarikosken) kuntoon, ja suuri osa hänen aikaisemmista tukijoistaan olisi ollut mukana polkemassa häntä syvemmälle liejuun siitä hyvästä, että hän kehtasikin luulla itseään meitä – omaa väkeään – paremmaksi. Mannerheimistakaan ei olisi voinut koskaan tulla koko kansan Marskia, jos hän olisi ollut kotoisin Tuupovaarasta ja nimeltään Koikkalainen – muiden tuupovaarojen asukkaat ja muut koikkalaiset eivät olisi ikinä kelpuuttaneet vertaistaan ylipäällikökseen.

Kirjoitettuaan kirjan isästään Jörn totesi, että aikoo nyt siirtyä takaisin elokuva-alalle ja jättää kirjallisuuden vähemmälle. Viime aikoina hän on kirjoittanut paljon kuolemasta, mutta käsiteltyään isänsä hän katsoo käsitelleensä myös kuoleman loppuun aiheena – se ei siis enää ole ajankohtainen. Riittäisiköhän kellään muulla asennetta tällaiseen toteamukseen? No, vanhaa suomalaista viisautta mukaillakseni: *siinä on kaksi kovaa vastakkain – meidän Jörn ja Jumala.*

NUORTEN MIESTEN ONGELMAT: PARI KORULAUSETTA JA SITTEN POIS ASIALISTALTA

2. syyskuuta 2006

Tasavallan Presidentti järjesti foorumin, jossa mm. Jorma Ollila uskaltautui puhumaan nuorten miesten ongelmista, ryyppäämisestä, varastelusta ja syrjäytymisriskeistä. Näin ainakin televisiouutisissa sanottiin, muistaakseni. Presidenttikin taisi myöntyä sanomaan, että nuorten miesten ongelmat ovat merkittävä yhteiskunnallinen kysymys, jonka ratkaisemiseen ei ole riittävässä määrin pyritty. Niin, tällainen mielikuva minulle siis jäi taikalaatikon ruutua katsoessani. Mutta nyt kun etsin netistä, näyttää siltä kuin kaikki viittaukset miessukupuoleen olisi poistettu ja kaikki uutislähteet inttäisivät tilaisuudessa puhutun vain nuorten ongelmista. Pelottavaa.

Mutta mitäs tuosta. Kun satuin olemaan television ääressä – olin näet vierailulla tulevien appivanhempieni luona, joilla kyseinen ihmekapistus on, toisin kuin itselläni – tulin myös katsoneeksi jakson hulppeaa amerikkalaista nuorisosarjaa uusperheen uusveljeksistä Joshista ja Drakesta ja näiden vaikeuksista tottua toisiinsa. Näkemäni episodi osoittautui suomalaiseltakin kannalta loisteliaan hauskaksi ja osuvaksi, koska siinä sanottiin oikeastaan kaikki, mitä nuorten poikien – tuon riskiryhmän – maailmasta tarvitsee tietää ymmärtääkseen sen tärkeimmät ongelmat pohjia myöten.

Juonen yksityiskohtiin en mene; riittäköön kun totean, että koulun kaunotar meni treffeille toisen pojan kanssa tehdäkseen poikaystävänsä mustasukkaiseksi, ja poikaystävä, joka oli tietysti tyhmä muskelimies, urheilijasankari ja väkivaltainen kuin mikä, ei älyn puutettaan ymmärtänyt, kumpi pojista hänen tyttöään oli vokotellut, mutta sehän ei tietenkään ollut mikään este: älynlahjojensa mukaisella neuvokkuudella hän tietysti runttasi molemmat pojat lyttyyn. Tyttöystävä seurasi vieressä ja huokaili komealle rakastetulleen, miten romanttista oli, kun poika tällä tavalla taisteli hänestä.

Kuvaruudun toisella puolella minun oli päästettävä sellainen nauru, josta esseisti Ola Tunander käytti aikoinaan nimitystä *det olyckliga skrattet*. Iloton nauru on hiukan väärä käännös ja onnetonkin menee sivuun siitä, mitä Tunander lienee tarkoittanut – puhutaan nyt vaikka toivottomasta naurusta. Sellainen nauru täytyy päästää silloin kun kaikki noudattaa pessimistisimpiä näkemyksiä niin tarkkaan, ettei jaksa edes masentua, vaan on pakko nauraa. Noinhan asiat ovat yläaste- ja lukiopoikien, jopa täysi-ikäisiksikin ehtineiden nuorten miekkosten maailmassa: eletään apinoina, luonnontilassa.

Fyysinen voima ja väkivaltaisuus ovat ainoa, mikä siinä maailmassa merkitsee; kun pojat eivät vielä ole päässeet rikosoikeudellisesti vastuulliseen ikään, mikään laki ei heitä pidättele syyllistymästä vakavaan pahoinpitelyyn. Jopa tapot ja suoranaiset murhat painetaan villaisella tai käsitellään pikemminkin lastensuojeluasiana, ts. kauhutekoon syyllistynyttä lapsiparkaa suojellaan joutumasta vastuuseen teostaan tai käsittämästä sen merkitystä. Luonnollisesti suurin osa väkivallasta tapahtuu tyttöjen yllytyksestä, tai sen tarkoituksena on tehdä vaikutus tyttöihin: pissiksestä on vain söpöä ja romanttista, kun hänen isomuskelinen korstopoikaystävänsä hakkaa aivot mäkeen parilta rääpäleelta "taistellakseen naisestaan".

Tässä Kärpästen herran maailmassa kaikilla nuorilla miehillä on paha olla, ennemmin tai myöhemmin myös niillä kaikkien palvomilla koviksilla ja kingeillä, ja kaikkia uhkaa syrjäytyminen. Niiden urheilu- ja väkivaltasankaripoikien tulevaisuus ei ole mitenkään kehuttava: heillä on oikeasti melkoinen riski vajota rikollisuuteen tai pultsarien katuojaan siinä vaiheessa kun urheilu-ura ei enää vedä, eikä mitään ammattia saati koulutusta ole tullut hankituksi. Urheilijaurhoilla on tunnetusti sankarin erioikeus lyödä, ei vain hikuja ja muita halveksittuja hahmoja päin näköä, vaan myös koulunkäyntinsä lossiksi. Jos pahin vältetään, he hankkivat häthätää jonkin ammatin, jossa eivät välttämättä oikein menesty. Matti Nykäsen elämän tragedia toistuu paikallistasolla monien lupaavien junioriurheilijoiden kohdalla.

Hyvin ei mene niillä herkillä, älykkäillä ja yksinäisillä pojillakaan, jotka onnistuvat pääsemään kouluhelvetistä hengissä yliopistoon asti. Kouluaikoina heidän itsetuntoaan on pitänyt koossa ainoastaan tietoisuus omasta suvereenista ylivoimaisuudesta kaikkiin muihin koulun oppilaisiin verrattuna. Yliopistossa tai korkeakoulussa tämä illuusio murenee, kun monet muutkin ovat yhtä hyviä tai parempia – usein myös sellaiset, jotka ovat seurallisia ja urheilullisiakin. Tavoiteltu korvaus vuosien yksinäisyydestä jää saamatta, nöyryytyksiä tulee vain lisää.

Iloisesti opiskelemaan lähtenyttä poikaa voi helposti uhata vuoden parin jälkeen vakava depressio, jota ei aina osata diagnosoida eikä hoitaa oikein. Opiskelupaikkakunnalla opitaan viinankäyttö, vaikkei sitä olisi yläaste- ja lukiovuosina harrastettukaan – silloin kun viina kuului niille öyhöttäville urheilijoille ja heidän hännystelijöilleen. Alkoholisoitumisriski on melkoinen, sillä kun depressio vaivaa, sitä lääkitään mielellään reseptittä ostettavilla yleistropeilla. Viinan rohkaisemana onnistuu helpommin myös lähtö siihen ikuisen rauhan maahan, jossa ei tuskaa, ahdistusta eikä depressiota tunneta – ja poikien keskuudessa se on tunnetusti neljä kertaa suositumpi matkakohde kuin tyttöjen.

Nuorten miesten ongelmat ovat kaikkien nähtävissä. Niiden syntymekanismit ovat selkeitä ja suoraviivaisia. Niiden ratkaisemisen ei luulisi olevan vaikeaa. Mutta jos toimeen tartutaan, joudutaan panemaan pihveiksi aika monta pyhää lehmää, ennen muuta tietysti urheilu, mutta myös koko mediakenttää vallassaan pitävä naisia ja tyttöjä paapova puhetapa. Perjantaisessa iltaläystäkkeessä päiviteltiin koko aukeaman verran sitä, että viidesosa teinitytöistä kärsii depressiosta. Siinä ei vaivauduttu kysymään, kuinka suuri osa pojista. Kyllä kauhisteltiin sitä, kuinka moni nuori tyttö *melkein* tekee itsemurhan ja kuinka viime hetkellä apua tulee. Se, kuinka moni poika tekee itsemurhan – ei melkein, vaan ihan – ei kiinnostanut. Ei liioin se, että itsemurha on usein ensimmäinen ulospäin näkyvä oire depressiosta. Pojilla. Kyllä moni poika varmaan uskaltaisi puhua ainakin äidilleen, jollei häntä surettaisi tai nolottaisi vaivata tätä tällaisella ahdistavalla asialla – tuntuu huomaavaisemmalta olla aiheuttamatta äidille huolia.

Suomalainen mieshän ei halua häiritä muita ihmisiä puhumalla tunteistaan – ne kun ovat naisten, noiden tunneasioiden eksperttien, mielestä banaaleja, tyhmiä, arvottomia ja suorastaan pilkattavia, minkä mies saa kyllä kuulla heti kun suunsa avaa. Siispä mies hautaa tunteensa – ja tunne-elämän häiriönsä – sisimpäänsä, kunnes ei enää kestä, vaan tappaa itsensä tai kuolee sydänkohtaukseen. Sitten tietysti saadaan kuulla monin naisäänin sitä julistusta, kuinka ikävää on, että mies ei puhu tunteistaan. Suomalainen mies on se olento, joka valitsee aina väärin riippumatta siitä, minkä vaihtoehdon valitsee. Määritelmällisesti.

ELIITTIKOULUJA LAHJAKKAILLE?

2. syyskuuta 2006

Ajatus erityisistä eliittikouluista tai ainakin omasta opetuksesta lahjakkaille oppilaille on noussut puheenaiheeksi: lähes puolet kannattaa ajatusta, sanoo Helsingin Sanomat. Teinipoikana olin itse kovasti tämän idean kannalla, enkä välttämättä minkään omahyväisyyden tai elitismin takia. Pikemminkin kyse oli siitä, että silloisen kokemukseni mukaan lahjakkuus ja koulufiksuus merkitsi jatkuvaa fyysisen väkivallan riskiä ja oli siis seurauksiltaan enemmänkin vamma kuin etu. Kun kerran muillakin vammaisilla oli apukoulunsa, miksei sitten meillä välkyillä?

Vanhemmalla iällä olen tietysti käynyt yhä skeptisemmäksi lahjakkaiden erityisopetusta kohtaan, vaikken hirveän mielelläni ajatusta tyrmääkään – on kuitenkin ikävää olla epäsolidaarinen omalle nuoremmalle itselleen. Yksi syy on luonnollisesti se, että käytännössä olisi varmasti vaikeaa estää mitään lahjakkaiden erityiskoulua muuttumasta varakkaiden pölvästien ja heidän vielä himmeämpien kakaroittensa statuskouluksi. Ja jos aiotusta lahjakkaiden koulusta tulisikin paikka, johon köyhät välkyt pääsisivät stipendeillä ja rikkaat jästipäät omilla rahoillaan, kuten siitä nykyisen yhteiskuntailmaston jatkuessa aivan varmasti tulisi, välkyt päätyisivät sielläkin jästipäiden rääkkäämiksi. Toisin sanoen välkkyjen olon helpottamisen kannalta tulos olisi ajan pitkään plus miinus nolla.

Abiturienttivuotenani olin jonkin verran tekemisissä luonnontieteellisesti etevän valiojoukon kanssa, kun kemian ja petrokemian teollisuus kosiskeli meitä lukion kemistilahjakkuuksia alalle järjestämällä tapaamisia ja kokoontumisia. Olihan siellä mukavia kavereita, eikä väki ollut mitenkään samasta muotista valettua, ja ilmapiiri oli suvaitsevainen – itse asiassa en ollut koskaan sitä ennen kokenut, miltä tuntuu olla tavallinen ja porukkaan hyväksytty nuori, joka riehuu ja pelleilee muiden mukana. Mutta muistan siinäkin sakissa olleen oman jakojäännöksensä, joka vain sillä kertaa en ollut minä. Tietysti kaikkia ei voi koskaan pelastaa, vaikka tuo yksityiskohta vähän surettaakin; joka tapauksessa kyseinen kokemus on onnettoman nuoruuteni harvoja iloisia muistoja. Jos älykkäiden erityiskouluja perustamalla voitaisiin antaa lahjakkuudestaan normaalissa kouluympäristössä ahdistuville nuorille sellaisia elämyksiä, kannattaisin niitä kritiikittömästi.

Yksi vahvimpia argumentteja tällaisia kouluja vastaan on, että ne haittaavat kouluneron sopeutumista yhteiskuntaan ja laitostavat hänet ansariin ja herbaarioon, niin ettei hän opi pärjäämään tavallisen rahvaan kanssa. (Tietenkään tätä argumenttia ei koskaan käytetä musiikki-, kuvataide- eikä urheilulukioita vastaan – taide- ja urheilualalla kun eliittiä *saa* olla, toisin kuin esimerkiksi luonnontieteissä ja kielissä.) Väite kuulostaa pinnallisesti uskottavalta, mutta tekee sen virheen, että samastaa yhteiskunnallisen todellisuuden kouluikäisten todellisuuteen.

Asiat voidaan nimittäin tulkita niinkin, että jotakuinkin lainkuuliaiset, kiltit ja yhteiskuntaan sopeutuneet ihmiset ovat hekin samassa mielessä eliitti. He ovat ehkä eliitti, johon kuuluu suurin osa aikuisväestöstä, mutta silti he ovat jo valikoitunut joukko verrattuna siihen hyvin edustavaan otokseen kansasta, joka menee peruskouluun. Peruskoulussa ovat nimittäin myös tulevat rikolliset. Ja varsin usein he ovat korkea-arvoisia, pelättyjä ja kunnioitettuja hahmoja nuorten omassa hierarkiassa. On syytä kysyä, valmentaako ketään lainkuuliaiseen aikuiselämään sellaisessa ympäristössä eläminen, jossa lakia ei ole ja absoluuttista valtaa pitää don Corleone palkkamurhaajineen.

Se "tavallinen rahvas", jonka kanssa älykköjen kuuluu oppia pärjäämään, ovat muilla kuin akateemisilla aloilla toimivat kiltit ja lainkuuliaiset ihmiset, ja veikkaan, että suurta osaa heistä nuo nuorisorikolliset ottavat pannuun tasan yhtä paljon. Ratkaisu ei siis ehkä ole erillisten koulujen perustaminen älyköille, vaan parempi kuri häiriköille, koulukiusaajille ja hakkaajille – mikä tosin ei ole realistinen vaihtoehto niin kauan kuin jatketaan typeriä puheita "lasten oikeuksista" ja estetään ruumiillinen puuttuminen lasten "koskemattomuuteen" silloinkin kun se on suurin piirtein ainoa tapa estää yhtä pikkupentelettä tappamasta toista.

Mitä sitten tulee lahjakkaiden nuorten yksinäisyyteen, nettiaikakaudella se ei ehkä enää ole niin suuri ongelma kuin minun ollessani murrosiässä. Mitä kummallisimmista asioista kiinnostuneet nuoret löytävät netin avulla toisensa, jos kohta siinä on riskinsäkin, kuten Petri Gerdtin kemialliset kokeilut todistavat.

Summa summarum: en todellakaan tuomitse ideaa "lahjakkaiden nuorten erityisopetuksesta" sinänsä, mutta minusta tuntuu, että lahjakkaat nuoret eivät välttämättä tarvitse "erityisopetusta", vaan kaltaistensa seuraa – kumminkin sen verran valvotuissa oloissa, etteivät he vallan räjäytä itseään hengiltä. Usein he osaavat järjestää "erityisopetuksen" ihan itse itselleen. Tieteelliset harrastekerhot nuorille voisivat olla parempi idea, jos löytyisi innokkaita eri alojen ihmisiä niitä toteuttamaan.

KEKKOSEN AIKAAN
3. syyskuuta 2006

Berija, jota isoäitini luonnehti kamalaksi ryssäksi, ei kamaluudestaan huolimatta ollut venäläinen, vaan mingreliläinen. Mingreliläiset ovat georgialaisten alaryhmä, joka puhuu omaa, standardigeorgiasta paljon eroavaa murrettaan.

Tänään on näköjään syyskuun kolmas, siis itsensä Urho Kekkosen syntymäpäivä. Kekkosen varjo ulottuu koko sodanjälkeisen Suomen ylle – itse asiassa hän on Suomen sodanjälkeisyys ruumiillistuneena. Ikääntymisensä huomaa siitä, että nykyään on olemassa aikuisia ihmisiä, jotka ovat syntyneet samana vuonna kuin Urho Kekkonen kuoli, eikä siihen monta vuotta mene, kun yliopistoihin saapuu ensimmäinen kohortti nuoria opiskelijoita, jotka ovat syntyneet Neuvostoliiton jo romahdettua. Heidän lienee vaikeaa kuvitella, miltä tuntui viettää lapsuutensa maailmassa, jossa sekä Kekkonen että Neuvostoliitto vaikuttivat ikuisilta ja muuttumattomilta suureilta.

Perheessämme pelättiin ja vihattiin kovasti Neuvostoliittoa, jota kutsuttiin yleensä Ryssäksi – Ryssä, isolla ärrällä, oli sekä Neuvostoliitto, Venäjä että myyttinen venäläinen ihmishahmoiseksi mielikuvaksi ruumiillistuneena, ja tsaarit viime kädessä samaa porukkaa kuin Stalin. Kun kaksitoistavuotiaana luin Vankileirien saaristoa, kysyin isoäidiltäni, kuka Berija oli, ja sain unohtumattoman vastauksen: *No se oli sellainen...kamaala...ryssä!!!* Isoisä selitti, että Berija oli "GPU:n päällikkö", minkä ymmärsin jo paremmin, koska olin ehtinyt lukea Solženitsyniä kyllin pitkälle.

Kekkosta sitä vastoin arvostimme. Isoisäni, sotavuosien aikainen maalaisliiton kansanedustaja, oli heiluttanut puheenjohtajan nuijaa jossain K-linjan perustavassa kokouksessa, hän oli siis tavallaan samaa porukkaa kuin Kekkonen. Hänen huoneensa seinällä riippui kehystettynä pieni valokuvakokoelma – maalaisliiton eduskuntaryhmässä vuosina 1939–1945 istuneet kansanedustajat. Siellä näkyivät sekä Urho Kekkonen että isoisäni, Kekkonen kaljuna jo siihen aikaan – hän taisi kaljuuntua jo nuorena opiskelijana. Kun Kekkonen oli presidentti – eikä vain presidentti, vaan myös kuolematon instituutio ihmiseksi – minusta tietysti tuntui sykähdyttävältä ajatella, että isoisä ja hän olivat kerran hengittäneet samaa ilmaa ja kävelleet samoja portaita eduskunnan istuntoihin, vieläpä sotavuosina. Ja sotavuodet olivat 1970-luvulla yhtä lähellä menneisyydessä kuin 1970-luku nyt: "Nuorinkin heistä on pian 55-vuotias", päivitteli kuvateksti Suomen Kuvalehdessä sodanaikaista armeijaosastoa esittävän valokuvan alla, ikään kuin 55 olisi sotaveteraanille ikä tai mikään. Kun sota oli niin lähellä, ei ihme, että ryssänviha ja ryssänpelko kuristi kaikkien kurkkua, vaikkei sitä saanut kotiseinien ulkopuolella julkisesti myöntääkään.

Isoisäni, jota kutsuttiin Puurtilan UKK:ksikin – hän teki elämäntyönsä Puurtilan kansakoulussa miltei Varkauden tehtaiden kupeessa – oli samaa sukupolvea kuin Kekkonen, heillä oli vain kolme vuotta ikäeroa; ja hän kesti yhtä kauan kuin Kekkosen Suomi. Loppuun asti teräväpäisenä pysynyt vaarini kuoli äkilliseen keuhkokuumeeseen samana vuonna kuin Koivisto valittiin ensimmäisen kerran presidentiksi – osuvaa kyllä, isoisä sai tartunnan juhliessaan yksikamarisen eduskunnan 75-vuotispäiviä Helsingissä.

Huolimatta ryssänvihastamme olimme siis Kekkosen kannattajia ja uskoimme häneen. Kekkonen oli meidänkin käsityksemme mukaan ainoa, joka "konsteillaan" osasi hämätä Neuvostoliittoa. Pieni ei voi taistella ase kädessä isoja vastaan, pitää siis turvautua juonitteluun. 1970-luvulla oli selvää, että venäläiset jatkuvasti yrittivät jonkinlaista välistävetoa, ja jokainen venäläisten korkean tason poliitikkojen valtiovierailu meille, jokainen Kekkosen lukuisista matkoista Neuvostoliittoon oli suurennuslasin alla. Aina kun joku venäläinen poliitikko tai sotilas möläytti jotain hölmöä ilmeisesti siinä uskossa, että Suomessa saattoi elää kuin pellossa tai puhua kuin Varsovan liiton maassa, siitä seurasi lehdistössä minikriisi, ja meidänkin televisiomme ääressä uumoiltiin Ryssän – tai kuten isoäidin vanhapiikasisko tapasi sanoa, Rytikän – nyt hyökkäävän. Sen saattoi estää vain Kekkonen.

Noissa oloissa oli hyvin johdonmukaista, että Kekkosen terveydentilaa tiedotusvälineissä liioiteltiin ja ihannoitiin. Presidentillä oli vielä kahdeksaakymmentä tärppivänäkin mukamas nelikymppisen kunto. Kun Hymy – muistaakseni se oli Hymy – repi muhkean otsikon aiheesta *UKK:n näkö heikkenee*, minä pikkupoikana koin syvää ahdistusta, koska se tarkoitti, että ainoa patovalli, joka esti Ryssän vyöryä päällemme, oli murenemassa. Luulenpa, että sen tunteen jakoivat monet muutkin ihmiset sillä aikakaudella, sekä aikuiset että lapset.

Niinpä ei lopultakaan ollut ihme, että Kekkosen toimikautta jatkettiin – ensin poikkeuslailla, sitten vaaleilla – koko 70-luvun pituiseksi. Kekkonen ei voinut eikä saanut jättää meitä pulaan, yksin Ryssän valtavan kidan viereen. Kaikki seuraajaehdokkaat vaikuttivat epäilyttäviltä – toisin kuin Kekkonen, he tuntuivat ottaneen neuvostoystävyysliturgian vakavasti ja tekevän omasta aloitteestaan lakeijamaisia, Neuvostoliittoa imartelevia aloitteita. Kekkonen oli siis ainoa, joka ymmärsi, missä oikeasti mentiin, joten hänet oli pidettävä presidenttinä vaikka väkisin. Kerrotaan hänen kolmannen kautensa alkaessa odottaneen vuotta 1974 kuin kuuta nousevaa, koska "silloin pääsen tästä paskavirasta ja voin omistautua kirjoittamiselle". Valitettavasti emme saaneet koskaan lukea niitä kirjoja, koska Neuvostoliitto kävi ärhäkäksi Suomen suunnalla, kunnollista seuraajaa ei löytynyt ja poikkeuslaki säädettiin. Mies pidettiin virassa kauan yli niin laillisen kuin kohtuullisenkin eläkeiän, kunnes kulissit Islannin kalamatkalla pettivät.

SIVAREITA JA PYHIMYKSIÄ

6. syyskuuta 2006

Kun tuo yleinen asevelvollisuus ja sen tarpeellisuus tuntuu taas nousevan keskustelunaiheeksi, minulla lienee kauan odottamani tekosyy blogata siviilipalveluksesta ja aseistakieltäytymisestä – onhan sitä minulta tuolla kommenttiosastolla jo pyydettykin. Armeijastahan minä en tiedä mitään, mutta sitä paremmin olen perillä aseistakieltäytyjien motiiveista, koska niitä on sentään sivarin johdantokurssin ja legioonan aikana kymmenkunta vuotta takaperin kuullut kyllästymiseen asti.

Myönnetään alkajaisiksi, että kaikki kritiikki on aiheellista, ts. sivarit ovat nynnyjä pelkureita, jotka eivät uskalla aseeseen tarttua, ja varusmiehet ovat älyllisesti rajoittuneita, epäitsenäisiä öyhöttäjiä, jotka laulavat "ryssät kaikki tapetaan, lapsensa me raiskataan" -tyylisiä marssilauluja muka vitsinä. Niin, ja kaikki tietysti tietävät että sivarit eivät muuta teekään kuin vetävät huumeita; varusmiehet puolestaan kumoavat pullollisen kirkasta yhdellä kulauksella heti iltalomalle päästyään ja lähtevät sitten kaupungille aiheuttamaan järjestyshäiriöitä, tappelemaan ja pahoinpitelemään kunnon ihmisiä ja rehellisiä veronmaksajia.

Onko kaikkia nyt tasapuolisesti loukattu? Minun kyllä tekisi mieleni siteerata tähän vielä sitä takavuosina netissä kiertänyttä mielenkiintoista tarinaa, jossa joku armeijan käynyt narkkari kehui, miten helppoa inttiin oli viedä heroiinia ja miten kapiaiset eivät hänen ilmeisen päihtyneestä tilastaan huolimatta estäneet häntä menemästä ampumaradalle. Valitettavasti tästä kiinnostavasta kertomuksesta ei taida olla varmuuskopiota missään, kun Aseistakieltäytyjäliiton keskustelufoorumikin on kauan sitten kadonnut bittien taivaaseen. Siirrytään siis asiassa eteenpäin.

Jos nyt lopetetaan irvailu, niin tosiasia on, että siviilipalvelukseen ei yleensä mennä pasifistisen vakaumuksen vuoksi, vaikka sellaisiakin tapauksia on. Siihen aikaan kun minä olin lukiossa, aseistakieltäytymiseen tarvittiin erityisen lautakunnan edessä puolustettavat "uskonnolliseen tai eettiseen vakaumukseen perustuvat vakavat omantunnonsyyt". Näitä syitä tuskin oli suurellakaan osalla aseistakieltäytyjistä siihenkään aikaan, mutta Sadankomitean kustantaman alan kirjallisuuden avulla oli helppoa treenata liturgia, ja jotkut meistä varmaan uskoivat siihen ainakin idealistisimman ja utopistisimman nuoruutensa ajan ihan vakavissaan. Onhan unelma aseettomasta maailmasta yksi niistä kauniista ihanteista, jotka jollain tasolla vetoavat kaikkiin ihmisiin (myös ammattisotilaisiin) täysin yhteiskuntakelvottomia psykopaatteja lukuunottamatta.

SENSUROITU SUOMESSA: 2006

Suurin osa siviilipalvelusmiehistä tuskin kieltäytyy maanpuolustuksesta, vaan ennemminkin "miesten koulusta". "Miesten kouluna" armeijaa markkinoivat yläasteen väkivaltaisen tupakkajengin lisäksi kaikkein äänekkäimmin sellaiset miehet, jotka eivät ole viisikymppisinäkään aikuistuneet yläasteikäistä pitemmälle. Siviilipalvelusmiehet haukutaan näissä porukoissa maan rakoon ala-arvoisin nimittelyin ja puliukkokielisin karkeuksin, ilman edes näennäistä pyrkimystä asiallisuuteen. Kuka tahansa nuori mies, joka haluaa elämältään jotain muuta kuin yläastetasoisten huligaaniluonteiden seuraa loppuiäkseen, alkaa varmasti tarpeeksi kauan tätä uhoa seurattuaan tuumia, että minäpäs se olenkin pasifisti ja kieltäydynkin aseista – siinä vaiheessa kun lukiokin on takana ja yliopistopaikka houkuttaa, ei taatusti kiinnosta pätkääkään palata yläasteelle, ja lykkäyksen jälkeen vielä vähemmän, koska sitten ollaan jo aikuisia ihmisiä.

Armeija tuntuu edelleenkin lähtevän siitä, että on hyvää ja myönteistä isänmaallisuutta ja puolustustahtoa, jos tavallinen kansa pitää asepalvelusta välttämättömänä miehistymisriittinä. Valitettavasti tämä ei mitenkään itsestään selvästi vastaa puolustusvoimien omaakaan etua, ja on lyhytnäköistä, jos armeija jättää kansan "puolustustahdon" kaikenlaisten itse itsensä isänmaanystäviksi nimittäneiden koohottajien ylläpidettäviksi. Nämä mölytoosat pahimmillaan herättävät lahjakkaimpien nuorten miesten vastenmielisyyden ja käännyttävät nämä aseistakieltäytyjiksi. Samalla kaikenlaisten tasapainottomien ongelmanuorten isät pakottavat perinteen nimessä poikansa asepalvelukseen pannen toivonsa siihen, että pojasta tulee armeijassa mies, kuten kaikista muistakin on tullut.

En minä sitäkään mene sanomaan, että tämä on aina ja kaikissa tapauksissa virheellinen näkemys. On olemassa nuoria miehiä, joiden ongelma on siinä, ettei heille koskaan ole annettu merkittävästi vastuuta mistään, ja jotka kummasti ryhdistäytyvät, kun sitä kerran saavat. Mutta on myös olemassa se toinen sortti ongelmanuoria, jota ei ole aina helppo erottaa tästä ensimmäisestä. Kuten reilu vuosikymmen sitten tappavien aseiden kanssa kolmelle ihmiselle kohtalokkain seurauksin riehunut Mika Muranen, jotkut nuorukaiset ovat oikeasti liian vaarallisia saamaan käsiinsä asevaraston avaimen, puhumattakaan siitä, että armeijassa annettava koulutus saattaa tehdä heistä entistä vaarallisempia – esimiestensä hyvänä ja oppivaisena sotilaana arvostama Muranen näet pystyi pakenemaan poliisipiirityksestäkin soveltamalla omaksumiaan taitoja.

Muranen on toki ääritapaus, mutta on jokseenkin selvää, että armeijaan ovat aina innokkaimpia ne, joiden pääsy asepalvelukseen on esimerkiksi rikosten tai henkisen epätasapainoisuuden vuoksi kyseenalainen ja joiden miehiselle itsetunnolle rannalle jääminen armeijasta olisi kova isku. Ja heillä on tarve päästä nimenomaan "miesten kouluun", henkilökohtaista initiaatioriittiä suorittamaan.

Joskus sitä toivoisi jonkun korkean tahon kihon puolustusvoimissakin sanovan ääneen, että kalliilla rahalla ammattiinsa koulutettujen upseerien ja aliupseerien tehtävä ei ole oman henkensä uhalla ihmistää selvästi psykoottisia tai luonnevikaisia tappajan alkuja eikä liioin toimia aloittelevien väkivaltarikollisten pyssykouluna, vaikka näiden vanhemmat kuinka inttäisivät, että kyllä meidän pojan on päästävä armeijaan ja että kyllä siitä siellä tehdään mies. Yhtä lailla puolustusvoimien odottaisi ymmärtävän, että sivarien homotteleminen ja solvaaminen, joka tunnutaan hyväksyvän osana tervettä kansanomaista puolustustahtoa, synnyttää fiksuimmissa nuorissa lähinnä halun mennä itse sivariin vain solidaarisuuttaan osoittaakseen. Puolustusvoimilta tulisi voida odottaa, että se yrittäisi aktiivisesti vastustaa "puolustustahdon" ja "isänmaallisuuden" rahvaanomaisimpia ja törkeimpiä muotoja, ja se olisi putiikin omienkin etujen mukaista, koska silloin saataisiin mukaan monet sellaiset nuorukaiset, jotka uhoajiin ja törkimyksiin tympääntyneinä valitsevat mieluummin siviilipalveluksen.

AMERIKKALAINEN GULAG?

8. syyskuuta 2006

George Bush on ensimmäistä kertaa myöntänyt Yhdysvaltain ylläpitävän ulkomailla erityisiä salaisia pidätyskeskuksia terrorismiepäiltyjä varten. Puhe on nimenomaan salaisista pidätyskeskuksista: vaikka nämä laitokset tavallaan toimivat tutkintavankiloina, koko asian ydin on, että niihin vangitaan ihmisiä CIA:lle myönnettyjen erityisvaltuuksien nojalla. Epäilemättä puheet "amerikkalaisesta Gulagista" voimistuvat lähiaikoina. Historioitsija Anne Applebaum, joka kirjoitti ensimmäisen, varsin luettavan ja suositeltavan historiateoksen siitä oikeasta Neuvostoliiton Gulagista, on jossain yhteydessä paheksunut moista rinnastusta, koska USA:ssa ei sentään koko aikana ole kyörätty omia kansalaisia brutaaleille nälistysleireille. Valitettavasti tiettyjä yhtäläisyyksiä periaatteellisella tasolla kuitenkin on olemassa.

Englanninkielinen nimitys näille keskuksille on käsittääkseni johdettu verbistä *to detain*, joka kai meikäläisen terminologian nojalla tarkoittaa pikemminkin vangitsemista kuin pidättämistä. Näiden kahden käsitteen ero ei ole useimmille meistä lakia opiskelemattomista aina selvä, mutta kyllä se kuuluu ehdottomasti yleissivistykseen. *Pidätyksen* tekee poliisi, ja se kestää vain määräajan. Sen jälkeen epäilty on laskettava vapaalle jalalle, jollei erityisellä, oikeuslaitoksen osallistumista edellyttävällä menettelyllä todeta olevan tarvetta hänen *vangitsemiseensa*. Vasta vangittuna häntä voidaan pitää pitkiä aikoja, ja sittenkin hänen tulee kohtuullisen ajan jälkeen päästä oikeuden eteen. Tämä tällainen on normaalia oikeusvaltioiden toimintaa.

Itse asiassa ns. *habeas corpus* -periaate, johon pidätyksen ja vangitsemisen ero perustuu, on historiallisestikin katsoen osa oikeusvaltion kivijalkaa. Ranskan vallankumoukseen johtaneista epäoikeudenmukaisuuksista räikeimpiä oli – kuten olemme kaikki historiantunnilla oppineet – että maassa ylintä toimeenpanovaltaa käyttävällä henkilöllä, johon viitataan yleensä teknisellä termillä *kuningas*, oli oikeus heittää hallinnollisella määräyksellä (*lettre de cachet*) telkien taakse vaikka kuka, ja vaikka kuinka pitkäksi aikaa.

Poliisivaltiolla tarkoitetaan maata, jossa nimenomaan pidätyksen ja vangitsemisen välinen selkeä raja on poistettu, ja valtion toimeenpano- ja hallintopuolen viranomainen – siis poliisi – voi pidättää ihmisiä mielivaltaisen pitkiksi ajoiksi, siis käytännössä vangita heidät ilman oikeuslaitoksen suostumusta. Vasta päättyneen 1900-luvun kovapintaisimmatkin diktatuurivaltiot ovat yleensä säilyttäneet edes rippeet näennäisesti riippumattomasta oikeuslaitoksesta ja laillisesta oikeudenkäyntijärjestyksestä. Julmuudet, kidutukset, murhat ja mielivaltaisuudet on tehty nimenomaan pidätysvaiheessa, ennen kuin oikeus on päässyt sekaantumaan asioihin. Juuri tämä Yhdysvaltain perustamissa salaisissa pidätyskeskuksissa on niin pelottavaa: vaikka maa itse olisi kuinka demokraattinen ja oikeusvaltiollinen, Bushin kaudella on luotu laittomuuden vyöhyke juuri sinne, missä se on diktatuureissakin, eli pidätysselliin, putkaan.

Bush on vakuuttanut, että salaisissa vankiloissa ei ole harjoitettu kidutusta. Maailmanparantajaosaston automaattiseen antiamerikkalaisuuteen on turha vajota, joten en todellakaan mene sanomaan, että Bush tässä tietoisesti valehtelisi tai yrittäisi hämätä. Pidän täysin mahdollisena, että hän on vilpitön sanoessaan näin. Kokonaan toinen asia on, pitääkö hänen väitteensä oikeasti paikkaansa.

Kidutus ei nimittäin yleensä oikeasti tapahdu laillisesti eikä esimiesten, saati presidentin, käskystä. Presidentti vain sallii sen, tai antaa ymmärtää sallivansa sen, tai saattaa potentiaalisen kiduttajan tilanteeseen, jossa kiduttaja sekä voi kiduttaa että tietää sen jäävän seurauksitta. Monet kiltit ja hyväluontoisetkin ihmiset voivat tässä tilanteessa syyllistyä hyvinkin julmiin tekoihin, koska ihmisluonto on sellainen. Ihmisen normaalitila on olla monenlaisten sosiaalisten siteiden hillitsemä. Oikeudettomaksi julistetun vangin kuulustelija, joka tietää olevansa lakien ja moraalisten moitteiden tavoittamattomissa ja jota kukaan ei hillitse, on epänormaalissa tilanteessa ja saattaa käyttäytyä tavalla, johon keskellä yhteiskuntaa, sosiaalisten suhteiden, vastuiden ja normien verkkoa, kykenisi vain muista ihmisistä sairaalloisesti piittaamaton psykopaatti.

On siis yhdentekevää, sallitaanko kidutus tai kehotetaanko siihen. Riittää, kun poistetaan kaikki kidutukselle laillisissa oloissa asetetut esteet; tällöin kuulustelija voi syyllistyä kidutukseen ja julmuuksiin jopa sitä tietoisesti haluamatta, tilanteen sisäisen logiikan mukaan. Kun vangilla ei ole oikeuksia eikä kuulustelijalla velvollisuutta välittää vangin hyvinvoinnista, väkivallan ja kidutuksen mahdollisuus on rakennettu tilanteeseen sisään.

Eräät Neuvostoliiton ja Natsi-Saksan tutkijat ovat jopa väittäneet, että niin juutalaisten joukkomurha kuin pakkotyöleirivankien nälistäminen ja rääkkääminen hengiltä olivat pikemminkin alkuehdoista seurannut väistämätön lopputulos kuin mikään tarkoituksellinen ihmisoikeusrikos. Kun tietyltä ihmisryhmältä – olkoon se nyt vaikka juutalaiset, tai poliittiset vastustajat, tai kulakit, mitä näitä nyt on – johdonmukaisesti viedään kaikki oikeudet, sekä Holocaust että Gulag voidaan johtaa siitä suoraan: oikeudeton ja puolustajaton ihmisryhmä tapetaan tai jätetään kuolemaan nälkään ja tauteihin siitä syystä, että se on jonkun byrokraatin mielestä halvempaa kuin moisen porukan hyysääminen – eikä kukaan sano vastaan, koska kellään ei ole virkavelvollisuutta pitää asianomaista joukkoa hengissä. Hirmuteko tapahtuu itsestään ja omalla painollaan, kun ensin on poistettu kaikki ne säännöt, oikeudet ja yhteiskuntasuhteet, jotka laillisissa oloissa estävät hirmutekoa tapahtumasta.

Juuri tämä riski liittyy myös Yhdysvaltain pidätyskeskuksiin. Vaikka kellekään ei olisi annettu erityisiä kidutusoikeuksia, niin kauan kuin ei ole olemassa viranomaistahoa eikä oikeusistuinta, jonka velvollisuutena olisi aktiivisesti huolehtia kidutuksen estämisestä, kidutusta esiintyy varmasti. Tämä ei johdu Yhdysvaltain viranomaisten, presidentti Bushin eikä amerikkalaisten pahuudesta ja tietoisesta halusta rääkätä ihmisiä. Tämä johtuu yksinkertaisesti siitä, että kun pidätetyiltä viedään oikeudet, mikään ei estä kiduttamasta heitä; ja se, mitä mikään ei estä, tapahtuu.

KÖRSSI RÖYHYÄÄ TAAS KERRAN
9. syyskuuta 2006

Tekstissä mainittu poliittinen lahko ovat tietysti randilaiset libertaristit ja oppiäiti on Ayn Rand itse.

Näihin aikoihin saa näköjään ensi-iltansa elokuva *Thank You for Smoking*. Jos tilaisuus sattuu kohdalle, taidan käydä katsomassa kyseisen rainan, vaikka olenkin todella huono käymään elokuvissa. Ennakkotiedoista päätellen se on juuri minun kieroutuneen huumorintajuni mukainen, nimeään myöten. Puhutaan siis tällä kertaa tupakoinnista.

En tiedä, johtuuko oma ehdoton tupakoimattomuuteni pohjimmiltaan siitä, että sauhuttelu on epäterveellistä. Tosin nuorena kemiasta innostuneena poikana suhtauduin maailmaan yksioikoisen tieteellisesti, välttäen kaikkia sellaisia elämänvalintoja, jotka olivat puhtaasti toksikologisin, luonnontieteellisin kriteerein vahingollisia. Hyvä esimerkki tällaisista olivat tupakointi, alkoholi ja päihteet, mutta sen lisäksi pystyin pelkäämään viikkokausia saaneeni aivovaurion, jos olin yhden illan oleskellut huonosti tuuletetussa liuotinhöyryä sisältävässä tilassa. Mutta toisaalta tietysti tupakoimattomuus tai tupakointi nuorisoyhteisössä määräytyy viime kädessä siitä, mihin jengiin nuori samaistuu, ei terveellisyydestä. Johan sekin on mainittu, että urheilevat nuoret ovat varsin usein myös tupakoivia ja runsaasti alkoholia käyttäviä nuoria, kun taas kiltit ja savuttomat nörttipojat syövät usein epäterveellistä kioskiruokaa, litkivät ylikansallisia sokeriliemiä ja istuvat tietokoneen (tai silloin ennen vanhaan kirjojen) ääressä illat ja yöt lihoen kuin juottopossut ainakin.

Tupakointi jaksaa ihmetyttää minua siksi, että siinä ei ole pohjimmiltaan kyse mistään muusta kuin riippuvuudesta ja epäterveellisyydestä sen itsensä takia. Vaikka en rohkaise alkoholin enkä huumeidenkaan käyttöön, pidän sentään jollain tasolla ymmärrettävänä, että joku käyttää ainetta, josta tulee kiehtovan höpö olo, ja että hänelle sitten myös kehittyy riippuvuus – ei niinkään aineeseen, vaan siihen jännittävään tajunnantilaan. Tupakka sitä vastoin ei ole huume, siitä ei missään mielessä huumaannuta: se on pelkkä riippuvuus.

Tupakointi on paradoksaalinen ilmiö muutenkin. Muistan, kun olin kahdentoista tai kolmentoista ja luokan väkivaltahirmu – jolla taisi olla rankka murrosikä, sillä pikkupoikana hän oli kiltti ja ystävällinen, mutta yläasteella häneltä meni holtti elämästä täysin, ja koulukin jäi kesken – joutui poikkeuksellisesti istumaan takanani. Tällöin hänestä nousi niin sanoinkuvaamaton tupakan lemu, että sain – valehtelematta – meritaudin oireita. Olihan minulla kotiväessänikin tupakoitsijoita – isä ennen kaikkea – mutta asianomainen nuori herra löyhkäsi tavalla, joka ei niinkään ollut tupakan kuin itse tupakkuuden, sen ydinmehun ja esanssin haju.

Siinä missä aikuiset ihmiset usein tupakoivat vähän nolostellen, milloin antaen vastentahtoisesti periksi riippuvuudelleen, milloin ollakseen kapakkamiljöölle mieliksi, nuoret pojat (tytöistä en tiedä, mutta asiat lienevät tarkalleen samoin sillä puolen) keskittyvät tupakointiin paremmankin asian väärtillä hartaudella. Tupakan pitelyä ja huulissa roikottamista opetellaan kuin balettikoreografiaa, vaikka samaiset pojat pitäisivätkin kaikenlaista muunlaista roolileikkiä ja epäspontaanin elekielen tietoista harjoittelemista ämmämäisenä ja epämiehekkäänä. Tuskin missään muussa iässä kuin kolme-neljätoistavuotiaana ihmisen ensisijainen identiteetti on olla *tupakoitsija*. Nimi: Rane Röökinen. Ikä: 13 vuotta. Arvo tai ammatti: Tupakoitsija.

Yläasteikäisen tasolle jääneitä aikuisiakin tietysti on, ja Yhdysvalloissa on poliittinen lahkokin, joka ihannoi tupakointia individualismin ja rationaalisuuden symbolina, koska lahkon oppiäiti, jota pidetään näiden hyveiden ruumiillistumana, oli tupakoitsija ja sai aikanaan keuhkosyövänkin. Selvempää esimerkkiä aikuisten ihmisten organisoidusta murrosikäisyydestä tuskin maailmasta löytää: ajatelkaa ihmisiä, jotka kokevat itsensä individualisteiksi jäljitellessään suurella, kollektiivisella joukolla esikuvansa tapaa tupakoida. Lahkolla on tiettävästi ollut merkittävääkin vaikutusta Yhdysvaltain politiikassa, tai ainakin aatehistoriassa.

Koska murrosikäisten poikien irrationaalisista tempauksista suurin osa tunnetusti palvelee sitä tarkoitusta, että päästäisiin harjoittamaan suvunjatkamistoimintoja murrosikäisten tyttöjen kanssa, tupakointikin opeteltaneen tästä syystä. Tämä on taas kerran näin tupakoimattomasta ihmisestä äärimmäisen hämmentävää, sillä jatkuvasti ja antaumuksella polttavan nuoren pojan haju kääntää oikeasti vatsaa jo kolmen metrin etäisyydellä. Aikuisilla ihmisillä on luultavasti enemmän muuta ominaishajua, jonka sekaan tupakan lemu laimenee, mutta vasta murrosikään tulevien koululuokassa intensiivisesti tupakoiva oppilas on todellinen kävelevä hajupommi. Joka on tupakoimattomana nuorena sen kokenut, ihmettelee, miten tupakointi voi olla avain naismenestykseen, kun sen ympäristövaikutus on verrattavissa krooniseen hampaidenpesemättömyyteen ja suihkussakäymättömyyteen.

Tupakointi on niin käsittämätön ilmiö, että on tarvittu hyvin poikkeukselliset olot, jotta se ylipäätään on voinut yleistyä. 20. vuosisadan suuret maailmansodat ja sotilaiden muonatupakat ja tupakkatauot ovat esittäneet merkittävää roolia sen leviämisessä. Teollisesti valmistettu savuke oli luullakseni merkittävä askel tupakointiin massojen tapana, koska sitä ennen oli poltettu käsityönä tehtyjä sikareita, jotka tietysti tulivat kalliimmiksi. Tupakkateollisuuden harjoittamaa aggressiivista markkinointia moititaan paljon ja syystä, mutta sekään tuskin olisi toiminut ilman massamarkkinat luoneita olosuhteita.

ODOTETTU ÖYHÖTYSJUHLA

10. syyskuuta 2006

En varmaankaan ole erityisen originelli sanoessani, että Asem-konferenssia vastaan muka protestoineiden anarkistikakaroiden mellakointi oli jokseenkin odotettua. Poliittisena kannanottona (tai kuten nykyään on tullut muotitavaksi sanoa, *steitmenttinä*, ellei peräti *steitmänttinä*) se oli samaa luokkaa kuin jonkun kolmannen luokan kravattikallen noin sadanteen kertaan laukoma ja moneen kertaan kuultu latteus, esimerkiksi muinaisen Rooman kunniakkaan taantumuksellisen Marcus Porcius Cato Maiorin vaatimus hävittää Karthago.

Tuomas Nevanlinna sanoi joskus muistaakseni jotain sellaista, että asiallisen protestoinnin ja siitä piittaamatta poliitikkojen johdolla eteenpäin porskuttavan globalisaation välille pakkaa syntymään automaattinen työnjako: poliitikot kuuntelevat asiallisesti esitetyt protestijulkilausumat, jotta eriävät mielipiteet olisi säädetyssä järjestyksessä merkitty pöytäkirjaan, minkä jälkeen sopimukset allekirjoitetaan tai päätökset tehdään valmiiksi neuvotellun mukaisesti. Asiallinen arvostelu siis muodostuu osaksi rituaalia, mutta vaikutusta tai merkitystä sillä ei missään mielessä ole. Väkivaltainen tai mellakoiva mielenosoittaminen olisi sitten yritys kyseenalaistaa tämä rituaali ja edes jollain tavoin sotkea sen valmiita ympyröitä.

Lauantainen rähinöinti osoittaa kuitenkin osaltaan, että mellakointi se vasta rituaalinomaista onkin. Etukäteen oli tiedossa, että anarkistiväki aikoo mesota; ja koska (kahden kursivoidun sanan ajaksi otetaan teini-ikäisen idealistin moraalista närkästystä teettelevä ilme, ääni ja asenne) *yhteiskunnan väkivaltakoneisto* oli hyvinharjoitellulla rutiinillaan varautunut järjestyshäiriöön, asia saatiin kaikesta päätellen hoidettua verraten kivuttomasti. Hesarissa tosin joku tyyppi, joka varta vasten oli saapunut "mellakointia katsomaan", valittaa sitä, että joutui epähuomiossa poliisin kynsiin, ja joku toinen taas ei päässyt poliisipiirityksestä ulos näyttämällä Kokoomuksen jäsenkirjaa. En jaksa olla kummastakaan hirveän järkyttynyt: jos joku vasiten menee paikalle, kun tiedossa on jo etukäteen mellakointina mainostettu mielenosoitus, ei pidä hirveästi yllättyä, jos joutuu tapahtumien jalkoihin.

Mitä sitten tulee Kokoomuksen jäsenkirjan heiluttamiseen vapaalippuna pois poliisipiirityksestä, poliisin tulee jo poliisilain toisen pykälän (koska en ole lakimies, en sano "kaksipykälän", hyi olkoon) mukaan toimia puolueettomasti. Poliisit ovat kyllin fiksuja ottaakseen huomioon sen mahdollisuuden, että jäsenkirjan viuhtoja on mielenosoitukseen osallistuva provokaattori, joka aikoo heti saartorenkaasta vapauduttuaan nostaa hirveän metakan oikeistolaisten saamasta erityiskohtelusta. Sitä paitsi varsin harva suomalainen on nähnyt oikean kokoomuksen jäsenkirjan, eikä poliisinkaan voi mellakantorjuntatilanteessa kohtuudella odottaa tietävän, onko sellaisena esitelty asiakirja aito vai onko se Kapinatyöläisen suuren pamputus- ja kyynelkaasuerikoisnumeron keskiaukeamalle painettu irtileikattava huumorijäsenkirja.

Mellakoinnin merkittävin poliittinen seuraus tuntuu olleen, että se varasti tiedotusvälineissä kaiken huomion samanaikaiselta enimmäkseen rauhallisesti sujuneelta kansalaisjärjestöjen mielenosoitukselta. On mahdollista, ellei peräti todennäköistä, että yksityiselämän, työnsaannin ym. hankaluuksia tulee – ei suinkaan mellakoitsijoille, vaan – pikemminkin tähän mielenosoitukseen osallistuneille henkilöille, koska he ilmeisesti ovat näkyvällä ja laillisella tavalla aktiivisia vasemmistolaisia myös arkielämässään. Heidän tiedetään "osallistuneen jonkinlaiseen mielenosoitukseen" lauantaina, jolloin lehdet kursorisesti lukeneiden ihmisten mielessä he samastuvat rähinöiviin anarkisteihin.

Tämä tietysti on anarkistiosaston kovapintaisimpien tarkoituskin. Ääriainekset eivät tunnetusti inhoa mitään niin paljon kuin sitä porukkaa, joka on heistä seuraavaksi maltillisempi. Taistolaiset vihasivat 70-luvulla eniten enemmistökommunisteja; kokoomuslaiset olivat poliittisesti liian kaukana heidän vihattavikseen. Olettaisin, että kokoomuslaisten yksinkertaisesti vain katsottiin olevan poliittisesti väärässä ja joutuvan sitä vielä katumaan sitten kun vallankumous marxilaisen eskatologian mukaisesti aikojen lopussa tulee deterministisellä väistämättömyydellä kuin ohjus ja parantaa kihtis' ja suonikohjus'. Sitä vastoin joku Saarisen Arska oli stalinisteille hirveä moraaliton *petturi*, kun oli ruoja vielä kehdannut rintamalla sotia maailman ensimmäisen rauhanvaltion sankarillista armeijaa vastaan ja silti julkesi väittää olevansa kommunisti.

Vastaavanlaisia asenteita löytyi luonnollisesti poliittisen kentän toiseltakin laidalta: joskus nuorena poikana erehdyin lukemaan Perustuslaillisen oikeistopuolueen pää-äänenkannattajaa Expressiä, jossa kirjoitteli mm. äskettäin keskuudestamme poistunut etunimikaimani, metsänhoitaja Toivonen. Naiivina nuorukaisena hämmennyin kovasti siitä, että lehti varasi järeimmän tykistönsä nimenomaan kokoomuslaisten tulittamiseen, ei suinkaan kommunistien, kuten olin odottanut. Nykyään tiedän, että se kuuluu kaikkien ääriryhmien pirtaan: yhteiskunta ja vallanpitäjät ovat pahoja ja korruptoituneita, itse ollaan puhtaita ja hyvällä asialla, ja kaikkein suurin pahis on se, joka sanoo olevansa samalla asialla, mutta alentuu yhteistyöhön ja kompromisseihin vihollisen kanssa.

SENSUROITU SUOMESSA: 2006

Kansainvälisten kampanja-asioiden ajamiseen – kuten Vietnamin sotaa vastustaneeseen liikkeeseen aikoinaan – liittyy aina sisäpoliittisia tavoitteita. Anarkistien hillunnan sisäpoliittinen tavoite on mitä ilmeisimmin vahingoittaa lainkuuliaisten kansalaisjärjestöjen ja yhden asian liikkeiden toimintaa ja tehdä nimenomaan kaikki maltilliset vasemmistolaiset asemat kestämättömämmiksi.

Kaikenlaiset vasemmistolaisiksi mielletyt laittomuudet ja väkivaltaisuudet pelaavat aina sellaisen kurioikeiston pussiin, joka haluaa "rauhoittaa" yhteiskunnan vaikka väkisin ja oikeusvaltiosta piittaamatta. Kuten muuan minua viisaampikin mies on sanonut, ääriryhmät, hulinoitsijat, anarkistit ja silkat terroristit eivät ole vaarallisia vain itsessään, vaan myös niiden reaktioiden takia, joita ne herättävät yhteiskunnassa: vallankumouksellinen ja taantumuksellinen ovat toistensa parhaat ystävät, koska he toimivat toistensa tekosyynä toimia typerimpien ja tuhoisimpien päähänpistojensa mukaan. Kun nämä kaksi kahjoa saavat vapaasti rellestää, jalkoihin joutuvat kaikki kiltit, rauhalliset ihmiset.

OPINTOTUKIMUISTOJANI

11. syyskuuta 2006

Postiluukusta kolahti pankin ilmoitus opintolainan lyhentämisestä. Se onkin viimeinen erä, enkä tämän blogikirjoitteluni ansiosta joudu enää pyytämään ennakkoakaan päätoimeni palkasta. Velkavankeus on siis lopussa, ja oli jo aikakin, kun keski-ikäistyminenkin on alkanut, vaikka tukka päässä yhä pysyykin. Kun sitten vielä Turun Ylioppilaslehdessäkin vaahdotaan asiasta ja huomenna näköjään on vielä määrä luovuttaa opintoraha-adressikin päättäjille, lienee aika ottaa puheeksi opintotuki.

Opintotuki on sana, johon mielessäni liittyy muistoja lähinnä nöyryyttämisestä ja nälästä. Viimeisten kymmenkunnan vuoden ajan olen yleisesti ottaen voinut luottaa siihen, että mikään päälle kaatuva hätä ei uhkaa, mutta tiedekunnan vaihdon viivyttämään valmistumiseeni asti – kävin hakemassa maisterin todistukseni tiedekunnan kansliasta vaivihkaa pari kuukautta ennen kolmattakymmenettäensimmäistä syntymäpäivääni – elelin milloin milläkin, ja yleensä kädestä suuhun. Tutuksi ovat tulleet niin Turun sosiaalikeskuksen jono, jossa on seisty yhdessä hyvinkin kaukana elämän laitapuolella vaeltaneiden henkilöiden seurassa – tuntuu siltä kuin se olisi ollut vasta eilen – kuin erilaiset paskahommatkin, joskin jälkimmäisistä lensin aina taidon puutteen vuoksi pihalle.

Nöyryytyksiä on sadellut myös päättäjien suunnalta aivan riittämiin. Kerran kun opintotukiasiaa taas kerran pohdittiin eduskunnassa, joku vääräleukainen kansanedustaja vihjaili opintojen pitkittyvän "vastakkaisen sukupuolen haistelun" vuoksi, ts. siksi, että haluamalla halutaan jotenkin remuta eri ihmisten sängyissä, elää kuin pellossa ja olla miehistymättä vastuullisiksi aikuisiksi. Kun on ilmeisesti hoitamattoman nuoruusvuosien depression vuoksi – joka muuten on yliopisto-opiskelijoiden, niin miesten kuin naisten, keskuudessa edelleenkin varsin yleinen vaiva – ollut käytännössä ilman sukupuolielämää kolmekymppiseksi, tällaiset vihjailut eivät hirveästi ilahduta. Kuulemishetkellä teki lähinnä mieli koristella niiden esittäjä omalla mehullaan, kuten Máirtín Ó Cadhain -vainaa sanoisi (nyt kun olen lunkimpi ja keski-ikäisempi, otan tietysti asianomaiselta vastaan myös polvillaan ryömien esitetyn anteeksipyynnön).

Eivätkä ne nolaukset tähän jää. Muutama vuosi sitten Paavo Lipponen meni sanomaan opintorahoituksen puutetta valittaville opiskelijoille, että heidän tulisi lopettaa Raimo Sailaksen morkkaaminen, koska tämä on kuulemma Suomen johtava intellektuelli. Konkreettiset opintotukiasiat eivät herra ja ylhäisyys Lipposta tietenkään kiinnostaneet. Vaikka olin

SENSUROITU SUOMESSA: 2006

tuossa vaiheessa jo itse kokopäivätyötä tekevä ihminen, jonka opiskelut olivat ja ovat hyvin hitaasti etenevän lisensiaattityön varassa, Lipposen heitto suututti minutkin, koska se ei tuntunut juurikaan haistattelua kummemmalta.

On jo vanha vitsi sanoa, että opiskelijat ovat ainoa ihmisryhmä, jonka odotetaan selviävän ilman toimeentulotukea ja rahoittavan syömisensä velaksi. Sen lisäksi heidän myös toivotaan tekevän työnsä hutiloiden. Opintoaikojen lyhentämiseksi on ehdotettu mm. lainojen anteeksiantamista ym. helpotuksia mahdollisimman nopeasti valmistuville opiskelijoille. Sitä vastoin korkeista arvosanoista ei ole minkään suunnitelman mukaan ollut luvassa palkintoja eikä tasoitusta. Pikaisesti väsätty sekundamaisteri on aina parempi kuin seitsemän vuotta opiskeleva priimatavara.

Omasta mielestäni yliopisto-opiskelijan opintotuki pitäisi jakaa mahdollisimman tarkoin niin, että se muistuttaisi oikeaa palkkaa. Toisin sanoen suoritetuista tenteistä pitäisi jakaa rahasumma, johon vaikuttaisi sekä opintoviikkojen (tai mitä ne nykyään sitten ovatkin) määrä että tentin arvosana, eli hyvän ja menestyvän opiskelijan tulisi saada kyvykkyydestään tunnustusta ihan kahisevassa ja kilajavassa muodossa. Tämä treenaisi myös opiskelijoita työelämään, mikä olisi ihan oikeasti tarpeen monille heistä.

Ns. opiskelijaelämä ei nimittäin valmista kenestäkään tuottavaa jäsentä yhteiskuntaan. Rahaa ei makseta kouriintuntuvista suorituksista, vaan se pitää anoa – eli käytännössä opiskelijat harjaantuvat pikemminkin sosiaalipummin kuin työssäkäyvän, vakiintuneen ihmisen elämäntapaan. Jos jotkut eivät kolmekymmentä täytettyäkään aikuistu, kyse ei ole laiskuudesta, ainakaan myötäsyntyisestä laiskuudesta, vaan yliopistolla opitusta elämäntavasta, jota ylläpidetään kerjäämällä anottavalla, ei teoilla ansaittavalla opintotuella.

Laajemmin kyse on siitä, että opiskelijat pakotetaan elämään kuin syrjäytyneet yhteiskuntapudokkaat. Poliitikoilta he saavat vain pilkkaa, vihjailuja ja nolauksia, ikään kuin he eivät olisi äänestäjiä ollenkaan. Tunnutaan ajattelevan, että nöyryyttävä nälkätaiteilijuus jotenkin kuuluu asiaan. Opiskelijat puolestaan tekevät nälkätaiteilijan välttämättömyyksistä hyveen ja omaksuvat katkeran yhteiskunnanvastaisen asenteen. Silloin kun poliittiset puolueet vaivautuvat markkinoimaan itseään heille, ne yleensä vetoavat juuri tuohon asenteeseen: vasemmisto julistaa kapinaa ja vallankumousta, oikeisto itsekästä "vittu meidän palkallahan ei mitään saatanan yhteiskuntaa rahoiteta, kun ei siltä itsekään olla mitään saatu" -veropopulismia.

ODOTETTU ÖYHÖTYSJUHLA, OSA 2

13. syyskuuta 2006

Nyt kun tietoa on alkanut saada vähän paremmin, kuva tapahtumista Kiasman edessä ja Mannerheimintiellä on alkanut hahmottua selkeämmin. Tämänhetkisen tunnustetun totuuden mukaan kyse oli siitä, että etukäteen kuulutettuun yritykseen "tuoda edes vähän sekasortoa Helsingin kaduille" oli tullut vain muutama kymmen punamustanuoria, mutta poliisin joukonhallintatoimien kohteeksi joutui kolmisensataa ihmistä, enemmistöltään ohikulkijoita.

Kokonaisuutena ottaen tapauksesta on tulossa arvovaltatappio poliisille, eikä ihan pienikään. Tilanne oli ilmeisesti harjoiteltu etukäteen aika hyvin, mutta harmi kyllä anarkistit eivät sittenkään esittäneet suunniteltua osaansa näytelmässä: heidän paikallaan oli enimmäkseen poliisin kannalta asiatonta (eli yhteiskunnan kannalta asiallista) väkeä ja joukossa vain pieni joukko oikeita hulinoitsijoita. Tekisi miltei mieleni epäillä, että kyse oli anarkistien taholta tahallisesta provokaatiosta, joka meni täysin heidän suunnitelmansa mukaan, ts. poliisin jalkoihin joutui viattomia ohikulkijoita, jotka olivat siinä tilanteessa jopa jossain määrin vastaanottavaisia anarkismin poliittiselle sanomalle – mm. joku läsnäollut mummo sanoi nyt vakuuttuneensa siitä, että Suomi onkin poliisivaltio.

Ennen vanhaan 70-luvulla saksalaiset terroristit julistivat höyrypäisyyksissään, että kun he tappavat muutaman pankkimiehen, kristillisdemokraattisen poliitikon tai muun "riistäjän", niin silloin "fasistinen" valtio ottaa käyttöön diktatuurin krouvit keinot ja kärjistää luokkataistelun niin äärimmilleen, että "kansa" nousee jonkin sortin kommunistiseen vallankumoukseen "sortajia" vastaan. Siinä muodossa kuin Baader-Meinhof -ryhmä asian näki, tämä järkeily oli toki mitä paksuinta potaskaa: poliittisen murhan tekeminen vakaassa ja rauhallisessa demokratiassa, jollainen Saksan liittotasavalta 70-luvullakin sentään oli, saa *kaikki* poliittiset tahot vastaansa, *myös ja varsinkin* ne, joilla voi perustellusti väittää olevan jotain aatteellisesti yhteistä murhaajien kanssa.

Anarkistikakaroiden taktiikka on periaatteessa sama, mutta poliittiset murhat on jätetty pois: provosoidaan "väkivaltakoneistoa", niin että se "näyttää todellisen karvansa", jolloin kilttejä ja lainkuuliaisia ihmisiä joutuu repressiotoimien uhreiksi ja päätyy anarkistien kanssa samalle puolen kaltereita. Perinteisemmän ja asiallisemman vasemmistonkin riveistä löytyy tällä taktiikalla ymmärtäjiä ja puolustajia, varsinkin jos anarkistit onnistuvat näyttäytymään gandhilaista satyagrahaa soveltaneina uhreina ja marttyyreinä. Jos pienyrittäjien (jotka eivät ole mitään kasvottomia kapitalistisia sortajia, vaan minkä tahansa mielekkään määritelmän mukaan *kansaa*) ikkunat jätetään särkemättä ja suttaamatta ja ainoa väkivalta suuntautuu poliiseihin (ja heihinkin vasta sitten kun tilanne on päällä), tämä tulkinta alkaa jopa näyttää uskottavalta.

Poliisin perusvirhe ei tietenkään ollut mellakanhallintatekniikkojen soveltaminen sinänsä, vaan sen yhden perussäännön unohtaminen, että mikään taistelusuunnitelma ei muuttumatta kestä kosketusta viholliseen. Harjoitellut toimet olisivat varmasti olleet oikein sopivia ja asiallisia siinä tapauksessa, että saartorenkaaseen joutuneiden ihmisten määräävä osa olisi oikeasti koostunut öyhöttävistä kiljupunkkareista. Nyt tulos oli kuitenkin se, että enemmistö oli tavallisia kunnon ihmisiä. Ja *tähän* ei ollut osattu varautua, vaikka Suomen kaltaisessa maassa on aina varteenotettava mahdollisuus, että ihmiset osoittautuvat odotettua lainkuuliaisemmiksi.

Silminnäkijäkertomukset viittaavat siihen, että suuri osa läsnäolijoista oli itse asiassa yrittänyt päästä keskustelukontaktiin ja yhteistyöhön poliisin kanssa, mutta tämä oli torjuttu. Mieleen tulee muuan kohta vanhasta kunnon *Linnunradan käsikirjasta liftareille*, jossa irvailtiin valoa nopeamman matkustamisen eräällä sivuvaikutuksella: valoa hitaamman matkustuksen aikakaudella matkaan lähteneet, kaukaa menneisyydestä tulevat sota-alukset sytyttelevät uudestaan aikoja sitten loppuneita ja sovittuja sotia eivätkä miehistöt ota kuuleviin korviinsakaan tietoja muuttuneesta tilanteesta, koska heidät on lähetetty paikalle hoitamaan homma johon heidät on koulutettu ja jonka he, Zarquon soikoon, aikovat myös tehdä. Samalla tavalla kävi nyt mellakkapoliisille: he olivat tulleet paikalle tukahduttaakseen mellakan, ja Zarquon soikoon, sen he myös tekivät.

Saartorenkaan sisälle olisi varmaan voinut sulkemisvaiheessa voinut soluttaa muutaman siviilipukuisen poliisin selvittämään mielialat. Poliisilaki korostaa erityisesti sitä, että poliisin tulee toimia yhteistyössä lainkuuliaisen väestönosan kanssa, joten olisi lain pykälän ja hengen mukaista tuollaisessakin tilanteessa ottaa selvää siitä, voisiko renkaan sisältä löytää yhteistoimintamiehiä. Luulisi ihmisten kanssa rauhallisesti keskustelevan henkilön niissäkin oloissa varsin nopeasti pääsevän perille siitä, missä mennään ja mikä tunnelma joukossa vallitsee.

Toki poliisilla on voinut omasta näkökulmastaan olla perusteltuja syitä pitää tavallisiakin ihmisiä potentiaalisina mellakoitsijoina. Lonkalta spekuloiden näkisin tähän heti yhden pitävän perusteen: piiritetty joukko saattaa tuossa tilanteessa muuttua keskenään solidaariseksi sosiaaliseksi yksiköksi pelkästään siitä syystä, että on yhdessä päädytty samalle puolelle barrikadia (ja anarkistit, jotka aina sanovat puolustavansa "kansaa" tai "työväenluokkaa", tietävät tämän oikein hyvin).

Tuolloin voi olla ihan realistista lähteä siitä työhypoteesista, että kaikki piiritetyt ovat potentiaalinen rähinöitsijäjoukko, jota tulee sellaisena myös käsitellä – heitetään nyt ensin porukka mustaanmaijaan, saavat sitten laitoksella lajitella. Ja kun nyt kuitenkaan ilmeisesti kukaan ei kuollut eikä saanut pysyviä vammoja, tilanne tuntuu pysyneen kohtuullisen hyvin hallinnassa. Tosin silminnäkijöiden kuvaus tietyssä vaiheessa tapahtuneesta poliisin *rynnäköstä* kuulostaa aika arveluttavalta. Jos saarretut etenivät rauhallisesti ja hyvässä järjestyksessä ja poliisi ryntäsi selvästi nopeammin eteenpäin, niin kyllä siellä saattoi olla ihan oikeasti vaara jonkun tallautumisesta – ja kun paikalla kuulemma oli myös lapsia, tämä ei hirveästi ilahduta.

En siis edelleenkään jaksa kauhistella poliisin toimintaa sinänsä, koska anarkistit olivat kuitenkin etukäteen uhonneet aiheuttavansa järjestyshäiriöitä ihan periaatteesta. Mutta suunnitelman olisi pitänyt ottaa huomioon se mahdollisuus, että saarretuiksi joutuu merkittävästi sivullisia ja *yhteistyöhaluisi*a ihmisiä. Joukkojenhallintatoimista tulisi siis voida joustavasti perääntyä ja luopua, jos selvästi alkaa näyttää siltä, että asiat voidaan hoitaa muutenkin – vaikkapa perinteisempään poliisitapaan, takavarikoimalla läsnäolijoilta pullot, siis sekä kalja- että spray-.

SAUMA AUKI ALKOHOLIRAJOITUKSILLE
15. syyskuuta 2006

Yleisön nöyristä pyynnöistä ja epätoivoisista rukouksista huolimatta palaan taas kerran lempiaiheeseeni eli viinaksiin. Tarkoitus oli ottaa siitä lomaa, mutta näköjään se on noussut puheenaiheeksi muussakin julkisuudessa, joten minulla lienee riittävän hyvä syy kommentoida asiaa. Sellaista kuuluu, että kaksi kolmasosaa kansasta katsoo alkoholinkäytön karanneen käsistä veronalennusten myötä. Jopa alle kolmekymppisistä, tuosta kohdussa alkoholisoituneiden sukupolvesta, yli puolet oli tällä kannalla. Lienee siis oikeutettua sanoa, että viinaveron nostamiselle on ainakin kansan tahdon osalta sauma auki.

Silloin kun Euroopan unioniin oltiin menossa, juopot tuntuivat vallanneen kaikki julkiset foorumit. Asiallisen alkoholipoliittisen keskustelun asemesta purettiin kaunaa viinarajoituksiin ja raittiita lyötiin leimakirveellä olan takaa. Minkäänlaiseen argumentointiin ei vaivauduttu, vaan kaikki lähinnä toistelivat toisiltaan kuulemiaan iskulauseita. Hyväksytty totuus oli se, että "tiukkapipoisuus" oli pahasta. Intettiin, että kieltolakiaikaiset asenteet olivat ainoa syy suomalaisten epäterveeseen viinasuhteeseen ja että viinikulttuurin rantautuminen maahan auttaisi parantamaan niitä. Julistettiin, että siunatun EU:n tulon myötä kaikki mahdollisuudet harjoittaa kansallista alkoholipolitiikkaa menevät lopullisesti – ja että tämä on hyvä asia, koska niin saadaan absolutisteilta, lääkäreiltä ja muilta terveysterroristeilta vietyä mahdollisuudet vaikuttaa alkoholiasioihin.

Alkoholin objektiivisesti ja luonnontieteellisesti todettavista terveyshaitoista ei yhtäkkiä enää saanut puhua, ne nimittäin kuuluivat menneeseen maailmaan kuten Neuvostoliitto ja raittiuskilpakirjoitukset (muistaako joku vielä raittiuskilpakirjoitukset?). Sekään ei ollut sopivaa, että olisi muistutettu maksakirroosilukujen olevan perinteisissä viinimaissa hyvin korkealla. Ihannoidussa Italiassa äitien raskaudenaikaisen alkoholinkäytön aiheuttamat sikiövauriot ovat huolestuttavan yleisiä, kuten taannoinen tutkimus toteaa.

Iskulause "viini maitokauppoihin" sai kannatusta mm. turkulaisilta vihreiltä, jollen väärin muista. Niissä vaaleissa vihreiden olikin sitten turha pyytää minun ääntäni. Ihmettelen yhä, millä logiikalla viini pitää saada maitokauppoihin, jos tavoitteena on jonkinlainen viinikulttuuri. Olen nimittäin vakuuttunut siitä, että kulman ostarin ei vakavissaan voi olettaa kilpailevan korkeatasoisella viinivalikoimalla. Ne, jotka tosissaan haluavat viinikulttuuria harrastaa, ostavat häppänsä asiantuntevista erikoisliikkeistä, kuten Alkosta.

Näin siis siinä epätodennäköisessä tapauksessa, että joku todella erottaa niiden kamalien litkujen maun toisistaan. No, kyllähän minäkin tiedän miltä viini maistuu. Punaviini maistuu mädäntyneeltä rypälemehulta, valkoviini joltain sellaiselta kuin moottoripetrolin voisi kuvitella maistuvan ja sampanja on se kalja, joka maistuu hieman tavallista kaljaa ätläkämmältä.

Paljon realistisempaa on lähteä siitä, että maitokaupan viinihyllyjen edessä säheltää jatkuvasti edustava valikoima naapuruston pelottavimpia juoppoja, joita kassatyttö ei uskalla komentaa pois. Jos joku vähän kiltimmänsorttinen asiakas naiiviuksissaan tohtii kysyä tytöltä, mitä viinejä on kaupan ja mitä eroa niissä on, vastaus kuuluu: "Sorppaa, punkkua ja valkkaria ja kaikilla saa kyllä pöntön sekaisin". Juuri tuon takia en osaa ottaa iänikuista viinikulttuuripuhetta vakavasti – käytännössä se tuntuu kuitenkin olevan pelkästään tekosyy siihen pöntönsekoittamiseen.

Kaikki kliseet, joilla vapaan viinan puolesta silloin yli vuosikymmen sitten intoiltiin, muuttuivat tosiasioiksi, joita ei saanut eikä edes osattu kyseenalaistaa. Kerran otin kirjastossa käteeni suomalaisen päihdepolitiikan oletettua epäonnistumista ruotivan, tieteellisenä tutkimuksena itseään pitävän teoksen, joka vaati vapaamielisempää huumepolitiikkaa. Teoksen johdannossa kohkattiin siitä, kuinka Suomen alkoholipolitiikka muka oli maailman mittakaavassa ainutlaatuisen rajoittavaa ja holhoavaa. Minkäänlaista lähdeviitettä tälle väitteelle ei tietenkään esitetty, koska "kaikkihan tietävät, että asia on niin".

Toki niinkin *voi* olla, että suomalainen alkoholipolitiikka on "ainutlaatuisen rajoittavaa ja holhoavaa", mutta jopa maallikolla on aihetta epäillä, ettei näin ole. Tohdin olla sillä kannalla, että esimerkiksi Iranin islamilaisen tasavallan alkoholipolitiikka on merkittävästi rajoittavampaa kuin Suomen koskaan. Vaikka rajoituttaisiinkin vain länsimaihin, esimerkiksi kieltolaki, jota pidetään suomalaisten alkoholiasenteiden merkittävimpänä muovaajana, ei ollut mitenkään ainutlaatuinen suomalainen kokeilu. Julkaisussa, joka väittää olevansa tieteellisesti vakavastiotettava, niin raskas väite olisi perusteltava kunnollisella katsauksella eri maiden alkoholipoliittisiin ratkaisuihin. Viininvapauttajien iskulauseiden tyrkyttäminen niitä perustelematta on yksinkertaisesti huonoa tiedettä, vaikka se kävisikin politiikassa päinsä. Mutta asenteet ja julkisen keskustelun säännöt olivat viime vuosikymmenellä sellaiset, että noita iskulauseita ei ollut tapana kyseenalaistaa.

Nyt on sitten lopultakin päästy sellaiseen vaiheeseen suomalaisessa viinahistoriassa, jossa kansan enemmistö haluaa vähemmän sallivaa alkoholipolitiikkaa. Valitettavasti tämä tulee liian myöhään sekä minunlaiselleni absolutistille, jonka nuoruus on mennyt hukkaan sisäisessä emigraatiossa suvaitsemattoman viinantyrkyttämisen aikakaudella, että kaikille niille, jotka ovat joutuneet kärsimään vakavasti suorista tai välillisistä alkoholihaitoista.

MEKSIKO
16. syyskuuta 2006

Meksikossa oli tässä jonkinasteisia vaalihankaluuksia, kun paikallinen vasemmistoehdokas osoittautui huonoksi häviäjäksi ja uhkaili valittua presidenttiä vallankumouksella. Vaikka kyseessä olisikin vain tavanomainen latinalaisamerikkalainen ylisanojen heittely pelkän tavan vuoksi, Yhdysvallat ei tästä pitäne. Tosin tällä kertaa tilanne on hieman toinen kuin silloin ennen vanhaan, kun jenkit sekaantuivat useimpien latinalaisamerikkalaisten maiden sisäpolitiikkaan kommunismin pelossa ja kaatoivat "kommunisteina" varsin maltillisiakin vapailla vaaleilla valittuja vasemmistopoliitikkoja.

Nyt vasemmiston ehdokasta ei valittukaan demokraattisesti presidentiksi, vaan hän jäi jokseenkin rehellisissä vaaleissa tappiolle. Tämä voitaneen tulkita näin, että Meksikossa on riittävän suuri keskiluokka, jotta porvarilliset poliitikot voivat tukeutua siihen. Samalla kuitenkin on ilmeistä, että maan köyhistä merkittävä osa kykenee käyttämään ääntään eikä siis ole täysin yhteiskunnasta syrjäytynyt. Toisin sanoen maassa vallitsee kaikesta huolimatta jonkinlainen toimiva ja vakaa demokratia.

Meksiko, maailman suurin espanjankielinen maa, eroaa muista Etelä-Amerikan valtioista merkittävästi poliittiselta historialtaan: samalla kun suurinta osaa manteresta koettelivat vallankaappaukset ja sisällissodat, Meksikossa toimi yksipuoluejärjestelmä, jolla oli paljonkin yhtäläisyyksiä Neuvostoliittoon ja toisen maailmansodan jälkeisiin itäeurooppalaisiin kommunistivaltioihin. Sen syntyhistoriastakin voidaan löytää yhtäläisyyksiä Neuvostoliittoon, jos kohta Meksikon vallankumous ei suuntautunut perinnöllistä monarkkia, vaan Porfirio Díazia, maan pitkäaikaista diktaattoria vastaan.

Pikkupoikana luin Meksikon vallankumouksesta ensimmäistä kertaa samasta lähteestä kuin Venäjänkin vallankumouksesta: viikottaisina vihkoina ilmestyneestä 1900-luvun historian hakuteoksesta nimeltä *Kuohuva vuosisata*. Meksikon vallankumous osoittautui kuitenkin huomattavasti epäselvemmäksi kulultaan ja tavoitteiltaan kuin Venäjän. Itse asiassa päällimmäisiksi mieleeni jäivät vanhat, ajan syömät valokuvat surkean rääsyisistä meksikolaisista miehistä teloittamassa Francisco Goyan maalaukset mieleen tuovalla tavalla toisia yhtä viheliäisiä äijiä.

Varsin pitkään sen jälkeenkin Meksikon vallankumous toi mieleeni tyylitellyssä autiomaa- ja palmumaisemassa aaseilla ratsastavan joukon viiksekkäitä miehiä paljain jaloin, panosvyöt ristissä rinnalla ja ampuma-aseet käsissään – luonnollisesti aurinkovarjon kokoinen lierihattu kuuluu asiaan. Sen jälkeen kun aloin tosissani opetella espanjaa, minun on hiukan vaikea kutsua sitä *sombreroksi*, koska sana "sombrero" tarkoittaa itse asiassa mitä tahansa hattua. Ennemmin tai myöhemmin tämä aasikaravaani joutuu toisen samanlaisen joukon väijytyksen kohteeksi, siinä sitten ammuskellaan toinen toistaan hengiltä, hiostavaa ilmaa viiltävät ¡*viva la democracia!*- ja ¡*viva la libertad!* -huudot, mutta lopuksi näiden kahden porukan jäänteet liittyvät yhteen ja alkavat partioida yhdessä samalla tavalla kuin alkuperäinen joukko, vain joutuakseen samalla tavalla jonkin uuden väijytyksen kohteeksi.

Tiedän: kliseehän tämä. Mutta sitten kun aloin oikeasti tutustua meksikolaiseen kirjallisuuteen, klisee sai oikeastaan vain vahvistusta. Suomeksikin on jo kauan ollut saatavissa Juan Rulfon pääteos, pienoisromaani *Pedro Páramo*, jossa Meksikon vallankumouksen täysin käsittämättömät käänteet on ilmaistu osuvalla, lyhyellä sananvaihdolla:

– *Ahora somos carrancistas*. (Nyt me olemme Venustiano Carranzan kannattajia.)

– *Está bien.* (Hyvä on.)

– *Andamos con mi general Obregón.* (Nyt mennään kenraali Obregónin mukana.)

– *Está bien.* (Hyvä on.)

– *Allá se ha hecho la paz. Andamos sueltos.* (Nyt on rauha. Kuljemme yksin.)

– *Espera. No desarmes a tu gente. Esto no puede durar mucho.* (Odota. Älä riisu miehiäsi aseista. Tämä ei voi kestää kauaa.)

– *Se ha levantado en armas el padre Rentería. ¿Nos vamos con él, o contra él?* (Nyt isä Rentería on noussut kapinaan. Menemmekö hänen puolelleen vai taistelemmeko häntä vastaan?)

Toisin sanoen meksikolaisten omakin käsitys "vallankumouksesta" on, että siellä palloili erilaisia pyssyporukoita ympäri maata tietämättä ihan itsekään, missä mennään ja kenen puolella ollaan. Rauha ei tietenkään koskaan voinut kestää kauaa, ja käsittääkseni levottomuudet ja sisällissotamaiset olot kestivät yli vuosikymmenen, vuodesta 1910 pitkälle 1920-luvulle. (Rulfon mainitsema isä Rentería muuten liittyy ns. cristero-kapinaan, jossa vallankumouksen kirkonvastaisesta luonteesta närkästyneet talonpojat yrittivät vastavallankumousta "Kristus-kuninkaan" nimissä.) Suurimmaksi osaksi vallankumouksen johtajat keskittyivät taistelemaan vallasta ja kampittamaan toisiaan; ihannoiduksi kansan marttyyriksi nousi jälkeenpäin ainoastaan köyhien talonpoikien ja intiaanien johtaja Emiliano Zapata, koska hän ei saanut poliittista valtaa ikinä ja koska hän dramaattisen, sankarilegendojen tavanomaista kaavaa noudattaneen elämänsä lopuksi kuoli murhattuna.

Kun vallankumous rauhoittui, Meksikoon syntyi yksipuoluejärjestelmä, ja maata hallinnut puolue omaksui nimekseen lopulta "Institutionalisoidun vallankumouksen puolue". Kieltämättä osuvaa: samalla nimellä olisi hyvin voinut kutsua Neuvostoliiton kommunistista puoluettakin. Kommunistinen valtio Meksiko ei kuitenkaan ollut, vaikka kommunismilla on ollut maassa aika ajoin paljonkin jalansijaa: Trotski sai sieltä tunnetusti turvapaikan, ja hänen lähipiiriinsä Meksikossa kuului niinkin tunnettuja taiteilijoita kuin Frida Kahlo. Aatteellisesti puolue lienee sekoitus vasemmistolaista ja nationalistista retoriikkaa ja varsin kapitalistimyönteistä käytäntöä, mikä tuo jossain määrin mieleen Irlannin Fianna Fáil -puolueen.

Maata on vuoteen 1990 hallittu hyvin neuvostoliittolaiseen tyyliin: uuden presidentin on aina valinnut edellinen "sormella osoittamalla" (*dedazo*), korruptio on ollut merkittävä ongelma ja oppositiotoimintakin on tukahdutettu välillä hyvinkin kovapintaisesti. Mielenkiintoista kuitenkin on, että tällainen järjestelmä pystyi syntymään pelkän retorisen "vallankumouksellisuuden" nimissä ja ilman kommunismin kaltaista selkeää ja totalitaarista aatetta: kun Puolue, se isolla P:llä kirjoitettava Puolue, oli luotu, niin se pyöri sitten itsekseen vuosikymmenet. Ainakin jonkinlaisen poliittisen vakauden se onnistui luomaan, ja ilmeisesti tämä vakaus on kestänyt siirtymän demokratiaan.

Nykyisin Meksikon hallitseva aate on uusliberalismi, ja muutenkin se on paljolti kuten Yhdysvallat, ainoastaan köyhempi, korruptoituneempi ja espanjankielisempi. Jopa maan hallintojärjestelmä on samanlainen osavaltiomuotoinen, ja se on viralliselta nimeltäänkin "Meksikon Yhdysvallat", *Estados Unidos de México*. Silti amerikkalaiset kauhistelevat meksikolaisen alaluokan suurimittaista laitonta maahanmuuttoa samoin fraasein, joilla täälläpäin lietsotaan muslimikauhua: pelotellaan kulttuurien yhteentörmäyksellä ja tulijoiden sopeutumiskyvyttömyydellä amerikkalaiseen elämäntapaan.

Yhdysvaltain näkökulmasta Meksiko onkin ilmeisesti aina ollut pelottava ja arvoituksellinen naapuri, eräänlainen *jenkkien ryssä*. Meksikon kanssa on oltu sodassakin: presidentti Bushin kotivaltio Teksas on angloamerikkalaisten asuttajien "kaappaama" alue, joka aluksi erosi yksipuolisella itsenäisyysjulistuksella Meksikosta ja liittyi sitten Yhdysvaltoihin osavaltiona, jolloin syttyi sota Yhdysvaltain ja Meksikon välille. Teksasin itsenäisyystaisteluihin sijoittuu myös USA:n nationalismi, tai ainakin Teksasin paikallispatriotismin, kannalta merkittävä Alamon taistelu.

Ei vain Teksas ole Meksikolta otettua maata. Itse asiassa suuri osa niistä alueista USA:n nykyisissä länsiosissa, joiden me katsomme olleen "intiaanialuetta" kunnes yhdysvaltalaiset siirtolaiset saapuivat sinne, kuului itse asiassa nimellisesti ensin Espanjalle ja sittemmin Meksikolle. Tämän takia Yhdysvalloissa on piirejä, jotka näkevät Meksikon potentiaalisena vihollisena ja pelkäävät Meksikon pyrkivän ottamaan entiset alueensa haltuunsa soluttamalla ne sikiävillä siirtolaisillaan – siis aivan samalla tavalla kuin Teksas aikoinaan päätyi Yhdysvalloille.

HEVI (SAATI PUNK) EI TAPPANUTKAAN ABBAA
17. syyskuuta

Iltaläystäkettä selatessani huomasin koko sivun mainoksen, jossa julistettiin 70-luvun tunnussäveliä eli Abba-yhtyeen kappaleita materiaalinaan hyödyntävän *Mamma Mia* -musikaalin olevan tulossa Suomeen. Nytkö vasta? Abban musiikkia on herätetty henkiin jo niin pitkään, että olisi luullut tuonkin menneen jo pois muodista – ellei sitten ole niin, että Abbasta on jo tullut Beatlesiin verrattava popmusiikin klassikko. Ja juuri niinhän siinä on tainnut käydä.

Abba on erottamaton osa lapsuuteni äänimaisemaa. *Waterloo* taitaa olla ensimmäinen euroviisuvoittokappale, jonka ylipäätään jaksan muistaa. Kuten typerät, pelkästään englantia osaavat riikinruotsalaiset yleensä tekevät, Waterloon nimi lausuttiin sekä ruotsin- että englanninkielisessä versiossa englanniksi, siis Uootöluu, ja muistan ihmetelleeni kovasti, mikä järki siinäkin on, että Belgiassa on englantilainen paikannimi. Siitä, että jaksoin pohtia tällaisia, olisi varmaan pitänyt tunnistaa tuleva kielitieteilijä jo silloin. Mutta viis Waterloosta: jo siihen aikaan oli selvää, että Abballa oli oma, tunnistettava tyyli.

Kari Hotakainen kirjoitti romaanissaan *Klassikko* Abbasta, että sitä kuului aikoinaan älykköpiireissä pitää kaupallisena roskana, vaikka sen tarttuvia melodioita ei oikeastaan voinut vastustaa. Suurin piirtein tällä kannalla minäkin suvaitsen olla. Omassa murrosiässäni olin jossain määrin punk-aatteen vaikutuksen alainen, ja siihenhän kuuluu tunnetusti sellainen ajattelutapa, että kun tekee *vilpittömästi ja rehellisesti* omaa huonoa musiikkiaan, se on jotenkin hirveän paljon hienompaa ja ylevämpää kuin hyvä ja ammattitaitoinen soitanto, josta maksetaan. Abba edusti siihen aikaan kaikkea sitä, mitä vastaan oli kapinoitava, koska Abba oli kaupallisesti tuotettua – ja, tätä ei voi kyllin korostaa, ammattitaitoisesti tehtyä, siis *objektiivisesti hyvää* musiikkia.

Abban varsinaiset perustajat Björn Ulvaeus ja Benny Andersson olivat tunnetusti alun perin melko erilaisia muusikoita: toinen esitti cover-versioita rokkikappaleista, toinen taas folk-tyyliin ruotsiksi mm. Dan Anderssonin runoihin tehtyjä balladeja. (Oletettavasti kyseessä olivat esimerkiksi Thorsten Bergmanin tai Gunnar Turessonin sävellykset, joita tunnetaan meillä Suomessakin mm. Esa Niemitalon esittäminä, Hectorin *Ruusuportista* nyt puhumattakaan.) Agneta Fältskog taas oli päässyt 17-vuotiaana hittilistojen kärkeen omalla, perinteistä iskelmää edustaneella kappaleella, ja Annifrid Lyngstadilla oli käsittääkseni jazz-tausta. Tällaisilla eväillä Abba joutui ilmeisesti alusta lähtien sovittamaan yhteen monenlaisia vaikutteita, jolloin tuloksena oli aidosti originelli ja kiinnostava tyyli.

Entä sitten punk, joka meille 1980-luvun alun murrosikäisille kaupattiin autenttisena protestina? Nyttemmin on tiedossa, että Sex Pistols oli hakaneuloista soittotaidottomuuteen yhtä laskelmoitu, managerinsa keksimä viritys kuin kaikki yhden oktaavin äänellä studiomuusikoiden säestyksellä laulavat mallitytöt. Kyse on itse asiassa aivan samasta asiasta: otetaan artisti, joka ei oikeasti osaa mitään, rakennetaan sen ympärille imago ja myydään se sitten "kapinana" tai "anarkismina" tai milloin minäkin tyhmille ja laumasieluisille nuorille, jotka kaikki kuvittelevat olevansa suuria vallankumouksellisia individualisteja.

Punk oli juuri samanlainen fasistisen yhdenmukaistava ja yksisuuntaistava ilmiö kuin nuorisomuodit yleensäkin. Se aivopesi nuoret ihmiset ajattelemaan, että kaikkien pitää soittaa bändissä, että ainoa legitiimi ja hyväksytty tapa olla nuori ja luova on soittaa bändissä. Kaikki muu on nörttiyttä, nynnyyttä, elämäähankkimattomuutta tai muuten vain paheksuttavaa ja epänuorisomaista, ja siitä rangaistaan sosiaalisella eristämisellä.

Viimeistään punk nosti rokin nuorisokulttuurin dominantiksi, kuten venäläiset formalistit sanoisivat – rokki oli siis se määräävä ilmiö, jonka motiivit, aiheet ja tyylilliset piirteet vaikuttivat aikakauden muihinkin taidemuotoihin. Kirjallisuudessa tämä näkyi niin, että kaikki 80-luvulla debyyttinsä tehneet nuoret kirjoittajat väänsivät kertomuksensa väkisin jonkinlaisen "rock-kirjallisuuden" kliseiden mukaisiksi. Siispä sen lisäksi, että saimme valtavasti vinyylilevyjä täynnä huonoa metelimusiikkia ja rämpyttelyä, metsävarojamme myös haaskattiin jonkun Rosa Liksomin rasittavalla, lukukelvottoman editoimattomalla puhekielellä paperille oksennettujen rappioelämäkuvausten julkaisemiseen.

Kukaan ei onneksi enää kuuntele suurinta osaa 70-80-luvun vaihteessa tehdystä punkista. Suuri rokkihuijaus on paljastettu. Sitä vastoin Abba on noussut arvoon arvaamattomaan, ja hyvällä syyllä. Abba teki vetävää popmusiikkia, jossa oli oikeasti sellainenkin juttu kuin melodia, ja vielä siinä vaiheessa kun yhtye oli hajoamassa jäsentensä välisiin avioeroihin, se onnistui rautaisella ammattitaidolla tekemään aiheesta koskettavaa musiikkia (*Knowing Me, Knowing You*). Viime kädessä oikea taide (Abba) voitti siis kaupallisen roskan (punk).

RUOTSIN VAALIT,
SOSIAALIDEMOKRATIA JA FEMINISMI

19. syyskuuta 2006

Ruotsissa porvaripuolueiden liittouma voitti odotetusti vaalit, joskin yllättävän pienellä marginaalilla. Tämän saattoi nähdä jo etukäteen, sillä kun luki esimerkiksi ruotsalaisia blogeja sen Könskriget-dokumentin aikana, joutui tunnustamaan erään asian: toisin kuin Suomessa, Ruotsissa uusliberaalit ovat usein oikeasti fiksua porukkaa, jolla on sanottavaa. Sitä vastoin demareiksi tai jonkin sortin sosialisteiksi ilmoittautuneet bloggaajat tekivät henkisesti täysin kuolleen, huumorittoman ja vastenmielisen vaikutelman. Sanalla sanoen porvarien vaalivoitto oli sikäli ansaittu, että heillä oli aivan toisessa määrin aloite kuin demareilla.

Älkää ymmärtäkö minua väärin: itse asiassa olen paljonkin vasemmistolaisempi kuin äkkinäinen luulisi luettuaan kirjoituksiani. Olen ehdottomasti sitä mieltä, että Robin Hoodina toimiminen on yksi valtion ja verotuksen pääasiallisia tehtäviä; kokonaan toinen asia on, että sosiaalivaltion resursseja pitäisi lopultakin oppia erityisesti suuntaamaan nuoriin poikiin ja miehiin ja ymmärtää, mitä valetta ja propagandaa ovatkaan naisjärjestöjen höpinät miehistä etuoikeutettuna sukupuolena. Mutta tosiasia on, että ruotsalaisten demariblogien lukeminen on tervanjuontia. Kaikki toistelevat samoja fraaseja, ja ne ovat nimenomaan fraaseja – kukaan ei esimerkiksi pohdi sitä, mikä olisi sosiaalidemokratian mukainen tapa korjata jokin yhteiskunnallinen ongelma, vaan kaikki keskittyvät valvomaan toistensa ideologista puhtautta. Luonnollisesti myös pakonomainen ja lattean rituaalinen feminismi on oleellinen osa keskimääräisen ruotsalaisen demariblogin liturgiaa. Tästä jos mistä huomaa, että ruotsalainen demariaate on tällä haavaa jämähtänyt umpikujaan ja suorastaan kaipaa päästä jäähylle.

Mitäs demareista, mutta feministipuolue sai Ruotsin vaaleissa tuoreimman tiedon mukaan ruhtinaalliset 0,83 prosenttia äänistä, kertoo heidän nettisivustonsa. Puolue koettaa lohduttautua sillä ajatuksella, että se sentään kävi maailmanhistorian ensimmäisen feministisen vaalikampanjan. Tämä on tietysti valhetta, ja koskapa feministi totta olisi puhunutkaan, sillä Islannin naispuolue *Kvennalistinn* osallistui maansa parlamenttivaaleihin jo vuonna 1983 – saipa jopa pari edustajaansakin käräjäkiville. Eli toiseksi jäivät Ruotsin femakot siinäkin.

Luonnollisestikaan puolueen kannattajat eivät pysty hyväksymään hävinneensä reilussa pelissä, vaan nettifoorumeilla parutaan, että patriar-

SENSUROITU SUOMESSA: 2006

kaatti vaiensi taas kerran naiset eikä antanut feministipuolueelle sille kuuluvaa osuutta julkisuudesta. Sille kuuluvaa osuutta julkisuudesta! Ikään kuin jokaista Ruotsin naisliikkeen organisaatioteknistä pikkujärjestelyä ei olisi raportoitu jossain Aftonbladetissa suurena comebackina ja irtiottona.

Minun tekisi mieleni nauraa, mutta ikävä kyllä en uskalla edes hymyillä. Sellainen porukka, joka kuvittelee itselleen kuuluvan viisikymmentä prosenttia äänistä, mutta joka saa alle prosentin, on nimittäin aidosti vaarallinen. Tuolla tavalla todellisuudesta irtautuneet ääriryhmät, olivatpa sitten oikealla tai vasemmalla, voivat oikeasti ryhtyä terroritekoihin, ja tunnettua on, että ruotsalaiset feministit ovat jo pahoinpidelleet pornokauppojen tai seksiklubien lähistöltä löytämiään miehiä. Siitä ei ole pitkä matka murhiin eikä pommien viritttelyyn.

Vanhan blogini kommenttiosastolla muuan sympaattinen herrasmies, joka laajemminkin osallistui keskusteluun ruotsalaisen feminismin järjettömyyksistä, arveli moderaattien voiton voivan tervehdyttää Ruotsia feminismin hulluudesta. Mielipide sinänsä on ihan legitiimi, mutta valitettavasti feministit ovat Ruotsissa mafia, jonka lonkerot ulottuvat kaikkiin puolueisiin – ja sama vikahan se on meidänkin Rahikaisella. Feministit kyllä pystyvät soluttautumaan porvareihin ja oikeistoonkin vaikeuksitta. Ainakin oikeiston veronalennusretoriikan luulisi sopivan Gudrun Schymanille kuin nenä naamaan, hän kun on jo ehtinyt jäädä kiinni, öh, luovasta verosuunnittelusta. Takinkääntö vasemmalta oikealle ei siis hämmästyttäisi ainakaan minua. Myös Schymanin taannoinen nerokas verotusreformi-idea – verot miesten maksettaviksi! – kielii sellaisesta veropopulistisesta lahjakkuudesta, jolla on varmasti käyttöä oikeistotahollakin.

Itse asiassa oma suurin pelonaiheeni on juuri se, että feministit, jotka jättävät vasemmiston uppoavan laivan kuten rottien kuuluukin, muodostavat kylmän ja armottoman oikeistopolitiikan uuden kovan ytimen porvaripuolueisiin. Julkisen sektorin juustohöylä leikkaa sitten paksuimmat viipaleet juuri niistä ohjelmista, joilla estetään miesten syrjäytymistä – no joo, eipä siellä kieltämättä paljoa leikkaamisen varaa taida olla. Mutta mafia pitää varmasti siinäkin tilanteessa huolen omistaan, eli militanttilesbojen pyörittämät nuorten tyttöjen vastaanottokodit ja tyttöprojektit saavat edelleenkin valtiontukensa. Oletettavasti ne jopa nostetaan malliesimerkiksi "kolmannen sektorin" oikeanlaisesta toiminnasta yhteiskunnallisten ongelmien helpottajana. Ja USA:sta tulee sitten varmaankin NAMBLA-järjestön aktiiviseja hakemaan ruotsalaisista tyttöprojekteista vaikutteita omiin aatteellislähtöisiin poikaprojekteihinsa.

SARJAKUVAN AIKA:
JOPE PITKÄNEN JA JUKKA TILSA
21. syyskuuta 2006

Ensi viikonloppuna Helsingissä näkyy olevan sarjakuvafestivaali. Paikalla ovat ainakin Jope Pitkänen ja Jukka Tilsa, jotka olivat kuvioissa jo minun nuoruudessani. Jope julkaisi kai jo 70-luvulla Lempin seikkailuja tai Näkymätöntä Viänästä, ja minulla on sellainen mielikuva, että ennen kuin hän tavoitti oikean sävyn Viänäsessä, hän kuvaili savolaisen kehitysalue- ja pakettipeltokylän tunnelmia vähemmän absurdilla tavalla sarjassa, jonka nimi oli Näläkämäk. Näkymättömän Viänäsen kotipaikka on tunnetusti jo kylä nimeltä Näläkä*järvi*. Jukka Tilsa taas aloitti uransa jossain Varkauden naapurikunnassa, olisikohan tuo ollut Leppävirralla, painetussa monistelehdykässä nimeltä Nuuka-Nautinto.

Jopen kuva savolaisesta maaseudusta perustui "kansa kaikki kärsinyt ja sillinpäitä järsinyt" -tyyppisiin kliseisiin valtavine lapsikatraineen, lahoine talöröttelöineen ja pontikankeittoineen. Kaikki asukkaat Viänästä, rouva Viänästä ja heidän suurperhettään lukuun ottamatta olivat muuttaneet Ruotsiin. Viänänen itse oli näkymätön, kuten sarjan nimestäkin ilmeni, mutta hänen sijaintinsa määritti ilmassa leijuva lippalakki. Näkymättömyys johtui siitä, että kehitysalueen asukas oli päättäjille näkymätön, tiesi Suomen Kuvalehden artikkelin kirjoittaja. Aina silloin tällöin Viänästen valtava, enimmäkseen nimetön lapsikatras intoutui mielenosoitukseen vanhempiensa hirmuvaltaa vastaan, kuten nuorison on tapana. Kulkueessa saatettiin kantaa sellaista kylttiä kuin "Leipee!", mitä rouva Viänänen kommentoi toteamuksella: "Tuassiisa epärealistisija vuatimuksija."

Viänäsen lattean vennamolainen maaseutupopulismi ei ollut kaikilta osin hirveän onnistunutta eikä osuvaa, eikä Jope osannut ottaa näkymättömyydestäkään kovin paljoa irti. Huomattavasti hulppeampi tunnelma oli toisessa byrokratian kauhisteluun ja irwingoodmanilaiseen valtiovallalle haistatteluun keskittyneessä luomuksessa nimeltä Kabaree työnvälitys, jossa esiintyi näkymättömien kansalaisten sijasta päättömiä päättäjiä ja byrokraatteja. Jopen useimmat teokset olivat pohjimmiltaan peruskilttiä satiiria eivätkä yleensä herättäneet kenenkään närkästystä, jos kohta erään kerran ortodoksit pahastuivat siitä, että Jope esitti ortodoksisen kappelin tai tsasounan sipulikupolisena ulkohuusina. Kabaree työnvälitys kuitenkin hermostutti lukijoita, joille akuankkamaiset kermakakkukomedian elementit olivat ainoa sarjakuvassa sallittu poikkeus realis-

SENSUROITU SUOMESSA: 2006

mista. Absurdi sarjakuva, jossa puhekuplat nousivat päättömien ihmishahmojen kaulantyngistä ja jossa byrokratian viidakko oli tosiaankin viidakko apinoineen ja liaaneineen steriilin toimistorakennuksen sisällä, ei saanut kaikkien sanomalehtisarjan lukijoiden hyväksyntää.

Jope piirsi kuulemma sarjakuvia myös pornolehtiin. En usko taiteilijan varsinaisesti niitä häpeilevänkään, varsinkin kun hän on päässyt suomalaisessa sarjakuvamaailmassa jo kunnioitetun *aġsaqqal*in ikään ja arvoon, mutta en ole vielä nähnyt sellaista antologiaa, johon niitä olisi kerätty. Ylipäätään Jope tuntuu piirtäneen niin paljon, että suuri osa hänen tuotannostaan on ehkä vielä hajallaan vanhojen lehtien sivuilla. Jopen tuotannon *kritische Gesamtausgabe* antanee siis vielä odottaa itseään.

Jukka Tilsa on tullut kuuluisaksi muodottoman nuljahtelevista pääjalkaisista hahmoistaan ja hillittömästä kielenvääntelystään, mutta hän osaa oikeastikin piirtää: Hesarissa julkaistiin ainakin pari vuotta sitten Postimies Niiloa, joka oli tietääkseni ihan tietoinen yritys palata sarjakuvataiteen juurille. Pyöreine muotoineen ja herttaisen idyllisine sisältöineen se oli ehkä liiankin kiltti sellaisille lukijoille, jotka ovat tottuneet Timo Mäkelän Pienten julmien tarinoiden kyynisyyteen. Harmi, sillä minä pidin Postimies Niilosta erityisesti siksi, että Tilsa, jonka sarjakuvien huumori perustuu yleensä ylenmääräisesti kielelliseen sekoiluun, ylitti aikaiseman itsensä kertoessaan tarinoita yksinomaan kuvin.

70-80-lukujen vaihde oli pienlehtien kulta-aikaa – viemärilehtien, vaihtoehtolehtien, millä nimellä niitä monistenippuja sitten halutaankin kutsua. Kaikenlaiset Kapinatyöläiset ja Voimat ovat ehkä paremmin toimitettuja kuin silloiset viemärijulkaisut, mutta siinä missä nämä nykyiset ovat tietyn alakulttuurin lattean ja oikeaoppisen aatemaailman äänenkannattajia, huomattava osa vanhoista vaihtoehtolehdistä onnistui – huolimatta rokkikulttuurin yhdenmukaistavasta ja latistavasta vaikutuksesta – olemaan hauskoja ja pluralistisia, myönteisessä mielessä anarkistisia. Siihen tosin ei Kekkosen huumorittomalla ajalla tunnetusti tarvittu paljoa: ensimmäisessä lukemassani Pahkasiassa oli hassua ja huvittavaa jo se, että pettävän asiallisen näköiseen karttaan oli painettu arvovaltaisen näköisillä kirjaimilla Suomen naapurimaiden nimiksi *RUOTTI* ja *NEUKKU*. Joka tapauksessa Nuuka-Nautinto oli ajan pienlehdistä hauskimpia, eikä vähiten Tilsan hillittömien sarjakuvien ansiosta.

Nuuka-Nautintoon piirtäessään Tilsa ei muistaakseni intoutunut hurjimpiin kielellisiin sekoiluihinsa. Niitä hän harrasti enemmän omassa omakustanteessaan Zärpässä. Nuuka-Nautinnon pääasiallinen sarjakuvasankari oli Supermauno, Teräsmiehen kollega, jonka seikkailut päättyivät aina huonosti.

Kaikkein loisteliain Supermauno-tarina oli ehkä sankarin epäonninen taistelu Rumuuttajaa vastaan. Tässä muutaman aanelossivun kokoisessa seikkailussa Tilsa esitteli oman näkemyksensä supersankarigenren superkonnista.

Rumuuttaja oli todellinen mutanttihirviö, joka kättelemällä muutti uhriensa kasvot kammottavan rumiksi, ja kuten asiaan kuului, uhrit olivat ennen muuta nuoria tyttöjä. Supermauno lensi suojelemaan Miss Suomea Rumuuttajalta saatuaan kirjeitse avunpyynnön, mutta löysi paikalta vain jokseenkin kalanpäisen nuoren naisen – Rumuuttaja oli ehtinyt ensin. Missi kätteli kuitenkin Supermaunoa kiitokseksi – ja olikin Rumuuttaja itse, sillä Supermaunon kasvot muuttuivat samassa Picasson taideteoksen näköisiksi.

Aikakauden sodanpelon ja uutisahdistuksen kiteytti erinomaisesti episodi, jossa Supermauno kuuntelee radiosta tuoreimpia väliaikatietoja maailman menosta. Uutiset keskeytyvät hirveään karjaisuun, minkä jälkeen tulee hiljaista. Niinpä sankari lentää supermiehille ominaisella tavalla suoraan radioasemalle tarkistamaan tilanteen ja löytää uutistenlukijan pöytänsä äärestä pää räjähtäneenä – tai kuten Supermauno vain lievästi tilsamaisella kielellä toteaa: "Jäbältä on aivot lentäny mäjellen". Hetken mietittyään Supermauno oivaltaa, että moiseen voi olla vain yksi syy: vainaja on epäilemättä lukenut liian järkyttävän uutisen. Pöydältä löytyykin paperilappu, jonka Supermauno uteliaana ottaa käteensä lukeakseen. Tällöin häneltäkin lentävät aivot "mäjellen", ja viimeisessä kuvassa näemme tavallisen radiokuuntelijan ravistelevan auttamattomasti mykistynyttä vastaanotintaan: "Lopahtiko tästä patterit?"

SANANVAJAUS
24. syyskuuta 2006

Tässä kirjoituksessa mainittu kanadansuomalainen tietojenkäsittelytieteilijä oli 2000-luvun alun blogimaailmassa omaperäinenkin hahmo, koska hänen insinöörikyynisyydessään oli jotain originellilla tavalla hauskaa. Sittemmin hän hurahti latteaan äärioikeistolaisuuteen ja menetti kaikki persoonalliset piirteensä, kuten alan miehille yleensä kävi. Voi sanoa, että hän politisoitui, ja kaikkihan me tiedämme, että politiikka on likaista.

Kanadasta kuului juuri kummia: suomalaissyntyinen tietojenkäsittelytieteen luennoitsija joutui yliopistossaan toimineen kaksikymppisen feministiagentin ilmiantamaksi, koska hän oli englanninkielisessä blogissaan esittänyt mielipiteitä, joita anonyymi agentti oli pitänyt naisja homovastaisina. Luennoitsija poisti bloginsa ilmeisesti peläten jonkinlaista hallinnollista kurinpitomenettelyä, jonka kohteeksi hän ilmiannon perusteella olisi saattanut joutua. Herran kirjoitustyyli oli kärkevää ja varmasti monille loukkaavaakin, mutta oikeus ei todellakaan tapahtunut. Kerronpa miksi.

Puhutaanpa ensin sananvapaudesta. Kanadan tilanteesta en tiedä, mutta meillä Suomessa sitä vapautta rajoittavat erinäiset lait, joihin itse kunkin julkisen sanankäyttäjän tulisi tutustua. Ensinnäkin kysymykseen tulee rikoslain luku 24, jonka kahdeksas ja yhdeksäs pykälä kieltävät yksityisyyttä loukkaavan tiedon levittämisen ja kunnianloukkauksen. Kumpaankin pykälään on erityisesti sisällytetty varaus, jossa korostetaan oikeutta sekä levittää tietoja julkisuuden henkilöistä että arvostella heidän toimintaansa, jos tämä on heidän julkisen roolinsa kannalta oleellista.

Toisin sanoen, jos jotakuta poliitikkoa haukutaan ääliöksi, siinä voi olla kyse kunnianloukkauksesta, mutta jos sanon pitäväni häntä ääliönä hänen kannattamiensa ääliömäisten asioiden tai hänen typerien ja isänmaan edulle vahingollisten mielipiteittensä perusteella, hänellä ei juurikaan ole varaa nipottaa asiasta. Jos taas joku ääriuskonnollinen kansankiihottaja vaatii pussaamisen, esiaviollisen seksin, viinan ja kondomien kieltämistä, mutta harrastaa kännipäissään ryhmäseksiä kondomi päällä, hänenkään ei kannata haastaa yksityisyysloukkauksesta oikeuteen juorulehteä, joka paljastaa, mitä hän puuhaa yksityisesti seitsemän rakastajattarensa kanssa.

Tämän lisäksi sananvapauden piiriin ei tietenkään kuulu rikokseen kehottaminen, jos on syytä epäillä, että kehotus johtaisi oikeaan rikokseen tai vaarantaisi yhteiskuntarauhaa. Yleisesti ottaen sananvapauden rajoitukset perusteltaneen viime kädessä viittaamalla Ihmisoikeuksien julistuksen 28., 29. ja 30. artiklaan, joissa todetaan yhteiskuntarauhan ja järjestyneen yhteiskunnan olevan välttämätön edellytys ihmisoikeuksien toteutumiselle; yksilöllä olevan velvollisuuksia yhteiskuntaa kohtaan, vallankin velvollisuus kunnioittaa muiden ihmisten oikeuksia; ja ihmisoikeuksien väärinkäytön muiden ihmisten ihmisoikeuksien riistämiseen olevan kiellettyä. Monenlaiset ääriryhmät siteeraavat kiihotussivuillaan usein julistuksen 19. artiklaa, joka määrittelee sanan- ja mielipiteenvapauden; kolme viimeistä artiklaa, joiden perusteella mm. libertarismi, fasismi ja rasismi eivät ole mitenkään itsestäänselvästi julistuksen suojeluksessa eivätkä liioin välttämättä kuulu sananvapauden piiriin, nauttivat luonnollisesti tällaisten koplien keskuudessa selvästi niukempaa suosiota.

Sananvapauteen kuuluu luonnollisesti myös oikeus kieltäytyä painamasta ihan mitä tahansa roskaa. Taannoin ulkomaalaistenkauhistelijat perustivat nettiin blogin, johon keräsivät ulkomaalaisten rikoksia. Tai ulkomaalaisten ja ulkomaalaisten: blogissa saatettiin esimerkiksi kuvata mitä tyypillisin suomalaisten juoppojen tappelu viimeisestä pisarasta pullonpohjalla ja sen jälkeen vihjailla – siis ilman todisteita – että jonkin sortin muslimit tai muut murjaanit olivat asialla, koska lehtitiedot eivät julkaisseet tappelijoiden ihonväritietoja ja koska tappelu sijoittui johonkin lähiöön, jossa suomalaisten spurgujen lisäksi asui tummempiakin öyhöttäjiä. Muuan ulkomaalaisvastainen bloggaaja julisti sitten, että on merkki sensuurista ja sananvapauden puutteesta, jos kyseisen vihjailublogin tarjoama "salattu tieto" ei pääse valtavirtamedioiden kautta julkisuuteen.

Itse asiassa kyseisillä kirjoittajilla on ihan riittävästi sananvapautta, jos he saavat julkaista juttunsa blogissaan. Mutta ei esimerkiksi Hesarilla ole mitään velvollisuutta julkaista sellaisia juttuja, jotka ovat journalistisesti ala-arvoisia ja aliarvioivat kenen tahansa kotoperäiseen kännirähinäkulttuuriin perehtyneen suomalaisen älyä. Vielä vähemmän ketään päätoimittajaa voidaan velvoittaa painamaan epämääräisten painostusryhmien epämääräisiä julkilausumia, vallankin koska hän vastaavana toimittajana joutuisi oikeuteen niiden mahdollisesti lainvastaisesta sisällöstä. Kuten legendaarinen nettikirjoittelija Jukka-Göran von Fittenborg (lienee salanimi) ilmaisi asian aikoinaan: *Suomi on vielä aika vapaa maa. Perustakaa oma lehti omilla rahoillanne. Ruvetkaa päätoimittajiksi ja julkaiskaa mitä lystäätte. Jos tulee lehden jutuista oikeudellista vastaamista, niin itsepähän sinne raastupaan lähdette. Lisäksi, jos juttunne ovat ns. syvältä, ettei ketään kiinnosta tilata moista tunkiolehteä, niin omatpahan ovat rahanne, tappion kär-*

sitte itse. Jostain syystä noita ton tyyppisiä lehtiä on kauhean vähän näkynyt Suomessa...mistäköhän johtuu?

Tietysti sananvapauteen kuuluu myös oikeus tykätä kyttyrää siitä, mitä joku toinen kirjoittelee sananvapautensa nimissä. Jos joku vaikkapa kirjoittelee sellaista blogia, jonka sisältö herättää yleistä vastenmielisyyttä, inhoa ja paheksuntaa ja joka on kerta kaikkiaan ristiriidassa yhteiskunnassa hyväksyttävien arvojen kanssa, hänellä ei ole mitään asiaa ruveta itkeskelemään siitä, ettei hänestä sen jälkeen enää pidetä ja että entiset ystävät kääntävät hänelle selkänsä: hän on itse valinnut tiensä ja ristinsä kannettavakseen. Mutta silloinkin hänellä on oikeus henkilökohtaiseen turvallisuuteen. Jos joku käy hänen kimppuunsa tai tappaa hänet, se voi tällaisissa tilanteissa olla inhimillisesti ymmärrettävää, mutta se ei tarkoita, että murhaaja tai päällekarkaaja tulisi jättää rangaistuksetta. Työpaikasta pellolle potkiminenkin on tuollaisessa tilanteessa oikeutettua vain jos asianomaisen arvoilla ja mielipiteillä on relevanssia työn tekemisen kannalta – esimerkiksi tunnustautuneen pedofiilin erottaminen lastenhoitotehtävistä on perusteltua.

Tämä siis sananvapaudesta. Suomalaisen tietojenkäsittelytieteilijän jupakan yhteydessä täkäläiset edistykselliset naisbloggaajat puolustelivat sensuuria sillä, että sananvapauteen tulee liittää myös sananvastuu. Mielestäni mainitsemani lainkohdat määrittelevät sananvastuun ihan riittävän hyvin, ja sanankäyttäjän oikeusturva varmistetaan sillä, että hänen mahdollisesti lainvastaisista kirjoituksistaan on erikseen nostettava oikeusprosessi, jossa tuomari toteaa, onko rikosta tapahtunut. Tällöin myös epäilyksen kohteeksi joutuneella sanankäyttäjällä on mahdollisuus puolustautua.

Tuossa Kanadan tapauksessa sitä vastoin mitään oikeusprosessia ei käynnistetty. Kyse oli siitä, että feministijärjestöön kuuluvat nuoret elämänkokemusta vailla olevat naiset nostivat asiasta älämölön ja ryhtyivät kiristämään yliopiston organisaatiota. Mikään puolueeton taho ei ilmeisestikään päässyt tutkimaan tietojenkäsittelytieteilijän kirjoittelua eikä antamaan tuomiotaan sen lainmukaisuudesta, vaan "yhteisön närkästys" riitti alistamaan kirjoittelijan jonkinlaiseen hallinnolliseen kurinpitomenettelyyn, johon kuuluu oleellisena osana "sensitiivisyyskoulutus", ts. stalinistisen uudelleenkoulutusleirin sivistyneempi ja länsimaisempi vastine. Huomatkaa, että kyse oli *hallinnollisesta* kurinpidosta, siis toimeenpanoviranomaisen määräyksestä, ei oikeudellisluontoisesta menettelystä, johon kuuluisi myös epäilyksenalaisen itsensä näkökantojen kuuleminen. Ja *tämä* on perussyy, miksi kyseistä tapausta on pidettävä vaarana sananvapaudelle: kun älyllisesti keskenkasvuisten kaksikymppisten tyttöjen kopla alkaa määräillä aikuisten miesten sanankäyttöoikeudesta jättämättä näille edes valitusoikeutta, oikeudenmukaisuus ei tosiaankaan toteudu. Tietenkin tuossa blogien ihmemaata kuohuttaneessa tapauksessa voi olla kyse siitäkin, että vapautta vastuuttomaan libertarismiin asti korostavassa anglosaksisessa maailmassa, johon Kanadakin kuuluu, ei ehkä ole sellaisia sananvastuulakeja kuin meillä valtiokeskeisessä, hegeliläisessä Suomessa. Mahdollisesti Yhdysvalloista kantautuvat vaatimukset "vihapuheen" kieltämisestä johtuvat juuri siitä, ettei heikäläisten laeissa oikeasti ole kielletty esimerkiksi joukkotuhontaan kehottamista, kuten meillä, koska perustuslain tieskuinkamones lisäys takaa oikeuden sanoa mitä sylki tai mallasviski suuhun tuo. Kun sananvapaus on *periaatteessa* rajaton, sanankäytön yhteiskuntarauhalle välttämättömästä rajoittamisesta huolehtivat oikeuslaitoksen ja viranomaisten asemesta kaikenlaiset tanttaryhmät, jotka sitten reagoivat suurin piirtein mihin tahansa äänekkäästi paheksumalla ja järkyttymällä; ja tällaisten ryhmien kanssa ei voi väitellä eivätkä ne vaivaudu kuulemaan eri mieltä olevia, koska ne katsovat aina olevansa moraalinen enemmistö.

KASKEALA SIVARIEN ASIALLA

26. syyskuuta 2006

Muuan lukijoistani odottelikin jo kärsimättömänä kannanottoani Juhani Kaskealan viimeviikkoiseen aloitteeseen sivarin lyhentämisestä. Kaskealan puheet ovat taas yksi esimerkki tietystä vastakkainasettelusta rationaalisten ammattisotilaiden ja siviilimilitaristien välillä, jonka jo Merja Minkkinen – kai maar se hän oli? – vuosia sitten määritteli rauhanliikkeen demarisiiven Ydin-lehdessä. Ammattisotilaista hän sanoi muistaakseni, että "puolin ja toisin voidaan mennä suoraan asiaan" – esimerkiksi sivarikysymyksistä keskusteltaessa – "kun aikaa ei tuhlaannu ideologiseen retoriikkaan". Vielä 80-luvulla ammattisotilaatkin jauhoivat ideologista retoriikkaa (josta eivät toki olleet vapaita siviilipalvelusmiehetkään), mutta nyt olemme ilmeisesti päässeet vaiheeseen, jossa siviilipalvelusväki ja Kaskeala voisivat istua samaan neuvottelupöytään sopimaan asioista asiallisten miesten kesken.

Siviilimilitaristit taas ovat kaltaisiaan aina: iltapäiväläystäkkeessä esitellään ikään kuin suurenakin oivalluksena laskelmia, joiden mukaan varusmies palvelee itse asiassa kauemmin kuin siviilipalvelusmies, koska hän suorittaa asevelvollisuuttaan nukkuessaankin (näkee sotilasaiheisia unia?) siinä missä siviilipalvelusmies noudattaa normaalia työaikalainsäädäntöä. Tämä nerokas oivallus on siviilipalvelus- ja armeijaväen loputtomassa eipäs-juupastelussa kuultu jo niin moneen kertaan, että keksintönä se tuntuu suunnilleen yhtä uudelta kuin kopernikaaninen (tai no, sanotaan reilusti ptolemaiolainen) maailmankuva. Asiallisempaa on luonnollisesti puhua siitä, kuinka paljon pitempään siviilipalvelus viivyttää nuoren miehen sijoittumista koulutukseen tai hänen valmistumistaan, koska jokseenkin kaikki nuorukaiset ovat palvelusta aloittaessaan joko kouluttautumassa tai siirtymässä yhdeltä koulutusasteelta seuraavalle.

Sivari kestää paperilla noin 13 kuukautta, eli yli vuoden. Siksi siviilipalvelusmies saattaa jäädä koulutuksesta sivuun kahdeksi vuodeksi siinä missä kaikki varusmiehet pääsevät vaikkapa yliopiston kirjoihin jo vuoden kuluttua. Lisäksi siviilipalvelus koostuu kahdesta eri osasta: kurssikeskuksessa suoritettavasta noin kuukauden koulutusjaksosta ja varsinaisesta palveluksesta, joka kestää loput ajasta. Siviilipalvelusmiehen on itse etsittävä palveluspaikka, ja jollei sitä ole valmiina etukäteen, hän jämähtää – tai jämähti ainakin 1990-luvulla – muiden samanlaisten lailla kurssikeskukseen, kunnes paikka löytyy. Sivarislangilla tällaista jämähtäneistöä kutsutaan muukalaislegioonaksi, tai pelkäksi legioonaksi.

Legioonaan kasautunee vielä nykyäänkin ylenmääräisesti kiljupunkkarityyppisiä ongelmanuoria, jotka eivät kaikki välttämättä edes ole hakeutuneet sivariin omasta tahdostaan. Tässä kohdassa sana *kiljupunkkari* ei ole mikään metafora, vaan totista totta. Kun itse olin sivarin johdantokurssilla, pidin aluksi hyvänäkin vitsinä sitä, että järjestyssäännöissä kiellettiin erikseen päihdyttävien juomien *valmistaminen* asuintiloissa. Siinä vaiheessa kun legioonan kiljupunkkariosasto heitti kännibileittensä huippukohdassa olohuoneensa kalusteet pari kerrosta alas pihalle, se ei enää naurattanut.

Vaikka paikan saakin, palveluksen alkamista siellä voi joutua odottamaan useita kuukausia. Tällöin siviilipalvelusmies potkitaan kurssikeskuksesta pellolle ns. henkilökohtaiselle syylomalle eli hösseliin näiden kuukausien ajaksi, jolloin hän ei saa sen enempää sotilasavustusta kuin ruokarahaakaan. Sosiaalitoimisto on harvoin tekemisissä sivaripoikien kanssa, ja sossun tädeille voi olla vaikea selittää, että sivarin hösseli, vaikka sitä kutsutaankin "lomaksi", eroaa armeijan lomista sikäli, että siviilipalvelusmiehellä ei sen aikana ole mitään muuta ylöspitoa kuin sosiaalitoimistosta anottava. Muistan itse nähneeni kaikkien noiden epäselvyyksien vuoksi nälkää pitkiäkin aikoja sivarissa ollessani, ja laihduin aika monta kiloa.

Aloitin oman siviilipalvelukseni johdantokurssin kesäkuussa 1995; hösseli mukaanlukien tuota elämän poikkeustilaa kesti pitkälle syksyyn 1996 asti, pikemminkin kuusitoista kuin kolmetoista kuukautta. Yleensä sanotaan, että siviilipalvelus tarjoaa mukavat mahdollisuudet opiskella palveluksen ohessa, mutta omassa tapauksessani siitä ei juurikaan tullut mitään, vaikka sainkin graduni ensimmäisen version naputeltua sivarin johdantokurssin aikana: elämän epävarmuus ja ajoittainen nälkä repi hermot jokseenkin riekaleiksi, eikä asiaa auttanut se, että siviilipalveluksen aattona rakastuin nuoreen naiseen, joka osoittautui luonnevikaiseksi. Armeijan kurin alla elämä olisi kenties ollut vähemmän stressaavaa: ainakin se olisi ollut säännöllisempää ja turvatumpaa, ja myös naisasioihin olisi reilussa, tervehenkisesti alapääsanastoa viljelevässä miessakissa varmaan oppinut suhtautumaan terapeuttisen kyynisesti.

Näiden käytännön seikkojen selittäminen "sivarit ovat laiskoja maanpettureita" -mantraa hokevalle maanpuolustusväelle on yleensä turhaa. Siinä missä heikäläiset pitävät armeijaakäymätöntä siviilipalvelusmiestä epäpätevänä esittämään minkäänlaisia mielipiteitä asepalveluksesta, he myös sulkevat johdonmukaisesti korvansa kaikelta sivarielämää koskevalta käytännön tiedolta. Tai eivät ihan kaikelta: totta kai heitä kiinnostaa kuulla mehukkaita yksityiskohtia toimettomuuteensa pakotettujen "legioonalaisten" päihdeongelmista ja rähinöinnistä, sillähän todistetaan, millaista roskaväkeä sivarit ovat salskeisiin sotapoikiin verrattuina.

Loanheiton sijasta olisi kai asiallista odottaa maanpuolustusväeltäkin sen kysymyksen pohtimista, miten siviilipalvelusta voitaisiin kehittää siten, että se tukisi sivarien sopeutumista lainkuuliaisiksi yhteiskunnan jäseniksi ja hyödyttäisi samalla mahdollisimman laajasti määriteltyä isänmaan etua. Jos armeija oikeasti tekee nuoresta miehestä aikuisemman, syynä tähän on lähinnä, että se on monen nuorukaisen elämässä ensimmäinen ajanjakso, jolloin hänen on kerta kaikkiaan pakko mukautua työelämämäiseen säännölliseen päivärytmiin. Sivarinkin kuuluisi antaa sama valmennus. Tuskin on tarkoituksenmukaista, että sivarin kuukausien mittainen hösseli passivoi jonkun jo valmiiksi kaltevalla pinnalla olleen kaverin entistä pahemmin.

Kaikkein tärkeintä olisikin päästä eroon legioonasta ja pitkistä hösseleistä.

Monet siviilipalvelusmiesten nykyiset sosiaaliset ongelmat voisi parantaa yksinkertaisesti tekemällä siviilipalveluksesta yhtenäinen kahdentoista kuukauden jakso. Kaskeala on mielestäni oikeilla jäljillä, ja toivon, että hänen aloitteensa johtaa johonkin konkreettiseen. Olisin kovasti ilahtunut, jos nimitettäisiin vaikkapa komitea pohtimaan sivarin kokonaisuudistusta hänen ehdotuksensa puitteissa. En tiedä, kannattaisiko sinne ottaa sivareita edustamaan yksinomaan Aseistakieltäytyjäliiton väkeä – huomattavasti tärkeämpää olisi värvätä mukaan entisiä siviilipalvelusmiehiä, joilla on selkeä kuva sivarin arkipäivästä ja siihen liittyvistä käytännön ongelmista.

BOAKÄÄRMEIDEN HYÖKKÄYS
29. syyskuuta 2006

Kolmeakymmentä tärppivä, mutta johdonmukaisesti alle kaksikymppisen elkein käyttäytyvä kokoomusnuori ja naisjulkkis – lieneekö joskus ennen julkisuuttaan tehnyt oikeita töitäkin – nimeltä Viivi Avellan on julkaissut kirjan, jonka Viivi-niminen minäkertoja (yhtäläisyydet kirjoittajaan ovat tietenkin täysin sattumanvaraisia, koska kyseessä on *fiktiivinen* teos) keskittyy holtittomissa seksiseikkailuissa piehtaroimiseen. Tiedotusvälineiden erityistä huomiota on herättänyt sana *boa* miehisen siitosulokkeen metaforana; olen tietysti vanha kalkkis ja juntti ja sivussa puhekielen kehityksestä, mutta itse olen kuullut kyseistä käärmettä käytettävän pikemminkin ulostekiemuran synonyyminä. Yhtä kaikki, kumpaa asiaa sanalla sitten tarkoitetaankin, kirja taitaa olla oikea boakäärmeiden hyökkäys.

Viivin teosta en tietenkään ole ostanut. Minä en rupea hänen rilluttelüaan rahoittamaan. Riittää kun olen lukenut viime lauantain Iltalehden viikonloppuliitteestä hänen haastattelunsa. Valitan, en oikein voinut ohittaa sitä, kun Viivi itse oli pantu liitteen kanteen heristämään lukijalle jonkinmoisilla viinaksilla täytettyä lasia kasvoillaan niin vähälahjainen ilme, että se sai hänet näyttämään teholaihdutuskuurin kokeneelta Anna Nicole Smithiltä. Tämä ei tietenkään sinänsä ole todiste neiti Avellanin älyllisten kykyjen rajallisuudesta: kyseessä voi olla pelkästään nuorille ja nuorehkoille kokoomuslaistytöille tietoisesti suunniteltu ja brändätty tyyli, jonka tarkoituksena on kerätä ääniä epäpoliittisilta, bilettäviltä bimboilta tarjoamalla heille samaistumiskohteita.

Tuossa muuten onkin yksi syy, miksi minä en voisi äänestää kokoomusta siinäkään tapauksessa, että vanhemmiten paatuisin kannattamaan sen ajamia asioita. Nimenomaan konservatiivina minun on täysin mahdotonta vetää punaista viivaani sellaiselle puolueelle, jonka tavaramerkiksi ovat muodostuneet räkäkännissä rääkyvät puleeratut pissikset. Takavuosina kokoomus julistautui *kykypuolueeksi*, ts. lahjakkaiden ja osaavien ihmisten asiaa ajavaksi meritokraattiseksi puolueeksi. Valitettavasti meikatut ja pyntätyt nuoret naiset, joilla ei oikeasti ole mitään asiaa ja jotka eivät osaa muotoilla sitäkään vähää oikeakielisesti, eivät herätä kovin ansioitunutta tai kyvykästä vaikutelmaa.

Mitään hirveän fiksua Viivi ei tietenkään Iltalehdellekään osannut sanoa, joskin haastattelussa oli sitäkin enemmän tahatonta huumoria. Kännääminen, juhliminen ja seksisöhellys ovat ainoa todellisuus, jonka

SENSUROITU SUOMESSA: 2006

Viivi tuntee ja josta hän osaa kirjoittaa – hänen teoksensa on *reaalisuutta kirjan muodossa*, kuten hän muotoilee asian suomen kieltä tunnusomaisen kömpelösti käyttäen – lieneekö eläissään lukenut edes naistenlehtiä? Luonnollisesti hän kiirehtii tämän todettuaan heti puhumaan itsensä pussiin julistamalla, että kirja on *täysin fiktiivinen*. Sitten tulee taas hoppu selitellä, että tämä on sinkkunaisten todellisuutta nykyään, ts. kyse ei ole yksinomaan hänen omista huonoista tavoistaan, vaan hänen koko viiteryhmästään.

Viivin lausumista on ylipäätäänkin turha hakea johdonmukaisuutta. Yhdessä kohdassa hän väittää haluavansa olla äijä ja reilu jätkä, mihin tietenkin kuuluu ryyppääminen ja koheltaminen; toisaalta hän kerskuu esineellistävänsä miehiä samalla tavalla kuin miehetkin aina ovat esineellistäneet naisia. Haastattelijaparka ei vaivaudu vetämään häntä tilille tällaisista ilmiselvistä ristiriitaisuuksista, mutta tuskinpa se on tarpeenkaan: jutuistaan päätellen Viivi on luonnonvoima, joka puhuu nopeammin kuin ajattelee.

Feminismiä Viivi ei tietenkään sano arvostavansa, vaikka hän onkin suuremmassa määrin sen tuote kuin myöntääkään. Kuten jokainen tunnustautunut feministi on aina valmis inttämään, feminismejä on monenlaisia ja feministit ovat keskenään eri mieltä monista keskeisistä kysymyksistä. Ainoa asia, josta he ovat yhtä mieltä, on se, että naisen ei pidä hävetä mitään, että *naisella on oikeus* olla kuinka itsekäs haluaa ja että *naista ei saa syyllistää* yhtään mistään. Tämä ajattelutapa – että naisella on oikeus kaikkeen eikä hänellä ole mitään velvollisuuksia – on kaikkien naisasiaihmisten pienin yhteinen nimittäjä, ja sellaisena ainoa feminismin muoto, jolla on katuojatasolla mitään todellista vaikutusta ihmisten arkielämään ja yhteiskuntaan.

Feministit julistavat, että naisella on oikeus paneskella ja ryypätä miten huvittaa ja että on vanhanaikaista moralisointia paheksua tätä. Tämä oppi on imeytynyt yhteiskuntaan jo niin syvälle, että joku Viivi Avellan noudattaa sitä ihan luonnostaan ja viattomasti. Nuoret femakot, jotka elävät parhaansa mukaan kuten Viivi, esittävät asian tietenkin niin, että heidän kohdallaan kyse on jonkinlaisesta kapinasta oletettuja vanhoja arvoja vastaan. Viivi eroaa heistä sikäli, että tietää varsin hyvin naisten vastuuttoman riekkumisen olevan nykypäivän valtakulttuuria eikä yritäkään markkinoida sitä minään vallankumouksellisuutena.

Kokoomuksen riveihin ilmaantuneet viivit ja sarkut ovat myös oma esimerkkinsä siitä, että naiskiintiöistä on politiikassa tullut jo käytännön tosiasia: nuoria naisia kosiskellaan puolueisiin mukaan urakalla, heidän tosiasiallisista meriiteistään piittaamatta. Bilettäjäbimbot pääsevät politiikkaan nimenomaan naiseuttaan, eivät minkään erityisten kykyjen ansiosta. Aivan samanlaisia pikkupissiksiä oli kunnallisvaaleissa vihreidenkin listoilla, vaikka he mielellään kuvittelivat ja esittivät olevansa herkkiä, taiteellisia ja älyllisiä – kokoomuksen tytöt eivät sentään alennu moiseen teeskentelyyn. Nuoria *miehiä* sitä vastoin ei näy sen enempää vasemmalla kuin oikeallakaan, eikä heidän asiaansa halua kukaan ajaa.

PROINSIAS MAC CUARTA
AR CUAIRT SAN FHIONLAINN
3. lokakuuta 2006

Sittemmin McCourtin kirja on käännetty iiriksi, mutta vaikka asialla oli kirjailijana pätevyytensä osoittanut syntyperäinen puhuja, käännös on luvattoman huonoa jälkeä. Olisin itse osannut homman paremmin.

Suomessa vieraili äskettäin Pulitzer-palkittu amerikanirlantilainen muistelmakirjailija Frank McCourt, jonka nimen minä tietysti haluaisin mieluummin kirjoittaa muodossa *Proinsias Mac Cuarta*. Sukunimi näet sattuu olemaan sama kuin Séamus Dall Mac Cuartalla, iiriksi runoilleella sokealla ulsterilaisbardilla, joka eleli 1600-1700-luvuilla. En tiedä, onko Frank McCourt sukua Séamus Dall Mac Cuartalle, mutta Ulsterista hänen isänsä ainakin oli kotoisin. McCourt tuli vuosikymmen sitten kuuluisaksi lapsuuden- ja nuoruudenmuistelmallaan *Seitsemännen portaan enkeli*. Vaikka ainoa kirjassa esiintynyt iirinkielinen sana oli *amadán*, "ääliö", eikä McCourt osannut kirjoittaa sitäkään oikein, hänen kirjansa käsitteli juuri iirinkielisen kirjallisuuden tyypillisiä teemoja, jopa siinä määrin, että sitä lukiessani aivan sormeni syyhysivät kääntää se iiriksi pelkän harjoituksen vuoksi. Tietääkseni sitä ei ole iirinnetty kokonaisuudessaan, mutta muistelen jonkin iirinopiskelijoille tehdyn CD-rompun sisältävän käännöskatkelman siitä.

Iirinkielisessä muistelmakirjallisuudessa maastamuutto Amerikkaan on yhtä keskeinen teema kuin turpeenkorjuu. Koska suomalaisten lukijoiden on kohtuutonta odottaa ymmärtävän iirinkielisten sisäpiirivitsejä, tämä täytynee selittää samantien: iirinkielisissä maalaisihmisten omaelämäkerroissa, joita pidetään parhaina mahdollisina lukemistoina hyvää ja sujuvaa iirintaitoa tavoitteleville kielenharrastajille, on aina luku, jonka otsikko kuuluu *Ag Baint Mhóna* - Turvetta kiskomassa. Mutta jokseenkin yhtä usein omaelämäkertojen kertojaminät astuvat "valkoiseen laivaan" (*an bád bán*) matkustaakseen rajattomien mahdollisuuksien "uudelle saarelle" (*an tOileán Úr*), joka on aina täynnä elämää suurempia seikkailuja. Vaikka kotia ja iirin kieltä tuleekin ikävä, tylsäksi ei elämä Valloissa yleensä pääse muodostumaan.

Iirinkielisten Amerikan-matkaajien perusasenne onkin yleensä myönteinen kiinnostus uuden maailman ihmeitä kohtaan, ja koska he löytävät rapakon takaa aina sekä maan- että kylänmiehiä, puhumattakaan irlantilaisten omista klubeista – tai pikemminkin "haaleista", kuten amerikansuomalaiset sanoisivat – mistään maahanmuuttajan kosmisesta yksinäisyydestä ei ole pelkoa. Matkaan lähdön pääsyyksi esitetään nuoren ihmisen uteliaisuus, ei varsinaisesti mikään kotiseudun kurjuus: esimerkiksi omaelämäkerran *Rotha Mór an tSaoil* ("Elämän suuri pyörä") vanhoilla päivillään vahalieriöille sanellut, 1800-luvun lopussa Klondyken kultakentille lähtenyt Micí Mac Gabhann joutui kyllä veropoliisin vainoaman viinanpolttajaisänsä poikana kokemaan kaikenlaisia ikävyyksiä, mutta loppujen lopuksi hänkin tuntuu matkanneen meren taakse ennen kaikkea uutta nähdäkseen ja kokeakseen.

Yhdysvallat on tunnetusti pitkälti ulsterilaisten protestanttien perustama ja kehittämä maa – amerikkalaisella terminologialla puhutaan "skottilais-irlantilaisista", mutta kyse on juuri samasta kansasta ja samasta uskonnollisesta perinteestä, jonka piiriin vaikkapa pastori Ian Paisley kuuluu. Alkujaan amerikkalainen valtavirtanäkemys katolisista irlantilaisista olikin ulsterilaisen protestantismin mukainen: he olivat pitkään yhteiskunnan halveksittua pohjasakkaa, kunnes onnistuivat nousemaan arvoon arvaamattomaan Amerikan sisällissodan myötä. Sodassa taisteli kokonaisia irlantilaisia osastoja Unionin puolella, jos kohta vastapuolellakin oli irlantilaisia. Joka tapauksessa sisällissodan jälkeen ja pitkälti irlantilaissotilaiden nauttiman suosion ansiosta amerikanirlantilainen kulttuuri hyväksyttiin osaksi yleisamerikkalaisuutta.

Yksi tämän seurauksista oli, että Yhdysvalloissa uskotaan laajalti varsin naiiviin, IRA-nationalistiseen tulkintaan Irlannin historiasta. IRA:n terroristien tukeminen on ollut amerikanirlantilaisille niin valtavirtaista toimintaa, että on varsin helppoa löytää amerikkalainen, joka suhtautuu muslimiterrorismiin hyvinkin ankarasti ja republikaanisesti, mutta joka pitää IRA:ta romanttisten vapaustaistelijoiden salaisena armeijana ja on rahoittanut sen toimintaa jopa pahimpina pomminräjäyttelyaikoina.

Frank McCourtin esikoisteos kyseenalaisti ennen muuta *amerikkalaiset* kliseet Irlannista ja irlantilaisuudesta. Köyhän, mutta idyllisen vihreän saaren sijasta se kertoi kyräilevistä nurkkapatriooteista, jotka eivät olisi hyväksyneet limerickiläiselle tytölle ulsterilaista miestä. Terveen ja jumalisen maalaiselämän asemesta McCourt kertoi kaupunkislummeista, joiden elämäntyyliä ei voinut oikein nimittää työväenluokkaiseksikaan, koska työtä ei ollut. Ei ainakaan McCourtin isälle, joka keskittyi lähinnä seilaamaan kapakasta toiseen – nimenomaan *seilaamaan*, täydessä seilissä. Vapaustaistelu ja nationalismi taas olivat lähinnä juopon tekosyy vältellä töitä ja perheenisän vastuuta: totta kai hän ryyditti kapakkaseikkailujaan hoilaamalla kaikkia niitä kapinallislauluja, joilla amerikanirlantilaisetkin vahvistavat mielellään identiteettiään: *The Bold Fenian Men, The West is Awake, A Nation Once Again* jne.

Kirkko näyttäytyi pikku Frankille lähinnä tylyjen pappismiesten kansoittamana rikkaana, mutta kitsaana päällepäsmääjä- ja nipottajainstituutiona. Seksuaalisuudelle se osasi tietysti asettaa ankarat rajat, joita sitten miehissä rikottiin. Huumoria kirjassa oli vähänlaisesti – lähinnä se oli sitä ilotonta huumoria, jota syntyy kurjuuden kasvaessa täysin absurdeihin mittoihin.

Iirinkielistä kirjallisuutta lukeneelle tässä kaikessa ei kuitenkaan ole mitään uutta. Esimerkiksi Máirtín Ó Cadhain, 1900-luvun suurin iirinkielinen modernistikirjailija, jonka kielelliset kokeilut eivät missään mielessä jää jälkeen James Joycesta – hänen kirjallisesta jäämistöstään on löydetty mm. romaani *Barbed Wire*, jota voidaan pitää iirinkielisenä vastineena *Finnegans Wake*lle – uskalsi kirjoittaa omasta iirinkielisestä kotiseudustaan varsin illuusiottomasti jo 1940-luvulla, jolloin syntyi hänen ensimmäinen (ja ainoa elinaikana julkaistu) romaaninsa *Cré na Cille*.

Kirjan nimi tarkoittaa "Kirkkomaan multa", ja se kertoo kylähautausmaan vainajista, jotka ylösnousemusta odotellessa käyvät loputtomia keskusteluja maanpäällisen elämänsä asioista. Yleensä nämä asiat ovat tavattoman profaaneja ja materialistisia: esimerkiksi kalleimmalla hautapaikalla makaava vainaja paheksuu syvästi sitä, että joutui kuolemansa jälkeen kaikenlaisen rahvaan sekaan, vaikka nimenomaan maksoi päinvastaisesta. Máirtín Ó Cadhain esittää ylipäätään maanmiehensä niin pikkumaisina ja kyynisinä, että hänen kirjansa olisivat saattaneet jäädä julkaisematta, jos hän olisi kirjoittanut ne englanniksi – hänen onnekseen tyhmä sensuuri osasi iiriä liian huonosti.

Eikä nyttemmin tarvitse rajoittua edes iirinkieliseen kirjallisuuteen. Vaikkapa Roddy Doylen *Nimeni on Henry Smart* panee raa'asti halki, poikki ja pinoon koko sen nationalistisen mytologian, joka innoittaa amerikanirlantilaisia IRA:n ystäviä. Sen köyhälistökuvausten raaka huumori peittoaa täysin McCourtin, joka on loppujen lopuksi vain reportteri ja muistelija, ei kaunokirjailija.

En toki sano, ettei Frank McCourt olisi amerikkalaisissa oloissa ansainnut Pulitzeriaan; ja saattaa olla, että hänen kolmas muistelmakirjansa *Liitupölyä*, jota hän ilmeisesti kävi Suomessakin markkinoimassa, on aivan lukemisen väärti. Mielestäni hän on kuitenkin tyypillinen esimerkki kirjailijasta, joka on päässyt esimerkiksi Suomessa luetuksi vain siitä syystä, että se, mitä Yhdysvalloissa pidetään tärkeänä ja oleellisena, käännetään automaattisesti suomeksi. *Seitsemännen portaan enkeli* oli relevantti Yhdysvalloissa ja amerikanirlantilaisessa yhteisössä, mutta me olemme voineet lukea irlantilaisen kaupunkiköyhälistön kurjuudesta jo Christy Brownin omaelämäkerrasta *Vasen jalkani*. Se lähinnä ihmetyttää, että amerikanirlantilaiset tarvitsevat amerikanirlantilaisen kirjailijan vääntämään rautalangasta, miten viheliäistä köyhien elämä oli Irlannissa puoli vuosisataa sitten, vaikka Irlannin omat kirjailijat – myös englanniksi kirjoittavat – ovat käsitelleet tätä tematiikkaa jo kauan.

MANSEN SALAMA 70 VUOTTA
4. lokakuuta 2006

Sittemmin olen vieraantunut Salamasta hänen lapsellisen putinististen ulkopoliittisten mielipiteittensä vuoksi. Hän on omalta osaltaan osoittanut, että kommunismilla ei Suomessa enää ole muuta sisältöä kuin naiivi russofilia.

Hannu Salama näkyy täyttävän seitsemänkymmentä vuotta. Ajatus tuntuu hämmentävältä, koska olen aina kuvitellut hänet mielessäni muuttumattomaksi neljä-viisikymmenvuotiaaksi mieheksi, jonka yllä leijuu viinan, tupakan ja vanhakantaisen työläiskommunismin katkera haju. Itse asiassa minulla on ollut vaikeuksia mieltää Salaman olleen *Juhannustanssien* julkaisuvuonna vasta 28-vuotias nuori aviomies ja isä, vaikka se selittääkin hänen myöhempiä kohtaloitaan paljonkin. Voin kuvitella, että hänestä olisi tullut eheämpi ja onnellisempi ihminen, jonka avioliittokin olisi pysynyt kasassa, jollei kirjasta noussut ylimitoitettu jupakka olisi lopullisesti murtanut miehessä jotain.

Salama tunnettaneen kansan syvissä riveissä edelleenkin ennen muuta jumalanpilkasta tuomittuna kommunistina. Muodollisesti tämä käsitys pitää paikkansa, mutta se ei tee oikeutta miehen kirjailijanlaadulle. Jumalanpilkkasyytös tuli *Juhannustanssien* lapsellisesta rienaussaarnasta, joka on itse asiassa vain rekvisiittaa. Kommunistina taas Salama oli monille aatetovereilleen raivostuttava kiusankappale, koska nämä olisivat halunneet stalinilaisen kulttuuripolitiikan tyyliin henkeä nostattavia, sosialistis-realististen ihanteiden mukaisia romaaneja kirkasotsaisine työläissankareineen ja alleviivatusti pahoine kapitalistiroistoineen. Salaman kirjojen päähenkilöt taasen olivat persoja niin alkoholille kuin holtittomille sukupuolisuhteillekin, eikä alapääsanastoa säästelty.

Jumalanpilkkajuttu lienee lopullisesti vääristänyt mielikuvan *Juhannustansseista* keskittyessään epäolennaisuuksiin. Syytteeseen johtanut osuus, on ennen muuta aikuisen miehen itkua. Muurari Hiltunen – "Hiltsu" – on jäänyt paitsi väijymäänsä tyttöä, jonka toinen mies on iskenyt, ja hän reagoi kuten pikkupoika, jolta äiti kieltää himoitun makeisen tai lelun: hän alkaa huutaa tuhmimpia osaamiaan sanoja niin lujaa kuin kurkusta lähtee. Rivoudet ovat siis tilanteen kannalta uskottavia ja perusteltuja, eikä niiden ole tarkoituskaan antaa Hiltusesta erityisen sympaattista tai aikuista kuvaa. Hänen pettynyt parkukonserttinsa vilahtaa kirjaa lukiessa nopeasti ohi, ellei siihen erikseen päätä kiinnittää huomiota.

Kokonaisuutena *Juhannustanssit* on suorastaan moralistinen, koska romaanin loppupuolella tarinan suurimmat rienaajat ja huorintekijät saavat surmansa bussionnettomuudessa, ja päähenkilö löytää eloonjääneitä autellessaan uuden mielekkyyden elämälleen. Auto-onnettomuus kuolonuhreineen järkyttää lukijaa paljon enemmän kuin pilasaarna ja rivoudet konsanaan, ja tuntuu hämmentävältä, että Salaman kykyyn kuvata väkivaltaista kuolemaa vähäeleisesti, mutta ahdistavasti ei ole vaivauduttu kiinnittämään niin paljon huomiota kuin hänen seksuaalisuuteensa.

Juhannustanssien merkittävimpiä kirjallisia ansioita on elävä ja aito puhekieli, monet repliikit pystyy suorastaan kuulemaan. Kaikissa Salaman kirjoissa tämä ei ole yksinomaan hyve. 1970-luvun kulttuurikommunistipiirejä kuvatessaan – esimerkiksi voi ottaa vaikka pienoisromaanin *Lokakuun päiviä* – Salama dokumentoi ajan tusinaälykköjen keskustelutyyliä, joka on kielenkäyttönä niin huonoa ja hämärää, ettei sitä oikein jaksa paperista lukea. Kaiken muotipuheen tavoin tämäkin kielimuoto on oman aikansa jälkeen nopeasti vanhentunut ja vilisee käsittämätöntä sisäpiirisanastoa. Välillä nuo vasemmistolaiskuvaukset tuntuvatkin siltä kuin lukisi kenttäkielitieteilijöiden nauhoittamaa ja paperimuotoon siirtämää kirjallisesti hiomatonta murrenäytettä. Elävän puhekielen talteenottamisesta on tullut ruman sönkkäyksen itsetarkoituksellista muistiinmerkitsemistä.

Monien päähenkilöidensä tapaan Salamakin oli väliinputoaja, erityisesti noissa kulttuurivasemmistolaisissa piireissä. Hän oli itse kotoisin miljööstä, jota syrjäytyneempää ja marginaalisempaa on vaikea kuvitella: hänen sukulaisissaan oli naiivin neuvostomielisiä kommunisteja, jotka sabotoivat Suomen sotaponnistuksia jatkosodan aikana. Salaman – tai hänen romaaneissaan esiintyvän omakuvahenkilö Harri Salmisen – kulttuuritutuille kommunismilla keekoileminen oli tapa härnätä kuviteltua poroporvaria ja saada elämään seikkailua. Kuvaavaa kyllä 70-luvulla jopa Jouko Turkka, joka on taiteilijana ennen muuta tekijäyksilö eli hienommalla kielellä *auteur*, saattoi esiintyä "kommunistina".

Salama-Salmisen suvussa oli oikeasti kuoltu kommunististen ihanteiden puolesta joko sisällissodan tai jatkosodan teloitusryhmien edessä – niin järjetöntä kuin sodanaikaisen "vastarintaryhmän" toiminta olikin – joten hänen näkökulmastaan nuorten älykköjen "kommunismi" oli vain romanttisen kapinallisuusposeerauksen korkein muoto. Toisaalta vasemmistokuvauksissa näemme varsin usein Salaman saarnaavan yhä uudelleen – ja aina turhaan – nimenomaan reaalipolitiikkaa kommunistitovereilleen. Näitä ei oikeasti kiinnosta pohtia "vallankumousta" konkreettisena poliittisena tavoitteena, se on ennen muuta iso ja pelottava sana, jolla isukkia ja äitykkää vastaan voi kapinoida.

Yhtä vähän Salama saattoi kuitenkin viime kädessä samaistua omaan kotiympäristöönsä: ei ole sattumaa, että yksi hänen lempikirjailijoistaan ja esikuvistaan oli työläismiljöön ahtautta ja ahdistavuutta kuvannut Aksel Sandemose. *Siinä näkijä missä tekijä*n vanha Maija odottaa kirjailijapoikansa (Salama) kertovan "totuuden" sellaisena kuin "meikäläiset" ovat sen sodan aikana kokeneet. Poika välttelee, koska äidin yksioikoisen stalinistinen kommunismi tuntuu hänestä vapaan kirjailijan näkökulmasta yhtä ahdistavalta kuin virsikirjamummojen uskonnollisuus; tähän äiti tietenkin suhtautuu niin, että poika on varmaankin hairahtunut oikealta tieltä, sosiaalidemokraatiksi tai joksikin vielä pahemmaksi.

Äidin totuus tulee kyllä kerrotuksi; mutta toisin kuin äiti, kirjailijapoika ymmärtää, että se on viime kädessä vain hyvin vähäisen ja syrjäytyneen ryhmän totuus. Äiti luulee, että totuus pystyy vakuuttamaan kaikki, jos se kerrotaan oikein; poika ymmärtää, ettei niin käy eikä voi käydä. Silti hän yrittää moraalisen velvollisuuden painamana asettua äidin asemaan ja tehdä tälle edes oman käsityksensä mukaista oikeutta.

TAVISUPLEBA
6. lokakuuta 2006

Vaikka Tšetšeniassa on jo vuosikausia lahdattu ja raadeltu ihmisiä tavalla, joka ei jää vähääkään jälkeen neuvostoajan pahimmistakaan raakuuksista, Venäjä on onnistunut pysymään erossa aseellisista konflikteista Neuvostoliitto-vainaan itsenäistyneiden osatasavaltojen kanssa. Useampi kuin yksi vanha alusmaa on toki käytännössä pidetty isonveljen ohjaksissa, mutta tämä on voitu tehdä sivistyneesti, poliittisin kabinettikeinoin, vallankin siksi, että niiden johtajat ovat kuuluneet maittensa vanhoihin neuvostomielisiin eliitteihin – ääriesimerkkinä Valko-Venäjän Alaksandr Łukašenka. (Kyllä vain, näin juuri herran nimi kirjoitetaan valkovenäjäksi latinalaisin kirjaimin.) Nyt näyttää kuitenkin pahasti siltä, että tilanne on muuttumassa Georgian suunnalla. Putin boikotoi ja simputtaa eteläistä naapuria kaikin mahdollisin keinoin, paitsi aseellisesti – mutta ainakaan minua ei hämmästyttäisi, jos Venäjä hyökkäisi.

Georgia on onnistunut saamaan aikaiseksi jonkinlaisen demokratian, jos kohta sitä rasittavatkin viiteryhmänsä tyypilliset ongelmat korruptiosta rikollisuuteen, eikä sisäpolitiikkakaan ole aina ollut kovin rauhallista. Autoritaaristen voimamiesten ja suoranaisten diktaattorien kanssa Vladimir Putin tulee yleensä erinomaisesti juttuun kollegoiden kesken, demokraattiset valtiot sitä vastoin eivät ole vanhalle KGB-miehelle mitään ihannenaapureita. Toki demokratiaan siirtyminen merkitsee käytännössä usein pitkää ja epävakaata ylimenokautta, kun taas tyypillisessä diktatuurissa vallitsee yhtä hyvä yhteiskuntarauha kuin hautausmailla yleensäkin. Tästä näkökulmasta on tavallaan ymmärrettävää, jos Putin haluaa naapureikseen mukavia diktaattoreita, joiden kannoilla leijuu kodikkaan neuvostonostalginen veren ja aivomassan tuoksahdus.

Tšetšenian tapauksessa venäläiset saattoivat olla varmoja Yhdysvaltain hiljaisesta tuesta terrorismisotana esittämälleen kansanmurhalle, koska kyseessä oli islamilainen kansanryhmä ja koska wahhabilaiset äärimuslimit olivat todistettavasti soluttautuneet tšetšeenien riveihin. Georgian kohdalla tilanne on toinen, sillä georgialaisia ei voi laskea ainakaan muslimiterroristeiksi. Maa on yhdessä naapurinsa Armenian kanssa yksi maailman vanhimmista kristityistä kansakunnista, jos kohta on olemassa kourallinen myös georgiaa puhuvia muslimeja. Georgian kieli on kaukasialainen, mikä sinänsä ei paljoa sano, koska "kaukasialaiset kielet" eivät kaikki ole sukua keskenään, niitä vain puhutaan Kaukasus-vuorten alueella, ja niillä on alueellisesti levinneitä yhtäläisiä piirteitä. Todistettavasti

SENSUROITU SUOMESSA: 2006

georgialla on pari kolme siitä selvästi eroavaa sukukieltä, jotka ovat kuitenkin enimmäkseen kirjakielettömien kansanmurteiden asteella; niiden puhujat käyttävät yleensä standardigeorgiaa sivistyskielenään, jos sattuvat asumaan Georgian alueella. (Myös Turkissa asuu tiettävästi tällaisten kielten puhujia.) Vaikka georgian kielioppi, kuten kaukasialaiskielten yleensäkin, tuntuu jonkun syrjikkihipin huumepäissään kehittämältä, sanavarastoltaan tämä kieli on hyvin eurooppalainen ja täynnä tuttuja latinalaisperäisiä sivistyssanoja. Esimerkiksi armenia kuulostaa paljon käsittämättömämmältä, vaikka lukeutuukin indoeurooppalaiseen kielikuntaan.

Venäjän ja Georgian välejä on rasittanut jo pitkään kysymys kahdesta Georgian autonomisesta osatasavallasta, Abhasiasta ja Etelä-Ossetiasta. Molemmilla on Venäjän tukemat, Georgian valtaa tunnustamattomat hallitukset, ja molemmissa puhutaan kieliä, jotka eivät ole georgialle mitään sukua – abhaasin kieli kuuluu toiseen kaukasialaiskielten ryhmään, ossetia, jolla on huomattavasti enemmän puhujia Venäjän puolella Pohjois-Ossetian/Alanian autonomiassa, on iranilainen kieli. Etelä-Ossetiassa on tietääkseni yhä georgialaisia, abhasialaiset ovat karkoittaneet paikallisen georgialaisväestön ja lakkauttaneet georgian kielen käytön maassaan. Samalla he ovat palauttaneet venäjälle virallisen aseman tasavallan alueella, mikä kertonee jotain siitä, kuka heidän itsenäisyyspuhiaan sponsoroi, jos kohta kyse lienee jossain määrin käytännön syistä – toisin kuin georgialla, abhaasilla ei ole pitkiä perinteitä kirjakielenä, ja monet abhaasit osannevat lukea ja kirjoittaa venäjää paremmin kuin äidinkieltään. Sekä osseetit että abhaasit ovat pääsääntöisesti kristittyjä nimelliseltä uskonnoltaan.

Meneillään olevan kiistan aikana Putin on jo määritellyt röyhkeyden huipun uudelleen. Kuten tiedämme, vanhastaan röyhkeyden huippuna on pidetty sitä, joka menee naapurin rappusille tekemään tarpeensa ja kehtaa sitten pyytää samaiselta naapurilta lainaksi vessapaperia. Nyt kun georgialaiset ottivat ja pidättivät muutaman venäläisen upseerin vakoilusta, Putinilla on otsaa verrata Georgian otteita Lavrenti Berijaan, vaikka hän itse on tehnyt työuransa Berijan NKVD:n seuraajalaitoksessa KGB:ssä.

Törkeäähän tämä on, mutta aika arvattavaa: nykyvenäläiset ovat sanoutuneet irti kaikenlaisesta kriittisestä itsetutkistelusta, eikä ole sopivaa vaatia heitä pohtimaan, missä määrin Leninin ja bolševikkien valtaannousustä sekä kaikista siitä seuranneista ikävyyksistä, vankileirien saaristo mukaanlukien, voidaan syyttää Venäjän omaa kulttuuria ja omia oloja – missä määrin kommunismi oli venäläisten omaa syytä. Ehei. Paha on aina jonkun muun syy – perinteisesti syntipukkeina on pidetty juutalaisia, mutta kelpaavathan nuo georgialaisetkin näköjään nykyisin.

Olen jo pitkään sitä mieltä, että juuri tuo haluttomuus itsekritiikkiin on pääsyitä Venäjän demokratian, talouden ja elämän huonoon nykytilaan. Länsi-Saksa käänsi aikoinaan selkänsä kaikelle, mikä natsiaikaan liittyi – jopa hakaristien maalaaminen seiniin määriteltiin rikokseksi – ja samanaikaisesti nousi lyttyyn pommitetusta rauniokasasta maanosan talousveturiksi. Venäjän kansa ei ole suorittanut kunnollista, oman vastuunsa myöntävää tilintekoa neuvostoaikaan – ja yllätys yllätys, kaikki menee Venäjällä edelleenkin päin nimeltä mainitsematonta ruumiinosaa.

Entisten osatasavaltojen ja satelliittivaltioiden kanssa ei tietenkään myöskään osata olla ihmisiksi eikä asioida tasa-arvoisesti ja asiallisesti. Olisi mahdotonta kuvitellakaan Putinin tulevan valtiovierailulle vaikkapa Puolaan ja polvistuvan kunnioituksesta minkään neuvostoajan sorron uhreille pystytetyn muistomerkin edessä, kuten Saksan liittokansleri Willy Brandt aikoinaan teki Varsovan gettokapinan monumentilla.

Georgian tapauksessa perusongelma on tietysti siinä, että maassa ei enää ole venäläismielistä johtajaa, kun kansa, pentele, otti ja heitti Eduard Ševardnadzen mäkeen presidentinlinnasta pari vuotta sitten. Ševardnadze omi vallan 90-luvun alkupuolella sen jälkeen kun ensimmäinen demokraattisesti valittu presidentti Zviad Gamsahurdia oli kaadettu oletettavasti venäläisten lietsomassa vallankaappauksessa. "Virallinen versio" tapahtumista oli, että Gamsahurdia oli käyttäytynyt diktatorisesti ja tukenut äärinationalisteja, jotka olivat pyrkineet vainoamaan maan kansallisia vähemmistöjä, ennen muuta tietysti abhaaseja ja osseetteja. Meillä Suomessa vaihtoehtoista tulkintaa pyrki yleisönosastokirjoituksilla yksinään levittämään jotain kaukasialaiskansojen ystävyysjärjestöä edustanut Aila Niinimaa-Keppo, jonka juttujen venäläisvastainen sävy ei kuitenkaan oikein herättänyt luottamusta, kun Gorbatšovin perestroikan synnyttämät, usein hyvinkin naiivit venäläisystävälliset tunteet olivat koko maassa yhä vahvoja. Minun ikäisilleni Ševardnadze oli maailman pelastanut liennyttäjäsankari, joten oli aika vaikeaa hyväksyä ajatusta hänestä venäläismielisenä sortajana.

Vaikka Gamsahurdia ei välttämättä mikään puhdas pulmunen ollutkaan, häntä vastustanut raaka-arskojen miliisijärjestö, Mhedrioni, ei sekään ollut omiaan herättämään sympatioita. Tapahtumista syntyi Georgian kansainvälistä mainetta huonontanut mielikuva kolmannen maailman maasta, jossa riitaisat villiheimot yrittävät jatkuvasti kampittaa toisiaan kalašnikoveilla.

Gamsahurdia kuoli sittemmin epämääräisissä olosuhteissa yrittäessään – ironista kyllä – nostaa kapinaa Ševardnadzea vastaan kansallisten vähemmistöjen tuella, ennen muuta abhaasien ja mingrelialaisten. Hän kuului itse jälkimmäisiin, kaikkein suurimpaan niistä ryhmistä, jotka puhuvat georgiansukuista, mutta georgiasta eroavaa kieltä. Kaikkien georgialaisten nationalistien tapaan hän oli kuitenkin aina suhtautunut kielteisesti yrityksiin kehittää erillistä mingrelialaista kirjakieltä ja identiteettiä; kelkan kääntäminen tuossa vaiheessa oli tyypillistä poliittista opportunismia.

Vaikka kunnon suomalaisen on vaikea olla asettumatta Venäjän uhkaaman maan puolelle, Georgian konflikteissa on ylipäätään esiintynyt niin kummallisia liittolaissuhteita, että hyviksiä ja pahiksia on vaikea erottaa. Kun Abhasia aikoinaan irrottautui Georgiasta, sen puolella taisteli *sekä* venäläisiä armeijaosastoja *että* tulevia tšetšeeniterroristeja – mm. surullisen kuuluisa Šamil Basajev, jonka käskyläiset olivat vastuussa Beslanin koulun miehityksestä sekä Dubrovka-teatterin panttivankikriisistä.

ENSIMMÄISENÄ MURHATAAN TOIVO
8. lokakuuta 2006

Anna Politkovskaja on sitten ammuttu. En voi sanoa, että tämä olisi mikään suuri yllätys, sillä Politkovskajan kirjat ja reportaasit Venäjältä ja Tšetšenian sodasta ovat kerta toisensa jälkeen havainnollistaneet, miten huonoissa kantimissa laillisuus, ihmisoikeudet ja säällinen elämä ovat itäisessä naapurissamme. Hänet on tunnetusti yritetty murhata jo aikaisemmin: Beslanin koulukaappauksen aikana hänet myrkytettiin, eikä hän päässyt paikalle raportoimaan. Sillä kertaa hänellä oli vielä onni matkassa, mutta nyt otti olkileipä. Ei liene ihan sattumaa, että Politkovskaja murhattiin juuri Venäjän ryhtyessä suurimittaisiin georgialaisten vainoihin.

Politkovskaja ei kuollessaan ollut vielä viittäkymmentäkään täyttänyt, hämmentävää kyllä. Hänen ikäänsä oli valokuvien perusteella hyvin vaikeaa määritellä, sillä jatkuvasti väsyneen ja huolestuneen näköiset kasvot olivat liian nuoret sopiakseen yhteen vanhan naisen harmaan hiuskuontalon kanssa. Hän vaikutti uupuneelta äidiltä tai isoäidiltä, jolle lapset ja lastenlapset aiheuttavat jatkuvasti surua ja vaivaa ja joka alistuneena, velvollisuudentunnon ajamana siivoaa kärsivällisesti näiden jäljet.

Todennäköisiä syyllisiä voi tietysti hakea moneltakin taholta. Politkovskajan kirjojen suomentaja Jukka Mallinen arveli Hesarissa, että Putinin hallitus tuskin olisi halunnut hankkia itselleen huonoa mainetta surmauttamalla kansainvälisesti kuuluisaa journalistia. Ei kai Mallinen välttämättä ole väärilläkään jäljillä, mutta kuten Politkovskaja itse on huomauttanut, Kremlin käytävillä poliittinen kulkusuunta vaihtuu usein nopeasti ja odottamatta. On paljon mahdollista, että itse Пахан Putin on saanut päähänsä olevan pienempi paha hoidella Politkovskaja pois päiviltä kuin jättää hänet tekemään kansainvälisesti leviäviä lehtijuttuja niistä väärinkäytöksistä, julmuuksista ja ihmisoikeusloukkauksista, joihin georgialaisiin suuntautuvat pogromit väistämättä johtavat. Vaikka sota ei yleensä yhtä miestä kaipaakaan, venäläinen journalismi jää varmasti kaipaamaan tätä yhtä naista, koska riippumattomia, kriittisiä ja rohkeita reporttereita ei Venäjällä kasva puissa.

Putin puhui aikoinaan "lain diktatuurista", jolla hän mukamas aikoi hoitaa Venäjän suunnattomat rikollisuus- ja korruptio-ongelmat kuntoon. Tosiasiassa presidentin entiset KGB-kaverit, jotka ovat nousseet vastuullisiin asemiin hänen siivellään, lienevät jokseenkin yhtä korruptoitunutta väkeä kuin venäläiset virkamiehet yleensäkin. Melkein olisin valmis myöntämään Putinin periaatteessa haluavan maahan ihan vilpittömästi

SENSUROITU SUOMESSA: 2006

järjestystä, mutta hänen keinonsa värvätä kannattajia ovat juuri niin hölmöjä kuin demokraattisen kansalaisyhteiskunnan päälle ymmärtämättömältä tšekan mieheltä voidaan odottaakin: Putin on perustanut tukijoilleen kaikenlaisia "kansalaisjärjestöjä", kuten Putin-Jugendiksikin mainitun Kanssakulkijoiden nuorisojärjestön.

Tällaisiin jees-miesten yhdistyksiin liittyy ennen kaikkea periaatteettomia, opportunistisia nuoleskelijanilkkejä, jollaiset eivät takuulla kieltäydy lahjuksesta, jos sellaista tarjotaan. Putinin lääkkeillä ei yksinkertaisesti paranneta Venäjän ongelmia. Tämä on yksi niistä epämukavista totuuksista, jotka Anna Politkovskaja on paljastanut.

Politkovskajan antama kuva Tšetšenian sodasta ei sekään antanut erityisen hyvää arvosanaa Putinille. Järkevästi johdettujen sotajoukkojen asemesta Tšetšeniassa hilluvat univormupukuiset rosvosakit, joiden upseerikunta on niin korruptoitunut, että se myy vaikka aseita ja ammuksia niille samoille "terroristeille", joita vastaan sen olisi määrä taistella. Itse asiassa niin tässä asiassa kuin yleensäkin Politkovskaja on ennen muuta osoittanut, että Putinissa ei ole vikana hänen autoritäärisyytensä, vaan se, että hän ei osaa kunnolla edes sitä autoritäärisen pomottajapresidentin hommaa, jonka on ottanut asiakseen. Jopa Putinia uskollisesti palvelleet huippuluokan vakoojat, kuten Politkovskajan viimeisessä kirjassaan kuvaama erikoisjoukkojen majuri Rinat, joutuvat ylempiensä simputtamiksi.

Venäjän yhteiskunnan vajotessa rikollisuuteen ja kurjuuteen vanhemman polven venäläiset julistivat usein, että Stalinin aikana maassa "oli sentään järjestys". Joku minua viisaampi Venäjän tunteva suomalainen on kuitannut tämän osuvasti toteamalla, ettei sellainen mitään järjestystä ole, jossa pidätetään pärstäkertoimen perusteella kaikki ja heidän tuttavansa myös, ja ne, joille ei saman tien ammuta railoa takaraivoon, kyörätään johonkin herranhylkäämään kolkkaan ikiroutaa kuokkimaan. Pikemminkin kyseessä on vain yksi perivenäläisen anarkian muoto, sellainen, jossa sekasorto on asettunut taloksi turvallisuuselimien ja oikeuslaitoksen keskelle. Stalinin mielivaltainen rellestys ei ollut oikeaa yhteiskuntarauhaa nähnytkään, se oli pikemminkin eräänlainen järjestyksenpidon proteesi.

Sama vika on tällä nykyiselläkin Rahikaisella: Putin osaa kyllä esiintyä kovana kundina, joka syö rautaa ja lykkää toisesta päästä kettinkiä, mutta korruption ja rikollisuuden vastustukseen hänestä ei oikeasti ole. Tiedotusvälineet osataan kyllä hiljentää, syyttömiä vangita ja georgialaisia vainota, mutta mafia sen kun porskuttaa. Puolustusministeriössä ei yritetäkään suursiivousta, sille pikemminkin annetaan täydet valtuudet nujertaa terroristit kaikin keinoin, eli käytännössä upseereilla on valtuudet ryypätä terroristien kanssa ja komentaa korpraali hakemaan lisää viinaa, korpraalilla raiskata alokkaat ja alokkaalla raiskata ja tappaa ohikulkevat tšetšeenipimut, jotka sitten merkitään tilastoihin "eliminoituina sala-ampujina".

Joskus 90-luvun puolivälin aikoihin Valitut Palat yritti nostattaa Venäjää koskevaa optimismia esittelemällä "uuden Venäjän rakentajia", demokraattisen kansalaisyhteiskunnan edustajia. Jo siinä jutussa mainituista aktivisteista yksi ei ollut enää artikkelinkaan mukaan aktivisti, vaan marttyyri, jonka toivottiin näyttävän esimerkkiä uusille polville rohkealla kuolemallaan hyvän asian puolesta. Toinen sankareista oli liberaali poliitikko ja ihmisoikeusaktivisti Galina Starovoitova – mutta nyt hänkin on maannut haudassaan jo kohta kahdeksan vuotta, hänelle kävi kuten nyttemmin Politkovskajalle.

Tämä on Venäjän todellisuus: sellaiset ihmiset, jotka ovat omiaan herättämään ihailua rohkeudellaan ja rehellisyydellään, murhataan kaikki ennemmin tai myöhemmin. Kun heidät on saatu hautaan, heille epäilemättä pystytetään muistomerkkejä ja heidät ylennetään sankarien pantheoniin. Siis kun heidät on turvallisesti kuopattu. Sitten Venäjä voi rakastaa heitä, sillä kuten kansallisrunoilija Puškin sanoi, *he osaavat rakastaa vain kuolleita.*

HUUMORIMIESTEN YDINPOMMI
9. lokakuuta 2006

Ennen vanhaan, kun Neuvostoliitto oli pystyssä ja maailma muutenkin vanhalla mallillaan, Pohjois-Korea oli lähinnä valtion, tai valtionpuolikkaan, kokoinen poliittinen vitsi. Maan täkäläinen suurlähetystö julkaisi perustajadiktaattori Kim Il Sungin puheita ja kirjoituksia hienoina pehmustettukantisina kirjoina, joilla oli sellaisia nimiä kuin *Kirjallisuuden ja taiteen velvollisuudet vallankumouksessamme* – velvollisuudet olivat oletettavasti samoja kuin muissakin kommunistisissa paratiiseissa, eli vallankumouksen tavoitteiden esittäminen mahdollisina jollei jo suorastaan toteutuneina sekä myönteisten sankarien ja esikuvien antaminen sosialismia rakentavalle kansalle.

Legendaarinen huumorilehti Pahkasika julkaisi joskus 1980-luvulla parodisen artikkelin *Jälleen uusi lastentarha avattu Itä-Suomen kansantasavallassa*. Kun 70-luvun vasemmistodogmatismi alkoi antaa periksi, uskallettiin harrastaa jonkin verran enemmän dystopiakuvitelmia siitä, miltä Suomen elämä näyttäisi, jos maa olisi Korean tai Saksan tapaan jaettu kahtia tai muutettu kokonaan neuvostotasavallaksi tai Neuvostoliiton satelliitiksi. Koska Pahkasian variaatio tästä teemasta oli humoristinen, se esitti "Itä-Suomen kansantasavallan" lähinnä Pohjois-Koreana: ensin kehuttiin, kuinka kansantasavallassa oli avattu uusi lastentarha, sitten kerrottiin, kuinka Itä-Suomen urheiden joukkojen *oli pakko* tehdä *puolustushyökkäys* Länsi-Suomen *petturiroisto Koiviston* kynsissä kituneelle alueelle, josta *suuri osa saatiin vapautetuksi*, kiitos keisari Pirkin oveluuden...ei kuin suuren johtaja Kimmo L. Sunkkilan (!) nerokkuuden. Jutun ohessa esiteltiin myös Itä-Suomen suuren johtajan kirjallista tuotantoa, jota oli saatavana ilmaiseksi rekkalasteittain, aivan kuten Pohjois-Korean suurlähetystö oli aina innokas hukuttamaan jokaisen vähänkin mielenkiintoa osoittaneen henkilön Kim Il Sungin omakätisesti kirjoittamaan propagandakirjallisuuteen.

Pohjois-Korean nykytilanteessa tuntuu varsin osuvalta, että Pahkasian versiossa Kimmo L. Sunkkilan "Itä-Suomi" julisti propagandassaan ensin murskaavansa kaikki "Länsi-Suomen" kapitalistiroistojen lentokentät, talot ja lastentarhat muusiksi, minkä jälkeen "kansa voi astua esiin kotiensa kätköistä" ja aloittaa uuden elämän yhdistyneessä Suomen kansantasavallassa. Niiden samojen kotien kätköistä siis, jotka Itä-Suomi oli juuri ydinpommittanut olemattomiin.

Silloin Pahkasikaa lukiessa tämä oli vain absurdi vitsi, mutta nyt kun "Itä-Suomen" esikuva, Pohjois-Korea, on hankkinut sen atomiräjähteen, tuntuu siltä, että "Kimmon" pojalle, rakkaalle johtajalle Kim Jong-Ilille on juolahtanut mieleen juuri tuo samainen nerokas idea: Korean yhdistäminen räjäyttämällä ydinpommi, joka tuhoaa koko Etelä-Korean, mahdollisesti saastuttaa pilalle koko pienen ja tiheästi kansoitetun Korean niemimaan.

Sääli eteläkorealaisia. Muinoin olin Moskovassa venäjän kurssilla ja tapasin siellä paljon heikäläisiä – todellakin nimenomaan eteläkorealaisia, pohjoiskorealaisia ei varmaan siinä vaiheessa päästetty edes Venäjälle. Kaikki puhuivat venäjää paremmin kuin minä ja olivat ystävällisiä, eivätkä vain kohteliaan ystävällisiä kuten itäaasialaiset yleensä, vaan aidosti kiinnostuneita muista maista ja näiden elämästä. En ole koskaan ollut erityisen innokas oppimaan kiinaa enkä japania, mutta koreaa voisin harkita – vain siksi että minulle jäi niin hyvä kuva eteläkorealaisista. Sitä paitsi korean kielessä käytetään kiinalaisten merkkien sijasta omia kirjaimia, jotka ovat sekä hienon näköisiä että helppolukuisia.

Pohjois-Korea on nykymaailmassa kummallinen anomalia. Koska en tunne Korean historiaa enkä kulttuuria kovin yksityiskohtaisesti, en osaa sanoa, miksi juuri se on jäänyt muistuttamaan kylmästä sodasta moisella tavalla. Kuuban tapaus on ymmärrettävämpi sikäli, että Kuuba on pohjimmiltaan punaiseksi maalattu versio perinteisestä populistisesta latinodiktatuurista, puhumattakaan siitä että paikallinen jenkkivastainen nationalismi palautuu kauas Castroa edeltävään aikaan. Toki Kuuballa ja Pohjois-Korealla on yhteistä ainakin se, että molempien maiden modernisaatio on ilmeisesti kokonaan tai suurimmaksi osaksi tapahtunut vasta kommunistidiktatuurin vuosina. Niinpä puolue, vallanpitäjät ja diktaattori voivat ihan vakavalla naamalla väittää, että "me nostimme tämän maan takapajuisuudesta ja ilman tätä meidän aatetta te olisitte pelkkiä lukutaidottomia talonpoikia", ja kansa uskoo sen, koska väite ei ole mitenkään hirveän räikeässä ristiriidassa sen oman historiatietoisuuden kanssa.

Nyttemmin tietysti asiat ovat alkaneet mennä päin helkattia "tämän meidän aatteen" alaisuudessa ja takia, mutta sen selittämiseen on vanha ja koeteltu syntipukki, eli imperialistiset valtiot, jotka vetävät välistä, vakoilevat ja sabotoivat. Niinpä kaikki katuojatason toverit lienevätkin vilpittömästi innoissaan siitä, että isänmaan hallussa on nyt mahtava ase, joka tekee siitä tasa-arvoisen Yhdysvaltojen, tuon kapitalistisen käärmeenpesän, kanssa. Ja jos ei niin vilpittömiä oltaisikaan, paras vain näyttää innostunutta naamaa, tai käy kalpaten.

SENSUROITU SUOMESSA: 2006

Luonnollisesti Pohjois-Koreassa nationalismi, jopa rasismi, on merkittävässä roolissa, jotta kansa saadaan pidettyä hiljaa rivissä ja epäluuloisuus koko muuta maailmaa kohtaan korkealla. Hyvä ystäväni onnistui taannoin pujahtamaan vierailijavaltuuskunnan mukana Pohjois-Koreaan, joka olikin hänelle unohtumaton kokemus. Juuri kansallismielisyyden tärkeä rooli maan virallisessa ideologiassa jäi hänelle elävästi mieleen: puhuttaessa johtajan jumalallisesta roolista paikallinen opas myönsi suoraan pohjoiskorealaisen henkilöpalvonnan ajatuksena olevan, että korealaisilla tulee olla korealainen jumala.

Kaikki alueen maat, myös Kiina, ovat ottaneet Pohjois-Korean ydinhankkeisiin yksiselitteisen kielteisen kannan. Tämä tuskin kuitenkaan järkiinnyttää maata johtavaa nimetöntä höyrypääklikkiä, koska se vain todistaa heidän olevan oikeassa nationalismissaan: koko maailma todellakin on heitä vastaan, joten se ydinräjähde on oikeasti tarpeen.

PERINTEISTÄ MIEHEYTTÄ?
12. lokakuuta 2006

Oikeinhan te arvasitte: en minäkään osaa pitää näppejäni erossa kulttuuriministerin miehen turpiinmättölausunnoista, vaikka tässä välissä olikin noita vakavampia uutisaiheita. Puhutaan siis tällä kertaa Saareloista, Heinäluomasta ja miehekkyyden ytimestä. En toki ole paras mies tätä asiaa pohtimaan, koska en ole lukenut Imagen haastattelua, mutta ainakin minulla riittää dogmaattisia ja paikalleen jämähtäneitä ennakkoluuloja niin mieheydestä kuin naiseudestakin, ja tunnetusti myös esittelen niitä mielelläni.

Jos en väärin muista, herra Saarela sydämistyi siitä, että hänen vaimonsa ansioita poliitikkona väheksyttiin, ja uhkasi muotoilla manuaalisin keinoin Heinäluoman julkisivun virtaviivaisemmaksi. Siihen en ota kantaa, kuinka perusteltua rouvan osaamista oli kyseenalaistaa. Arkana miehenä en tietenkään tohdi, kun en minäkään halua herra Saarelalta motooni; mutta vaikka uskaltaisinkin, muistaisin, että mm. Susanna Rahkosen kotimaassa huonoimman naispoliitikon pallille on kovaa kilpailua, ja voittamiseen tarvitaan poikkeuksellista lahjakkuutta.

Herra Saarela joutui nöyrtymään ja pyytämään kiivaita sanojaan anteeksi, mutta sen enempää politiikan naiset kuin reaalimaailmassakaan elävä hameväki eivät suhtautuneet entisen nyrkkeilijän urostelevaan uhoon mitenkään yksiselitteisen kielteisesti. Päin vastoin, hänen ärjymisensä synnytti vaikutelman vanhanaikaisen romanttisesta, kiihottavasta rakastajasta. *Sinussa on roimaa alkumiehen voimaa, kanna minut metsään, apinamies! Suojaan oksanhaaraan kantaa saisit naaraan, oisit mulle suurin apinamies!* (Sanat: Pertti Reponen.)

Apinamiesihanne on taas yksi merkki siitä, että vasta äärimmäisen sivilisoituneissa ja suojatuissa oloissa elävillä ihmisillä on varaa leikitellä fantasioilla primitiivisestä ja väkivaltaisesta barbaarielämästä – vastaavalla tavalla kuin oikeasti barbaaristen ja julmien aikakausien ihmiset pyrkivät yleensä tavalla tai toisella pääsemään osallisiksi sivistyksestä ja hienostuksesta sen kaikissa muodoissa. Fyysisyyttään uhkuva, naarastaan väkivaltaisesti puolustava mies nähdään nykyään mielellään jonkinlaisen perinteisen miehekkyyden edustajana. Mikään ei voisi olla kauempana totuudesta. Urostelijamieheen on oikeasti varaa vasta sellaisella naisella, jolla jo on kaikki mahdolliset pelit ja pensselit ja vapaudet ja oikeudet ja valinnanmahdollisuudet, esimerkiksi mahdollisuus nousta yhdessä vuosikymmenessä alusvaatemallista kulttuuriministeriksi.

SENSUROITU SUOMESSA: 2006

Agraariyhteiskunnan nainen ei takuulla ollut erityisen ihastunut, jos sai uhkailevan ja äkkipikaisen luolamiehen. Hän tarvitsi vakaan miehen, jonka kanssa saattoi tehdä yhteistyötä ja johon saattoi luottaa. Karuissa oloissa ei näet ole varaa impulsiivisuuteen ja öyhöttämiseen, vaan siellä noudatetaan ankaria sääntöjä, jotta elämä onnistuisi. Jos feministien parjaama "patriarkaatti" asettikin perhettä johtamaan miehen, se myös vaati perheen päätä täyttämään miehen paikan eli olemaan luonteva auktoriteetti, siis vastuuntuntoinen ja koko perheen parasta vilpittömästi ajatteleva ihminen. Tunnepuuskat ja hilluminen kuuluivat nuorille sälleille, joilla ei vielä ollut aikuisen patriarkan vastuuta kannettavanaan.

Nuoret sällit vetivät hirmuista urostelushowta, koska vielä pariutumattomina heidän tarvitsi tehdä vaikutus mahdolliseen pariinsa. Sitten kun pari oli saatu, he saattoivat rauhassa tasoittua asiallisiksi, lunkeiksi äijiksi. Nykyään avioliittoja ja parisuhteita ei kukaan enää solmi loppuiäksi eikä puolisoilla ole yhteisen maatilan viljelyyn verrattavia yhdistäviä elämänprojekteja, joten nelikymppiset miehet eivät enää ole pitkän avioliiton aikuistamia arvokkaita herroja, vaan hekin joutuvat esittämään rintaansa jumputtavan gorillauroksen roolia, joka aiemmin kuului vasta sukukypsiksi päässeille kolleille.

Turha tästä on mitään erityistä huolta kantaa, saati ryhtyä sitä moralisoimaan. Maailma nyt vain on jo valmis ja elämä hyvää, joten ihmisille pakkaa tulemaan tylsää, jollei jännitystä ja vaaroja haeta keinotekoisesti ja väkisin. Tuskin sellainen tilanne muuhun voisi johtaakaan kuin murrosikäisten saippuaoopperamaisen lemmensuhde-elämän loputtomaan pitkittämiseen. Tällöin myös keskenkasvuisen ulkonäköä (naisilla) tai asennetta (miehillä) on ylläpidettävä maailman tappiin asti. Kakarat eivät halua terveellistä ruokaa, vaan karkkia, eivätkä ikimurrosikäiset halua kypsää kumppanuutta kaltaisensa kanssa, vaan yläasteluokan kuninkaan tai kuningattaren.

Silti toivoisin, että nuorille pojille lakattaisiin valehtelemasta. Minäkin sain omassa nuoruudessani kuulla yhtä mittaa siitä, kuinka miehen pitää olla kypsä ja vastuuntuntoinen eikä mikään holtiton, aikuistumaton huithapeli. Tällaisten ohjeiden noudattaminen on nuorelle miehelle varma keino jäädä loppuiäkseen naisettomaksi ja kuolla aivoverenvuotoon kolmenkymmenenviiden vuoden iässä. Parempi on vain suositella miehille reilusti keskenkasvuisen asennetta, muskelinpullistusharrastuksia, nahkaliivejä ja tatuointeja, koska naiset eivät heiltä mitään kypsyyttä tai vastuuntuntoisuutta odotakaan. Lapsensa nykyäiti kasvattaa ja yksinhuoltaa joka tapauksessa itse; jos mies yrittää sekaantua asiaan, hänet heitetään pedofiilisyytösten säestyksellä pihalle.

Tätä maailmaa ovat luonnollisesti olleet mukana rakentamassa feministit, jotka ovat aina korostaneet, että *naisilla on oikeus* järjestää elämänsä mielensä mukaan ja keskittyä seksuaalisten impulssiensa hedonistiseen tyydyttämiseen karkkisuhteissa sen sijaan että alistuisivat aviomiehen patriarkaatin armoille äideiksi. Eikä siinä sinänsä mitään väärää ole. Kun sivilisaatio on kehittynyt riittävän pitkälle mahdollistaakseen ihmiselle nautintokeskeisen, itsekkään elämäntyylin, ei kai feministejä erityisesti voi moittiakaan siitä, että he keskittyvät tarjoamaan ideologisia perusteluja sille, miksi naisen pitäisi heittäytyä tällaiseen elämään.

Kokonaan toinen juttu on se, että feministit uskottelevat haluavansa "vapauttaa" miehen jostain kuvitteellisesta ahtaasta roolista ja väittävät avaavansa omalla toiminnallaan ovia uudenlaisille tavoille olla miehiä. Tämä on silkkaa hölynpölyä, sillä kun naisen elämä pyörii oman navan ympärillä, miehellä ei ole siinä muuta osaa kuin toimia naisen lihaksikkaana, tatuoituna ja romanttisen luolamiesmäisenä viihdyttäjänä. Tästä ahtaasta roolista poikkeavia miehiä ei todellakaan arvosteta, vaan heitä pidetään halveksittavina, fyysisyydestään vieraantuneina "nörttineutreina", jotka kehtaavatkin tehdä omia juttujaan sen sijaan että keskittyisivät miellyttämään naista kiihottavan Tarzanin elkeillä.

OTTAISINKO SITTENKIN MUKAAN NATONI?

14. lokakuuta 2006

On vaikeaa uskoa, että Natoa olisi noin hanakasti kannatettu vuonna 2006. Nykyisin, kun itse olen valmis taittamaan peistä Nato-jäsenyyden puolesta, kannattajat tuntuvat olevan todella pahasti paitsiossa, mikä tietysti omalta osaltaan kertoo Venäjän vaikutuksesta maahamme.

NATO on ilmeisesti nousemassa vaaliteemaksi. Lähes kaikkien merkittävimpien lehtien päätoimittajat ovat tunnustautuneet liittymisen kannattajiksi. Vain Hufvudstadsbladetin Max Arhippainen *säger nej till Nato*, mikä on sikäli odottamatonta, että RKP taitaa olla ainoa puolue, joka on ollut avoimesti menossa Natoon missään vaaleissa tätä ennen. Ei kai tässä muuta voi kuin virittää keskustelua Natosta, vaikka olen jo ennen tätä sanonut, etten pidä sitä mitenkään dramaattisena aiheena enää nykyisissä oloissa.

Natoa vastustetaan yleensä syillä, jotka ovat suoraan seitsemänkymmenluvun neuvostopropagandan ulkomuseosta. Puolueettomuus tai sitoutumattomuus sellaisena kuin Naton uutterimmat vastustajat sen mieltävät on kylmän sodan vastakkainasettelun aikaista puolueettomuutta, eli siis pyrkimystä pysytellä erossa Yhdysvaltain ja Neuvostoliiton ristiriidoista. Neuvostoliitto on kuitenkin onneksi kadonnut historian näyttämöltä, ja vaikka Putin onkin viime aikoina ottanut uhkaavia askeleita hirmuvallan suuntaan, hänen diktatuurinsa olisi joka tapauksessa niin sanoakseni *sekulaaria* yksinvaltaa. Se olisi aivan eri asia kuin Neuvostoliitto, joka oli kommunismi-nimisellä uskonnolla hallittu teokratia, ja Yhdysvallat suhtautui tunnetusti kyseiseen uskontoon kuin pastori Paisley katolisuuteen. Putin tuskin uskoo muuhun kuin omaan etuunsa, tai omaan käsitykseensä siitä, mikä on Venäjän kansallinen etu. Kansalliset edut voidaan sovitella neuvottelupöydässä, uskonnollisia vastakohtia ei.

Toisaalta Naton kannattajillakin tuntuu olevan sellainen asenne, että sinne pitää mennä nyt kun saa. Omassa hurjassa nuoruudessani vierastin Euroopan unionia ja Suomen liittymistä siihen varsin hatarin perustein, lähinnä siksi, että koko puljun ylimmät ystävät tekivät niin torvelon vaikutelman: silloinkin jäseneksi oltiin änkeämässä vain koska oli tullut sauma liittyä Neukkula-vainaan vastustamaan järjestöön. Eräänkin kerran televisio näytti kuvaa jostain Kokoomuksen pippaloista, joissa jotkut Benin tallin nuoret tammat hyppelivät tuijottava katse silmissään ja toistelivat harekrisnamaisesti mantraa: *Ee-Uu – oo-koo! Ee-Uu – oo-koo! Ee-Uu – oo-koo!*

Siinäkin tapauksessa, että minulla ei olisi ollut tuolloin päällä vasemmistolainen kausi, olisin kavahtanut moista tahdottoman aivopeseytyneisyyden esittelyä ja lähtenyt siitä, että tuollaisten robottien kannattama asia ei voi olla hyvä. Kokoomuksessa minua ylipäätään ärsyttää se *vanhasuomalaisuus*, tsaarin kaipuu: tuntuu siltä kuin kokoomuslaisuuteen kuuluisi oleellisesti tarve löytää ulkomailta ankara, hallitseva ja standardit määräävä taho, joka vapauttaisi suomalaisparat itsenäisyyden ikeestä ja antaisi kokoomuslaisille mahdollisuuden kuulua johonkin juntti-Suomea suurempaan ja parempaan kokonaisuuteen. Niinpä, kun kokoomuslaisilla oli sellainen hinku EU:hun, minun oli hyvin vaikea uskoa, että heidän vaikuttimenaan olisi ollut aito huoli isänmaasta – pikemminkin aito häpeä omasta suomalaisuudesta.

Sittemmin olen kyllä henkilökohtaisesti hyötynyt monessakin mielessä Suomen EU-jäsenyydestä ja pidän sitä omien etujeni mukaisena ratkaisuna, koska minunlaiselleni ihmiselle monikielinen ja monikulttuurinen EU, vallankin nykyisenä laajennettuna versiona, on oikein luonteva ja viihtyisä paikka olla. EU-jäsenyys kuitenkin vietiin läpi osittain hyvinkin epäeettisin keinoin, ennen muuta markkinoitiin kansalle pitkälti ryssänvihaa lietsomalla. Ryssänviha on toki suosittu kansallinen harrastus ja helmasynti, josta minäkään en ole vapaa, mutta EU-jäsenyyden pääpointti on jossain aivan muualla; EU kaupattiin suomalaisille jonkinlaisena puolustusliittona ja Naton korvikkeena.

Kun päätoimittajat nyt julistavat olevansa Natoon liittymisen puolella, minulla on sellainen paha aavistus, ettei siitä argumentaation taso ainakaan nouse. Jos asia hoidetaan perinteisen suomalaisen keskustelukulttuurin mukaan, suurten lehtien pääkirjoitussivuilla ilmoitetaan maanmatosille patriarkaalinen *Totuus*, joka on todennäköisesti sellainen, että Natoon on mentävä, koska se on oikea länsimainen viiteryhmämme, ja kaikki muuta mieltä olevat ovat Kremlin propagandalla aivopestyjä menneisyyden jäänteitä. Vastaavasti Naton kritisointi jää pölhövasemmistotasolle, eli Voima-lehden latteuksia lukevat pitkätukat laukovat vanhoja repliikkejään Natoon haluavien fasismista ja Nato-maista amerikkalaisina osavaltioina.

Olen itse jo eräitäkin kertoja sanonut, mitä itse haluaisin Nato-keskustelulta: vanhat repliikit olisi revittävä rikki, ja sen sijaan olisi ryhdyttävä pohtimaan sitä, mitä Nato-jäsenyys oikeasti maksaisi, millaisia yhteiskunnallisia tai ekologisia ongelmia Nato-sotaharjoituksista tulisi ja mikä Suomen arkipäivässä käytännössä muuttuisi Natoon liittymisen seurauksena. Valitettavasti tätä on turha odottaa, koska kaikki keskustelijat osaavat ulkoaopetellut vuorosanansa liian hyvin.

PRESIDENTTI GONZALO ELÄMÄNIKÄISEEN HÄKKIIN

15. lokakuuta 2006

Silloin kun minä olin nuori, eräs maailmalta kantautuvista kauhu-uutisista oli maolaississiliike Loistavan Polun sota Perun hallitusta vastaan. Ensimmäisessä aiheesta tehdyssä suomenkielisessä televisio-ohjelmassa liikkeen nimi *Sendero Luminoso* tosin suomennettiin Valaistuksi poluksi, mikä kuulosti huomattavasti kodikkaammalta – siitä tulee lähinnä mieleen havumetsän siimeksessä kulkeva lyhdyillä varustettu ulkoilureitti jossain Savon sydämessä.

Sanat *sendero luminoso* ovat sitaatti José Carlos Mariáteguilta, joka oli radikaalin sosialismin esiajattelijoita Latinalaisessa Amerikassa ja kuoli vuonna 1930 melko nuorella iällä; hänen teoksellaan *Siete ensayos de interpretación de la realidad peruana* – "Seitsemän yritystä tulkita Perun todellisuutta" – on kuulemma ollut merkitystä koko maanosan aatehistorian kannalta. Itse en valitettavasti ole Mariáteguia lukenut, lukuun ottamatta jossain saksalaisessa Latinalaisen Amerikan poliittisten ajattelijoiden antologiassa vuosikausia sitten ilmestynyttä käännöskatkelmaa, enkä siitäkään muista paljoa.

Mariáteguin ajatukset ovat vaikuttaneet myös demokraattisiin sosialistipuolueisiin, kuten Perun sosiaalidemokraattiseen puolueeseen APRAan. Ei kuitenkaan ole tyystin epäreilua pitää häntä jossain määrin vastuullisena perulaisen maolaisuuden synnystä, koska hän korosti, että perulaisten kommunistien tulisi hakeutua intiaaniväestön keskuuteen ja omaksua sen kulttuuri. Tästä ei ole pitkä matka Loistavan Polun taktiikkaan, joka pyrki tukeutumaan ketšuaa puhuvaan maaseutuväestöön ja hyödynsi propagandassaan tehokkaasti Andien kulttuuriin liittyvää symboliikkaa.

Mikään intiaanien ystävien yhdistys Loistava Polku ei kuitenkaan ollut. Vuosikymmeniä vilpittömästi intiaanien asiaa ajaneet epäpoliittiset ihmiset pääsivät Loistavan Polun tappolistalle, samoin sellaiset vasemmistolaisiksi laskettavat naisten tai köyhien omatoimiset poliittiset organisaattorit, jotka eivät kannattaneet Loistavan Polun äärikommunistista, ääridogmaattista politiikkaa. Kaikkien ääriryhmien tapaan Loistava Polku vihasi eniten niitä, jotka olivat omalla puolella poliittista spektriä, mutta yrittivät toimia poliittisen järjestelmän sisällä ja sen ehdoilla. Tämä ei tietenkään haitannut niiden eurooppalaisten äärivasemmistolaisten tahtia

– sellaisia tosiaankin oli, häpeällistä kyllä – jotka puolustelivat Loistavaa Polkua, vieläpä ihannoivat sen taistelua "fasistista" hallitusta vastaan.

"Fasistisesta" hallituksesta Perussa ei tietenkään ainakaan tuossa vaiheessa enää voinut puhua. Sotilashallituksista ainakin Juan Velasco Alvaradon juntta pyrki vilpittömästi maareformiin ja intiaanien aseman parantamiseen. Vuonna 1980 maa siirtyi siviilihallintoon, mutta kärsii tietysti yhä tavanomaisista latinalaisamerikkalaisista ongelmista, kuten korruptiosta, huumekaupasta, rikollisuudesta ja velkaantuneisuudesta, jotka luonnollisesti heikentävät demokratiaa. 1990-luvulla maata hallitsi kovaotteinen japanilaissyntyinen populistipresidentti Alberto Fujimori, mutta hänen valtaannousunsa ja kansansuosionsa oli pitkälti seurausta Loistavan Polun hirmutöistä, ei päinvastoin.

Loistavan Polun toiminta ei tietenkään myöskään ollut itsestään selvästi sopusoinnussa intiaanikulttuurien kanssa, vaikka intiaanikieliä osattiinkin. Kamputsean punaisten khmerien tyyliset ankarat moraalisäännöt, kuten juopottelun ja perinteisten juhlien kieltäminen, suututtivat monet intiaanit, eikä heitä liioin miellyttänyt se, että pienistäkin rikkeistä rangaistiin tappamalla. Ashaninka-heimon, joka lienee Perun yhteiskunnallisessa nokkimisjärjestyksessä alimpana, olisi luullut ainakin marxilaisen teorian mukaan rientävän innolla Loistavan Polun riveihin. Toisin kävi: heimo pani terroristeille hanttiin verissä päin, ja Loistava Polku intoutui puolestaan varsinaiseen ashaninkojen kansanmurhaan.

Ihmisoikeuksista Loistava Polku viis veisasi, mutta luonnollisestikin se hyödynsi Ihmisoikeuksien julistusta taktisesti omassa propagandassaan hallitusta vastaan. Tämäkin on tyypillistä niin oikeiston kuin vasemmistonkin ääriliikkeille: esimerkiksi rasistisen äärioikeiston nettisivuilla tunnetusti suureen ääneen vedotaan Ihmisoikeuksien julistuksen sananvapauspykälään. Heikäläisten mielestä on ilmeisesti hyvinkin suuri vääryys ja sananvapausloukkaus, etteivät he saa propagandaansa julkaistua Hesarin paraatisivulla.

Loistavaa Polkua johti keskiluokkaisesta limalaisesta Surcon kaupunginosasta käsin "presidentti Gonzalo", oikealta nimeltään Abimael Guzmán, virkaheitto filosofian professori, joka oli jossain välissä nauttinut hieman liikaa Marxia. Samalla kun hän veti Surcossa lonkkaa ihailijanaistensa hemmotelemana, hänen johtamansa terroristit syyllistyivät älyttömiin julmuuksiin maaseudulla, ja vastaavasti Perun armeija intoutui hädissään yhtä tolkuttomiin verilöylyihin.

Armeija surmasi sovittelukomission tietojen mukaan jonkin verran vähemmän ihmisiä kuin Loistava Polku, mutta tämä ei tietenkään muuta sitä asiaa, että sotilaiden julmuudet olivat erinomaista propagandaa terroristeille, puhumattakaan siitä, että moinen ihmisoikeuksia kunnioittamaton likainen sota oli oikeasti *tehotonta*. Terroristiryhmän johtaja pääsi aina pakoon sotilaita; vain rivimiestason senderistoja – sekä sellaisiksi epäiltyjä viattomia – päästettiin päiviltä kasapäin.

Herran sai kuitenkin satimeen Benedicto Jiménezin johtama poliisin erikoisryhmä, jonka ei tarvinnut tappaa eikä kiduttaa ainoatakaan viatonta intiaania – Jiménez sanoi myöhemmin, etteivät hänen alaisensa loukanneet edes "presidentti Gonzalon" ihmisoikeuksia. Sen sijaan se paneutui penkomaan Liman roskiksia. Oli nimittäin tiedossa, että Abimael Guzmán poti psoriasista, hilsetystautia, ja tarvitsi siihen säännöllisesti lääkkeitä. Koska "presidentti Gonzalolla" oli uskollisten aivopestyjen orjiensa joukossa myös lääkäreitä, hänellä ei sinänsä ollut vaikeuksia hankkia itselleen psoriasislääkkeitä, mutta hän jätti tyhjät lääkepurkit kaupungin puhtaanapidon hoidettaviksi. Se oli virhe. Poliisi osasi epäillä jonkin olevan vinossa jo sen perusteella, että talosta tuli roskaa enemmän kuin sen virallisesti henkikirjoitettu asukasmäärä olisi edellyttänyt. Kun jätepöntöstä vielä löytyi juuri odotetunlaisia lääkepurkkeja, "presidentin" päivät olivat luetut.

Niinhän siinä kävi, että "presidentti Gonzalon" piilopaikkaan hyökättiin isolla poliisijoukolla. "Presidentti" itse joutui vangiksi yhdessä liehittelijänaistensa kanssa, ja peitettynaamaiset sotilastuomarit tuomitsivat herran viettämään loppuikänsä kiven sisässä. Viranomaiset järjestivät kohtuullisen hauskan pilan hänen kustannuksellaan: herra professori pantiin näet näytteille sarjakuvakonnan raitapaitaan puettuna ja häkissä, ennen kuin hänet vietiin vankilasaaren pahnoille. Menettely ei ehkä ollut kaikkien lakien ja asetusten mukainen, mutta Perun paljon kärsinyt kansa varmasti tarvitsi tätä terapeuttista kokemusta: julmien terroristien pelätty johtaja muuttui pelkäksi naurettavaksi Mustaksi Pekaksi.

Jalkapuu- ja häpeärangaistuksia voitaisiinkin pitää perusteltuina Abimael Guzmánin tai vaikka Saddam Husseinin kaltaisten superkonnien ollessa kyseessä. Heidän vaarallisuutensa on siinä, että heitä pidetään elämää suurempina, hirviömäisinä olentoina. Kun heidät pannaan näytteille vaikkapa häkissä ja raitapaidassa, kaikki voivat mennä katsomaan hirmua ja todeta: eipä ollut tavallista pultsaria kummempi, saakutin ruma äijä parta naamassa.

Koska sotatuomarien antama tuomio ei ihan noudattanut Perun lakeja, "presidentti Gonzalon" juttu avattiin vuonna 2003 uudestaan. Viime perjantaina, 13. päivänä lokakuuta 2006, risupartaprofessori emeritus tuomittiin uudestaan loppuiäkseen vankilaan terrorismista, lukemattomista murhista ja muista ilkitöistä.

Hyvää loppuelämää vain, pysy siellä, jynssää vaikka vankisellisi lattiaa pesusienellä ja mieti tekosiasi. Toivotaan, että perulaisilla menee vastedes paremmin. He ovat totisesti saaneet kärsiä kylliksi, ja liikaa, sekä Kansainvälisen valuuttarahaston että äärivasemmistolaisten maailmanparantajien aatteellisista päähänpinttymistä.

Tämän kunniaksi taidan kaivaa DVD-kokoelmastani taas esiin John Malkovichin elokuvan *The Dancer Upstairs*, jollen sitten päädy lukemaan Mario Vargas Llosan romaania *Lituma en los Andes*.

SUOMALAISEN PUOLUESIHTEERIN NAINEN
18. lokakuuta 2006

Kokoomuksen puoluesihteeri on joutunut hankaluuksiin naisasioittensa takia. Miestä saattaa uhata syyte naisystävänsä pahoinpitelystä, joka valitettavasti kuulostaa uskottavalta sen valossa, mitä arkikokemus tietää ihmissuhdesotkujen luonteesta, ja parituksesta. Jälkimmäistä rikosta emme yleensä yhdistä nouseviin kokoomuspoliitikkoihin. Kokoomuslainen poliitikko, joka syyllistyy sisäpiirikauppaan tai kirjanpitorikoksiin, se menisi vielä läpi, mutta *paritus*? Se kuulostaa niin...rahvaanomaiselta, alamaailman tyyliseltä.

Totta kai tiedän, että parittamista, prostituutiota, saattajapalvelua ja naisten välitystä esiintyy niissä paljon puhutuissa paremmissakin piireissä, mutta tehdään nyt yksi asia alusta pitäen selväksi: minä en usko Harri Jaskarin syyllistyneen tieten tahtoen paritukseen, enkä juurikaan epäile, että hänen esittämänsä versio tapahtuneesta olisi oleellisesti virheellinen tai valheellinen. Monenlaiset asiat ovat toki maailmalla mahdollisia, ja lopullisen tuomion antaa vasta oikeusistuin, jos juttu sinne asti etenee.

Itseäni on tässä jutussa tympäissyt eniten se vahingonilo, jota eräilläkin nettitahoilla on osoitettu puoluesihteerin naistoilailujen johdosta. Varsinkin blogimaailman naisväki on rakentanut Jaskarille todellisen katiskan: joko Jaskari oikeasti hakkasi ja paritti tyttöystäväänsä, mikä tietysti olisi täysin katuojafeministisen maailmankuvan mukaista – miehethän eivät sen mukaan muuta osaakaan kuin joko käydä huorissa, kaupata naisia tai sekä että, mitä nyt välillä rusikoivat ja raiskaavat – tai sitten Jaskari on ollut kyllin tyhmä ja naiivi haksahtaakseen prostituoituun, eikös olekin huvittavaa, hah hah haa. Jaskari nähdään siis joko roistona tai surkimuksena. Kolmatta vaihtoehtoa ei ole. Tämä on toki sama dilemma, johon suomalainen mies tietysti yleensäkin joutuu naisten hallitsemassa julkisessa keskustelussa: joko vihattava paholainen tai pilkattava häviäjä.

Omasta mielestäni Jaskarin kertomus vaikuttaa pääpiirteissään aivan mielekkäältä ja vilpittömältä. Hänen avioliittonsa oli juuri loppunut, joten hän oli avoinna uusille suhteille, mutta häneltä puuttui iskumaailman rutiinia. Niinpä hän rakastui virolaiseen kaunottareen, joka tähänastisten uutisjuorujen perusteella saattoi olla jonkin sortin kurtisaani. Oletettavasti nainen hermostuneesti piilotteli elämänsä tätä puolta häneltä, mikä sitten aiheutti suhteeseen jonkinmoista jännitettä ja "myrskyisyyttä", eikä ole mahdotonta, että tässä ajauduttiin aika ajoin käsirysyynkin. Se taas nykyisen yhteiskunnallisen ilmaston vallitessa tulkitaan "naiseen kohdistuvaksi väkivallaksi" eli hirveäksi pyhäinhäpäisyksi, josta epäiltykin on jo etukäteen tuomittu ulkoiseen pimeyteen.

Kuitenkin aivan kiltti, hyväntahtoinen, perusrehellinen ja hyväuskoinen mies voi tällaisessa valheita, piilottelua ja vilppiä sisältävässä suhteessa ajautua epätoivoisiin tekoihin siitä yksinkertaisesta syystä, ettei hänellä ole kokemusta eikä ymmärrystä tällaisista tilanteista. Joka luottaa ihmisiin, ei osaa olla epäluotettavan ihmisen kanssa eikä ymmärrä, mitä on tekeillä, kun kumppani yhtäkkiä osoittautuu sellaiseksi. Ja siinä missä naiset opetetaan suorastaan hysteerisesti epäilemään miehiä raiskaus- ja pahoinpitelyaikeista, ainakin se sukupolvi miehiä, johon Jaskari ja minä kuulumme, on 80-luvun julkisuudessa vallinneella merkillisellä ritarillisuuden ja feminismin sekoituksella aivopesty ajattelemaan, että nainen on hyvä ja jalo olento, jota ei saa edes epäillä. Minä en usko vähääkään, että Jaskari olisi vapaa tällaisesta naiiviudesta, koska se sopii aivan yhtä hyvin yhteen oikeistolaisen kuin vasemmistolaisenkin poliittisen katsomuksen kanssa – ensimmäiseen se kiinnittyy perinteisen ritarillisuuden, jälkimmäiseen naisasia-ajattelun koukuin.

Tähänastisten väliaikatietojen mukaan nainen omi itselleen Jaskarin työsuhdeasunnon ja yhtyi siellä asiakkaisiinsa Jaskarin tietämättä – eikä tämäkään mahdottomalta vaikuta. Tämä vaikuttaa kieltämättä paritukselta, ainakin jos voidaan osoittaa Jaskarin hyötyneen taloudellisesti tilanteesta. Jos nainen on maksanut Jaskarille rahaa esim. jonkinlaisena korvauksena siitä, että hän ei ole vielä saanut romujaan vietyä asunnosta, puoluesihteeri voi päätyä tuomituksi siinäkin tapauksessa, että hän ei ole tiennyt eikä mieltänyt yksittäisten tekojensa ynnäytyvän lain silmissä parituksen näköiseksi kuvioksi.

Parantumattomana sovinistina asetun tietysti itse Jaskarin puolelle. Tapauksen puitteissa sopii pohtia taannoista keskustelua prostituutioasiakkuuden kieltävästä laista: sitä perusteltiin mielellään sillä ajatuksella, että prostituoidut ovat säälittäviä, elämänhallintansa menettäneitä olentoja, joita kyyniset miehet käyttävät tieten tahtoen hyväkseen. Todellisuus on aivan toinen, eli prostituoitujen joukossa on paljonkin ohjaksissa olevia, laskelmoivia pelinaisia, jotka osaavat täysillä käyttää hyväkseen yksinäisten miesten hätää ja hämmennystä, ja kuten tämänkertaisestakin kuvasta näkyy, osaavan kurtisaanin ammattitaitoon kuuluu miehen huiputtaminen rakastumaan, emotionaaliseen riippuvuussuhteeseen.

Kun säädetään ihmisten seksuaalikäyttäytymistä säännösteleviä lakeja, kannattaisi totisesti ottaa huomioon sekin mahdollisuus, että kyyninen katunainen tuntee lain ja käyttää sitä omiin tarkoituksiinsa; ja kun puhutaan prostituutiosta, olisi lopultakin aika myöntää, että tunteettomien naisostoksilla kävijöiden ohella on normaalijärkisiä miehiä, jotka ihan vakavissaan luulevat itseään poikaystäviksi eivätkä ymmärrä olevansa prostituoitujen asiakkaita.

Paljon puhutaan miesten hallitsemasta maailmasta ja naisen asemasta maailman neekerinä, mutta pariutumismaailma on täysin naisten hallinnassa ja toimii naisten ehdoilla. Parhaiten tämä tulee näkyviin siinä, että auervaaran hyväksikäyttämä nainen on aina ja kaikkien mielestä uhri, kun taas mies, joka on haksahtanut prostituoituun tai luonnevikaiseen hyväksikäyttäjänaiseen, on vain naurettava, kun ei ole ymmärtänyt sitä perussääntöä, että tyhmiä jymäytetään. Miehet aivopestään jymäytettävän kilteiksi ja ritarillisiksi. Sen jälkeen heitä vielä erikseen pilkataan siitä, että he antavat jymäyttää itseään. Ja kun mies jatkuvasta jymäyttämisestä ja pilkkaamisesta turhautuneena kerran kumauttaa, odottaakin jo syyte kauheasta naisen pahoinpitelystä.

HUHTINIEMEN RISTITTÖMÄT HAUDAT
20. lokakuuta 2006

Huhtiniemen joukkohaudat ovat nousseet uutisiin taas kerran. Jo vuosikausien ajan on väännetty kättä siitä, mitä sieltä oikein on löytyäkseen, kansalaissodan vainajiako vai jatkosodan perääntymisvaiheessa teloitettuja karkureita ja joukoistaan erilleen eksyneitä. Jälkimmäistä versiota on kovasti yritetty kiistää: ns. virallinen ja pakasta vedetyn ammattihistorioitsijan hyväksymä totuus on, että jos Lappeenrannassa on joukkohautoja, ne ovat sisällissodan, eivät toisen maailmansodan aikaisia. Nyt asiasta on ilmeisesti päätetty tehdä kerralla selvä.

Toinen maailmansota oli Suomessa sikäli poikkeuksellinen, että säästyimme miehitykseltä ja sodassamme oli selkeät osapuolet. Suomessa oli oikeasti armeija, joka myös puolusti kansaa. Suurimmassa osassa itärintaman maita ja monin paikoin lännessäkin tilanne oli huomattavasti epäselvempi: saksalaismiehitys ei tuonut muassaan mitään preussilaista järjestystä, vaan juutalaisjahdin ja muunkinlaisen mielivallan, metsissä lymysi jos jonkinlaista pyssyporukkaa ja partisaania, eivätkä nämäkään olleet mitenkään yksiselitteisesti ystävällisiä tavallista kansaa kohtaan. Kun neuvostoarmeija sitten aikanaan tuli "vapauttamaan" esimerkiksi Puolan, "vapaus" ilmeni reuhaavien solttujoukkojen tekeminä murhina, raiskauksina ja ryöstelynä. Sota sinänsä näyttäytyi pikemminkin aseistettujen miesjoukkojen siviileille tekemien rikosten sarjana kuin mielekkäänä politiikan jatkeena, jolla selkeästi pyritään johonkin, esimerkiksi isänmaan itsenäisyyden säilyttämiseen. Jokainen siviili-ihminen oli viime kädessä oman neuvokkuutensa varassa yhteiskuntarakenteiden romahdettua, mikään kansanhuoltoministeriö ei katsonut hänen peräänsä.

Vasemmistohenkiset kommentoijat – kyllähän minäkin heihin kuuluin nuorempana – ovat kovasti yrittäneet keksiä Suomelle sodanaikaisia häpeilyn aiheita. Lienevät kateellisia saksalaisille virkaveljille, kun näillä on kunnon kansalliset synnit joissa piehtaroida. Vaikka en pidäkään suositeltavana jonkun Jukka Tarkan asennetta, joka lähtee siitä, että Suomi teki aina kaiken oikein ja parhaalla mahdollisella tavalla, olen nyt vanhennuttuani ja viisastuttuani tympääntynyt kaikkiin sellaisiin väitteisiin, että Suomen pragmaattiseksi tarkoitettu liittoutuminen Natsi-Saksan kanssa muka olisi jonkinlainen historian valkoinen läikkä tai salattu häpeä. "Aseveljeyden" syyt, taustat ja motiivit ovat tunnetut ja ymmärrettävät; moraalisia tuomioita voidaan toki langettaa jatkosodan politiikan monista yksityiskohdista, kuten saksalaisen mallin mukaisen etnisen erottelun harjoittamisesta Itä-Karjalassa, Saksaan luovutetuista kahdeksasta juutalaisesta tai sotavankien kohtelusta. Mutta koska Suomi taisteli Saksan tukemana Neuvostoliittoa vastaan, jatkosodan aikaisia syntejämme on luontevinta verrata näihin kahteen valtioon; ja alan ammattilaisina ne tunnetusti syyllistyivät sekä sodassa että muutenkin niin pöyristyttäviin rikoksiin, että Suomi näyttää niiden rinnalla pahimmillaankin vain tikkarin pöllineeltä myymälävarkaalta.

Jos suomalaisten suhdetta omaan sotaansa pitää väkisin arvostella, näkisin sen vikana lähinnä eräänlaisen partiopoikamaisen omahyväisyyden, joka sekin selittyy suomalaisten viattomuudella. Kerettiläisesti sanon, että Suomi ei oikeasti ole kokenut toista maailmansotaa, ainakaan siinä mielessä kuin sen kokivat itärintaman jalkoihin jääneet kansat. Pasifismi on jäänyt meillä marginaaliseksi aatteeksi ja asenteeksi siitä syystä, että meidän historiallisen kokemuksemme perusteella sodan voi oikeasti voittaa, sodassa on oikeasti selkeä ero hyvien ja pahojen välillä, hallitusjärjestelmä ja valtiokoneisto voivat säilyä toimintakuntoisina ja demokraattisina läpi sodan ja armeija voi oikeasti olla vapauden puolustaja.

Niitä vasemmistolaisia lukuun ottamatta, jotka ovat omaksuneet lähinnä ulkomailta tuotuja näkemyksiä sodan turhuudesta ja sekasortoisuudesta, suomalaiset suhtautuvat yleensä hyvin ahdistuneesti ja torjuen siihen ajatukseen, että meikäläiset eivät olisikaan hyviksiä kaiken aikaa ja kaikissa tilanteissa. Siksipä heille on kova pala myöntää, että vaikkapa jatkosodan perääntymisvaiheen aikana olisi joukoittain teloitettu karkureita tai karkuruudesta epäiltyjä ilman kunnollista oikeuskäsittelyä ja lakia rikkoen.

Luonnollisesti menneiden vuosikymmenten poliittiset kiistat ovat myös jättäneet monille sellaisen perusasenteen, että isänmaan puhtaiden aseiden kunniaa on vielä nytkin puolustettava taistolaisia tai muita ilkeämielisiä kyseenalaistajia vastaan, mikä tarkoittaa, ettei saa myöntää tapahtuneeksi mitään sellaista, mikä voisi antaa aseita vastapuolen käsiin. Niin ymmärrettäviä kuin tällaiset asenteet ovatkin, ne eivät ole historiantutkimukselle hyväksi.

Yhtä haitallisia toki ovat ne vastakkaisetkin mentaaliset luutumat. Jos nyt niin sattuisi käymään, että Huhtiniemen vainajat osoittautuvat jatkosodan loppuvaiheissa ilman kunnollisia lakiperusteita ammutuiksi, toivon, ettei kukaan riekkuisi sillä, kuinka isänmaallisuuskohkaajat saivat siipeensä ja kuinka tämä nyt osoittaa heidän ihanteensa vääriksi ja valheille rakennetuiksi. Siinäkin tapauksessa että rikos tapahtui, se oli viime kädessä inhimillisesti ymmärrettävä seuraus poikkeusoloista ja vastuunkantajien hätääntymisestä puolustusasemien pettäessä. Kohkaajille minulla ei ole muuta sanottavaa kuin että sodissa tapahtuu tällaisia asioita

– laittomia ja epämiellyttäviä asioita. Suomen sodanpäämäärä jatkosodan perääntymisvaiheen aikana oli epäilemättä oikeutettu eli maan itsenäisyyden säilyttäminen; mutta oikeudenmukaisetkaan tavoitteet eivät suojele hätäännykseltä eivätkä sen vallassa tehdyiltä julmuuksilta ja rikoksilta. Joukkohaudat voivat todistaa korkeintaan sen, että suomalaisetkin ovat vain ihmisiä ja sellaisina erehtyväisiä – äärioloissa äärimmäisyyksiin erehtyväisiä.

Sama pätee muutettavat muuttaen koko sotaan. Jos kuva toisesta maailmansodasta Suomessa on muuttuakseen, en haluaisi sen muuttuvan mihinkään muuhun kuin rehellisyyden, osallisten motiivien vilpittömän ymmärtämisen suuntaan. Olisi voitava myöntää, että suurimmalle osalle suomalaisista pääasia oli suurimman osan aikaa – myös jatkosodan aikaa – maan itsenäisyyden pelastaminen totalitaarisen Neuvostoliiton kynsistä; samalla olisi myös voitava ymmärtää, että kun Suomi sai joksikin aikaa haltuunsa osia kansallisromantikkojen kaipailemasta rajantakaisesta Karjalasta, maltillisetkin saattoivat hullaantua hetkeksi ja joutua karelianistisen kiihkon valtaan. Sekin oli viime kädessä vain inhimillistä ja ymmärrettävää. Mutta myös monet aveluttavat ja yksiselitteisesti pahatkin asiat olivat ja ovat – inhimillisesti ymmärrettäviä.

NUORTEN MAAILMA ON ALAMAAILMA
22. lokakuuta 2006

Elokuussa kirjoitin otsikolla "Pahoja ihmisiä on, oikeasti" taannoisesta tapauksesta, jossa nuoren naisen murhasi kolmekymmentä täyttänyt vankilakundi. Tuolloin poliisi oletti, – ja minä oletin poliisin mukana, – että kyseessä olisivat olleet "suhteen rakentamisen yhteydessä ilmenneet erimielisyydet", eli vanki odotti pääsevänsä sukupuoliyhteyteen nuoren ja kauniin kirjeenvaihtotoverinsa kanssa, ja surmasi sitten tämän kostoksi kieltäytymisestä. Nyttemmin julkisuuteen tulleiden tietojen valossa minun on muutettava käsityksiäni.

Tämänhetkisen tiedon valossa tytön entinen poikaystävä oli velkaantunut, lienevätkö sitten kyseessä olleet huumevelat, pelivelat vai mitkä, ja tytöltä käytiin kovistelemassa rahoja. Koska lailla ja poliisilla ei ole pääsyä nuorten ihmisten maailmaan, tyttö lähti siitä, että suojaa on saatavissa vain turvautumalla kahta kauheampaan roistoon. Tuo kahta kauheampi roisto oli kuitenkin niin kauhea, että hän ilmeisesti mielijohteesta surmasi tytön muitta mutkitta. Oikeudessa murhaaja selitti olleensa niin heroiinipäissään, ettei muistanut tapahtuneesta mitään. Hänen kerrotaan selittäneen murhan sillä, että tyttö oli *vasikka*, siis poliisin ilmiantajalta vaikuttanut henkilö, tai väljemmin tulkiten alamaailman normeja noudattamaton lainkuuliaisen yhteiskunnan edustaja.

Koska en malta olla kehittelemättä tapauksesta omia teorioitani, oletan, että tyttö oli ainakin suhteellisen kiltistä ja asiallisesta perheestä. Nuorena ihmisenä hän kuitenkin joutui olemaan tekemisissä toisten samanikäisten kanssa, ja se koitui hänen kohtalokseen. Poikaystävä päätyi syystä tai toisesta riippuvaiseksi kovapintaisista rikollisista, ja tautitartunnan laila tämä riippuvuussuhde veti myös tytön mukaansa, syvyyksiin.

Keskeistä on se, että nuorten ihmisten maailman ja selvästi rikollisten piirien väliin ei voida vetää rajaviivaa. Aino Kontulan loistavan peruskoulukuvauksen *Rexi on homo ja opettajat hullui* rehtori tiivistää asian sanoihin: "Näin suuressa koulussa te opetatte myös tulevia murhaajia, raiskaajia, rattijuoppoja, kavaltajia, huumeiden käyttäjiä, varkaita ja itsemurhaajia." Yläaste, ja laajemmin katsoen myös nuorten aikuisten maailma, on se maailma, jossa murhaajat, raiskaajat ym. rikolliset eivät ole vielä eriytyneet omaksi vankilan sellejä asuttavaksi alamaailmakseen, vaan jossa he ovat vielä samassa sellissä kilttien ja keskiluokkaisten ihmisten kanssa.

SENSUROITU SUOMESSA: 2006

Niinpä lähin vertauskohta nuorten ihmisten maailmalle löytyy Aleksandr Solženitsynin kuvaamista neuvostoliittolaisista vankileireistä. Niissä tunnetusti kriminaalivangit pomottivat, pahoinpitelivät ja raiskasivat poliittisia vankeja, ja vankilaviranomaiset antoivat tämän tapahtua. Kriminaalivangit vertautuvat yläasteen komeasti ja hurjasti häjyileviin tuleviin rikollisiin, poliittiset vangit niihin pinko-, nynny- ja nörttirassukoihin, jotka yrittävät elää jotakuinkin ihmisiksi. Nuorisokulttuuri arvostaa itsetarkoituksellista kapinallisuutta, joten nuorisorikollisen alut, huumeiden "kokeilijat" ja muut alamaailman kanssa flirttailevat tyypit ovat statukseltaan korkealla sijalla nuorten maailmassa. Tyttöystävättäkään eivät suinkaan jää lain ja rikoksen rajoilla leikittelevät pojat, vaan kiltit ja ahkerat. Ja yläasteen arvot jäävät monilla päälle vuosiksi yläasteen jälkeenkin. Lopulta ollaan tilanteessa, jossa yläasteen jo aikapäiviä sitten lopettanut, yli kaksikymppinen nuori nainen ajattelee, että kun ovella kolkuttelevat entisen poikaystävän rikolliset tutut, normaali tapa reagoida asiaan ei ole kääntyä poliisiin, vaan kovia huumeita käyttävän paatuneen ammattirikollisen puoleen.

Mitenkö asiaa voisi auttaa? Olen jo moneenkin otteeseen sanonut, mikä on oma mielipiteeni asiasta. "Lasten oikeuksista" höpöttäminen saisi loppua kuin seinään, ja sen sijaan tulisi lähteä siitä, että koulun tehtävänä on kasvattaa kakaroista lainkuuliaisia kansalaisia, vaikka sitten väkisin. Rokkia sun muita teollisesti tuotetun nuorisokulttuurin muotoja, jotka eivät opeta mitään muuta kuin huumeidenkäytön ja rikollisuuden ihannointia, pitää vastustaa aktiivisesti, ja koulun kasvatustehtävään kuuluu varsin oleellisesti sen vastustuksen organisoiminen. Olisin jopa aivan valmis kannattamaan sellaista, että koululle annettaisiin valta valvoa myös sitä, mitä nuoret tekevät vapaa-aikanaan.

Luonnollisestikin koulun tulisi noudattaa vanhojen hyvien aikojen kasvatusihanteita jonninjoutavan rakkauspälpätyksen sijaan. Eiköhän tämä kotouttaisi paremmin maahanmuuttajalapsetkin, joiden ainoa suomalaisuuden malli nykyoloissa tulee niiltä nuorisorikollisen aluilta.

Tämä parannuskeino on luonnollisesti poliittisesti mahdoton nykyoloissa. Itä-Suomessa on sitä paitsi ongelmana se, että laittomuus leviää itärajan takaa, koska Venäjän puolelle piipahdetaan jatkuvasti tekemään pikkulaittomuuksia. Feministien hysteerinen höpötys suomalaisista perheenisistä, jotka muka laumoittain pyhiinvaeltavat Viipuriin maatakseen siellä alaikäisten kanssa, on täsmälleen yhtä joutavanpäiväistä roskaa kuin naisasiaväen löpinät yleensäkin, mutta ovat he sikäli oikeilla jäljillä, että Venäjä merkitsee laittomuuden kulttuuria, joka tarttuu meikäläisiinkin nuoriin.

Muutama vuosi sitten tunsin itäsuomalaisen kaupungin poliisipäällikön tyttären, jolle piraattilevyostokset rikoksen valtakunnassa olivat arkipäivää. Ei kai siinä kovin isosta rikoksesta ollut kysymys, mutta sekin on osaltaan omiaan heikentämään lain itseisarvoista kunnioitusta. Ja jos nuorten pitäisi jotain oppia, niin juuri arvostamaan lakia sen itsensä takia – kaikenlaisen joutavan "kriittisyyskasvatuksen" sijasta. "Kriittisiä" kakarat osaavat olla opettamattakin, mutta lainkuuliaisuus on opittava – ja koulun kuuluu opettaa se heille.

SEURAAVA TOTALITARISMI
23. lokakuuta 2006

Pilalehti Pahkasian lopettamiseen oli kuulemma syynä se Paavo Haavikon kuuluisan aforismin kiteyttämä tosiasia, että maailma oli mennyt jo aivan liian absurdiksi itsessäänkin, jotta sitä ylipäätään voisi parodioida. Valitettavasti tämä pitää paikkansa myös Puolan nykyisestä politiikasta puhuttaessa: opetusministerin apulainen Mirosław Orzechowski on julistanut evoluutioteorian valheeksi ja vanhan ukon horinoiksi. Charles Darwiniin ei kuulemma ole luottamista, koska hän ei uskonut Jumalaan eikä syönyt lihaa.

Orzechowski kuuluu Puolan perheiden liittoon, *Liga Polskich Rodzin*, puolueeseen, joka katsoo edustavansa Puolan sotienvälisen ajan ns. kansallisdemokraattista perinnettä. Olen kirjoittanut kansallisdemokraateista tässä blogissa jo aikaisemmin, mutta totean vielä uudemman kerran, että tähän perinteeseen kuuluu talousasioissa hyvinkin vasemmistolaisten ajatusten yhdistäminen kulttuurikonservatiivisuuteen, jollei peräti taantumuksellisuuteen. Nykypuolalaisissa oloissa tämä on erittäin toimiva konsepti. Käsite *liberalismi* on Puolassa paljon johdonmukaisempi kuin meillä.

Puolalaiset liberaalit ovat ajaneet oikeistolaista talouspolitiikkaa yhdistettynä kulttuuriseen vapaamielisyyteen esimerkiksi homo- ja aborttiasioissa. Koska liberaali talouspolitiikka on merkinnyt huono-osaisten aseman heikkenemistä, ja koska huono-osaiset myös innokkaimmin turvaavat uskontoon, ei pidä hirveästi ihmetellä, että tällainen puolue saa laajaa kannatusta.

Täällä meilläpäin epäilemättä nähdään asia siten, että tässä on taustalla Puolan vahvan katolisen kirkon kuristusote tietämättömistä massoista. Tämä tulkinta ei ole aivan viimeisen päälle oikea. Katolisen teologin koulutus ei ole mitään raamatun ulkolukua, itse asiassa katolisen kirkon päättävät tahot näkevät paljonkin vaivaa sovittaakseen teologian yhteen luonnontieteellisen maailmankuvan kanssa. Ei pidä kuvitella, että pakasta vedetty katolisen moraaliteologian professori esimerkiksi jossain eteläsaksalaisessa yliopistossa olisi jälkeenjäänyt juntti, joka ei olisi perillä vaikkapa darwinismin teoriasta ja oppihistoriasta. Onkin kuvaavaa, että – kuten vuosia sitten luin Polityka-lehdestä – puolalaisiin pappisseminaareihin hakeutuu kovapintaisia nuoria ateisteja, jotka haluavat perehtyä katolisen teologian opinkappaleisiin oppiakseen sanomaan asiantuntevasti vastaan katolisille teologeille. Täkäläisten kiljupunkkareiden tuskin kukaan olettaa kahden hasasauhun välillä vaivautuvan hankkiutumaan eroon teologisesta lukutaidottomuudestaan. Kaikki pölhöateistit esittelevät teodikean ongelmaa kuin omana keksintönään ja katsovat sen sinänsä osoittavan kristinuskon vääräksi, eikä kellekään tietysti juolahda mieleenkään, että juuri sen ongelman pohtimiseen teologit ovat kautta kirkkohistorian kuluttaneet takuulla enemmän aikaa ja tupakkaa kuin mihinkään muuhun.

Puolan katolisten teologien joukosta löytyy hyvinkin sympaattisia, viisaita ja humoristisia hahmoja, alkaen vuonna 2000 kuolleesta Józef Tischneristä, joka kirjoitti mm. filosofian oppikirjan Podhalen seudun vuoristolaismurteella. Mutta Orzechowski ja hänen puoluetoverinsa eivät ole katolisia teologeja eivätkä kuulu kirkkokurin alaiseen hengelliseen säätyyn. Hieman ilkeämielisesti voisi sanoa, että he ovat pikemminkin protestantteja kuin katolisia, koska silloin kun heidän ärjynationalistinen ja valistuksenvastainen omatuntonsa on ristiriidassa kirkon opetusten kanssa, he luonnollisesti seuraavat omaatuntoaan ja katsovat kirkon lepsuilevan liikaa, antavan periksi ulkomaalaisille ja epäpuolalaisille intresseille. Józef Tischner kirjoitti kommunismin kaaduttua profeetallisesti, että "nyt vihollinen on stalinismin henki omissa riveissämme", siis katolisen kirkon ja kommunisminvastaisen liikkeen omissa riveissä. Tätä vihollista edustaa Puolan perheiden liitto Orzechowskeineen.

Puolan katoliset filosofit ovatkin Lublinin metropoliitta, arkkipiispa Józef Życińskin johdolla panneet vastalauseensa Orzechowskille ja hänen laillaan ajatteleville. He muistuttavat itsensä Johannes Paavali II:n nimenomaisesti ilmoittaneen kantanaan, että evoluutioteoria ei ole mitenkään ristiriidassa katolisen uskon kanssa. *Filosofian luennoitsijoina, jotka pyrkivät olemaan uskollisia puolalaisen paavin intellektuaaliselle perinnölle, pahoittelemme, että puolalaisissa piireissä pyritään nykyään kyseenalaistamaan paavin näkemys tieteen ja uskon yhteistyöstä ja korvaamaan se katolisuudelle vieraalla tieteenvastaisella fundamentalismilla*, sanotaan arkkipiispan asiamiehen tiedotusvälineille toimittamassa viestissä.

Paino on sanoilla *obce katolicyzmowi*, katolisuudelle vieraat. Katolisiksi itseään väittävät puolueet eivät ole oikeasti katolisia, vaan ne toimivat amerikkalaisten fundamentalistiprotestanttien etäispäätteenä Puolassa. Amerikkalaiset raamattuvyöhykkeen protestantit suhtautuvat katolisiin hyvin samalla tavalla kuin Pohjois-Irlannin surullisen kuuluisa kansankiihottajapastori Paisley, mutta tämä ei estä heidän valistuksenvastaisten oppiensa kulkeutumista Puolan katolisiin äärioikeistopuolueisiin asti. Kun jossain etelän tai keskilännen fundamentalistien konventiossa päätetään, että jokin asia on kristinuskolle vahingoksi, ja pannaan pystyyn suuri kampanja sitä vastaan, tällä päätöksellä on seurauksia kautta koko länsimaailman, uskontunnustusrajoista riippumatta.

SENSUROITU SUOMESSA: 2006

Tämä juuri on pelottavaa nykyamerikkalaisessa fundamentalismissa: sen valistukselle vihamieliset näkemykset eivät ainoastaan ole globalisoituneet, vaan myös ekumenisoituneet. Uskonnollisuuden varjolla leviävät tieteenvastaiset, obskurantistiset ajattelumallit eivät pysähdy vanhoille kirkkokuntarajoille. Paikalliset teologiset eliitit eivät myöskään kykene hillitsemään niitä, koska ne leviävät maallikkoverkostojen kautta, mielellään juuri Puolan perheiden liiton kaltaisen äärioikeistolaisen populistipuolueen avustuksella. Tämä puolue taas esiintyy korostetusti kotimaansa isänmaallisten arvojen puolustajana, vaikka kyseessä itse asiassa onkin kansainvälinen ja kansainvälisyydessään hyvin paljon kommunismiin verrattava totalitarismi.

Teologian professorin kanssa voi tieteellisesti väitellä. Sitä vastoin amerikkalaisperäinen kiihkomaallikkojen kristillisyys on totalitaarinen liike, jonka kanssa on turha yrittää keskustella. Jumala on puhunut, joten totuus on selvillä. Jos darwinismi tai jokin muu paholaisen eksytys on välttämätöntä tieteelliselle ajattelulle, tiede joutaa romukoppaan. Ja mitä sitten demokratiaan tulee, sekään ei tunnetusti ole amerikkalaisille fundamentalisteille absoluuttinen arvo.

Islamilaisesta fundamentalismista kauhistuneiden kannattaisi muistaa, että islam on kaikissa länsimaissa lähes yksinomaan pienten ja helposti tunnistettavin maahanmuuttajavähemmistöjen uskonto, joka houkuttelee niukanlaisesti alkuperäisväestöön kuuluvia käännynnäisiä. Esimerkiksi buddhalainen ja hindulainenkin mystiikka on viime vuosikymmeninä kiinnostanut kristinuskosta vieraantuneita amerikkalaisia ja eurooppalaisia aivan toisessa määrin. Islamilainen fundamentalismi pystyy korkeintaan uhkailemaan väkivallanteoilla tai räjäyttämään muutaman pommin, mistä seuraa vain, että kaikki muslimivähemmistöt joutuvat ikävyyksiin vahvojen länsimaisten valtioiden väkivaltakoneiston kanssa. Mutta kristillinen fundamentalismi on saanut merkittävästä oikeaa poliittista vaikutusvaltaa Yhdysvalloissa ja nyttemmin myös Puolassa, joka on Euroopan runsasväkisimpiä maita. Sillä on kannattajia meilläkin, kannattajia, jotka saavat rahallista apua ja ideologista koulutusta Yhdysvalloista – kannattajia, jotka ovat osa tätä yhteiskuntaa ja vaikuttavat sen sisällä, ja jotka eivät etnisen alkuperän eivätkä ulkonäön puolesta eroa muista suomalaisista. Ei siksi ole mahdotonta, että mekin joudumme lähiaikoina ottamaan reaalipoliittisista syistä huomioon tämän totalitarismin vaatimukset omassa koulutuspolitiikassamme. Merkkejä siitä on jo näkynyt.

KAPINA UUSIKSI
24. lokakuuta 2006

Unkarissa on juhlittu vuoden 1956 kansannousun viisikymmenvuotismuistoa elvyttämällä historiaa täysillä. Sosialistien ja liberaalien hallituskoalitiota vastaan on ollut mellakoita, ja näyttelyesineeksi vuosipäivän juhliin tuotu panssarivaunu on kaapattu ja sillä ajettu päin poliiseja. Tätä kirjoittaessani mellakkapoliisit ovat käyttäneet ainakin kumiluoteja mielenosoittajien taltuttamiseen, tiedä vaikka tällä välin olisi turvauduttu jo oikeisiinkin pateihin. Ilmeisesti tapahtumien keskipisteessä on opposition FIDESZ-puolue, jonka nimestä tulee paljonkin muistoja mieleen.

FIDESZ oli alkujaan liberaalinen Nuorten demokraattien puolue. Vaikka olinkin Itä-Euroopan murroksen aikana, vähän yli kaksikymppisenä, mielestäni kovastikin vasemmistolainen, minun oli vaikea olla tempautumatta tapahtumien pyörteisiin. Lapsuudessani ja vielä murrosiässäni Itä-Euroopan kommunismi tuntui järkkymättömältä monoliitilta; kun kaksikymppisenä tapasin ensimmäisen kerran itäsaksalaisia ja puhuin saksaa heidän kanssaan, minusta tuntui kuin olisin tavannut natsien tai Stalinin keskitysleireistä lomalle päässeitä ihmisiä, jollen peräti Maan ulkopuolisia vihreitä miehiä. Vaikka FIDESZ-puolueen politiikka ei sinänsä vastannutkaan omia ihanteitani, jo nimenä "nuoret demokraatit" vetosi minuun kovasti, ja olin hyvinkin valmis ymmärtämään ja hyväksymäänkin, että Unkarissa haluttiin vastareaktiona kommunistiaikoihin nyt kokeilla liberaalikapitalistisia aatteita.

Toki Itä-Eurooppa oli tuossa vaiheessa jo melkoisesti vapautunut, sorto useissa maissa niin lientynyt, että siihen saattoi suhtautua miltei romantisoiden. Itä-Saksa ja Tšekkoslovakia olivat lähellä totalitaarista helvettiä, mutta Unkari oli vaivihkaa junaillut itselleen melkoisesti poliittista liikkumatilaa Neuvostoliiton kainalossakin, ja Puolassa kommunistisen järjestelmän legitimiteetti oli romahtanut täysin 80-luvun alussa Solidaarisuus-ammattiliiton toimiin; voisi jopa sanoa, että Wojciech Jaruzelskin pariksi vuodeksi julistaman sotatilan jälkeinen Puola oli eräänlaisessa välikauden huoltohallinnossa ja odotti ulkoista, virallista vapautumistaan kommunismista, kun sisäinen, tosiasiallinen vapautuminen oli jo tapahtunut.

Koska Unkarissa olot olivat jo melkoisen vapaat, oli odotettavissa, että unkarilaiset ottaisivat lentävän lähdön länsimaiseen demokratiaan, kun siihen oli tavallaan jo totuttu. Tuntuu lievästi sanoen hämmentävältä,

SENSUROITU SUOMESSA: 2006

että juuri Unkarin poliittiset olot ovat nyt kärjistyneet katutaistelujen tasolle. Eihän tässä näin pitänyt käydä.

En juurikaan tunne Unkarin poliittista järjestelmää. Netti tietää kuitenkin kertoa, että FIDESZ-puolue on sitten vanhojen hyvien aikojen siirtynyt nuorekkaasta liberalismistaan konservatiivisille, nationalistisille linjoille. Tämä puolestaan ajoi puoluetta perustamassa olleet vapaamieliset älyköt vapaisiin demokraatteihin, jotka ovat nykyään maan johtava liberaalipuolue ja istuvat samassa hallituksessa sosialistien, ts. entisen kommunistipuolueen kanssa.

Pääministeri Ferenc Gyurcsány ehti alkujaan olla muutaman vuoden kommunistisen nuorisoliiton johtoportaassa ennen kuin rupesi liikemieheksi ja teki ilmeisesti hyvät rahat mm. kiinteistökeinottelijana, eikä aina erityisen eettisesti. Politiikkaan hän palasi vasta muutama vuosi sitten. Hän edustaa siis yhtaikaa kommunismia ja kapitalismia, molemmat aatteita, joihin Itä-Euroopan huono-osaiset ovat pitkälti pettyneet ja katkeroituneet.

Gyurcsányin vastaiset protestit eivät tietenkään ole demokratialle hyväksi.

Maassa, jossa on vakiintunut ja toimiva kansanvalta, vaalit hävinneen puolueen lietsoman katuparlamentin ei tule päättää asioista. Protesteille on kuitenkin ymmärrettävät syyt siinä missä kansallismielisen, uskonnollisen oikeiston menestykselle Puolassa. Maan ainoa merkittävä vasemmisto ovat entiset kommunistit, joita vastaan on aina helppo lietsoa antikommunistista hysteriaa: aina kun nämä istuvat hallituksessa, osa kansasta saadaan uskomaan, että kommunismi, salainen poliisi, lehdistösensuuri ym. on palannut. Entiset kommunistit ovat myös maan ainoa sliipattu poliittinen eliitti, ryhmä, jolla on kokemusta poliittisesta ja diplomaattisesta toiminnasta muutosta edeltäneeltä ajalta. Heikäläisiä vastustava populismi näyttää siksi hyvin uskottavalta "kansan" puolustamiselta.

Unkarin, kuten Puolan, poliittisessa järjestelmässä entiset kommunistit majailevat sillä paikalla, joka kuuluisi vasemmistolle. Ainakin Puolassa, ja oletettavasti myös Unkarissa, oli ennen kommunismin kaatumista hyvinkin merkittäviä toisinajattelijoiden ryhmittymiä, jotka suuntautuivat läntisen vasemmistolaisen ajattelun eri linjoille, sosiaalidemokratiasta anarkismiin. Jos suurin vasemmistopuolue olisi selkeästi toisinajattelijataustainen, poliittinen järjestelmä voisi olla vakaampi, koska sen vastustajat joutuisivat keksimään "kommarit hirteen" -tyyppistä iskulausetehtailua selkeämmän poliittisen linjan. Entisten kommunistien sosialistipuolueet osasivat kuitenkin sekä Unkarissa että Puolassa junailla asiat toisinajattelijoita paremmin, ja olihan niillä varmaan tukenaan jo valmis järjestörakenne ja infrastruktuurikin.

LINNAN VÄPI — AJANKOHTAINEN, KUTEN AINA
25. lokakuuta 2006

Yrjö Varpio, joka on kirjoittanut Linnasta ennenkin, on ilahduttanut meitä uudella kansalliskirjailijan elämäkerralla. Niinpä luonteva aihe bloggaukselle on Väinö Linnan elämäntyö, josta kaikilla oikeilla ja isänmaallisilla suomalaisilla kuuluu olla sekä lukukokemusta että mielipide. Myönnetään, että minunkaanlaiseni kirjallisten kuriositeettien keräilijä ei ole vaivautunut tutustumaan *Päämäärään* eikä *Mustaan rakkauteen*. Pakollisten kuvioiden lisäksi olen toki nuorukaisena tullut kahlanneeksi läpi Linnan esseet, jotka saattavat sanankäytön ja suomen kielen osalta olla hänen tuotantonsa parasta antia.

Tuntemattoman sotilaan luin kirjojenahmimisiässä, viimeisenä ala-asteikäisen kesänäni. Muistan vieläkin kirjastosta lainaamieni kirjojen pitkän rivin, jossa Tiikeri-kirjaston tieteisromaanien sekä tähtitiedettä ja kemiaa käsitelleiden populääritieteellisten teosten jatkeena seisoi Tuntematon. Isovanhempani kyselivät tietysti aina, mihin kohtaan olin kirjassa ennättänyt: heille Lehto, Koskela, Rokka ja Asumaniemi olivat jo vanhoja tuttavuuksia, joista puhuttiin kuin henkilökohtaisesti tavatuista ihmisistä. Arkikielessä olin jo moneen otteeseen kuullut Tuntemattoman sivuilta sananparsiksi siirtyneitä ilmauksia, kuten *sota on julmaa ja ratsuväki raakaa*; nyt vasta selvisi, mistä ne alkujaan olivat peräisin.

Pohjantähden vuoro tuli myöhemmin. Sitä luin kuin tosiuskovaiset Raamattua, sillä vuonna 1899 syntynyt isoäitini ja pääasiallinen kasvattajani (molemmat edelliset sukupolvet perheessämme ovat saaneet lapsensa korkealla iällä, ja niin taitaa olla käydäkseen minullekin) oli koko lapsuuteni ajan kertomaan minulle omista kansalaissodan aikaisista kokemuksistaan nuorena, vasta aikuisikään tulleena tyttönä. *Meille se oli vapaussota*, isoäiti tapasi sanoa, kun tuli puhe sodan monista nimistä; mutta vaikka hänen perhettään olivat Jaalassa uhkailleet ennen kaikkea punaiset, hän oli nähnyt oman osansa myös valkoisesta terrorista ja tiesi roistoja, murhaajia ja sadisteja olleen molemmilla puolilla.

Hänen isänsä oli ollut itseoppinut, tavattoman monitaitoinen mies, joka sai ansaittua elantonsa niin puuseppänä, kalastajana kuin isojen isäntien oikeusavustajana, koska hänellä oli käytännön tiedot laeista ja asetuksista sekä niiden soveltamisesta. Isovaari oli hieman kraatari Halmeen oloinen hahmo, muttei mitenkään koominen eikä pellemäinen. Ennen kansalaissotaa isoisoisä oli työväenyhdistyksen jäsen ja idealistinen sosialisti, mutta kun punakaarteihin sodan alla liittyi työväestön valistumaton öyhöosasto, hän vieraantui liikkeestä ja rohkeni arvostella kaartilaisia ääneen. Tämä ei tietenkään punikkeja miellyttänyt, ja isovaaria oltiinkin jo viemässä teloitettavaksi, mutta hänellä oli paikallisten punaisten joukossa ystäviä ja arvostajia, jotka suojelivat häntä vieraspaikkakuntalaisten murhanhimolta. Luonnollisesti isoisoisä uskaltautui myös valkoisen terrorin aikana puhumaan pelastajiensa puolesta, vaikka se ei ollutkaan aivan viisasta, kun hänen omakaan taustansa ei ollut puhtaan valkoinen. Kansalaissodan järkyttämänä hän kuitenkin kääntyi politiikassaan jyrkästi oikealle ja kannatti sittemmin lapuanliikettä.

En kuitenkaan suhtautunut Pohjantähteen täysin epäkriittisesti. Erityisesti Rautajärveä pidän asiattomana karikatyyrinä, koska minua sentään olivat kasvattamassa juuri tuon sukupolven kansakoulunopettajat. Rautajärven naurettava yritys jäljitellä ihailemiaan pohjalaisia on kuitenkin sikäli uskottava, että isoisääni ahdistelivat kolmikymmenluvun Savossa hyvin Rautajärven kaltaiset paikalliset kotitekoiset "lapualaiset" – hän oli itse aito ylihärmäläinen, jonka ei tarvinnut todistaa isänmaallisuuttaan kellekään, joten hän saattoi olla ainoa maalaisliittolainen poliittisesti äärimmäisen polarisoituneen teollisuuskauppalan valtuustossa. Hän oli vilpitön kansanvalistaja, pohjalaisesta nuorisoseura- ja valistushengestä noussut. Hänenlaisiaan oli varmasti muitakin, ja heille Rautajärven hahmo tuskin tekee oikeutta.

Tuntemattoman sensuroinnista on puhuttu jo vuosikausia; kirjasta poistettuja osuuksia on voitu jo kauan tarkastella Varpion artikkelissa *Sensuroitiinko Tuntematon sotilas?*, joka on julkaistu vuonna 1980 ilmestyneessä useiden kirjoittajien kokoomateoksessa *Väinö Linna – toisen tasavallan kirjailija*. Varpio asettui sille kannalle, että tehdyt poistot eheyttivät Tuntematonta taideteoksena, ja vaikka en ole ihan samaa mieltä asiasta, ymmärrän, mitä hän sillä tarkoittaa. Monet *Sotaromaanin* kursivoidut kohdat ovat oikeasti vain ilmiselvän asian alleviivaamista, jolloin niiden poistaminen on perusteltua normaalina toimitustyönä.

Väitetyn "pahimpien sotilaskarkeuksien pyyhkimisen" myötä sitä vastoin kirjasta on usein kadonnut nokkelaa ja autenttisen oloista rintamajermujen huumoria. Kun miehet kommentoivat neuvostorahoista löytämäänsä Leninin kuvaa, joku heistä sanoo: "Silmät niin vinot että näkee keskiviikkona molemmat sunnuntait" – ilmeisesti ulkopoliittiset ns. yleiset syyt pakottivat poistamaan tämän nokkeluuden, mikä oli todella sääli. Eräät alkutekstistä saksitut "sotilaskarkeudet" ja seksuaaliset rivoudet ovat päässeet mukaan Nils-Börje Stormbomin mainioon ruotsinnokseen, jossa hyödynnetään suomenruotsalaisia murteita yhtä kekseliäästi kuin suomalaisia alkutekstissä. Juuri sukupuolisten ruokottomuuksien poistaminen Tuntemattoman käsikirjoituksesta on nykylukijan silmissä omiaan heikentämään kirjan uskottavuutta miehistä maailmaa käsittelevänä sotakuvauksena.

Sotaan, sotapropagandaan ja sodanpäämääriin kohdistettua arvostelua kirjasta poistettiin tunnetusti melkoisen kovalla kädellä – näistäkin ainakin osa taitaa löytyä Stormbomin käännöksestä. Näitä saksimisia voi olla aihettakin kutsua sensuroinneiksi, mutta viime kädessä romaani on, ja sen tulee olla, ennen kaikkea romaani, siis tarina. Jos romaanissa on saarnaamista, joka ei vie tapahtumia eteenpäin ja jota ei ole kunnolla sulautettu juoneen, sen poistaminen voi olla ja yleensä onkin taiteellisesti perusteltua. Kuten Samuel Goldwyn sanoi: *jos sulla poju on sanoma, niin lähetä sähke* (*if you've got a message, boy, use Western Union*).

PIENLEHTIKIRJOITTAJAN MUISTELMAT

27. lokakuuta 2006

Sattuneesta syystä en ole enää ollenkaan yhtä vakuuttunut siitä, että valtajulkisuus arvostaisi hyviä kirjoittajia.

Sarjassamme "sama vanha laulu": kulttuuri- ja mielipidelehdet kitisevät taas kerran valtiontukien vähentämisestä. Nyt kun on Internet ja kaikki, on aivan aiheellista kysyä, kuinka tarpeellisia mokomat läpyskät yleensäkään ovat sananvapauden kannalta. Keskimääräinen kulttuuri- ja mielipidelehdistön edustaja on hiukan ilkeämielisesti sanoen ns. vasemmistoälymystön – yhä niinsanotummaksi käyvän – kliseisimpiä mielipiteitä ylläpitäjäjärjestönsä painotuksin toisteleva kerran neljännesvuodessa ilmestyvä ja ilmestymisaikataulustaan jälkeenjäänyt väritön läpyskä, johon kukaan sisäpiiriin kuulumaton ei koske pihdeilläkään.

Kaikki mielipidelehdet eivät ole kliseen mukaisia, mutta tavallista paremmat ja monipuolisemmat yleensä menevät konkkaan ensiksi, mistä Tuomas Nevanlinnan päätoimittaman ARG-lehden kohtalo 1990-luvun alussa on oiva esimerkki. Lehti perustettiin luullakseni Kansan Sivistystyön Liiton julkaiseman Kantti-lehden raunioille. ARGissa saatettiin julkaista juttuja hyvinkin laajasti ymmärretyistä kulttuuriaiheista – muistelenpa sen julkaisseen ihan hyviä Itä-Eurooppa -juttujakin – mutta myös ympäristöasioista, erityisesti metsätaloudesta, sillä oli tavallista perustellumpia ja omalaatuisempia artikkeleita, ja tuolloin ajankohtaista ensimmäistä Irakin sotaakin tarkasteltiin molemmilta kanteilta.

Olettaisin ARGin kaatuneen lopulta pikemminkin tekijöiden kuin lukijoiden puutteeseen: pätevät kirjoittajat eivät nimittäin ajoissa löytäneet hyvää lehteä. Muutama numero oli sitä paitsi tikahtua Nevanlinnan laatimiin pitkiin juttuihin kommunismin romahtamisen filosofisesta perustasta, "sosialistisen diskurssin kasaanpainumisesta", kuten hän itse ilmaisi asian koukerokielellään. Eivät ne jutut mitenkään huonoja olleet – monista sain nuorena puolan ja venäjän opiskelijana ihan tuoreitakin ideoita Itä-Euroopan ja kommunismin käsittämiseen – mutta ne olivat toimittamatonta tajunnanvirtaa, josta asia piti kaivaa kaksin käsin ulos. Jos muiden kirjoittajien materiaalia olisi ollut tarjolla enemmän, veikkaan että Nevanlinna olisi joutunut lyhentämään ja terävöittämään oman tekstinsä paremmaksi.

ARGin lyhyt mutta muistettava ura on hyvä esimerkki siitä, miten Suomessa yleensä käy valmiiksinauramattomien kulttuuri- ja mielipidelehtien. Alalla pysyvät pystyssä valmiiksinauretut julkaisut, siis sellaiset, joilla on taustallaan jokin selväpiirteinen viiteryhmä – esimerkiksi feministit (sen lisäksi että ne ovat soluttaneet valtavirtajulkisuuden, niillä pitää olla myös jokin sorrettujen äänenä itsensä esittelevä viemäriläystäke) tai vaikka jokin Suomi-Brutopia -seura tai elbonialaisten kansojen ystävyysseura. Ystävyysseurojen lehdistä saattaa löytyä ihan hyviä ja informaatiosisällöltään roimasti nollan ylittäviä kulttuurijuttuja, mutta yleisesti ottaen niiden kannattaisi siirtyä suosiolla nettiin: vähän tunnetut kulttuurit ja maat tuodaan suomeksi suomalaisten ulottuville kaikkein parhaiten juuri ylläpitämällä aihetta käsittelevää verkkosivustoa.

ARGilla ei ollut valmiiksinaurajien tukiryhmää, eikä se onnistunut ajoissa värväämään sellaista, joten se meni parissa vuodessa konkkaan. Kirjoittajista pätevimmät löysivät paljon parjattuun valtajulkisuuteen, joka loppujen lopuksi on oikeasti vähemmän suvaitsematon ja arvostaa hyviä kirjoittajia enemmän kuin mielipidelehdistö. Mielipidelehdethän eivät juuri voi maksaa kirjoituspalkkioita, ja suurelle osalle niistä kirjoittajan aatteellinen oikeaoppisuus on selvästi tärkeämpää kuin juttujen taso, informaatiosisältö tai uudet näkökulmat.

Oman mielipidelehtikirjoittajan urani suoritin Ny Tidissä, joka oli aikoinaan SKDL-vainaan – Vasemmistoliiton edeltäjän – ruotsinkielinen äänenkannattaja, mutta joka sittemmin siirtyi oman Tigertext-yhtiönsä ylläpitämäksi. Olin vähän päälle kahdenkymmenen, kun kirjoitin lehteen ensimmäisen artikkelini, joka käsitteli Puolaa: silloin ennen vanhaan ramppasin maassa kerran vuodessa ja koko nuoruuden ylimielisyydellä pidin itseäni suurenakin asiantuntijana. Ny Tid on varmaankin Suomen ainoa viikoittainen kulttuuri- ja mielipidelehdeksi luokiteltava julkaisu, ja on aika kuvaavaa, että se on ruotsinkielinen.

Suomenkielisen puolen eriseuraisuus ei ikinä sallisi koko kulttuuriälymystön ylläpitävän yhteistä viikkolehteä, ja jos se onnistuisikin, siitä tulisi luultavasti jonkinlainen uusi Voima, johon se sama sisäpiiri kirjoittaisi taas kerran samoja juttuja kuin kaikkialle muuallekin parkuen samalla, kuinka valtajulkisuus yrittää tukahduttaa heidän vallankumoukselliset mielipiteensä. Sitä vastoin *uusien* kirjoittajien olisi turha tarjotakaan sellaiseen lehteen *faktapohjaisia* juttuja.

Kirjoitin toistaiseksi viimeisen juttuni Ny Tidiin vuonna 2004; parina edellisenä vuonna olin väsännyt sinne vähänlaisesti tavaraa, muistaakseni vain pitkät esseet kolmesta mieliaiheestani eli Orwellista, jonka tuotannosta tulin englantia opettelevana murrosikäisenä lukeneeksi suurimman osan ja joka sen koommin ei ole jättänyt minua rauhaan; Tolkienista, josta minulla eräitäkin kieliä osaavana oli mahdollisuus sanoa jotain sekä tiedollisesti että näkökulmallisesti uutta; ja reaalisosialismista, tai oikeastaan Kommunismin mustasta kirjasta, johon saatoin ottaa kantaa ns. ydinosaamisellani. Viimeinen juttuni käsitteli tietysti kansankiihotuspuhettani iirinkielisyyskokouksessa Baile Átha Cliathissa (siis Irlannin pääkaupungissa, jonka jotkut kuulemma tuntevat nimellä Dublin) huhtikuussa 2004 – kukas kissan hännän nostaa ellei kissa itse. Siinä välissä olin väsännyt lehteen sekä selviä mielipidejuttuja, keskustelupuheenvuoroja että – luullakseni suurimmaksi osaksi – tiedollista tavaraa.

Ny Tid hoiti ja hoitaa varmaan vieläkin leiviskänsä paremmin kuin yksikään tietämäni suomenkielinen kulttuuri- ja mielipidelehti: se tarjoaa foorumin nuorille, aloitteleville kirjoittajille, mutta sellaisen foorumin, jota toimitetaan edes jonkinasteisten journalististen periaatteiden mukaan, eli jutuissa pitää oikeasti olla sisältöä eikä vain mielipiteitä. Tämä on suurin piirtein tärkein syy, miksi pienlehtiä ylipäätään tulisi olla: jos pienlehti pystyy olemaan muutakin kuin nippu blogimerkintöjä paperilla, sen olemassaolo on perusteltua.

Blogikirjoittaminen ja muu netissä harjoitettava "kansalaisjournalismi" on suurelta osin nimenomaan journalismina huonoa ja ammattitaidotonta, mikä ei välttämättä ole kirjoittajien syy, koska vika voi olla siinä, ettei heillä ole päätoimittajaa editoimassa jutusta läskejä pois. Valtalehdistöön nuorilla kirjoittajilla taas ei ole pääsyä muuten kuin toimittajakoulutuksen ja työvoimatoimiston kautta. Jos mielipidelehdellä on oikeasti toimituspolitiikka, joka lähtee siitä, että hyvä tieto- ja asiajuttu – juttu, jossa oikeasti on pihvi jossakin – on parempi vaihtoehto kuin lehden aatteellista linjaa alleviivaava retorinen marenki, se voi sekä kouluttaa uusia kirjoittajia että tuoda heitä esille.

Valitettavasti "mielipidelehti" tarkoittaa liian usein käytännössä lehteä, jolla on mielipide, ja vain yksi mielipide; ja kaikkien kirjoittajien odotetaan omaksuvan ja sisäistävän sen omaksi mielipiteekseen.

(Oheislukemistoksi Erno Paasilinnan satiiri *Kirje tilaajalle*.)

AFRIKAN TÄHTI, TARZAN JA LAPSET
31. lokakuuta 2006

Joku oman lapsuutensa unohtanut kirjailijatäti on keksinyt moittia klassikkopeli *Afrikan tähteä* imperialistisuudesta. Tämänhän olemme kuulleet jo 70-luvulla, mutta kuten kaikki hyvin tietävät, historia toistaa itseään tapahtumalla ensin murhenäytelmänä ja sitten farssina, mistä esimerkiksi television ohjelmapolitiikka on havainnollinen esimerkki. Puhutaan siis vanhasta kunnon taikaluotiteoriasta ja sen varjolla lietsotusta moraalisesta paniikista.

Taikaluotiteoriasta on ollut puhetta kommenttiosastollanikin: kun en ole tutustunut viestintätutkimuksen historiaan, en tiedä, keneltä teoria on alkujaan lähtöisin, mutta käsittääkseni se sanoo, että ihmismieli on täysin suojaton joukkoviestimen, mediatuotteen tai vaikkapa lautapelin välittämiä sanomia ja ideologisia sisältöjä vastaan. Niinpä nämä sanomat osuvat uhriinsa kuin taikaluoti ja uppoavat häneen kuin veitsi voihin. Jos siis *Afrikan tähti* todella sisältää imperialismin ujutusta, peliä keittiön pöydän ääressä pelaavat viattomat lapsiparat ovat tämän indoktrinaation passiivisia uhreja, ja se pesee heidän aivonsa kuin parempikin tiskiaine.

Ehkä taikaluotiteoriassa oli jotain ideaa silloin ennen vanhaan, kun esimerkiksi radio oli vielä uusi keksintö ja Orson Welles saattoi *Maailmojen sota* -dramatisoinnillaan amerikkalaiset kauhun valtaan. Mutta tuolloinkin kyse oli vain siirtymävaiheen ilmiöstä; sittemmin sekä mediapluralismi että medialukutaito ovat kehittyneet sellaiselle tasolle, ettei luoti enää välttämättä löydä maaliinsa.

Toki *Afrikan tähtikin* muovaa lasten tietoisuutta, mutta lapsilla on jo aika varhaisessa vaiheessa kyky erottaa toisistaan, mikä on olemassa oikeasti ja mikä leikisti, tai kuten Hannu Salaman romaanissa pikkupoika televisiossa verisiä sotakuvia nähdessään kysyi isältään, "onko tämä totta vai dokumenttia". Isä ei ymmärtänyt, mitä poika tällä sinänsä mielenkiintoisella vastakkainasettelulla ajoi takaa, mutta sanoi lopulta ohjelman olevan totta kaukana, toisissa maissa, muttei meillä; tällöin poika rauhoittui ja sanoi ohjelman olevan siis dokumenttia. "Dokumentti" tarkoitti hänen todellisuudessaan sellaisia asioita, jotka ehkä sinänsä olivat ahdistavia ja pelottavia, mutta joilla ei ollut välitöntä vaikutusta hänen turvallisuuteensa ja joista ei siksi ollut syytä olla akuutisti huolissaan. Tarinan opetus on, että lapsilla on itse asiassa ainakin periaatteessa olemassa kyky hyvinkin sofistikoituneeseen medialukutaitoon, jos sitä tuetaan asianmukaisesti.

Esimerkiksi Tarzan-kirjoja voidaan paljon perustellummin kuin mitään Afrikan tähteä pitää vahingollisina lapsille, eikä varsinaisesti rasismin takia. Toki Edgar Rice Burroughsilla oli taipumusta naiiviin rotuajatteluun, mutta hän ei vaivautunut kehittämään ennakkoluulojensa tueksi mitään modernin rasismin kaltaista johdonmukaista aaterakennetta – hän antoi useiden erilaisten, usein ristiriitaisten ennakkoluulojen elää rinnakkain kirjoissaan, kuten ne elivät hänen sielussaankin. Mustat saattoivat olla vaarallisia ihmissyöjiä tai säälittäviä orjia, älynlahjoiltaan he eivät koskaan olleet Burroughsille valkoisen veroisia, mutta heistä oli mahdollista saada uskollisia ystäviä ja liittolaisia, ja parhaimmillaan he elivät pastoraalisessa harmoniassa luonnon kanssa, sopusoinnussa, jonka valkoisen miehen syntiin langennut ja rappeutunut sivilisaatio saattoi vain turmella. Itse asiassa tällainen luonnonkansojen romantisointi ei ole ihan vierasta rasismin vastustajillekaan.

Burroughsin mahdollista vahingollisuutta on etsittävä pikemminkin hänen vanhakantaisesta, kaksinaismoralistisesta suhtautumisestaan sukupuoliasioihin. Hänen kirjoissaan on suorastaan pornografista tirkistelyä ja vihjailua yllin kyllin, vaikka tositoimeen ei koskaan päästäkään, mutta seksuaalinen halu ja hekumallisuus sallitaan vain roistoille. Ainakin monien feministien sisäisesti ristiriitaisessa asenteessa seksuaalisuuteen, vallankin miehen seksuaalisuuteen, on selviä yhtäläisyyksiä Burroughsin kaksinaismoralismiin. Tytöt lienevät pieninä lukeneet liikaa Tarzania.

Vaikka jo pikkunassikasta tunsinkin Tarzanin kulttuuri-ikonina nähtyäni sekä Weissmüller-elokuvia että luettuani sarjakuvia, en lukenut ensimmäistä Tarzan-kirjaa ennen kuin noin kymmenvuotiaana (kyseessä muuten oli *Tarzan ja kultaleijona*, joka ei ole aivan sarjan alkupäätä, ja siitä sain tyrmistyksekseni selville, että Tarzan oli Burroughsin alkuperäisen vision mukaan ilmeisesti jo keski-ikäinen mies ensimmäisen maailmansodan aikana, hänen poikansa Korak taas taisteli samaisen sodan juoksuhaudoissa) ja siinä vaiheessa olin jo tutustunut 70-luvulla muodissa olleisiin kuvitettuihin eläinkirjoihin niin perusteellisesti, että tiesin, millaista roskaa Tarzan-kirjat olivat jo puhtaasti biologiselta kannalta.

Burroughsin Mars-kirjoissa taas esiintyy maan asukkaille tuntemattomia värejä, ja valonsäteitä – "kahdeksansia säteitä" – varastoidaan säiliöihin kuin kaasuja. Kymmenvuotias pikku lukutoukkakin ymmärtää fysiikkaa paremmin kuin Edgar Rice Burroughs – itse asiassa hänen itsetunnolleen on melkoisesti hyväksikin nähdä, miten tyhmä joku jännitysromaaneja väsäillyt aikuinen on pystynyt olemaan. Kun Burroughsin käsitykset fysiikasta ja biologiasta olivat vanhentuneita jo hänen omana elinaikanaan, eikö ollut kakarallekin selvää, että valistunut nykyihminen saattoi sivuuttaa ylimielisesti hymähtäen myös hänen ihmiskuvansa ja yhteiskunnalliset käsityksensä? Jo pienenä ymmärsin, että Burroughsin kirjat olivat aivot narikkaan -viihdettä, jota ei kannattanut ottaa vakavasti; ja veikkaan että aika monet muutkin ymmärsivät.

Mutta palataan Afrikan tähteen. Suurin osa lukijoistani lienee pelannut kyseistä peliä ja tietää, että sen yhteydet Afrikkaan ja imperialismiin ovat varsin vähäiset. Pelilauta on koristettu mielikuvituksellisin kuvin, joissa uusinnetaan kaikki Sandin aikaiset *musta Afrikka* -kliseet rumpujen tahdissa hytkyvistä operettineekereistä alkaen. Paikannimistössä on viittauksia orjuuteen – *Slave Coast* – mutta muuten pelaajat lähinnä metsästävät tarunomaista timanttia, nostavat rahaa löytäessään vähäisempiä arvokiviä, kuluttavat rahaa lento- ja merimatkoihin ja menettävät joka pennin, jos kohdalle sattuu rosvo. Rosvo on kuvattu valkoisena Amerikan villin lännen ryövärinä, ei esimerkiksi arabina eikä mustana afrikkalaisena. Peli on perusrakenteeltaan varsin yksinkertainen ja voitaisiin helposti siirtää mihin muuhun maanosaan tahansa – tästähän Pahkasika-lehden hulvaton parodia *Afganistanin tähti* oli hyvä esimerkki.

Muistutetaanpa, mitä imperialismi oikeasti on. Imperialismi tarkoittaa sitä, että tunkeudutaan jonkin toisen porukan kotimaahan, miehitetään se, aletaan määräillä siellä, pannaan paikalliset asukkaat orjatöihin, viedään heidän tyttärensä jalkavaimoiksi ja varastetaan kaikki, mitä ei ole naulattu kiinni – ainakin malmit maasta ja hedelmät puusta. Kaikki imperialistiset vallat eivät ole olleet yhtä armottomia kaikkina aikoina, mutta luullakseni tuolta se noin keskimäärin on näyttänyt, eivätkä sen aiheuttamat haitat ole loppuneet alistajavaltioiden vetäytymiseen, joka on usein aiheuttanut enemmän ongelmia kuin on korjannut. Esimerkiksi orjakaupalla on ollut selviä yhteiskunnallisia pitkäaikaisvaikutuksia: sen aikoinaan pahiten rasittamat alueet ovat nykyään merkittävästi muita Afrikan maita köyhempiä. Tarvitaan sekä runsaasti yleissivistystä että perusteellinen tulkinta-aparaatti, jotta Afrikan tähdessä ylipäätään voidaan nähdä selviä yhteyksiä tähän todellisuuteen.

En ole erityisen vakuuttunut siitä, että kehitysmaasolidaarisuuden asiaa ajetaan kauhistelemalla Afrikan tähteä. Pikemminkin tuntuu vaikkapa Leopold-kuninkaan hirmuvallan satojen tuhansien uhrien kohtaloa trivialisoivalta ja vähättelevältä, että heidän nimessään pitäisi kieltää jokin lautapeli tai paheksua sitä. Sen sijaan olisi syytä huolehtia siitä, että lapsilla on ulottuvillaan paljon monenlaista informaatiota Afrikasta, sen kulttuureista, historiasta ja nykyoloista. Sen avulla he osaavat kyllä sijoittaa niin Afrikan tähden kuin Tarzaninkin oikeaan historialliseen ja aatehistorialliseen yhteyteensä.

Valitettavasti aikuisuutensa omahyväisyydessä moraalisen paniikin lietsojat tuntuvat alusta pitäen luopuneen ajatuksestakin, että lapsille voitaisiin opettaa tietoa, sen sijaan että heitä kiusataan uhmaa nostavalla moralisoinnilla.

RAITTIUS, VIINAKUOLEMAT JA MÄRKÄ PILVI
1. marraskuuta 2006

Maanantain iltaläystäke listasi raittiita suomalaisjulkkiksia. Kuten hyvin tiedätte, en ole kauhean innostunut käyttämään englantilaisia lainailmauksia suomen kielen seassa, mutten malta olla huomauttamatta, että oli kovin, öhömm, *sobering experience* huomata olevansa vielä liian merkityksetön henkilö päästäkseen moiseen listaan. Myönnetään, etten ole ihan niin rutikuiva mies kuin ennen vanhaan: saatan joskus jonkun kaverin mieliksi juoda yksittäisen oluen, ja kyllähän minäkin suostuin Johannes Virolaisen kuuluisaa lupausta mukaillen ottamaan kulauksen viskiä sen kunniaksi, että iirin kielelle saatiin virallinen asema Euroopan unioniin. Tyypillisesti alkoholinkäyttökertojeni välillä kuluu yleensä useita kuukausia, jollei vuosia, enkä ole ollut eläissäni humalassa kuin pari kolme kertaa.

Ennen muuta en pysty kokemaan alkoholia tarpeellisena osana elämää. Ymmärrän hyvin, että suomalaisessa kulttuurissa se saattaa hyvinkin merkittävällä tavalla helpottaa sosiaalisten ja seksuaalisten kontaktien solmimista – eihän täällä kukaan selvällä päällä rakastu. Nykymaailman nettinörttipiireissä tosin tämäkään perustelu ei enää päde – ja netistähän minäkin löysin tyttöystäväni.

Kotonamme ei koskaan painostettu *olemaan käyttämättä* alkoholia; väkijuomat olisi pitänyt erikseen ja erillisenä toimenpiteenä mennä ostamaan viinakaupasta, normaalitila oli se, ettei sinne menty. Minua itse asiassa jaksaa hämmästyttää se, kuinka monet ihmiset näkevät alkoholin niin erottamattomana osana normaalia, hyvää elämää, että katsovat raittiuden olevan mahdollista vain jonkinlaisen kiristyksen alla. Vaikka nuoret naiset nykyään tekevät paremmankin asian väärtillä innolla kaikkensa alkoholisoidakseen lapset jo kohdussa, suurin osa meistä suomalaisista syntyy yhä raittiina, ja alkoholia täytyy erikseen opetella juomaan. Viina ei ole kenestäkään maistunut ensimmäisellä kerralla hyvältä, ja tarvitaan aikamoinen sosiaalisten normien ja vaatimusten verkko, jotta nuoret saa suostuteltua juomaan niin pahaa myrkkyä.

Ilta-Sanomien mainitsemista raittiista julkkiksista varsin monet ovat sellaisilla aloilla, jotka yleisessä tietoisuudessa kytkeytyvät railakkaaseen seuraelämään, eli viinankäyttöön: jopa raittiita rockmuusikoita on, eivätkä he kaikki välttämättä soita gospelia tai muuta hengellistä. Monien raittius tulee minullekin yllätyksenä. Alkoholista ongelmien vuoksi luopuneet julkisuuden henkilöt yleensä vielä tiedetään, sitä vastoin niiden raittius, jotka eivät ole äreää ainetta koskaan maistelleetkaan, ei tavallisesti ole kansan tiedossa.

Syntymäraittius on ilmiönä näkymätön, ja kansan syvät rivit voivat uskotella itselleen, että ainoastaan ahdasmieliset, kiihkeän uskonnolliset ihmiset voivat pidättäytyä alkoholinkäytöstä. "Raittius" ja "tiukkapipoisuus" ovat synonyymejä, mitä tuolla jälkimmäisellä sanalla sitten tarkoitetaankin. Raittiutta ei yhdistetä esimerkiksi luoviin tai taiteellisiin ihmisiin, pikemminkin näiden odotetaan ryyppäävän tavallista pulliaista runsaammin – hehän ovat "herkkiä" ja "kokevat syvästi" – ja käyttävän mielellään myös laittomia päihteitä. Kun joku, joka ammatikseen vaikkapa tekee ja esittää suosittuja lauluja, kertoo julkisesti pidättäytyvänsä alkoholista, viesti menee suurelta yleisöltä ohi korvien: tuollaisessa asemassa olevan ei yksinkertaisesti kuulu olla raitis, koko ajatuskin on täysin absurdi. Jos hän sitä vastoin kertoo olleensa huumekierteessä, tälle nyökkäillään ymmärtäväisesti.

Raittius on Suomessa vähenemään päin, kertoo Ilta-Sanomat, samalla kun EU on herännyt vastustamaan nuorten alkoholinkäyttöä. Toisin sanoen se vapaan viinan paratiisi, johon meitä unionijäsenyyden myötä paimennettiin, taitaa jäädä vain ohimeneväksi vaiheeksi. Nyt niissä perinteisissä viinimaissa, joita meille on tyrkytetty esikuviksi, nuoret ovat ilmeisesti alkaneet ryypätä kuin Suomessa, ja toisin kuin meillä, siellä tämä mielletään akuutteja korjaustoimia vaativaksi ongelmaksi.

Tuoreiden uutisten mukaan alkoholi on Suomessa nykyään jo suurempi työikäisten ihmisten tappaja kuin perinteiset sydän- ja verisuonitaudit. Hesarin jutussa asiantuntijat pelottelevat, että viinakuolemista on muodostumassa peräti kansantaloudellisesti merkittävä riski. Ratkaisuksi ollaan tarjoamassa mm. samanlaisia varoitustarroja kuin tupakka-askeihin sekä alkoholin polkumyynnin ja paljousalennusten kieltoa, ts. mäyräkoirien sukupuuttoa. Jälkimmäisestä voisi jotain hyötyä ollakin, mutta viinan vahingollisuudesta valistavat tarrat ovat juuri sitä paljon puhuttua "holhoamista" pahimmillaan: sormi pystyssä annettua "valistusta", joka ei takuulla estä ainoatakaan alkoholimyrkytystä.

Ikävä tosiasia on, että kun alkoholia juodaan, siitä juovutaan ja se aiheuttaa sekä suoraan että välillisesti kaikenlaisia ikävyyksiä. Kannabiksenvapauttajat tosin julistavat laajentuneet pupillit innosta loistaen, että heidän ihmeyrttinsä olisi terveellisempi tapa päihtyä ja voisi toimia apuna alkoholiongelmaisten vieroituksessa. Stakesin taannoisen tutkimuksen mukaan tämä on kuitenkin samanlaista hölynpölyä kuin hasisintoilijoiden muukin propaganda: itse asiassa "pilvi on märkää", eli kannabiksen käytön ja runsaan alkoholinkäytön välillä on selkeä korrelaatio. Pössyttely ei ole mikään rentojen rauhanmiesten harrastus, vaan suurimmaksi osaksi

SENSUROITU SUOMESSA: 2006

osa samaa ongelmaa kuin yletön ja vastuuton kännääminen. Kyse on päihtyneestä öyhötyksestä, tai kuten Stakesin tutkimuksen laatijat diplomaattisesti ilmaisevat asian, "nuorten miesten seikkailevasta elämäntavasta". Hasispiippuun tartutaan silloin kun viinaa ei ole, tai mahdollisesti juopottelun osana ja seurauksena. Tavoite on päihtyminen, viis siitä millä aineella; ja kun pönttö on sekoitettu, joudutaan tavanomaisiin känniläisen hankaluuksiin: tappeluihin, väkivallantekoihin, tapaturmiin, auto-onnettomuuksiin, kuolemantuottamuksiin.

Omasta puolestani sanon, että alkoholihaittoja voi vähentää vain vähentämällä alkoholin käyttöä ja tekemällä raittiudesta varteenotettava vaihtoehto. Ainakin nuorille tulee sanoa, ettei sitä viinaa, muista päihteistä puhumattakaan, ole pakko käyttää. Koska alaikäisenä aloitettu ryyppääminen kasvattaa merkittävästi aikuisiän alkoholihaittojen riskiä, alkoholin välittämisestä alaikäisille olisi syytä määrätä selvästi nykyistä ankarammat rangaistukset.

Aikuisia ei ehkä voi holhota eikä heiltä kieltää alkoholin käyttöä; mutta alaikäisten ryypiskely pitäisi estää kovalla kädellä. En itse vastustaisi esimerkiksi lasten yöaikaisia ulkonaliikkumiskieltoja enkä alaikäisten liikkumisvapauden radikaalejakaan rajoituksia. Kaljanhakumiehinä toimivien namusetien armoilla julkisilla paikoilla hoipparoivat kolmetoistavuotiaat eivät yksinkertaisesti tee yhtään mitään järjellistä liikkumisvapaudellaan. He kuuluvat sisätiloihin, ainakin sen jälkeen kun on tullut pimeää.

KIEKKOTAPPELUA

2. marraskuuta 2006

Pari viikkoa sitten keskustelua herätti nyrkinheiluttelu Jokerien ja HIFK:n jääkiekko-ottelussa, josta joukkueet joutuivat maksamaan pitkän pennin sakkoja. Osapuolina olivat Pasi Nielikäinen ja sukunimessään isoja kirjaimia luovasti käyttävä kanadalainen Ryan VandenBussche, ja tappelua on väitetty sovituksi ja näytösluontoiseksikin. Viis siitä, mutta mielenkiintoisinta on ollut lukea Helsingin Sanomien sivuilta asiaa koskenutta keskustelua.

Jokerien valmentaja Doug Shedden, josta muuten nyt veikkaillaan seuraavaa valmentajaa Suomen maajoukkueelle, paheksui tapahtumien yhteydessä – ei suinkaan käsirysyä, vaan sakkoa. Hänen mielestään nimittäin tappelut kuuluvat oleellisena osana lajiin sellaisena kuin sitä NHL:ssä pelataan – ja kaikkihan me tiedämme, että oikean kunnon jääkiekon määrittelee nimenomaan Kanadan kovien miesten liiga. Huomattava osa keskusteluun osallistuneista on samoilla linjoilla. Jääkiekko on kuulemma kontaktilaji ja mojauttelumatseista valittajat hyssyttely-yhteiskuntaa ajavia nynnyjä, jotka eivät edes käy otteluissa: tietty määrä väkivaltaisuutta kuuluu näet elämän terveeseen ja normaaliin menoon, vakuuttelee yksikin kommentoija.

Minunhan ei pitäisi puhua jääkiekosta, koska en ole sitä seurannut vuosikausiin, mutta kehtaanpa kuitenkin sanoa pari sanaa. Pikkupoikana nimittäin katselin aika monta ottelua urheiluhullun, aikoinaan pesäpallovalmentajanakin toimineen isoisävainaani polvella, joten on minulla ainakin jonkinlainen mielipide siitä asiasta, mikä on jääkiekon tarkoitus. Jääkiekossa lyödään kumista möykkyä, ns. lätkää, eräänlaisilla lapaan päättyvillä kepeillä, jotta se osuisi eräänlaiseen kehikkoon ripustettuun verkkoon, ns. maaliin. Jääkiekon todellinen, taivaassa tarkoitettu idea on se, että näitä ns. maaleja tehtäisiin paljon, että ne tehtäisiin sääntöjä noudattaen ja että niiden tekemiseen tarvittaisiin sekä taitoa että tyyliä.

Kun isot miehet liukuvat jäällä raskaassa varustuksessa, heillä on melkoisen suuri liikemäärä, jota ei ole aina helppoa ohjata. Tästä syystä jääkiekko sellainen paljon puhuttu kontaktilaji onkin: on väistämätöntä, että tuollaiset ihmistorpedot rysähtelevät yhteen, eikä tapaturmiakaan voi välttää. Siksi hyvän jääkiekon pelaamiseen tarvitaan taitoa ja fyysistä rohkeutta. Muistan pikkupoika-ajoiltani, että parasta jääkiekko-otteluja katsoessa oli seurata, kuinka joku erityisen pätevä pelaaja ylivoimaisen taitonsa ansiosta kykeni välttämään yhteentörmäykset ja "kontaktit" hyvin täpärästi, etenemään nopeasti ja vastapelaajat sivuuttaen ja sujauttamaan sitten kiekon verkkoon äkkiarvaamatta ja vaivihkaa, maalivahdin huomaamatta, mitä oikein tapahtuikaan.

Tämä oli nähdäkseni yleisesti hyväksyttävän määritelmän – siis sellaisen, jonka voivat hyväksyä sekä lajin harrastajat että siitä kiinnostumattomat – mukaan hyvää jääkiekkoa. Kun iso ja riski mies kykenee liikuttamaan ruhoaan samalla nopeasti ja sulavin, taidokkain liikkein, siinä yhdistyy niin monta erilaista ja tavallaan yhteensopimatontakin taitoa, että sitä on pakko ihailla ja sitä on mukavaa katsoa; ja jos lajin painopiste on tällaisessa harjaantumisessa, minunkin kaltaiseni urheilunvihaaja myöntää, että jääkiekko ainakin ansaitsee yleisönsä ja sen suosio on ymmärrettävää.

Aivan riippumatta siitä, ovatko tappelut hyväksyttäviä vai ei, miehekkäitä vai ei, ne eivät edistä millään tavoin pelin tärkeää tavoitetta eli kiekon saamista maaliin – mieluiten ei omaan. Kun pelaajat tappelevat yhtä mittaa, kiekko ei kulje eikä jännittäviä tilanteita synny, koska tuomari joutuu jatkuvasti viheltämään peliä poikki. Kun ensimmäistä kertaa vuosien jälkeen katsoin televisiosta lätkää, jouduin toteamaan, ettei sitä jaksanut pitkään seurata, kun peli vähän väliä hyytyi tappeluihin ja pelikatkoihin. Kyllä jääkiekko oli karski laji jo minun pikkupoikavuosinani, mutta siihen aikaan pelaajat keskittyivät muuhunkin kuin nahisteluun. Nykyään visuaalisesti hienoa joukkueurheilua katselevat mestaruussarjan penkkiurheilijat keskittynevät suosiolla brasilialaiseen jalkapalloon tai NBA-korikseen.

Erityisen huvittavana pidän kuitenkin sitä Hesarinkin keskustelussa esiintynyttä väitettä, että asiallinen ja vauhdikas jääkiekko ilman joutavia tappeluita olisi *neitikiekkoilua* ja naisyleisölle tarkoitettua. Tosiasiahan on, että nuorten naisten kiinnostus jääkiekon seuraamiseen on lisääntynyt samaa tahtia kun laji on väkivaltaistunut. Jos jotain olen oppinut vanhemmiten naisista, niin ainakin sen, että he ovat luonnostaan sekä miehiä sadistisempia että masokistisempia; ja tuntuu siltä, että monet katsovat kiekkoa samasta syystä kuin yllyttävät miehiä hengenvaarallisiin kukkotappeluihin nakkikioskilla ja ravintolajonossa. Miesten ottelun seuraaminen kiihottaa naista, koska hän voi kuvitella, että siinä komeat karjut tappelevat juuri hänestä. Enkä ole keksinyt tätä omasta päästäni, vaan seurannut sivusta useamman kuin yhden kiekkohullun neitosen käytöstä lätkää lähettävän television ääressä.

ONKO KIRJAILIJA PALKKANSA ANSAINNUT?

4. marraskuuta 2006

Heidi Köngäs valitteli taannoin Hesarissa sitä, että kirjailija ei Suomessa pysty elättämään itseään kirjoillaan, vaan joutuu tekemään kaikenlaista taiteellista luomistyötä häiritsevää palkkatyötä, kuten luennoimaan ja, voi kauhistuksen kaakattava kanahäkki sentään, *kolumnoimaan*. Bloggaaminen olisi sitten varmaankin jo liian häpeällistä edes ääneen mainittavaksi. Suomalainen kirjailija ansaitsee kirjoittamalla keskimäärin kaksi tuhatta euroa vuodessa, ja tämä summa on yläkantissa, koska maassa on kuitenkin muutamia bestsellerien tekijöitä, joiden valtavat tulot nostavat keskiarvon epätyypillisen ylös. Maan äveriäimpien kynämiesten kärjestä löytyvät odotetusti Arto Paasilinna ja Jari Tervo, eikähän Tervokaan ansainne suurinta osaa rahoistaan kirjailijana, vaan "epäkirjailijana", käyttääkseni Arton velivainaa Ernon parin vuosikymmenen takaista ilmausta.

Erno Paasilinna kutsui epäkirjailijaksi ennen kaikkea itseään. Epäkirjailijuudella hän tarkoitti kaikkea sitä, mitä kirjailijan hänen aikanaan piti tehdä kirjojen kirjoittamisen ohessa tai sen sijasta – *olla kirjailijaa*. Hän itse toimitti tietääkseni lähinnä muiden kirjoja, mutta epäkirjailijana toimiminen saattoi olla myös paneelikeskustelujen järjestämistä ja niihin osallistumista, yleistä toimeliaisuutta ja organisointityötä kulttuurilöpinän alalla. Uutisvuotoa isännöidessään Tervo ja Tommy Tabermann ovat siis mitä suurimmassa määrin epäkirjailijoita. Epäkirjailijoista kirjoittaessaan hän oli huolissaan kirjallisuuden kohtalosta mediahumun pyörteissä ennen kaikkea siksi, että kirjailijat imeytyivät mukaan tuota mediahumua tuottamaan ja ylläpitämään.

Heidi Könkään valitus ei siis ole mitään erityisen uutta auringon alla, eikä Ernokaan oikeastaan ollut kovin originelli. Jo Olavi Paavolainen valitti *Suursiivouksessaan* sitä, että maan nuori kirjallinen sivistyneistö haaskaa lahjojaan mainostekstien laatimiseen, pikapikaa sutaistuihin viihdekirjoihin – mainitsiko joku Mika Waltarin nimen? – ja muuhun turhuuteen, kun sen sijaan olisi varmaankin pitänyt omistautua isänmaalliselle kulttuurityölle ja korkeakirjallisuudelle. Ajatus, että luova kirjailija, jonka kuuluisi leijua ylevissä sfääreissä, joutuu tahraamaan purppuraviittansa kaupallisuuden kurassa kynäilemällä käyttökirjallisuutta – viihdettä, mainoslyriikkaa, kolumneja – on siis huolenaiheena jo melkoisen kulunut.

Samaisessa jutussa Hannu Raittila valittelee sitä, että suomi on liian pieni kielialue, jotta sitä lukevalle yleisölle kannattaisi väsätä kirjoja. Kuu-

SENSUROITU SUOMESSA: 2006

lostaa pahasti samalta kuin syrjäkylän yläastepoikien valitus: *miks vitussa me ollaan synnytty tänne maailman perseeseen kun jotkut asuu saatana jenkeissä jossa elämä on aina jännää ja naisiltakin saa niinku leffoissa perkele*. Ei ole aivan selvää, mikä Raittilaa tarkkaan ottaen pännii – ostetaanko hänen kirjojaan liian vähän, ovatko kustantajien kanssa tehdyt sopimukset liian epäedullisia vai mikä – mutta pohjimmiltaan vika taitaa olla kansassa, joka on tyhmää eikä osta viisaita kirjoja – siis niitä teoksia, jotka kirjailija itse on mieltänyt viisaimmiksen ja tärkeimmiksen – joten kirjailijan on alennuttava toimimaan epäkirjailijana pelkkää rahaa ansaitakseen. Raittilalla tähän toimintaan kuuluu mm. radiokuunnelmien kirjoittaminen.

Joskus nuorempana minäkin halusin oikeaksi kirjailijaksi ja samastuin tällaiseen valitukseen. Luin ainoastaan hienoja korkeakirjallisia teoksia, en kehdannut tunnustaa julkisesti katsovani televisiosta *Star Trek: The Next Generation*ia, ja nyrpistin nenääni viihdekirjallisuudelle. Se oli sitä aikaa, kun olin alle kolmekymppinen, iirin kieltä osaamaton ja muutenkin vielä tyhmempi kuin nyt, mitä toki on pidettävä jonkinlaisena saavutuksena. Nykyään, kun kirjallinen makuni on monipuolistunut ja olen oppinut arvostamaan sitä, että esimerkiksi näin bloggaamalla saa leivän päälle muutakin kuin ylähuulen (*Geld macht nicht glücklich, aber es beruhigt die Nerven*, sanoo saksalainen), olen jo hiukan käärmeissäni siitä, että joku saattaa pitää kolumnointia tai kuunnelmien kirjoittamista jotenkin nöyryyttävänä.

Laatiessaan lehtipakinaa tai kuunnelmaa kirjailija harjoittaa mitä suurimmassa määrin omaa ammattiaan palkkaa vastaan. Voi hyvinkin olla, että hän haluaisi mieluummin keskittyä tavoittelemaan jotain suurta taiteellista maalia kaikilla voimavaroillaan, esimerkiksi sitä suurta suomalaista romaania, joka olisi tämän ajan Tuntematon sotilas; ja on oikeasti hyvin surullista, että Arto Salminen, jossa enemmän kuin kessään muussa aikamme kirjailijoista olisi ollut ainesta kirjoittaa se, otti ja kuoli ennen kuin ehti tehdä sen työn; eikä ole aivan mahdotonta, että hän kuolemaansa oli syynä juuri kirjojen liian huono myynti ja ansaitsematon tuntemattomuus. Mutta kirjailija ei itse ole työnsä paras tulkki eikä arvostelija, eikä oikea henkilö sanomaan, mikä hänen tuotannossaan on parasta ja kestävintä.

Tuomas Nevanlinna sanoi joskus, että paras mahdollinen maailma voi syntyä vain sivutuotteena, kun pyritään oikeasti johonkin muuhun; ja tämä pätee mitä suurimmassa määrin kirjallisuuteen. Kun kirjailija yrittää parhaansa ja vuosikausia pohtii ja sommittelee sitä suurta romaaniaan, tulos voi olla ja usein onkin häntä itseäänkin jälkeenpäin hävettävää ylipohdittua ja ylituotettua roskaa. Sitä vastoin luettavampaa ja kestävämpää jälkeä saattaa yllättäen syntyä silloin, kun hän laatii juuri pakinan tai kolumnin kaltaista käyttökirjallisuutta rennompaan ja luontevampaan tyyliin.

Sellaisella kirjailijalla, jolla on mahdollisuus julkaista pienimuotoisempia ja viihteellisempiä tekstejä (ja elää niitä kirjoittamalla) kunnianhimoisten pääteostensa ohessa, ei oikeasti pitäisi olla mitään valittamista. Kirjoittamiseen tulee sujuvampi rutiini, ja siinä tapauksessa että ne pääteoksiksi tarkoitetut romaanit menevät pieleen eivätkä vastaa alkuperäistä visiota, tulee kuitenkin julkaistua valtavasti tavaraa, joka saattaa ilahduttaa lukijoita paljon enemmän ja jäädä heidän mieleensä ihan toisella tavalla.

Mitä sitten puhtaisiin viihdekirjoihin tulee, lakkasin halveksimasta niitä presiis sillä hetkellä kun imeydyin mukaan iirinkielisyystyöhön. Iirillä menee huonosti presiis siitä syystä, että liian suuri osa iirinkielisistä kirjailijoista yrittää olla hienoja ja taiteellisia Nobel-ehdokkaita, eikä läheskään kaikista edes ole siihen. Sitten joskus kun minusta tulee oikein rikas niin että saan tehdä mitä huvittaa, saatte uskoa että muutan Connemaraan julkaisemaan kansanomaisia panojuttuja kädestä käteen leviävässä maanalaisessa iirinkielisessä pornolehdessäni. Miksikö? Koska jos nuoria ei saada houkuteltua iirinkielisen lukuharrastuksen pariin juuri sillä ainoalla vetonaulalla, joka niihin penteleisiin puree silloin kun ne ovat vaikutukselle alttiissa iässä, niistä ei parinkymmenen vuoden kuluttua ole ostajiksi ja lukijoiksi edes hienoille taiteellisille romaaneille.

Tarinan opetus on, että viihde on osa kirjallisuuden infrastruktuuria ja kivijalkaa, jonka pitää olla paikallaan ennen kuin sitä korkeakirjallisuutta kukaan lukee. Olisi mukavaa, jos Suomessakin olisi enemmän sellaisia kirjailijoita, joiden pääasiallinen kunnianhimo olisi kirjoittaa kotimaista laatuviihdettä kotimaisista oloista ja lähtökohdista – ja hyvällä, hauskalla kielellä. Itse asiassa arvostaisin sellaisia tyyppejä paljon enemmän kuin jotain oman napansa ympäristöön ihastunutta muka älyllistä kirjailijaa.

...VAIKKA VOISSA PAISTAISI
6. marraskuuta 2006

Ns. kansallismielisten voimien – eli selkokielellä väkivaltaisten, murhia tekevien ja rasististen öyhöttäjien – nousua Venäjällä on enteilty suurin piirtein siitä saakka kun Neuvostoliitto meni konkkaan. Viimeaikaisten tietojen mukaan siitä alkaa jo oikeasti olla merkkejä, eli susi on lopultakin tullut metsästä, kun niin kovasti huudettiin. Oikeastaan on melko yllättävää, että sitä piti odotella näin kauan, sillä Venäjällä on pelottavan hyvät edellytykset kääntyä sellaiseen kovapintaiseen totalitarismiin, joka ei teeskentele edustavansa mitään idealistista maailmanparannusmissiota, vaan sanoo reilusti, että koko Venäjän ulkopuolinen maailma on vihollinen, joka toki voidaan armosta jättää ydinpommittamatta lyttyyn, jos se suosiolla suostuu antautumaan kaikkia muita parempien ihmisten valtaan.

Nimitetään tällaista oletettavaa totalitarismia paremman termin puutteessa vaikkapa fasismiksi. On yhdentekevää, mitä poliittista väriä se muodollisesti tunnustaa, koska Venäjällä fasismi ja kommunismi ovat jo sulautuneet moniaalla yhteen esimerkiksi ns. kansallisbolševistisessa liikkeessä. Tarkoitan fasismilla tässä yhteydessä sellaista totalitarismia, jonka keskeisenä moottorina toimii vähemmistökansallisuuksiin ja ulkomaalaisiin – venäläisittäin "toissyntyisiin", инородцы – suuntautuva viha ja tämän vihan erityinen aatteellistaminen ja älyllistäminen erityisen propagandakirjallisuuden avulla. Lisäksi fasismiin tässä mielessä kuuluu ulkopoliittinen vastuuttomuus siinä mitassa, että se oikeasti nostaa sodan – myös ydinsodan – riskiä ja vaarantaa naapurimaiden turvallisuuden.

Edellä määritellyssä mielessä Neuvostoliitto luonnollisestikin oli fasistinen valtio ainakin osan historiastaan, jos kohta se ei minun elinaikanani koskaan liene ollut ulkopoliittisesti täysin arvaamaton – brežneviläisyys kun tarkoitti konservatiivista luutuneisuutta myös myönteisessä mielessä, siis haluttomuutta uskaltautua mihinkään ulkopoliittisiin hullutuksiin ja riskinottoihin. Itse asiassa olen aina uumoillut taistolaisten uskaltautuneen flirttailemaan Neuvostoliiton kanssa vain siksi, että he tiesivät sen olleen verrattain riskitöntä leikkiä 70-luvulla. Hruštšovilla on ehkä hieman liiankin hyvä maine näin jälkimaailman silmissä, koska hän pyrki vakavissaan siivoamaan Stalinin jälkeensä jättämää sotkua ja salli mm. vankileirikirjallisuuden, kuten Solženitsynin *Ivan Denisovitšin päivän*, julkaisemisen.

Sitä ei yleensä vaivauduta muistelemaan, että Hruštšov ja Kennedy kävivät Kuuban ohjuskriisin aikana kolmannen maailmansodan partaalla. Hruštšov oli valmis ottamaan mielettömiä ulkopoliittisia riskejä, sillä hänen tarkoituksensa ei ollut niinkään rauhan rakentaminen kuin Neuvostoliiton ja kommunismin nostaminen alhosta vakavastiotettaviksi vaihtoehdoiksi Yhdysvalloille. Hän ymmärsi, että tätä tavoitetta ei saavutettaisi valehtelemalla ja salailemalla totuutta Stalinin vainoista, mutta se ei tehnyt hänestä kovinkaan kyyhkymäistä luonnetta ulkopolitiikassa. On vallan mahdollista, että Hruštšov olisi ollut vaikkapa Suomen kannalta huomattavasti vaarallisempi hallitsija kuin Brežnev, jos Kekkonen ei olisi onnistunut luomaan Hruštšoviin henkilökohtaista luottamussuhdetta.

Venäjän presidentti Vladimir Putinia on syystä moitittu kovaotteiseksi ja armottomaksi diktaattoriksi, ja hänen tuorein neronleimauksensa vaikuttaa kissa-hiirileikkejä leikkivän diktaattorin ilkeältä pilalta – ikään kuin hän aikoisi kilpailla turkmeenien isän ja entisen Neuvostoliiton suurimman huumorimiehen, itsensä Saparmyrat Nyýazowin kanssa. (Kyllä-kyllä, näin asianomaisen herran nimi kirjoitetaan hänen omalla kielellään latinalaisin aakkosin.) Putinin suunnitelmissa on nimittäin luoda Venäjään kaksipuoluejärjestelmä, jossa molemmat puolueet ovat hänen hallinnassaan.

Tämä kuulostaa päivitetyltä versiolta niistä Stalinin kansanäänestyksistä, joiden perusteella Baltian maat aikoinaan liitettiin Neuvostoliittoon: kansanvallan simuloinnista propagandatarkoituksiin. Tällaisia näennäisen opposition sisältäviä, mutta tosiasiassa diktaattorin valtaa pönkittäviä järjestelmiä on toki kokeiltu muuallakin, ainakin Latinalaisen Amerikan historiasta luulen muistavani esimerkkejä.

Onko Putin sitten tarkoittamassani mielessä fasisti? Ei varsinaisesti; eteläamerikkalainen caudillo ennemminkin, ja toisin kuin 70-luvulla uskottiin, se ei ole läheskään sama asia. Ainakin hän tuntuu tavoittelevan jonkinlaista vakautta sekä sisä- että ulkosuhteissa ja asiallisia välejä mm. Suomen kaltaisten maiden kanssa. Vaikka hän onkin kovasti esiintynyt kurin ja järjestyksen rosvojen hallitsemaan kaupunkiin palauttavana etäisten laaksojen miehenä ja puhtoisena korruptionvastustajana, vanha bakšiiši-Venäjä elää entiseen tapaan, minkä huomaa siitäkin, että suomalaisilta rekkakuskeilta peritään kaikenlaisia tipoteerauskorvauksia ja pärstäkerroinveroja. Venäjällä voisi siis olla markkinoita häntä lahjomattomampina esiintyville populisti- ja fasistipoliitikoille.

Meillä Suomessa tunnetusti huolestuttiin viime vuosikymmenellä kovasti eräästä pellestä nimeltä Vladimir Žirinovski, joka uhkaili mm. Suomen miehittämisellä. Herra osoittautui kuitenkin votkakäyttöiseksi puppugeneraattoriksi, jonka johtama poliittinen puljukin oli hienostuneen huumorintajuisesti nimeltään Liberaalidemokraattinen puolue. Ei kuitenkaan pidä kuvitella, ettei hänen tilalleen voisi ilmaantua tylympiä häiskiä.

Venäjä on nimittäin siitä ikävä maa, että siellä kansalaiset voivat ihan oikeasti omasta tahdostaan valita maata johtamaan puhdasverisen fasistin tai muun roiston. Maassa ei ole oikeaa perustuslaillisuuden perinnettä – tsaarin aikana koko perustuslain käsitekin oli maan vallanpitäjille vastenmielinen, ja neuvostoaikana kaikki tiesivät hyvin, että perustuslaki oli hölynpölyä, jota ei ollut tarkoituskaan noudattaa – osavaltioiden humoristisesta eroamisoikeudesta alkaen. Nyt kun Putin populistisesti esiintyy hyvänä tsaarina – kuuntelee yksittäisten kansalaisten murheita ja oikaisee sitten näytösluontoisesti jonkin triviaalin vääryyden – hän ei todellakaan auta luomaan Venäjälle oikeaa kansanvaltaista, perustuslaillista henkeä. Siihen näet kuuluisi sen ymmärtäminen, että tsaari ei voi huolehtia kaikesta, vaan hänen tulee delegoida osa vallastaan alemmille tasoille.

Sinänsähän tämäkin on ymmärrettävä reaktio Venäjän oloihin. Vaikutusvaltaiset liikemiehet, ns. oligarkit, Putin on kaikki taltuttanut, mutta paikallistason pikkuherrat eivät ole missään mielessä vastavoima presidentin mahtivallalle. Monet heistä hallitsevat omia läänityksiään hyvinkin kovakätisesti ja yksinvaltaisesti – mutta presidentin luvalla. Tästähän on erinomainen esimerkki Marin tasavallan päällysmies Leonid Markelov, joka Putinin tuella ja mm. suomalaisvastaisen isovenäläis-nationalistisen propagandan turvin kurmottaa tasavallan alkuperäiskansaa ja hävittää sen kieltä.

Normaalissa sivistysvaltiossa osavaltion johtaja voisi edustaa omaa kansaansa ja sen etua liittovaltion presidenttiin päin ja lieventäisi keskusvallan mahdollisia yksinvaltaisia otteita, ja vastaavasti valtionpäämies voisi pelastaa marilaiset diktatorisen osavaltiopresidentin kynsistä. Venäjällä tätä vastakkainasettelua ei ole, eivätkä valtionhallinnon eri tasot toimi erilaisten, ristiriitaisten etujen välikäsinä eivätkä joudu sovittelemaan niitä keskenään. Sen sijaan Putin ja Markelov kuuluvat samaan mafiaan.

Niinpä venäläisille pysyy edelleenkin vieraana ajatus, että pitäisi olla jokin ehdoton säännöstö, jolla ylintä toimeenpanovaltaa rajoitetaan. Eihän sitä rajoitettu neuvostoaikanakaan: kaikki valta oli viime kädessä Puolueen pääsihteerillä, tai jos hän oli liian vanhuudenhöperö, häntä ohjailevalla taustahovilla. Valtaistuimelle ei äänestetä perustuslaillista presidenttiä, vaan pikemminkin kansa valitsee diktaattorinsa. Tsaarin valtaa eivät saa kahlita perustuslait – ja jos tsaari saa päähänsä ahdistella jotain naapurimaata, niin eivätpä sitä taida pidätellä kansainväliset laitkaan. Jos venäläiset äänestävät valtaistuimelle seuraavaksi jonkun räyhänationalistin, meillekin voi tulla hyvin ohraiset oltavat.

Tästä seuraa, että demokratian lisääntyminen Venäjällä ei ehkä ole Suomen etu, niin ikävä kuin tätä onkin sanoa. Suomen etu ja Venäjän kansan etu voivat olla keskenään sovittamattomassa ristiriidassa. Meidän näkökulmastamme pienempi paha on ehkä, että Putin sormella osoittamalla valitsee maalle luotettavan, ulkopoliittista vakautta edustavan KGB-kaverinsa seuraavaksi presidentiksi, ja kansan tahdon ilmaukset tukahdutetaan ns. venäläistä humanitaarisuutta osoittavilla keinoilla.

Mitä sitten tulee näihin öyhöttäjiin, jotka väittävät kaukasialaisten torikauppiaiden vieneen Venäjän venäläisiltä, heidän puheensa voivat ehkä olla ymmärrettäviä ja perusteltujakin, mutta myötätuntoa minulta ei heille heru. Kaukasialaismafioiden läsnäolo Venäjällä on yksi venäläisneuvostoliittolaisen imperialismin myöhäisistä seurauksista: kun Venäjä on omin lupinensa ottanut itselleen näiden kaukasialaisten kotimaat, on vain oikein ja asianmukaista, että he vuorostaan ottavat ja soluttavat Venäjän. Luonnollisestikaan sellaista poliittisesti korrektia itsekriittisyyttä, jota entisen imperialistivaltion asukkailta tulee voida odottaa, ei Venäjällä esiinny. Syyllisiä ovat aina kaikki muut – "toissyntyiset".

Esimerkiksi kommunismia ei yritetäkään nähdä luonnollisena seurauksena Venäjän yhteiskunnan patologisesta kehityksestä 1800-luvun lopulla – kommunistien takana on aina lännen ja juutalaisten salaliitto. Mikä vielä surkuhupaisampaa, eräässä Venäjän ortodoksikirkon levittämässä propagandapiirroksessa esitettiin votka lännestä tulleena, Venäjän sielulle vieraana hapatuksena. Tälle tekisi jo mieli naurua, jollei se lähinnä suututtaisi.

"A REPUBLIC, IF YOU CAN KEEP IT"
(BENJAMIN FRANKLIN)
7. marraskuuta 2006

Globalisaation pitkällä tähtäimellä ehdottomasti merkittävin seuraus – tärkeämpi kuin mikään muslimiterrorismi, joka on samanlainen poliittinen muoti-ilmiö kuin 70-luvun marxilaisuus – on se, että Yhdysvaltain sisäpolitiikasta on tullut meidän kaikkien sisäpolitiikkaa. Nyt kun amerikkalaiset menevät uurnille äänestämään itselleen uutta kansanedustuslaitosta, me seuraamme sitä sivusta kuin Etelän mustat orjat aikoinaan: tämän vaalin tulokset vaikuttavat elämäämme vähintään yhtä merkittävästi kuin kotimaisten vaalien, mutta silti meillä ei ole siinä äänioikeutta.

Tätä olisi helppo kauhistella. Globalisaatiokriittisen liikkeen kliseevarastosta löytyisi varmasti sopivia iskulauseita. Amerikkalainen imperialismi kuulostaa jo aikansa eläneeltä, maailmanlaajuinen apartheid olisi vähän enemmän sinne päin. En kuitenkaan vaivaudu toistelemaan noita latteuksia, vallankin kun amerikkalaisten haukkuminen on vähän liian helppoa. Sitä paitsi iirinkielisyystyölle antauduttuani olen joutunut tutustumaan henkilökohtaisesti amerikanirlantilaisiin – myös konservatiivisiin amerikanirlantilaisiin – jotka ovat kanssani samalla asialla; ja ihmisinä he ovat huomattavasti miellyttävämpiä kuin keskimääräinen radikaalina ja maailmanparantajana itseään pitävä suomalainen ateisti. Poliittisesti olen ehkä lähempänä sitä ateistia, mutta samalla ymmärrän erittäin hyvin, mikä hänessä ottaa aivoon sitä konservatiivista kristittyä; ja saatuani aikoinani oman uskonnollisen vakaumukseni vuoksi turpiin eräältä sellaiselta ateistilta, joka sittemmin syyskuun yhdennentoista jälkimainingeissa kääntyi opportunistisista syistä Yhdysvaltain suurvaltaetuja kritiikittömästi puolustelevaksi jenkkilakeijaksi, minulla ei ole sanottavia illuusioita suomalaisten mukaälykköateistien selkärankaisuudesta, luonteenlujuudesta eikä ihanteellisuudesta.

Amerikkalainen konservatismi tietysti herättää suomalaisessa kauhua, inhoa ja torjuntaa siksi, että meillä Suomessa tyypillinen jenkkioikeiston myötäilijä on täkäläisen valtavirtayhteiskunnan ulkopuolelle syrjäytynyt, tasapainoton ja arvomaailmaltaan epäsuomalainen, epäisänmaallinen kiihkoilija, jonka käytös ja asenne synnyttävät mielikuvan luonnevikaisesta psykopaatista. Tällaisia räyhäreitä riittää nettipalstoilla, ja tulevathan nuo toisinaan minunkin kommenttilaatikkooni häiriköimään. Sitä vastoin omassa maassaan ja omassa poliittisessa ekosysteemissään oikeat amerikkalaiset konservatiivit ovat kilttejä ja valtavirtaisia, ja sellaisina varsin tasapainoisiakin.

Jenkkikonservatiivien näkökulmasta esimerkiksi sosiaaliturvan ja hyvinvointivaltion vierastaminen on sikäli perusteltua, että sydänmailla – vaikkapa etelävaltioissa – ei oikeasti olla hirveän individualistisia, vaan elämää leimaa yhteisöllisyys. Etelävaltioita 1980-luvulla kiertäessään V.S.Naipaul tapasi esimerkiksi valkoisia miehiä, jotka opettivat lukutaitoa sitä osaamattomille mustille. Poliittisesti nämä valkoiset saattoivat olla hyvinkin konservatiivisia; heitä motivoi ja elähdytti kristillinen usko. Meikäläisestä näkökulmasta on ilman muuta syytä kysyä, eikö yhteiskunnan olisi pitänyt huolehtia lukutaidon opettamisesta näille mustille miehille. Amerikkalainen konservatiivi vastaa tähän, että julkinen koululaitos on huono, koska sen kuuluukin olla huono – sitähän rahoitetaan profaanisti *verottamalla*, siis yritteliäitä ihmisiä rosvoamalla, kerätyllä rahalla.

Koska sosialistisella, kasvottomalla verottajalla ei ole Jeesuksen siunausta, verorahoilla ylläpidetyt laitokset epäonnistuvat tehtävässään väistämättä; silloin Jeesuksen sydämeensä ottaneiden, vilpittömien miesten aika on astua remmiin. He opettavat vapaaehtoistyönä mustia lukemaan saaden näin omalle elämälleen mielen ja tarkoituksen; mustat miehet oppivat hyödyllisen taidon, ja yritteliäimmät heistä pääsevät sen avulla merkittävästi eteenpäin elämässään; ja valkoisten ja mustien välille syntyy henkilökohtaisia kontakteja, jotka uusintavat kansalaishenkeä ja ylläpitävät tietoisuutta siitä, että kaikki ovat viime kädessä saman Jumalan ja saman suurenmoisen maan – ihmiskunnan viimeisen, parhaan toivon – lapsia. Ylistäkää Herraa! Jumala siunatkoon Amerikkaa!

Edelläolevaa en ole kirjoittanut siksi, etten olisi tietoinen amerikkalaisen konservatismin monista synkistä synneistä. Sen pimeä puoli on typerä riskinottomiehistely, johon kuuluu oleellisesti esimerkiksi irrationaalinen vihamielisyys ympäristönsuojelua vastaan; ja esimerkiksi homoseksuaalien näkökulmasta nuo hyväätarkoittavatkaan kristityt eivät vaikuta aivan yhtä kilteiltä. Kuitenkin on syytä muistaa, että amerikkalaiset konservatiivit eivät välttämättä ole mitään jäätävän itsekkäitä, sävyttömän pikimustia ja läpeensä pahoja, tuhoavia hirviöitä, vaan monilla heistä on sekä verrattain humanitaarinen että sisäisesti johdonmukainen ja koossapysyvä maailmankuva, jonka pohjalta he pyrkivät vilpittömästi ottamaan vastuuta omasta yhteiskunnastaan ja aktiivisesti rakentamaan hyvinvointia myös huonompiosaisille.

Kokonaan toinen asia on, että amerikkalaisen kaksipuoluejärjestelmän vuoksi tällaisten inhimillisten konservatiivien äänet menevät käytännössä rahaoikeiston tueksi. Ei ole kirkossa – ehkei edes jokaisessa etelän baptistikirkossa – kuulutettu, että hyväntekeväisten uskovaisten pitäisi aina ja ehdottomasti kannattaa esimerkiksi ympäristön tuhoamista tai tuotevastuulainsäädännön ja kuluttajasuojan heikentämistä, mutta kaksipuoluejärjestelmässä he päätyvät tosiasiallisesti tekemään niin, koska heille ei oikein ole tarjolla muita poliittisia vaihtoehtoja kuin republikaanit. Jos Yhdysvalloissa olisi enemmän puolueita, joista valita, myös uskonnollisen konservatismin sävyerot pääsisivät näkyviin, ja politiikka olisi sikäli terveempää, että vaalien jälkeenkin jouduttaisiin neuvottelemaan ja tekemään lehmäkauppoja.

Totta kai ne samat neuvottelut käydään nykytilanteessa pitkälti puolueiden sisällä, sillä Yhdysvaltain molemmat valtapuolueet ovat varsin heterogeenisiä liittoumia. Republikaanien viimeaikainen niskalenkki demokraateista johtunee pitkälti siitä, että he ovat onnistuneet kovaäänisesti ja populistisesti panostamaan kannattajakuntansa pienimpiin yhteisiin nimittäjiin samalla kun demokraatit ovat jatkaneet neuvottelua ja kompromissipolitiikkaa kaikkien alaryhmiensä välillä.

NICARAGUA, NICARAGÜITA, LA FLOR MÁS LINDA DE MI QUERER

8. marraskuuta 2006

Tässähän tulee ihan muistoja mieleen, kun uutisissa kuuluu nuoruudesta tuttuja nimiä: Nicaraguan vaalit on voittanut ikäsandinisti Daniel Ortega. Murrosikäni ja ensimmäiset yliopistovuoteni vietin asianomaisen herran varjossa, kun kaikki tiedostavantupakoivat nuoret julistivat solidaarisuuttaan Nicaragualle niin että meitä heikkopäisempiä – minua ja isoasiskoani – hieman hirvitti. Isosisko, joka siihen aikaan päätoimitti Suomen Kristillisen Ylioppilasliiton äänenkannattajaa, mainitsi kerran minulle jonkun Nicaraguan-ystävyystoimintaan osallistuneista tuttavistaan väittäneen, ettei Nicaraguassa ole vankiloita, koska se oli niin puhtoinen utopiamaa.

Sekä isosisko että minä olimme tästä aika lailla järkyttyneitä, mutta pakkohan se oli hyväksyä, että solidaarisuustoiminnassa joutuu tekemisiin erilaisten utopistihöyrypäiden kanssa. Sittemmin olen toki havainnut, että samanlaista lapsellisuutta esiintyy myös poliittisen spektrin vastakkaisella laidalla; ja kyllähän tässä on tullut nähtyä täysin epäpoliittistakin vieraiden maiden ihanteellistamista, koska sen kohteeksi joutuu varsin usein juuri Irlanti, jonka asioihin olen sattuneista syistä hieman keskivertokansalaista paremmin perehtynyt.

Ortegan Nicaragua oli ainakin osan aikaa arveluttavan läheisessä yhteistyössä Neuvostoliiton kanssa; Salman Rushdie, joka kirjoitti perusvireeltään myötämielisen, mutta samalla varsin kriittisen matkakirjan maasta, antoi ymmärtää, että neuvostomyönteisyys johtui lähinnä *vallankumouksen* fetissimäisestä merkityksestä sandinisteille niin sanana kuin käsitteenäkin.

Mistään marxistis-leninistisestä perehtyneisyydestä ei ollut kysymys, pikemminkin herttaisesta naiiviudesta: neuvostoliittolaisten tarvitsi vain sanoa olevansa *vallankumouksellinen* valtio, ja nicat olivat heti sitä mieltä, että samalla puolella oltiin. Pääasiallinen ongelma sandinistivaltiossa ei myöskään ollut mikään kommunistinen sorto, vaan ne Latinalaisen Amerikan tavanomaiset vaivat, eli nepotismi, korruptio ja populismi. Reaganin propagandakampanja, jossa Ortegan hallinto esitettiin latteasti kommunistisena totalitarismina ja sitä vastaan taistelleet, julmuuksistaan tunnetut *contra*-kapinalliset demokratian puolustajina, ei toki hämännyt ketään. Huomattavasti oleellisempaa oli, että Nicaraguan lähinnä jamaikalaishenkisen, pitkälti englanninkielisen Karibian-rannikon ja espanjaa puhuvien vallanpitäjien välille syntyi veriseksi sisällissodaksi puhjenneita ristiriitoja, joissa erityisesti miskitointiaanit kävivät omaa sissisotaansa sandinisteja vastaan. Tätäkin jenkit kyllä yrittivät hyödyntää propagandassaan, mutta miskitojen sota päättyi muistaakseni rauhansopimukseen ja kompromissiin sandinistien ollessa vielä vallassa.

Nicaraguasta tuli silloin 80-luvulla koko länsieurooppalaisen nuorison vapaaehtoisen avustustyön lempikohde, mikä käytännössä tarkoitti, että sinne painuttiin miehissä ja naisissa esimerkiksi poimimaan kahvipapuja ja oppimaan luonnonmenetelmällä keskiamerikkalaista kansanespanjaa. On vaikea sanoa, kuinka paljon hyötyä "sandalistien" (nicaragualaisten pilkkanimi vapaaehtoisille) työavusta oli. Ilkeänä ihmisenä olen tietysti sillä kannalla, että naispuoliset vapaaehtoistyöläiset antoivat suurimman työpanoksensa makuuhuoneen puolella, mutta oikeudenmukaisuus vaatii myöntämään, että se varmasti nosti kelpo nica-miesten mielialoja kummasti ja antoi motivaatiota taistella entistä reippaammin pahan jenkin imperialismia vastaan.

Sen satun tietämään suoraan hevosen suusta, että ainakin jotkut miespuoliset kehitysauttajat, jotka eivät halunneet jäädä pirkkoa pahemmaksi, käyttivät puolestaan hyväkseen alaikäisiä nicaragualaistyttöjä: pari vuotta sitten parantelin espanjantaitoani vaihtelemalla sähköpostikirjeitä nicaragualaisnaisen kanssa, jolla oli ollut suomalainen *novio* (poikaystävä) kun hän oli neljäntoista. *El novio* oli tietysti ollut raavas ja karvainen aikuinen mies, joka oli maassa vapaaehtoistyöntekijänä. Koska tällaiset suhteet ovat ilmeisesti Latinalaisessa Amerikassa sosiaalisesti hyväksytympiä, tyttö ei erityisesti salaillut eikä kauhistellut asiaa, mutta oli selvästi havaittavissa, että se oli vammauttanut hänen mielenterveyttään.

Veikkaanpa, että sekin mies olisi Suomessa ollut kunnon edistyksellinen profeministi ja ehdottomasti tuominnut vastaavanlaiset suhteet ja pitänyt niitä harrastavia pedofiilijammuina. Mutta vieraalla maalla asiat olivat toisin. Kukaties *el novio* ajatteli mystisesti ja romanttisesti rakastelevansa itse Nicaraguaa maatessaan sikäläisen naisen kanssa; tytön ikä ja henkilö oli sivuseikka, koska hänen roolinsa oli vain olla välikappale tässä fantasiassa. Naispuolisia vapaaehtoistyöläisiä lienevät motivoineet samantyyppiset fantasiat, mutta heille oli aina tarjolla aikuisia miehiä.

Itse seurailin Nicaraguan tilannetta tuohon aikaan ikään kuin viran puolesta. Moraalinen velvollisuus tuntui toki olevan puolustella sandinisteja Reaganin Yhdysvaltoja vastaan, mutta siihen lienee vaikuttanut lähinnä jonkin sortin talvisodan henki, halu pitää pienemmän puolta. Järkeilin varmaankin asiat siihen malliin, että sandinistihallitus ei välttämättä ollut oikeudenmukaisin mahdollinen, mutta että oli inhimillisesti ymmärrettävää, jos nicaragualaisten enemmistö asettui sen taakse Yhdysvaltojen painostaessa – se tuntui olevan demokraattisesti valitun hallituksen paras mahdollinen vastine niissä oloissa.

Sitten sandinistihallitus kaatui, kun sen vastustajien kokoama kansanrintama äänesti valtaan Violeta Chamorron. Tiedostavat tupakoijapiirit viettivät asian johdosta maansurua. Muuan lukioaikainen koulutoverini, demarinuorten aktiivi, joka oli jo tuolloin tainnut onnistua änkeämään Yleisradioon töihin, teki aiheesta dokumentinkin, jossa hän tuntui jotenkin syyllistävän persoonallisesti puhuttelemaansa Nicaraguaa siitä, ettei se ollutkaan sellainen utopia kuin hän oli luullut; ja eräs kaveri, joka oli kirjoittanut samaan ruotsinkieliseen kulttuurilehteen kuin minäkin, suri vaaleja reaaliajassa yhdessä sandinistikaveriensa kanssa.

Tuolloin olin vielä sen verran ajan fraasien lumoissa, etten osannut keksiä sanoja sille, miksi nämä molemmat tapaukset ärsyttivät minua epämääräisesti. Nyt vasta tiedän: täkäläinen idealistivasemmisto piti viime kädessä tavallisia nicaragualaisia tykinruokana omassa henkisessä sodassaan Yhdysvaltoja ja mahdollisimman epämääräisesti määriteltyä "kapitalismia" vastaan. Koska Suomessa oli kahdeksankymmenluvulla aika mukava olla, sen porukan mieleen ei tietenkään olisi ikinä tullut ryhtyä mihinkään oikeaan vallankumoukseen täällä kotimaassa – kunhan julistettiin että oltiin periaatteessa "kapinallisia". Niinpä taistelu delegoitiin tavallisille nicaragualaisille, ja kun nämä vallankumouksellisiin fraaseihin ja USA:n itsetarkoitukselliseen uhmaamiseen väsyneinä äänestivätkin Ortegan sijasta Chamorroa, suomalaiset vasemmistolaiset olivat raivoissaan. Teidänhän piti olla meidän puolellamme! Ei teillä omaa tahtoa kuulunut olla!

Nyt on – ketäpä se hämmästyttäisi – menty ympäri täysi kierros, eli sandinismi ja Ortega tekevät jälleen kauppansa. Kuten Octavio Paz aikoinaan sanoi, Latinalaisessa Amerikassa painovoima vie vasemmalle, eli neutraali ja valtavirtainen tapa suhtautua politiikkaan on siellä luonnostaan jonkin verran vasemmalla. Niinpä nyt, kun Yhdysvaltain poliittinen kontrolli on hellittänyt, valtaan nousee Lulan, Hugo Chavesin tai Ortegan kaltaisia vasemmistopopulisteja. Samalla tavallahan "painovoima" nostaa vaikkapa jossain Puolassa valtaan oikeistopopulisteja.

PELKO JÄYTÄÄ SYDÄNTÄ — PERUSKOULUSSA
12. marraskuuta 2006

Koulukiusaaminen on lopultakin noussut peräti kasvatustieteen väitöskirjan aiheeksi, kertoo Hesari. Johtopäätökset eivät sinänsä maailmaa ole kaatamassa, itse asiassa monet väittelijä Päivi Hamaruksen tekemät havainnot koulukiusaamisen luonteesta tuntuvat näin vanhasta veteraanista triviaalisuudessaan miltei itsestään selviltä; mutta koska kukaan ei ainakaan meillä Suomessa ole ilmeisestikään aiemmin vaivautunut selvittämään asiaa systemaattisesti, en puhu nollatutkimuksesta, päin vastoin.

Helsingin Sanomien jutun mukaan Hamarus näkee kiusaamisen lähtevän pelosta. Kouluyhteisö sinänsä on pelon ja jatkuvasti uhkaavan fyysisen väkivallan leimaama maailma, jossa kukaan ei voi olla varma asemastaan. Koska kyse on keskenkasvuisista, kaikki ovat epävarmoja itsestään ja huonoitsetuntoisia. Niinpä sosiaalista asemaa on ylläpidettävä valitsemalla joku porukasta – esimerkiksi minut aikoinani – koulun viralliseksi neekeriksi, jota jalo valkoinen savolaisrotu joukolla hakkaa, pilkkaa ja ruhjoo.

Hamaruksen mukaan koulukiusaajalla ei itsellään ole välttämättä kovin korkeaa statusta yhteisössä, vaan hän pikemminkin tavoittelee sitä. En pidä tätä väitettä varsinaisesti epäuskottavanakaan, vaikkakin muokkaisin sitä hieman: minusta kyse on pikemminkin siitä, että väkivallan varsinaiset henkiset johtajat ja organisoijat ovat korkeassa ja arvostetussa asemassa, mutta ne, jotka likaavat kätensä arkipäivän kiusaamisessa, ovat sitä "asemastaan epävarmaa keskiluokkaa", joka pelkää itse joutuvansa kiusatuksi, jollei ylläpidä hyväksyttyä sosiaalista järjestystä, ts. kiusaa nörtti-"neekeriä" ja palvo jalorotuisia urheilijasankaria.

Oman kokemukseni mukaan kyllä kiusattuja hakkaavat myös ne arvostetut ja kaikkien rakastamat urheilusankaritkin, ja heidän tapauksessaan kyseessä tuntuu olevan pelkkä tyydytystään huutava fyysinen tarve. Urheilevan nuoren pojan yksinkertaisesti on pakko tehdä vähän väliä erilaisia ruumiillisia tekoja, ja joskus tämä tottumuksen luoma impulssi purkautuu väkivallaksi koulun virallisia ihmisenmuotoisia nyrkkeilysäkkejä kohtaan: kun ei päästä juuri sillä hetkellä salille vetämään leukaa, vedetään korvikkeeksi nörttiä leukaan.

Helsingin Sanomien nettisivuilla kirjoitetaan Hamaruksen oivaltaneen myös, miksi kiusaamiseen on niin vaikea puuttua: *esimerkiksi tervehdyksen äänensävy voi merkitä kiusaamista, vaikka opettaja saattaa tulkita sen ystä-*

vyydeksi. Tämä on merkittävä huomio ja kaipaa kommentointia: koulukiusaaminen pystyy kehittymään monisyiseksi ja ulkopuolisen näkökulmasta vaikeasti tulkittavaksi kulttuuriksi, jossa niin uhri kuin kiusaajatkin esittävät pitkälle ritualisoituneita rooleja.

Alussa kiusaajien ja kiusatun välinen sosiaalinen suhde kyllä määritellään hakkaamalla, housut nilkkaan vetämällä ja kasvot vessanpyttyyn tunkemalla, mutta kun ensin on määritelty, kuka kukakin on, uhrin piinaamiseen riittää pelkkä peitelty viittaus alkuvaiheen raakuuksiin. Jos kiusaaminen aloitetaan vaikkapa upottamalla uhrin suu käymäläastian ulosteisiin ja vetämällä vessa – varsin perinteikäs menetelmä muuten – niin sen jälkeen häntä voidaan jonkin aikaa kutsua "paskansyöjäksi", mutta tietyssä vaiheessa tämäkin ehdollistaminen voidaan lopettaa, koska pelkästään verbi "syödä" sopivasti äännettynä riittää palauttamaan alkuperäisen trauman uhrin mieleen.

Opettajalta kaikki tämä luonnollisesti menee ohi. Alkurituaali suoritettiin poikien vessassa, joka on tunnetusti sivistyneille ihmisille – mm. opettajille – täysin vieras ja käsittämätön luonnontilassa, ilman kulttuurin dekadenssia elävien apinaihmisten maailma. Siinä vaiheessa, kun pojat haukkuvat kiduttamaansa paariaa "paskansyöjäksi", opettaja kuulee sen pelkkänä mielikuvituksettomien kakaroiden keksimänä alkeellisena kirosanana eikä ymmärrä, että sana on kehitetty nimenomaan tämän erityisen uhrin kiusaamiseen, hänen muistuttamiseensa siitä hetkestä, jona hän sätki avuttomana seitsemän yksinäänkin häntä puolet vahvemman korston otteessa tukehtumaisillaan sontaan ja kuohuvaan veteen. Ja sitten kun uhri on oloutettu niin tarkkaan, että hän säpsähtää ja saa adrenaliinihumalan vain kuullessaan sanan "syödä", opettajan on turha kuvitellakaan ymmärtävän, missä mennään. Pikemminkin voi käydä niin, että uhri saadaan provosoitua hyökkäämään kiusaajiensa kimppuun opettajan silmien alla, jolloin *hän* itse asiassa joutuu rangaistuksi.

Tarjoaako Hamarus ratkaisua? Ainakin Hesarin mukaan hänellä on annettavanaan vain latteus: *tärkeää Hamaruksen mukaan on turvata oppilaiden väliset sosiaaliset suhteet, eräänlainen sosiaalinen turvallisuus.* Tähän voi vastata vain sanomalla: voi pyhä yksinkertaisuus. Hamarukselle ei ilmeisestikään ole valjennut se synkkä totuus, että lapset ovat järkiään pikku narsisteja, joiden omatunto, vastuuntunto ja inhimillisyys on niin kehittymätön, että aikuista, joka on näiden ominaisuuksien osalta jäänyt lapsen tasolle, kutsutaan määritelmällisesti psykopaatiksi. Tästä seuraa, että kun kakarat jätetään omilleen rakentamaan oma maailmansa ja yhteiskuntansa, tulos on Kärpästen herra. Lasten ja nuorten maailma on aikuisten yksinkertaisesti revittävä rikki – vaikka sitten ruumiillisia rangaistuksia käyttäen. Hamarus tuntuu kuvittelevan, että lasten maailmasta olisi mahdollista saada reilu ja inhimillinen lasten omin voimin, tai aikuisten vain "ohjatessa" ja "turvatessa". Tämä on epärealistista hourailua: lapset ovat perusluonteeltaan hulluja tappajia ja sellaisina pysyvät, kunnes aikuistuvat. Jos aikuistuvat. Tämä on luultavasti ihan aivojen fysiologialla perusteltava väite, ja tästä kaiken kasvatustieteen olisi lähdettävä.

ISOT TURKIT, VÄHÄT TURKIT, TURKKILIIVIT

14. marraskuuta 2006

Iltapäiväläystäkkeen kotisivut tietävät kertoa, että jokin kettutyttöporukka änkesi turkisnäytökseen öyhöttämään. Tilanne meni nopeasti ohi: jenginuoret laukoivat latteutensa, jotka tässä vaiheessa lienevät tuttuja kaikille, sen jälkeen järjestysmiehet ja poliisi ilmeisesti heittivät heidät mäkeen ja panivat ärhäkimmän mölytoosan rautoihin. Mikään kovin suuri sensaatio kyseessä ei ollut, mutta kaipa tämä on yhtä hyvä tilaisuus kuin mikä tahansa muukin kirjoittaa muistiin pari sanaa eläinaktivismista.

En pidä itseäni minään varsinaisena turkisten ystävänäkään, vaikka puoliksi pohjanmaanruotsalaiset sukujuureni toki hieman kallistavatkin minua minkkitarhaukselle myönteiseen suuntaan. Minun isoäitini aikana, kun tavallisella maalaisihmisellä saattoi olla kylmän ilman varalta päällään *isot turkit, vähät turkit, turkkiliivit*, turkki oli tuiki tarpeellinen kappale huoneenhallituksessa. Niistä ajoista tekstiiliteollisuus on kehittynyt siinä määrin, etteivät turkikset enää kuulu välttämättömyystarvikkeisiin, vaan niistä on tullut enemmän tai vähemmän rahalla saatavien naiseläjien tapa panna markkina-arvonsa näkyville. Turkistarhauksella palvellaan *turhuuden markkinoita*, sitä luksuksen ja joutavuuden maailmaa, jossa marsunjärkiset kokaiinia haistelevat seurapiirikaunottaret loikkivat mökämusiikin säestyksellä strobovalojen loisteessa, milloin eivät makaa rikkaiden tyhjäntoimittajien alla kliseeöljyšeikin maulla sisustetussa loistosviitissä. Kunnon luterilaisen kasvatuksen saaneesta on pohjimmiltaan moraalitonta olla pönkittämässä moista elämäntyyliä; ja myös kettutytöt ovat tässä kulttuurissa kasvaneina arvomaailmaltaan luterilaisempia ja kristitympiä kuin ikinä suostuvat myöntämäänkään.

Vaikka eläinsuojelutouhuun liittyy valtavasti uuvuttavaa ja vastenmielistä nyyhkyilyä, en pidä sitäkään kokonaisuudessaan tarpeettomana. Vuosia sitten muistan antaneeni nimeni vetoomukseen, jolla vaadittiin kunnallisia toimenpiteitä, jotta estettäisiin kissojen päätyminen kulkukissoiksi. Koska villiintyneet kissat aiheuttavat kaikenlaista harmia luonnossa riehuessaan, pidin adressia aivan mielekkäänä ja aiheellisena. Sitä kyllä ihmettelin ja ihmettelen edelleenkin, että kansalaisjärjestön piti mekkaloida tästä kulkukissa-asiasta, koska kohtuullista olisi, että kunnalla olisi sitä varten valmiit putimiehet, jotka poimisivat nuo pensasaitojen amatööripantterit talteen, tarhaisivat ne ja tarvittaessa lopettaisivat, jos asiallista sijoituskotia ei löytyisi.

SENSUROITU SUOMESSA: 2006

Tämä ei tarkoita, että erityisemmin vaivautuisin kannattamaan tai ymmärtämään kettutyttöjä. Siinäkin tapauksessa, että eläinten vapautusliike olisi lähtenyt käyntiin aidosta huolesta – mitä muuten en usko, koska koko touhu vaikuttaa Isosta-Britanniasta tänne rantautuneelta tuontikulttuurilta – se on joka tapauksessa saavuttanut absurdit ja käsittämättömät mitat. Monet kettutyttöjen tyypilliset menettelytavat ovat jo luonnonsuojelullisten näkökohtien kannalta arveluttavia. Esimerkiksi minkkien leviäminen täkäläiseen luontoon ei ylipäätään ole ollut hyväksi: tunnetusti ne ruojat ovat mm. syrjäyttäneet elintavoiltaan samanlaisen kotoperäisen näätäeläimen, vesikon, Suomesta kokonaan, ja uhanalainen se taitaa itse asiassa olla muuallakin. Mutta tämähän ei tietenkään kettutyttöjen tahtia haittaa: heidän käsityksensä karkulaisminkkien aiheuttamien ongelmien ratkaisemisesta on, että kaikki minkit lasketaan irtaalleen luontoon riekkumaan.

Turkistarhaus tuskin on luonnonsuojelullisesti Suomen haitallisin elinkeino. Turkistarhaajat eivät ole poliittisesti eivätkä elinkeinoelämässä vaikutusvaltainen ihmisryhmä kotimaakuntansa ulkopuolella. Juuri siksi kettutyttöliike ei ole poliittisesti merkittävä eikä yhteiskuntaa mullistava liike sillä tavalla kuin vihreä liike alkuaikoinaan oli. Se kohdistaa vihamielisyytensä verrattain voimattomaan ja valtaa vailla olevaan ammattikuntaan – turkistuottajiin – hiukan samaan tapaan kuin eräs tietty maihinnousukenkiin, maihinnousutakkeihin, maihinnousuhousuihin, maihinnousukalsareihin, maihinnousuviinapulloihin ja maihinnoususavukkeisiin sonnustautuvien kaljupäisten nuorukaisten alakulttuuri rusikoi toista vajaavaltaista ihmisryhmää. Suurin huvi lienee molemmissa tapauksissa siinä, ettei uhrilla oikein ole riittävästi muskelia panna hanttiin villiintyneiden nuorten ylivoimaiselle joukolle eikä mikään vahva valtaapitävien ryhmä oikeasti vaivaudu puolustamaan uhria. Heikompaansa on aina yhtä kivaa hakata, tietävät koulukiusaajatkin. Vahvemmille haistatteluun sitä vastoin tarvitaan oikeasti sellaista kanttia, jota ei kaikilta veltoilta niittinaamoilta löydykään.

Nuorempana ja radikaalimpana, siihen aikaan kun oma ajattelutapani oli lähempänä ekoaktivismia, epäilinkin, että turkistarhahössötyksen ja muiden ympäristöliikkeeseen pesityneiden kummallisten rönsyryhmien takana oli saastuttavan suurteollisuuden salaliitto, jonka tarkoituksena oli tukahduttaa vakavastiotettava ympäristönsuojelu eläinrakkauslällätyksellä. Arvelin siis, että kammottu suurpääoma rahoitti välikäsien kautta avokätisesti sekä kettutyttöjä että kaikenlaisia "syväekologisia" hippimystikkoja, joilla ei ollut aavistustakaan ekologiasta, mutta sitäkin enemmän rauhanpiipun pyhästä yrtistä.

Jälkimmäisestä minulla on itse asiassa epäsuoria todisteitakin: joskus kahdeksankymmenluvun lopussa tai yhdeksänkymmenluvun alussa silloiseen kantakahvilaani, joka toimi myös vaihtoehtoväen kirjakauppana, tunkeutui pari innokkaasti hössöttävää operettihippiä parta hulmuten esittelemään läpyskäänsä. He selittivät sen edustavan jonkinmoista yhteisymmärryksen läpimurtoa ympäristöväen ja teollisuuden välillä ja kertoivat nimeltä mainiten erään ison metsäteollisuusfirman pomon antaneen lehdelle valtavasti tukea ja rahoitusta nähtyään sen sisällön. Tiskin takana seisonut tyttö suhtautui asiaan skeptisesti, mutta suostui ottamaan lehden myyntiin. Myöhemmin vilkaisin läpyskää ja totesin, että se oli kirjoitettu samalla kirjasintyypillä ja taitettu samaan sivuformaattiin kuin siihen aikaan ilmestynyt vihreiden mielipide- ja kulttuurilehti *Suomi*. Sisältö oli kuitenkin tyypillistä mitäänsanomatonta hippihöpinää jinistä, jangista ja Jungista, enkä tajunnut, mikä tässä metsäteollisuuspomoa niin kovasti innosti, että hänen piti sitä rahoittaa – salaliittoteoria juolahti mieleeni vasta vuosia myöhemmin.

Luultavasti mitään salaliittoteorioita ei kuitenkaan oikeasti tarvita. Kuten vaikkapa feministien esimerkki osoittaa, yhden asian liikkeillä on taipumus tehdä itsensä tarpeettomiksi – esimerkiksi teollisuuden ympäristönsuojelussa ja energiansäästössä on merkittävästi edistytty sitten vihreän liikkeen alkuaikojen. Mutta koska monet ihmiset investoivat itse liikkeisiin koko elämänsä, he eivät osaa irrottautua niistä sittenkään kun aika olisi, vaan suuntaavat liikkeen huomion yhä keinotekoisempiin ja kaukaahaetumpiin kohteisiin ja selittävät nämä hirveiksi epäkohdiksi.

Kun maailmankatsomus hakusessa olevia nuoria sitten tulee mukaan liikkeeseen, absurdeimmatkin iskulauseet uppoavat heidän arvostelukyvyttömään mieleensä kuin veitsi voihin. Sitä paitsi noiden liikkeiden tapahtumissa tutustuu muihin nuoriin, joiden kanssa on varmasti kiva olla esim. sukupuoliyhdynnässä. Niinpä esimerkiksi eläinsuojeluaktivismi pysyy käynnissä pelkästään nuorten ihmisten sosiaalisten tarpeiden pyörittämänä.

Onhan se hauskaa että nuorilla on tuota yhdistyselämää, joo. Taitaisi kuitenkin olla tarvetta järjestää kunnan puolesta niiden putimiesten lisäksi myös nuorisonohjaajat kääntämään tuo nuorison harrastustoiminta yhteiskunnallisesti rakentavampiin ja lainkuuliaisempiin uomiin.

KATAINEN NAISTEN ASIALLA
16. marraskuuta 2006

Istu ja pala, itse Kokoomus on tehnyt välikysymyksen naisen asemasta työmarkkinoilla, joka Kataisen mielestä on kohtuuttoman huono. Hienoa, nyt sainkin pitkästä aikaa hyvän tekosyyn kirjoittaa feminismistä. Eikä minulla ole siitä nytkään paljon mitään hyvää sanottavaa, mutta toivon ainakin saavani selitettyä, mikä siinä ottaa minua niin raskaasti pannuun, että olen vaivautunut aloittamaan ristiretken ja/tai/eli jihadin sitä vastaan.

Kokoomusta pidetään yleisesti ottaen konservatiivisena ja oikeistolaisena puolueena. Siitä voidaan varmasti aina kiistellä, mitä konservatiivisuus ja oikeistolaisuus näin postmoderneina aikoina tarkoittaa, mutta tällaisena vulgäärivasemmistolaisena elelen itse sellaisessa käsityksessä, että perinteisen konservatiiviseen rahaoikeistolaisuuteen kuuluu yhteiskunnan vähävaltaisten ja syrjittyjen ryhmien syyllistäminen: meidän yhteiskuntamme on jo nyt niin hyvä ja oikeudenmukainen, ettei täällä kukaan omatta syyttään syrjäydy, menkää töihin siitä, senkin hipit laiskurit. Mahdollisimman moni asia on jätettävä markkinoiden hoidettavaksi, koska markkinat ovat viime kädessä sokea ja siksi puolueeton oikeuden jumalatar, ja jos epäoikeudenmukaisuutta esiintyy, se on määritelmällisesti ennen muuta epämarkkinanmukaisuutta.

Toisin sanoen jos yhteiskunnassa on ryhmiä, jotka kokevat itsensä syrjityiksi, heidän tilanteessaan on epäoikeudenmukaisinta se, että heitä ruokitaan kunnon ihmisiltä *varaastetula rahaala* (kaksi viimeistä sanaa äännettävä syvän moraalisen närkästyksen äänenpainolla); ja jos he eivät pysty selviytymään työmarkkinoilla, se on vain merkki siitä, että he ovat pahoja ja huonoja ihmisiä, koska kunnon ihminen siellä kyllä pärjäisi.

Tässä kohdassa luonnollisesti vasemmistolainen tunkee heiluttamaan sormeaan ja selittämään, että tuhannen taalan kysymys on, kuka on *kunnon* ihminen ja kuka määrittelee kunnon ihmisen. Käytännössähän tunnetusti työmarkkinoilla pärjäämistä saattavat haitata asianomaisen työpanokseen tai ammattitaitoon liittymättömät asiat, joille hän ei voi mitään, kuten ruma naama, pysyvästi päivettynyt ihonväri tai sukupuoli.

Kokoomusta äänestävä kunnon peruskonservatiivi voi vastata tähän kahdella tavalla. Jos feministit ovat oikeassa väittäessään, että valkoinen keski-ikäinen heteromies on normi-ihminen – se kunnon ihminen, johon kaikkia muita verrataan ja köykäisiksi havaitaan – konservatiivi tietenkin toteaa, ettei esimerkiksi naisten huonommalle asemalle työmarkkinoilla voi mitään: se nyt vain on objektiivinen olosuhde, johon naisten on pyrittävä mukautumaan. Vapaa kilpailu on vapaata kilpailua, ja kilpailuissa on myös häviäjänsä. Naisten aseman parantaminen erityistoimenpitein olisi markkinoiden vapauden peukaloimista, johon ei tietenkään saa turvautua, koska markkinoiden vapaus on oikeistolle itseisarvo, etten sanoisi: moraalinen arvo.

Mutta jos kunnon ihmisiksi ollaan konservatiivisissa kokoomuspiireissä valmiita hyväksymään myös naiset, naisten oletettu heikompi asema työmarkkinoilla tulkitaan pikemminkin merkiksi siitä, että vapaa kilpailu ei ole toteutunut, vaan jokin tekijä vääristää markkinoita nimenomaan miesten hyväksi. Nyt näytämme päässeen juuri niin pitkälle. Nostamalla naisten aseman työmarkkinoilla välikysymyksen aiheeksi Katainen on osoittanut, että naisasia voidaan yhdistää ja on jo yhdistettykin kokoomuslaisen rahaoikeiston ajamaan vapaiden markkinoiden paradigmaan. Naiset ovat päässeet sellaiseen asemaan, että Kokoomuskin heitä puolustaa.

Näissä oloissa minun on täysin mahdotonta hyväksyä sitä, että naiset esitetään vähemmistönä tai marginaaliryhmänä. Kun naiset ovat niin voimakas ja vallakas ryhmä yhteiskunnassa, että maan vahvin konservatiivipuolue tekee feministien keppihevosesta välikysymyksen aiheen, on täysin kohtuullista vaatia, että naisasialiike lakkauttaa itsensä tarpeettomana. Naissukupuoli ei enää ole marginaalissa.

On kohtuullista vaatia – mutta tiedänhän minä, etteivät ne kiljukurkut siihen vaatimukseen suostu. On liian paljon sellaisia naisia, jotka ovat tieten tahtoen marginalisoineet itsensä voidakseen sitten suureen ääneen julistaa, kuinka alistettu koko sukupuoli on. Ensin nainen menee opiskelemaan jonninjoutavaa pseudotiedettä – naistutkimusta – jolloin tasan ainoa homma, mihin hän saa pätevyyden, on feministiliikkeen järjestö- ja propagandajyränä riekkuminen. Kun hän sitten joutuu tyytymään roska- ja pätkätöihin, hän nostaa riemunkirjavan älämölöön siitä, että häntä naisena sorretaan; ja koska naiset ovat isohko eturyhmä yhteiskunnassa, hänelle löytyy aina nyökyttelijöitä, myötäilijöitä ja kannattajia.

Tämä turha joukko miehittää, anteeksi: naisittaa, sitten vasemmistopuolueet, joilla olisi tärkeämpääkin tehtävää yhteiskunnassa – esimerkiksi yhteiskunnasta syrjäytyvien nuorten miesten pelastaminen kuolemasta käsiin. Ja kaikkein irvokkainta on, että tämä porukka myös toimii onnettoman huonona esikuvana oikeasti lahjakkaillekin nuorille naisille: sen sijaan että tytöt menisivät opiskelemaan aivan mitä tahansa hyödyllistä – insinööritieteitä, kieliä, lääketiedettä, kemiaa, fysiikkaa, geologiaa, historiaa, taloustiedettä, täydentäkää lista itse – he ajautuvat naistutkimukseen hukkaamaan aikaansa ja lahjojaan.

RITARILLISUUS VÄKIVALLAN ULOTTUVUUTENA
17. marraskuuta 2006

Jee, suuren maailman meininkiä juntti-Suomessa: vartiointiliikkeen miehet mätkivät videolla jotain äijää pampulla muusiksi kameroiden nähden. Jässikkä oli tietenkin sitä ennen mennyt hölmöyksissään hakkaamaan jotakuta paremman ja varjellumman sukupuolen edustajaa, niin ainakin väitetään. Se oli tietenkin rikos, mutta myös typeryyttä, sillä kuten valtakunnan ritarillisuuskasvattaja *honoris causa* Tony Halmekin osaisi tähdentää, naisen loukkaaminenkin, saati sitten lyöminen, on sellainen teko, että siihen syyllistyneelle ei kuulu lain eikä ihmisoikeuksien julistuksen suoja.

Ei toki lain mukaan, mutta kuten valtakunnansyyttäjä Vyšinski sanoi suurten näytösoikeudenkäyntien aikana, "mepä emme noudatakaan lakia, vaan vallankumouksellista omaatuntoamme". Kuten kommenttiosastollanikin on huomautettu, jo pienet pojat opetetaan pitämään tytön lyömistä hirveänä rikoksena, kun taas poikien keskeinen väkivalta kuuluu osana maailman menoon, eikä kenenkään mieleenkään juolahda, että se olisi jotenkin väärin. "Naisen loukkaamiseksi" mielletty teko saa aina ritarilliset Sven Tuuvat (*ett dåligt hufvud hade han, men hjertat, det var godt*) käymään olettamansa syyllisen kimppuun kaikki estot unohtaen.

Joku voisi kirjoittaa salapoliisiromaanin täydellisestä rikoksesta, joka olisi suunnilleen seuraavanlainen: nainen murhaa uhrin menemällä kapakkaolosuhteissa tämän lähelle ja rääkäisemällä sitten äkkiarvaamatta vaikkapa, että "toi yritti lyödä mua". Välittömästi juottolan pimeydestä nousee muutama ison teräskaapin kokoinen, näköinen, painoinen ja älyinen mies rankaisemaan "roistoa", eivätkä he tietenkään kuuntele tämän syyttömyysvakuutteluja. Kohtalottaren häipyessä vaivihkaa paikalta kaapit tarttuvat "naisenloukkaajaan" ja iskevät hänet pää edellä seinään niin lujaa, että aivokoppa räsähtää säpäleiksi ja sisältö purskahtaa ravintola-asiakkaiden järkytykseksi ulos korvien takaa, hyvä jos ei nokare tai pari lennä huippumalli Pimppiina Tissakainen-Lalumièren vihreän ja violetin kirjavaa viinasekoitusta sisältävään drinkkilasiin niin että hän epähuomiossa luulee niitä cocktailmarjoiksi ja kulauttaa ne juomansa mukana. Taposta syytteeseen ja vankilaan joutuvat tietysti kaapit, joiden tarinaan salaperäisestä naisesta kukaan ei usko.

Jos vartiointiliikkeen pojat hakkasivat pyhää Naista profanoinutta vielä siinä vaiheessa kun tämä oli jo maassa ja avuton, he tietysti syyllistyivät rikokseen. Mutta sosiaalisista normeista he eivät poikenneet: naista ruhjomalla heidän uhrinsa oli vetänyt päälleen maolaisittain määritellyn kansanjoukkojen vihan, tai kuten natsit sanoisivat, herättänyt terveen kansanvaiston. Koska pojat olivat saaneet vain vartiointiliikkeen antaman korkeintaan parin viikon mittaisen koulutuksen, heidän tietonsa lain kirjaimesta olivat epäilemättä varsin puutteelliset. Kuten tiedämme, kansan keskuudessa lain ja lainkäytön tuntemus on varsin matalalla tasolla, koska sitä ei peruskoulussakaan jostain syystä taideta opettaa – minun aikanani siellä oli jotain täysin turhaa "yhteiskuntaoppia", joka ei todellakaan ajanut samaa asiaa. Niinpä siinä vaiheessa kun tilanne tuli päälle, pojat noudattivat ainoaa tarpeeksi hyvin tuntemaansa lakia, joka sanoi, että "naisenloukkaajaa" saa ja pitääkin hakata, kunnes hän ei siitä enää nouse.

Toki vartijoiden väkivaltaisuudelle voidaan antaa muitakin selityksiä. Perinteinen vasemmistolainen versio on, että vartiointialalle nyt hakeutuu joka tapauksessa pimahtaneita, rikollisia natseja, jotka vain kyttäävät tekosyytä päästä hakkaamaan ihmisiä. Tiedän kyllä tähänkin viittaavia yksittäistapauksia, mutta en oikein usko, että tämä pätisi kaikkiin alalla työskenteleviin tai että nyt huomiota herättäneen tapauksen pääsyynä olisi vartiointiliikkeen miesten epätavallinen hirveys ja raakuus. Nähdäkseni suuri osa vartiointialalla toimivista ihmisistä tekee sitä työtä vain elättääkseen itsensä ennen oikean ammatin hankkimista, ja oletan esimerkiksi opiskelijoiden olevan alan työvoimassa hyvin edustettuina, puhumattakaan maahanmuuttajista, joilla on tarve saada edes jonkinlaisella ensityöpaikalla kenkä työmarkkinoiden ovenrakoon. Vartiointityö ei siis liene kellekään varsinainen unelma- tai ura-ammatti. Myönnän toki, että tilanne on voinut muuttua sitten omien kemianopiskeluaikojeni, kun tuolloinen paras ystäväni, tietojenkäsittelytieteen opiskelija, työskenteli vartijana ja leukaili kotitekoisella raumanruotsillaan: *När man är väktare måste man hela tiden vara på vakt*. Sittemmin vartiointialasta on tullut paljon suurempi ja näkyvämpi teollisuudenhaara, joten ehkä jotkut saavat siitä pysyvänkin leipäpuun.

Kuitenkin olettaisin suuren osan vartijoista nykyisinkin olevan jotain aivan muuta kuin "väkivallan ammattilaisia". Taannoin näin työtoverien perehdyttävän erästä vauhkolta ja ahdistuneelta vaikuttanutta nuorta kaveria, ilmeisesti uutta kollegaa, vartijan toimenkuvaan Hansa-korttelissa. Hänen ilmeestään näki kauas, ettei hän kokenut tätä omaksi työkseen – ennen kaikkea hän oli aivan ilmeisesti peloissaan. Olen nähnyt saman veikon sen jälkeen pariin otteeseen partioimassa, ja aina hän näyttää yhtä järkyttyneeltä. Itse asiassa toisinaan minun on tehnyt mieli hymyillä hänelle ystävällisesti ja sanoa, ettei tässä nyt mitään hätää ole. En kuitenkaan ole tehnyt kumpaakaan, koska tiedän hyvin, että hätääntyneet ja pelokkaat ihmiset ovat arvaamattomia. Olin sellainen nuorempana itsekin.

Poliisit syyllistyvät nähdäkseni tarpeettomaan väkivaltaan hyvin paljon harvemmin kuin vartiointiliikkeen miehet. (Tässä kohtaa kommenttiosasto alkaa tietysti julistaa, että poliisit ne vasta hirveitä gestapomiehiä ovatkin. Sen kun huudatte: jokainen toimii oman elämänkokemuksensa mukaan, ja minun kokemukseni poliiseista, aivan kuten esimerkiksi maahanmuuttajista, ovat pääasiassa neutraaleja tai lievästi myönteisiä.)

Olettaisin tämän johtuvan aika pitkälti siitä, että poliisi ei ole sillä tavalla peloissaan kuin yksityinen vartiomies: poliisi tietää osaavansa hommansa, ja hänellä on valmiiksi treenatut menettelytavat useimmissa tilanteissa.

Yksityiset vartijat sitä vastoin ovat paljon vähemmän ammattitaitoisia ja itsevarmoja, ja väkivaltatilanteen sattuessa kohdalle he voivat silkasta pelosta hakata kiinni otettavaa henkilöä vielä siinäkin vaiheessa, kun tästä ei ole järjellä ajatellen enää minkäänlaista vaaraa. Väkivaltaa pelkäävät ihmiset nimittäin kokevat herkästi, että heidät puolustautumaan säikyttänyt henkilö säteilee jonkinlaista abstraktia "vaarallisuutta", että hän on perusluonteeltaan ja sisäänrakennetusti vaarallinen. "Vaarallisuussäteilyn" torjumiseksi ja omaa pelkoaan lievittääkseen vartijat saattavat hakata häntä vielä siinä vaiheessa kun hänet on kaiken järjen mukaan jo tehty vaarattomaksi. Ja tämä aiheuttaa jo hengenvaaran.

BORAT, MOLVANIA JA PHAIC TĂN
18. marraskuuta 2006

Sittemmin olen julkaissut iiriksi aivan vakavaksi tarkoitetun romaanin, joka sijoittuu keksittyyn itäeurooppalaiseen maahan.

Vierastan hieman Sacha Baron Cohenin tähdittämää elokuvaa muka kazakstanilaisen toimittaja Boratin kohelluksesta lännen suuressa ihmemaassa, vaikka hyvä ystäväni Ivan Hlinka (nimi muutettu, tai oikeastaan käännetty suomesta slovakiksi) onkin suositellut sitä vilpittömästi. Ivan Hlinkan hyvään makuun voi luottaa varsin monissa asioissa, minkä näkee siitäkin, että hän on toiminut keskustapuolueen nuorisojärjestössä kolmekymppisenä sekä matkustanut Pohjois-Koreaan. Tuossa jälkimmäisessä tapauksessa hänen järkkymättömästä arvostelukyvystään todistaa se, että hän ei ainoastaan matkustanut Pohjois-Koreaan, vaan tuli sieltä myös takaisin.

En ole sinänsä poliittisesti epäkorrektia huumoria vastaan, jos se tehdään taidolla ja asiantuntemuksella ja jos siinä on taustalla kestävä moraalinen näkemys. Esimerkiksi Kummelin sketsit fundamentalistiterroristi Azizista ovat usein varsin sympaattista viihdettä: piikki ei välttämättä osu edes naiivin hömelöön ja hyväätarkoittavaan Aziziin itseensä, vaan hänen kavereihinsa, jotka ovat aina yhtä vilpittömän innoissaan siitä, että Aziz uhraa henkensä, eivät he. Cohenin mukaan Boratinkaan ei ole tarkoitus irvailla itse kazakstanilaisille, vaan niille amerikkalaisille, jotka antavat metkuttaa itsensä kuvittelemaan Kazakstanin olevan niin sekopäinen maa kuin Borat väittää.

En oikein usko, että kaikki amerikkalaisetkaan ovat aivan niin herkkäuskoisia. Monet ovat pohjimmiltaan aivan toisella lailla maailmanmiehiä kuin Borat/Cohen tajuaakaan, koska maailma heillä on aina ollut jo kotona. Uskoisin, että ne amerikkalaiset, jotka ovat uskovinaan Boratin naurettaviin väitteisiin, ovat monikansallisessa, siirtolaisia aina puoleensa vetäneessä maassaan yksinkertaisesti tottuneet huonosti englantia puhuviin ja sotkuisesti asiansa ilmaiseviin ulkomaalaisiin, ja että Yhdysvalloissa on valmiit käyttäytymismallit, joilla tällaiset tyypit saadaan tuntemaan olonsa kotoisaksi.

Jos Borat tai joku vastaava ulkomaanpelle sanoo jotain sellaista, mikä aivan ilmeisesti ei ole totta, vaan huonon kielitaidon ja hämmentävän kommunikaatiotilanteen synnyttämä väärinkäsitys, kunnon amerikkalaisen on rohkaisevalla hymyllä ja ystävällisellä naurulla ilmaistava siirtolaisparalle, että tämän ilmeisesti vahingossa lausuma pöyristyttävä asia ei katkaissut keskusteluyhteyttä, vaan että vastapuoli on edelleen halukas yrittämään ymmärtää hänen puhettaan. Luulenpa, että juuri tällä asenteella jenkit ovat onnistuneet aikojen saatossa sulauttamaan niin monet erilaiset kansallisuudet yhteiseen kansaansa.

Viime kädessä siis Boratin pilkka osuu nimenomaan Kazakstaniin. Ei siksi, että amerikkalaiset vakavissaan kuvittelisivat Kazakstanin olevan niin sekopäinen maa kuin Borat antaa ymmärtää. Pikemminkin he kuvittelevat Kazakstanin takapajulaksi, josta ei löydy Boratia paremmin koulutettuja tähtireporttereita. Amerikkalaisethan tietävät kokemuksesta, että kälyisillä terroristijärjestöilläkin on yleensä palveluksessaan muutama aivan äidinkielisen veroisesti englantia puhuva partanaama.

Ihmetyttää hieman sekin, että pilkan kohteeksi on joutunut juuri Kazakstan. Se ei tosin ole mikään erityisen sympaattinen maa, vaan pikemminkin tyypillinen entisen Neuvostoliiton autoritäärisen presidenttijohtoiseksi jämähtänyt osatasavalta; mutta vaikka siellä syyllistytäänkin jonkinasteisiin ihmisoikeusrikkomuksiin, Borat olisi voinut kohdistaa satiirinsa mieluummin vaikka Turkmeniaan. Tätä maata hallitsee pimahtanut diktaattori, ja suurin osa sen asukkaista on ässävikaisia. (Tämä jälkimmäinen tieto ei todellakaan ole vitsi, vaan kielitieteellinen tosiasia: ässät kuuluu norminmukaisessa, yleiskielisessä turkmeenissa ääntää lespaten. Meikäläinen ässä ei ole varsinainen kielivirhe, mutta sitä pidetään ilmeisesti murteellisena.) Turkmenian tapauksessa hänen ei olisi tarvinnut edes liioitella kovin paljoa, sillä yksinvaltias Nyýazowin oikut ovat kuin suoraan Sasha Baron Cohenin mielikuvituksesta: hän on esim. nimennyt kuukaudet ja viikonpäivät uudelleen, ei vain itsensä, vaan mm. äitinsä mukaan. Maailman mahtavin mammanpoika? Parempi olla mammanpojille mieliksi, koskaan ei tiedä mitä heistä lopulta tulee.

Boratin satiiri on minulle liian rahvaanomaista siksi, että se perustuu *pelkkään* ennakkoluulojen ylenmääräiseen liioitteluun, samaan tapaan kuin taannoinen australialaisten huumorimiesten väsäämä matkaopas Molvania-nimiseen kuviteltuun itäeurooppalaiseen maahan. Molvania oli alkuperäisen alaotsikon mukaan "a land untouched by modern dentistry", maa, jonka aitoutta moderni hammaslääketiede ei ollut vielä pystynyt pilaamaan, minkä näkikin useimpien valokuvissa myhäilevien molvanialaisten vilpittömistä ja autenttisista hymyistä. Valitettavasti suomennos ei kyennyt kääntämään viittausta hammaslääkäreihin, vaan tyytyi helpohkon parodiseen kliseeseen "Itä-Euroopan hyljeksitty helmi". (Sittemmin Molvania on saanut seurakseen saman tiimin keksimän itäaasialaisen maan nimeltä Phaic Tăn, josta löytyy mm. kaupunki nimeltä Bumpattabumpa.)

Kun nyt Itä-Euroopasta itse satun jotain tietämäänkin, minua ärsytti Molvaniassa sama kuin Boratissa: se, että kirjan tekijät halusivat ivailla yleisiä ennakkokäsityksiä Itä-Euroopasta, mutteivät itse tienneet enempää kuin ne pilkkaamansa muka ennakkoluuloiset juntit. Hyvään satiiriin tarvitaan enemmän. Jos itse kirjoittaisin vastaavanlaisen kirjan – ja olen pariin otteeseen vakavissani yrittänytkin; ehkä vielä väsäänkin sen, jos löydän jostain julkaisijan – pyrkisin olemaan mahdollisimman lähellä todellisia itäeurooppalaisia tapahtumia ja henkilöitä ja liioittelisin vain hiukan; luultavasti lukijat pitäisivät kaikkein epäuskottavimpina juuri sellaisia henkilöitä ja tapahtumia, joilla olisi oikeasti historialliset esikuvat.

Kuten Egon Erwin Kisch sanoi, mikään ei ole kiihottavampaa kuin totuus: esimerkiksi Puolan historiasta sopivasti valkkaamalla saisi kokoon niin hirviömäisen henkilögallerian, että se pesisi Molvanian puujalkavitsit heti kättelyssä. Esimerkiksi 1700-luvulla elänyt aatelismies Karol Stanisław Radziwiłł, liikanimeltä "Panie Kochanku" – "Rakastettu Herraseni" – tuli Jędrzej Kitowiczin laajan tapainkuvauksen ansiosta jälkimaailmalle tunnetuksi siitä, että itsetyydytystä harjoittaessaan antoi käskyn ampua sellaiset tykinlaukaukset, joilla yleensä ilmoitettiin uuden suvun jäsenen syntymästä ja välittömästä kuolemasta.

SUUREN LANNAN RIU'UT

21. marraskuuta 2006

Saamelaisilla on tunnetusti tapana käyttää junantuomista etelän neidoista ytimekästä pilkkanimeä *lannan riuku*. "Lanta" on tietenkin peräisin skandinaavisesta sanasta *land*, *landet* ja tarkoittaa tässä tapauksessa Lapin eteläpuolista maailmaa, jonka asukkailla on kaikenlaisia pohjoisen väelle vieraita ja joutavia kotkotuksia, ja "riuku" on kiertänyt saamen kautta, mutta on itse asiassa samaa alkuperää kuin vanhan kyökkikielen *fröökynä*. Maailman – sen kaikkein suurimman "lannan" – markkinoilla itseään näyttelee kuitenkin kasapäin sellaisia fröökynöitä, joita tekee mieli kutsua "riu'uiksi" ihan sanan lantalaisessakin merkityksessä.

Viime viikolla nimittäin lehdessä luki sellaista, että brasilialainen kaksikymppinen mallityttö oli tieten tahtoen nälistänyt itsensä kuoliaaksi. Kaikesta päätellen neidolla oli ollut poikaystävä, tasapainoinen perhe ja elämä kaikitenkin mallillaan, mutta silti vain piti mennä laihduttamaan itsensä hengiltä. Kuolema ei ollut siisti eikä nopea, vaan tuskallinen ja nöyryyttävä: nälän ja puutoksen kurtistamaa elimistöä koetettiin vielä saada toimimaan ja ottamaan vastaan ruokaa, mutta vammat olivat jo äityneet liian pahoiksi.

Tavanomainen feministin kommentti tällaisiin tapauksiin on, että tässä taas nähdään, kuinka miesten ylivalta pakottaa naiset rääkkäämään kehoaan luonnottomasti. Itse olen aina ihmetellyt, keitä ne miehet oikein ovat, jotka vaativat naisiltaan järjetöntä laihuutta. Naapuri [Rakel Liekki] kyseenalaisti taannoisessa blogimerkinnässään pornoteollisuudelle usein suunnatut syytökset epänormaalien naiskauneusihanteiden ylläpitämisestä: hänen mukaansa pornonäyttelijöiksi toivotaan ennen kaikkea terveen, normaalin ja haluttavan näköisiä nuoria naisia. En ole ihan viimeisen päälle samaa mieltä, sillä valtavirtapornossa esiintyy kuitenkin aika paljon sellaisia luonnottomia yhdistelmiä, joilla solakkaan vartaloon on asennettu hengenvaarallisen astalon kokoiset rinnat – silikonia tai ei. Kuitenkin on ihan totta, että terveen ja luontevan kurvikkaita ja tissikkäitä naismalleja löytänee helpommin pornosta kuin muotimaailmasta. Muotimallit näyttävät miehen silmään usein epäinhimillisiltä avaruushirviöiltä, kaikkea muuta kuin haluttavilta.

Miehet siis eivät oikeasti halua nälkiintyneitä riukuja. Kuka niitä sitten haluaa? Erään homofobisen urbaanitarinan mukaan kaikki muotisuunnittelijat ovat homoseksuaaleja ja haluavat mallin muistuttavan nuorta poikaa, joten he suunnittelevat kaikki vaatteet rinnattomille ruipeloille.

Tämä tosin edellyttäisi, että asiakkaat olisivat vanhan kunnon taikaluotiteorian mukaan rajattomasti aivopestävissä samoihin ulkonäköihanteisiin. Todellisuudessahan näin ei kuitenkaan ole. Yleisön tai osan yleisöstä on haluttava ruipeloita. Kuka niitä siis haluaa?

Tyly vastaus on: naiset itse. Tutkimukset ovat osoittaneet, että esimerkiksi afrikkalaista naisten sukuelinten silpomisperinnettä eivät yleensä ylläpidä miehet, jotka ovat usein "niistä naisten asioista" niin ulalla, etteivät kunnolla edes tiedä leikatun ja leikkaamattoman naisen eroa. Ehei: ne ovat naisten omaa kulttuuria. Leikkauksen tekee tavallisesti vanha nainen, yksi niistä tietäjänaisista, joiden länsimaisen, miehisen lääketieteen saavutukset ylittävää viisautta kaikenlaiset mystiikkaan, homeopatiaan ja rohtolääkintään seonneet feministit ylistävät työkseen.

Sukuelinten silpominen oli kuulemma alkujaan Egyptin faaraoiden kotkotuksia. Koska faaraot olivat muinaisegyptiläisen käsityksen mukaan jumalia maan päällä, naisten piti turhamaisuuksissaan tietysti alkaa jäljitellä näiden älyttömyyksiä. Seuraus on, että nuorilta tytöiltä leikataan sukuelimet pois vielä nyt, kun faaraoiden maa on jo yli tuhat vuotta sitten kadonnut maan päältä.

Aivan vastaavasti tätä nälkiintymis- ja laihuuskulttuuria ylläpitävät erityisesti naiset. Monet niistä feministeistä, jotka parkuvat miesten muka asettamista ulkonäkövaatimuksista niin että seinistä maali ropisee, ovat itse asiassa ensimmäisenä moittimassa muita naisia siitä, että nämä rohkenevat poiketa vallitsevista laihuusihanteista. Absurdiuden huippu on radikaalifeministiksi itseään nimittävä bloggaaja, joka paheksuu julkisuuden naisten selluliitteja ja läskejä – eikä ilmeisesti hetkeäkään edes vaivaudu miettimään, millaisia ihanteita hänen kirjoittelunsa antaa nuorille naisille, varsinkin ja juuri siksi että hän väittää ajavansa naisten vapautumista.

Mutta naisten kulttuuri sinänsä tuntuu suosivan sellaisia hahmoja, joita olen Astrid Lindgrenin Vaahteramäen Eemelin erään sivuhenkilön mukaan nimittänyt *komentooriksi*. Komentoorat ovat itse itsensä auktoriteeteiksi nimittäneitä naiseläjiä, jotka työkseen kyttäävät muiden naisten kunnollisuutta jonkin elämälle vieraan ihanteen valossa. Afrikassa komentoorat silpaisevat ammatikseen nuorten tyttöjen sukuelimistä löysät pois. Täällä he sanovat olevansa feministejä – ja samalla vaativat, että tyttöjen on oltava solakoita, pyntättyjä ja meikattuja viimeisen muodin mukaan. Jos joku nainen rohkenee elää heidän ohjeittensa ja määräyksiensä vastaisesti, alkaa sellainen halveksunta ja pilkka, että oksat pois. Silloin hän onkin kuulemma miesten nöyryyttämä säälittävä ja väritön olento, joka ei uskalla olla oma räväkkä ja naiseva itsensä.

SENSUROITU SUOMESSA: 2006

Eivät naiset tarvitse vapautusta miesten vallasta, vaan tyhmistävästä naisten massakulttuurista, joka vie heitä komentoorien johdolla päin prinkkalaa. Valitettavasti taitaa olla niin, että tarve noudattaa komentoorien komenteluja on jotenkin naiseen ohjelmoitu ja kovakoodattu, koska komentoorakulttuuri on selviytynyt niin monien kulttuurimurrosten läpi. Feminismi ei ole vapauttanut naisia, vaan pakottanut heidät entistä ankarampaan komentooravaltaan. Ja siinä missä avioliitto hyvän ja ymmärtävän miehen kanssa saattoi ennen vanhaan vapauttaa naisen komentoorien tyranniasta, nykyään feministikomentoorien perhe- ja miesvihamielinen propaganda pitää vaimot väkisin henkisesti etäällä aviomiehistään ja jatkuvassa avioerovalmiudessa ensimmäisen aviollisen ristiriidan varalta. Näin naiset pysyvät komentooran lujassa otteessa myös naimisissa ollessaan. Ja voi sitä naista, joka kehtaa olla miehelleen lojaalimpi kuin komentoorien esikunnalle!

KAUHUT JULKI
23. marraskuuta 2006

Luulenpa olevani melko tavallinen esimerkki suomalaisesta siviilipalvelusmiehestä evp. siinä mielessä, että pohjimmainen motiivini aseistakieltäytymiselle ei niinkään ole ollut pasifismi kuin tietty tympääntyminen suomalaiseen sotamuistelukulttuuriin. Nuoret miehet, joita historia ei ole koulussa kiinnostanut pätkääkään, pänttäävät joukko-osastojen numeroita ja niiden komentajien nimiä voidakseen tuntea olevansa eräänlaiseen pyhään tietoon vihittyjä. Sodasta puhutaan ikään kuin tavallista riskipitoisemmasta partiolaisvaelluksesta, jossa tosin jotkut kuolivat tai vammautuivat, mutta joka oli kokonaisuutena ottaen kansakuntaa kasvattava tulikoe.

Olen jo aikaisemmin kirjoittanut siitä, että Suomen sotakokemus on monien keski- ja itäeurooppalaisten maiden sotakokemusta vähemmän traumaattinen ja lievempi, koska meillä oli toimivahko demokratia koko sodan ajan, koska Suomea ei miehitetty ja koska meillä oli selkeästi omaksi armeijaksi miellettävät joukot. On aivan toinen asia jännätä kotona rintamalla olevien aviomiesten, isien ja veljien kohtaloa kuin yrittää itse, siviilinä, selviytyä kahden tulen välissä sekä miehitysjoukkojen että "omina" esiintyvien, mutta usein epäluotettavien, brutaalien ja vaarallisten vastarintamiesten ahdistelemana. (Kannattaa ajatella esimerkiksi Irakin nykyoloja.)

Todella itäeurooppalaiset olot meillä oli vain neuvostoliittolaisten ns. partisaanisodan uhkaamissa rajakylissä. Oikeistolainen kansanosa väittää mielellään, että "veteraanien sankaritöistä ei saanut puhua vuosiin", mutta tämä on tietysti hölynpölyä. Se, mistä ei oikeasti ole hiiskahdettu sanaakaan, ovat neuvostojoukkojen puhtaasti terroritarkoituksessa tekemät hyökkäykset noihin kyliin. Asiasta oltiin niin hiljaa, että taistolaisaikana saatettiin esittää aikalaisraportit noista terrori-iskuista esimerkkeinä "suomalaisten valhepropagandasta" sodan aikana; ja koska noita järjettömiä julmuuksia ei löytynyt kirjoista eikä kansista, muutkin kuin taistolaiset nuoret saattoivat uskoa, ettei mitään sellaista koskaan ollut oikeasti tapahtunut.

Minut kasvattivat vuosina 1899 ja 1902 syntyneet isovanhempani, jotka sotaa muistellessaan kyllä puhuivat desanteista ja sota-aikana vallinneesta desanttien pelosta, mutta itärajan joukkomurhia ei heidänkään maailmassaan tuntunut olevan olemassa. Itse asiassa vasta Tyyne Martikaisen vuosituhannen vaihteen aikoihin julkaisemat omakustanteet ovat tehneet asian tunnetuksi. Edes isänmaallisuusintoilijat ja reilut ryssänvihaajat eivät ole vaivautuneet pitämään tästä asiasta meteliä, mikä on jo omalla tavallaan hämmentävää.

Ehkä syynä on se, että tuollaiset asiat ovat liian kuvottavia ja ahdistavia jopa vihankylvön aiheeksi. Vihollinen tavallaan alentaa moisilla teoilla itsensä niin kauas inhimillisyyden alapuolelle, että jopa vastustajalle tulee likainen ja epäsankarillinen olo: kaikenlaisen saastan kanssa sitä pitääkin alentua henkensä pitimiksi tappelemaan. Sodanaikaiset propagandakielikuvat venäläisistä täisinä rottina, käärmeinä ja taudinaiheuttajana osuvat sikäli oikeaan, että "partisaanien" tekemien iskujen kaltaiseen terroriin syyllistyvä vihollinen alkaa vaikuttaa lähinnä moraalittomalta luonnonvoimalta, jonka torjuminen on varsinaisen sankariteon sijasta pikemminkin vastenmielinen velvollisuus, kuten tuhoeläinten myrkyttäminen.

Nyt julki tulleet kauhukuvat keskittyvät kolmeen asiaan: kaatuneiden ruumiisiin, jotka sinänsä eivät ole mitään uutta; "partisaanisodan" siviiliuhreihin, joiden kuvia on nähty jo Martikaisen teoksissa; ja desanttien teloituksiin. Desanttien surmaaminen sinänsä oli täysin laillista ja sääntöjen mukaista, koska selustaan ilman asepukua soluttautunut sabotööri tai vakooja ei ole oikeutettu sotavangin kohteluun missään sotaakäyvässä maassa. Toivottavaa olisi, että kuvat muuttaisivat oleellisella tavalla koulujen historianopetusta ja nuorten kuvaa sodasta. Epäilemättä osa nuoria omaksuu niistä ankaran ryssänvihan, mutta tästä huolestuminen on yhtä typerää kuin se, että ahdistuttaisiin keskitysleirikuvien synnyttämästä vihasta saksalaisia kohtaan.

Yhtä lailla reaktio voi olla tympääntyminen kaikenlaiseen sotaromantiikkaan ja synkeän realistisen sodankuvan omaksuminen. Se tuskin vähentää mitenkään oleellisesti ns. maanpuolustustahtoa tai lisää siviilipalveluksenkaan suosiota; sitä vastoin nuorten luulisi noita kuvia katsellessaan tajuavan, että sota-aikoja on turha romantisoida tai nähdä nykyistä tylsää rauhaa jalostuneempina tai moraalisempina aikoina, saati haikailla tylsän ja veltostuttavan rauhan tilalle jännittävää ja sankarillista sotaa. Eiköhän paras ammattisotilaskin tule sellaisesta pojasta, joka ymmärtää, että sotia voi hädän hetkellä olla pakko käydä, jos rauhaa ei enää voida ylläpitää, mutta että tylsä, dekadentti ja veltostuttavakin rauha on äärettömän paljon parempi vaihtoehto kuin sota, johon tällaiset järjettömät verilöylyt oleellisesti kuuluvat.

SARI NÄREEN SEKOILUT
25. marraskuuta 2006

Oikeinhan siellä kommenttiosastolla arvattiin, etten minä osaa pitää näppejäni erossa tästä iänikuisesta Henkkamaukasta tälläkään kertaa. Kuten maailmalta on kuulunut, feministinen esiajattelija Sari Näre on kutsunut aatesiskoja taas kerran barrikadeille Hennes & Mauritzin kalsarikampanjaa vastaan. Tällä kertaa firman ilmoituksissa kekkaloi joku viidettä kymmentään käyvä ranskalainen näyttelijätäti alustamineissa, mitä Näre pitää pedofilian lietsontana. Kuinkahan ylös feministit oikein haluaisivat hissata seksin suojaikärajan, tekee mieleni kysyä.

Pidän valitettavana sitä, että juuri Näre on ajautunut tällaisiin naurettavuuksiin, koska muistelen hänessä nuorempana olleen kaikesta femakoille tyypillisestä retorisesta kohkaamisesta huolimatta ainesta jonkinasteiseen järjellistymiseen ja asioiden suhteuttamiseenkin. Jossain Hesarin haastattelussa hän sanoi nimittäin joitakin vuosia sitten jotain inhimillisesti ymmärtäväistä maahanmuuttajanuorukaisista, jotka Suomen seksuaalikulttuurissa menevät sekaisin kaikista saamistaan ristiriitaisista seksuaalisista viesteistä ja tulevat sitten suurin piirtein hyväntahtoisessa erehdyksessä raiskanneeksi jonkun (myönnän, että sanamuoto ei ole hänen ja että olen tulkinnut sitä rankemmanpuoleisesti). Noin yleisesti ottaen pidän hänen tuolloisia lausumiaan edelleenkin varsin vedenpitävinä ja asiallisina.

Luonnollisesti hänen mieleensä ei juolahtanutkaan soveltaa samoja argumentteja valtaväestöön kuuluviin raiskaajiin, joihin ne ainakin nuoren rikoksentekijän ollessa kyseessä olisivat sopineet vähintään yhtä hyvin. Tämä olisi nimittäin ollut ristiriidassa sen feministien yleisen puhetavan kanssa, että kotoperäinen raiskaaja ei ole esimerkiksi tekopyhän ja aina uusia tekopyhyyden muotoja luovan seksuaalikulttuurin hämmentämä, usein tyhmyystiivisteisen jenginsä mukana kulkeva nuori ja vähän sosiaalisesti toistaitoinen julli, vaan joko hirvittävä demoni, jota ei saa inhimillisesti ymmärtää eikä analysoida, tai sitten länsimaisen valkonaamaisen mieheyden todellisen sisällön paljastaja, jonka rikoksesta kaikki länsimaiset valkonaamaiset miehet ovat kollektiivisesti vastuussa. Näre on loppujen lopuksi feministi, ja feministin älyllisellä ja moraalisella rehellisyydellä on ankarat ja ahtaat rajansa.

Näreen pedofiilihöpinät tekisi mieli kuitata taas yhtenä feministisenä rimanalituksena ja esimerkkinä siitä, miten feminismi sinänsä on yhä enemmän alkanut muistuttaa jonkinlaista pornoa. Seksuaalisia viestejä ollaan näkevinään missä vain ja kaikelle keksitään seksuaalisia selityksiä ilmeisesti jonkinlaisen esipuberteettisen kiihotuksen toivossa. Vaikkapa miesten keskinäinen ystävyys ja vertaistuki leimataan tukahdutetusti seksuaaliseksi "homososiaalisuudeksi" – sana kuulostaa sen verran oppineelta, ettei tekofiksummalle heti juolahda mieleen kysyä, millä tavalla moisen leiman käyttö eroaa yläastepihan homottelusta (vastaus on tietenkin, ettei mitenkään). Koska feministien omankin liturgian mukaan pornoaddikti tarvitsee aina vahvempia kiihokkeita, edes sadomasokistisesti kiihottava hekumointi kaikkien miesten oletetulla hirveällä väkivaltaisuudella ei enää riitä, vaan nyt näiden infantiilien pervertikkojen on saatava kiksinsä näkemällä *pedofiliaa* kaikkialla, jopa nelikymppisen tädin vähäpukeisessa kropassa. No, ehkä nelikymppiseen feministiin sekaantuminen olisikin jossain mielessä pedofiliaa, koska feminismi näin ilmeisesti kielii alaikäisen tasolle jääneestä seksuaalisuudesta.

Toki Näreen jutuista voi yrittää kaiken retoriikan takaa kaivaa esille jonkinlaista ituakin. Kai maar se, että nakupellejä tai kalsongeissa ja tissiliiveissä koheltavia tantantapaisia näytellään mainoksissa, on omiaan luomaan nuorille tytöille jonkinlaisia mielikuvia omasta ruumiistaan tai naisvartalon paikasta länsimaisessa kulttuurissa, ja kai maar sen voi myöntää, että nämä mielikuvat eivät ole läpeensä terveitä, hyödyllisiä, mielekkäitä tai nuorten kehityksen kannalta parhaita mahdollisia. On kuitenkin triviaalia käydä sotaa Henkkamaukan kaltaisia toissijaisia symboleita vastaan, kun kyseessä on ilmeisesti varsin syvälle kulttuuriin juurtunut ilmiö, joka ei yhden rättitehtailijan mainoksia vainoamalla muutu miksikään. Epäterveitä seksuaalisia kuvia löytyy nuorten suosimista ja nuorille suunnatuista viestimistä – enkä nyt tarkoita selvää pornoa, vaikka kolmetoistavuotiaat lienevätkin edelleen sen kiitollisin yleisö – aivan toisessa määrin kuin mistään Henkkamaukan mainoksista.

Joskus vähän vuosituhannen vaihtumisen jälkeen muuan meneville nuorille suunnattu kaupunkilehti pani kanteensa kuvan korkeintaan kuusitoistavuotiaan näköisestä tytöstä niukoissa, mutta täysin laillisissa vaatteissa – muistaakseni topissa ja farkuissa; tyttö oli kuitenkin kuvattu yläviistosta, vaikutti nöyristelevältä ja ahdistuneelta (ikään kuin katsoja olisi ollut armoton raiskaaja valmistautumassa ilkityöhönsä) ja hänen kätensä olivat housujen etumuksen edessä ikään kuin hän olisi aikeissa riisua ne pois katsojan mieliksi. Kuva oli oikeasti rivompi ja pedofiilisempi kuin kymmenen *Panon maailman* (geneerinen peitenimi ns. pornolehdelle) vuosikertaa hajustettuihin nahkakansiin sidottuna, mutta eipä siitä älähtänyt ensimmäinenkään feministiryhmä, vaikka aihetta olisi selvästi ollut.

Feministien Henkkamaukka-jihad on tyypillinen esimerkki siitä, kuinka kulttuurisesti epäproduktiiviset kaunaliikkeet äärioikeistosta alkaen keskittyvät vain jonkin asian tai ihmisryhmän *vastustamiseen* – mikä oikeasti on toimiva strategia vain silloin kun ollaan oikeasti sodassa. Ryssänvihan lietsominen on ymmärrettävää silloin kun ryssä pommittaa Helsinkiä ja yrittää läpimurtoa Tienhaarassa. Sitä vastoin se ei ole järkevää rauhan aikana.

Muuan nettiguruistani julkaisi sivustollaan vetoomuksen uskonnollisille fundamentalistipiireille, että jos he oikeasti haluavat vaikuttaa Yhdysvaltain yhteiskuntaan tervehdyttävästi ja kristillistävästi, heidän pitää tyhjänpäiväisten kulttuurisotien ja kaunanlietsonnan sijaan yrittää tehdä uskontonsa inspiroimaa taidetta ja kirjallisuutta – eikä tämä todennäköisesti tarkoita oman alakulttuurin sisälle suunnattua propagandakirjallisuutta, kuten jotain *Left Behind* -kirjasarjaa, vaan jotain kristillisesti inspiroitunutta teosta, jonka taiteellisen arvon ateistitkin joutuvat myöntämään (tai paremminkin: jonka taiteellista arvoa he yrittävät raivoissaan kiistää, mutta josta kansa silti pitää). Olettaisin, että muuan hyvin tunnettu kristillisestä mytologiasta aineksensa noutanut tunnustautuneen katolisen brittiprofessorin kirjoittama allegorinen kolmiosainen fantasiaromaani kelpaa esimerkiksi sellaisesta taideteoksesta, joita guruni peräänkuulutti.

Guruni ohje kristityille fundamentalisteille tuskin sai heiltä merkittävää vastakaikua, ja jos feministeille esittää samanlaisen ehdotuksen, se sivuutettaneen yhtä lailla vaieten. Syy on se, että autoritaarinen kauna-aate ei lopultakaan pysty inspiroimaan ketään luomaan kiinnostavaa ja monitulkintaista taidetta – ainoastaan saarnaavaa aivopesutavaraa, jonka moraaliset etumerkit ovat kyllin selvät yksinkertaisemmankin ymmärtää – ja kauna-aatteiden kannattajista suurin osa on aina sellaisia lattapäitä, jotka pelkäävät olevansa tekemisissä vääräoppisuuden kanssa heti kun aatteen saarnaääneen pannaan vähänkin sordiinoa. On aika kuvaavaa, että esimerkiksi kaunokirjallisuudessa feminismi on – Anja Snellmanin sairaan siittimensilpomisromaanin lisäksi – tuottanut lähinnä dekkarikirjallisuutta. Dekkareissahan saa leimata, solvata ja demonisoida roistoa (miestä) niin paljon kuin haluaa; vakavassa kirjallisuudessa roistoiltakin odotetaan mutkikkaita ja ristiriitaisia vaikuttimia.

EI KESTÄNYT LÄPI ELÄMÄN
26. marraskuuta 2006

Rankka rokkielämä vaatii veronsa: Juice Leskinen on kuollut. Kyllähän tätä saattoi odottaa, mutta tuntuu hämmentävältä ajatella, että mies, joka oli vielä juuri ja juuri alle kolmenkymmenen minun päästessäni rokki-ikään, menehtyy alle kuusikymppisenä. Juice kuuluu niihin suomalaisen viihdekulttuurin hahmoihin, jotka ovat olleet aina olemassa; sitä paitsi hänellä oli artikulointikykyä analysoida sekä omaa tuotantoaan että rokkia yleensäkin sikäli osuvasti, että häntä oli vaikea ohittaa siinäkin vaiheessa kun alkoi kapinoida itse rokkia vastaan.

Pikkupoikana en tietenkään aluksi erottanut Juicea monista rokkiartisteista, joiden joka radiosta kaikaava hoilotus muodosti lapsuuteni ääniraidan. Juicen kirjalliset kyvyt selvisivät koko mitassaan vasta kun veljeni osti hänen vanhan levynsä *Per Vers, runoilija*, jossa oli mukana Juho Juntusen levyn kappaleiden kehyskertomukseksi piirtämä sarjakuva-albumi. Erityisesti *Odysseuksen* pystyi kirjoittamaan vain oikeasti lahjakas runoilija, siis sekä teknisesti osaava että syvällisemmin hyvä kirjoittaja, vallankin kun otetaan huomioon, että se oli kaksikymppisen nuorukaisen tekstiä. Tietysti koko Per Versin tarina oli sitä aika tavanomaista kulkuriromantiikkaa, jonka Jack Kerouac aikoinaan perusti, mutta joka tapauksessa Juicen kirjalliset kyvyt olivat ihan toista luokkaa kuin keskimääräisen rokkijullin. Siinä vaiheessa itse asiassa se selkäytimeen painunut ääniraita alkoikin analysoitua: ne kappaleet, jotka olivat sanoituksiltaan ja sanomaltaan erityisesti erottuneet ja jääneet mieleen, osoittautuivat poikkeuksetta Juicen aikaansaannoksiksi.

Usein kyseessä olivat toki soveltavat käännökset amerikkalaisista renkutuksista, mutta kuten baskinkielisen kirjallisuuden perustaja sanoi Bernardo Atxagan uninäyssä *Obabakoak*issa, pienen kielialueen tärkein keino selvitä hengissä isojen puristuksissa ovat osaavat plagiaattorit, jotka pystyvät kirjoittamaan alkuperäistekstiä parempia plagiaatteja. Tämän homman Juice osasi erinomaisesti, mistä voi mainita esimerkkinä kappaleen *Paperitähdet*: olen joskus kuullut alkuperäisen rämpytteen, joka oli Juicen tekstiin verrattuna aika pompöösisti pullollaan epäkriittistä hollywoodilaista tähtikulttia, Juice taas yhdisti omassa versiossaan perisuomalaisen alakulon omaan kieroon savolaishuumoriinsa. Samalla hän tulee kiinnittäneeksi oman tuotantonsa, taiteilijankohtalonsa ja elämäntyylinsä osaksi laajempaa suomalaista iskelmälaulannan ja iskelmälaulajana olemisen perinnettä muistamalla Olavi Virtaa, joka eli lujaa ja näki kaiken nähtyäänkin enemmän. Juicen kappale pysyy myös paremmin ja sujuvammin runomitassaan kuin alkuperäisteksti: Juice ei ehkä noudattanut suomen kielen poetiikan kaikkia hienouksia pilkulleen, mutta hänen rytmin ja riimin tajunsa oli sitä luokkaa, että hänellä oli varaa rikkoa sääntöjä taiten.

Juicen varhaisesta kuolemasta voisi kaikin mokomin syyttää rokkia – tuota itsenäistä taidemuotoa, jonka nimittäminen musiikiksi on yhtä suuri loukkaus rokkia kuin musiikkiakin kohtaan, kuten Juice sanoi kiinnostavassa suomalaisia rokkitaiteilijoita käsittelevässä ja edelleenkin niin rokin ystävien kuin muidenkin luettavaksi suositeltavassa teoksessaan *Vaikuttajat korvissamme*. Mutta kuten tuo Paperitähtien viittaus Olavi Virtaan kertoo, Juice ja koko suomalainen rokki on pohjimmiltaan paljon lähempänä vanhemman suomalaisen viihdesoitannon traditioita kuin 70-80-luvun nuoriso oli valmis myöntämäänkään. Rankka elämä vei ennen Juicea ennenaikaiseen hautaan monet kevyen musiikin huippunimet, ja kyse oli samanlaisesta rankkuudesta, johon kuolivat myöhemmin rokkarit.

Viime kädessä Juice oli kirjailija ja runoilija, vieläpä hyvin korkeakulttuurisen tyyppinen, jonka rokki imi mukaansa siksi, että se oli 60-70-luvun vaihteessa tasan ainoa tapa tehdä omaehtoista kulttuuria nuorena miehenä. Suomenkieliseen kaunokirjallisuuteen ei silloinkaan päässyt muuten kuin suhteilla tai ulkokirjallisilla ansioilla, jollei sukunimi sattunut olemaan sama kuin vanhoilla kulttuurisuvuilla. Siispä Juice panosti rokkiin, jonka ovet olivat auki lahjakkuuksille. Valitettavasti rokin elämäntapa oli kuluttava ja epäterveellinen, terveydelle tuhoisa ja ikuista nuoruutta edellyttäessään myös ennenaikaisesti vanhentava. Tämän Juice itse tiesi parhaiten, kuten voi todeta hänen keikkaelämän rasituksia kuvaavasta kirjastaan *Kuka murhasi rock'n'roll-tähden*.

Taiteilijana poseeraamiseen kuuluu oleellisesti itsetuhoinen polttaminen ja ryyppääminen, eikä ole sanottu, että Juice olisi elänyt elämäänsä terveellisemmin ja vähemmän kuluttavasti, jos hän olisi voinut ilmentää kiistatonta lahjakkuuttaan jollain muulla tavalla kuin rokkilyyrikkona. Silti tuntuu siltä, että jos Juice olisi elänyt elämänsä arvokkaasti vanhenevana kirjailijana irvokkaasti ruostuvan rokkarin sijasta, hän olisi yhä keskuudessamme ja voisi ilahduttaa meitä uusilla teoksilla.

RAITISTUVA NUORISOMME
28. marraskuuta 2006

Siihen aikaan kun minä olin teini-iässä tai nuori aikuinen, oli tasan yksi sosiaalisesti hyväksytty tapa olla nuori ja raitis, ja se oli uskonnolliseen sirpaleryhmään kuuluminen. Korostan sanaa "sirpaleryhmään", koska keskiluokkainen viininlitkintäkulttuuri oli levinnyt jo valtavirran kirkkouskovaisiinkin; varmuudella raittiita olivat vain pelottavan psykoottisesti käyttäytyvät kiihkoilijat. Ainoa sosiaalisesti hyväksytty tapa saada kosketusta vastakkaiseen sukupuoleen seurustelutarkoituksessa olivat erilaiset viinannautiskelutilaisuudet, joihin myös rokinrämpytys jollain tavalla liittyi.

Ei minulla teini-ikäisenä oikeasti ollut mitään rokkia vastaan, mutta kun ensimmäisen ja viimeisen kerran elämässäni kuulin sitä soitettavan sellaisella äänenvoimakkuudella, jolla sitä konserteissa yleensä soitettiin, möykän desibelipitoisuus suorastaan typerrytti minut. Volyymi yksinkertaisesti ylitti ymmärrykseni ja mielikuvitukseni rajat. Jollekulle muulle sellainen transsendentaalinen kokemus olisi ehkä ollut addiktoiva adrenaliiniruiske, mutta minulle se oli vain korvia särkevää äänisaastetta. Sen koommin en ole käynyt rautalankaorkesterien keikoilla enkä diskossakaan kuin alle kymmenkunta kertaa – myönnetään, että siellä on joskus ollut ihan hauskaakin, tutulla porukalla, joiden seurassa on kehdannut hullutella.

Mutta noin yleisesti ottaen asia on niin, että 80-luvun lopulla ja 90-luvun alussa nuoren ihmisen vaihtoehdot olivat vähissä. Kun itselleni nuoruuteen kuului ennen kaikkea vapaus monenlaiseen älylliseen kokeiluun – vaikkapa yliopiston kemian oppikirjojen pänttäämiseen kolmetoistavuotiaana tai islannin kielen itseopiskeluun – koko nuorisokulttuuri tarjosi vain kahta vaihtoehtoista tapaa heittää aivot narikkaan: joko ryyppääminen tai uskonnollisuuden kuolaava ja lattiaa järsivä muoto. Pikkukaupungin ns. älykkönuorisolle oli toki tarjolla erilaisia muka intellektuellejakin viinasakkeja, mutta niihinkin päästäkseen piti olla lääkärien, hammaslääkärien tai eläinlääkärien lapsi.

Tuore Hesari kertoi, että raittius on edelleenkin nouseva trendi nuorten keskuudessa. Jo neljännes lukiolaisista pitää hajurakoa viinaksiin. Samanaikaisesti ns. aikuiset – oletettavasti minun sukupolveni siis – juopottelevat entistä pahemmin, varsinkin naiset. Itse asiassa nuorten lisääntyvästä raittiudesta ilmeisesti maksetaan asteikon toisessa päässä entistä pahempina viina- ja päihdeongelmina; ja rokkiryyppäämisen sisäistäneet sukupolvet jatkavat nuoruusvuosina oppimaansa alkoholinkäyttötyyliä, kunnes menehtyvät viinasairauksiin nelikymppisinä. Koska jouduin kärvistelemään koko nuoruuteni näiden juoppojen hallitsemassa maailmassa yksinäni, minun tekisi mieleni sanoa pahan saaneen palkkansa: nyt kun ne juopot menehtyvät maksatauteihin ja sydänkohtauksiin, minä olen elämäni ensimmäisessä vakavassa suhteessa yli kymmenen vuotta nuoremman tytön kanssa, eikä se tunnu hassummalta.

En kuitenkaan viitsi olla vahingoniloinen. Mikään kosto ei hyvitä pilattuja nuoruusvuosia; on parempi olla kiitollinen siitä, mitä kohtalolta on nyt aikuisiällä niistä korvaukseksi saanut. Olen kuitenkin kateellinen nykyajan streittareille heidän itsetuntoisesta, anteeksipyytelemättömästä raittiudestaan. Minun aikanani tuollainen ei yksinkertaisesti käynyt päinsä. Toki tupakka- ja viinaväki koettaa yhä esiintyä kuin omistaisi koko paikan ja leimata savuttomat ja juomattomat "tiukkapipoiksi" ja "uskovaisiksi", mutta streittareita on paljon, he tuntevat toisensa ja tietävät, että raittiitkin ihmiset voivat olla luovia ja persoonallisia. Ennen vanhaan me emme tienneet sitä. Kun yksi raitis nuori tapasi toisen, molemmat uskoivat juoppojen propagandaan ja suhtautuivat toisiinsa epäluuloisesti: *sinä* olet tietysti raitis siksi, että olet nynny, ujo, elämätön, kiihkouskovainen ja vanhoillinen, *minä* siksi, että olen epätavallinen, ainutlaatuinen, luova, erikoinen ja kaavoihin sopimaton ihminen, sanalla sanoen *yksilö*. Nykyään raittiit nuoret ihmiset eivät enää usko punanenäisen kansanosan valheisiin, vaan ovat valmiita hyväksymään toiset kaltaisensa yksilöiksi.

Sitä sopii miettiä, mistä moinen. Helsingin Sanomien jutun kommenteissa tarjottiin selitykseksi nettiä, tuota ihmevempelettä, joka naittaa vanhatpojat (mm. allekirjoittaneen) ja tekee heistä irlantilaisia kansallissankareita (ainakin allekirjoittaneesta). Jutun mukaan raittius liittyy siihen trendiin, että yhä useammat nuoret kieltäytyvät kuulumasta alakulttuureihin, ja se luultavasti on ainakin jossain määrin netin ansiota. Ennen vanhaan kaikki Peräsyrjän pojat halusivat kuulua Peräsyrjän Marketin kulmalla notkuvaan jengiin ja päteä sitä johtavan Kingi-Kinnusen silmissä. Niinpä kaikki pyrkivät samaan alakulttuuriin Kingi-Kinnusen kanssa, kantoivat samanlaista nahkarotsia ja vetivät hiuksiinsa samanlaisen vookin. Nyt kaikilla on kotonaan valtatie suureen maailmaan ja tyttö- tai poikaystävä löytyy chattihuoneesta, myös kotikaupunkinsa sisäpiireihin kuulumattomille. Onkin kyseenalaista, tarvitseeko kukaan enää Kingi-Kinnusta: hän on jäänyt kehityksen kelkasta, potkii yksinään roskapönttöjä ostarilla ja rukoilee raivoissaan naisen sukuelintä avukseen. Ehkäpä hän saa hankittua oman laajakaistan ja menee nettiin häiriköimään ja solvaamaan fiksumpiaan, mutta silloin valvoja heittää hänet ulos chattihuoneesta.

SENSUROITU SUOMESSA: 2006

Toinen syy lienee siinä, että nuoret eivät enää välttämättä usko siihen markkinapuheeseen, jolla viina on kuusikymmenluvulta alkaen juotettu yhä uusille murrosikään tuleville sukupolville – siihen ajatukseen, että viinaa juovat ihmiset ovat taiteellisempia ja syvähenkisempiä kuin raittiit. Muutama vuosi sitten tunsin silloin juuri täysi-ikäiseksi päässeen neitokaisen, joka ei juurikaan viinaan koskenut. Hänen vanhemmilleen äreä juoma maistui sitäkin enemmän, ja hän kertoi sydäntäsärkeviä muistoja lapsuudestaan, siitä miten pahalta ja turvattomalta pienestä tytöstä tuntui, kun kesäloman alkaessa isän ja äidin kassissa kilisi. Raittiissa kodissa kasvaneena olin itse tottunut pikkupoikana siihen, että isovanhempien kauppakassin kilinä oli hyvä merkki: jollei kyse ollut pelkästä proosallisesta kivennäisvedestä, se tarkoitti limonadia lapsille.

Jonkin sortin luovina tai kapinallisina ihmisinä hekin kai itseään pitivät, kun isäkin oli muistaakseni sanomalehtimies. Nuori ystäväni ei kuitenkaan tainnut enää uskoa noihin valheisiin. Se väite, että isä tai äiti tarvitsee viinaa kun hän on niin erikoinen ja herkkä ja taiteellinen luonne, ei enää pure nykyajan lapsiin. He tietävät, että se on vain yksi niistä itsepetoksen muodoista, joihin alkoholisti vetoaa vaientaakseen omantuntonsa omien lastensa pelon ja epävarmuuden nähdessään. Että se on vain vastuuttoman ja epäkelvon vanhemman joutava hätävale.

HEMOHESSUN HEI, RAL-LAL-LEI
1. joulukuuta 2006

Näköjään valmisteilla on taas jonkin sortin hiihtodopingskandaali, kun Lapista on tienposkesta löytynyt ruiskuja ja lääkeampulleja, eikä maakunnassa oikein ole heroinistejakaan riittävästi tuottamaan sellaista määrää tämäntyyppisiä jätteitä. Pitäisiköhän olla kiitollinen siitä, että kun pohjoisen lumipenkasta pilkistää käytetty injektioruisku, kukaan ei ensimmäisenä ajattele sillä pumpatun hepoa, vaan hemoa ja epoa, eikä mieleen liioin tule ryhmysuoninen narkkari, vaan ladulla ähkivä hiihtomestari?

Yksi tärkeimmistä syistä siihen, että suhtaudun kilpa- ja penkkiurheiluun hienoisella vastenmielisyydellä, on dopingiin liittyvä tekopyhyys. Muistan vielä teinivuosieni suuren dopingskandaalin, Martti Vainion kärähdyksen Los Angelesin olympialaisissa. Käytännöllisesti katsoen kaikki luokkatoverini olivat urheilu-uskovaisia, mutta sen sijaan että he olisivat suuttuneet Vainioon tai murehtineet tämän häpeällistä epärehellisyyttä, he koettivat viimeiseen asti tuudittautua lehdistön ja urheiluliiton tyrkyttämään kuvitelmaan, että asiaton aine olisi joutunut vahingossa tämän elimistöön. Muistaakseni jossain välissä selitettiin, että hänen naapurinsa ja treenikaverinsa olisi epähuomiossa antanut hänelle vitamiiniruiskeen sijasta omia anabolisia steroidejaan. Nykyisin doping-aineiden käyttö on tietysti huippu-urheilijoiden huonon esimerkin vaikutuksesta alkanut yleistyä tavallisten urheilunharrastajien keskuudessa, mutta 1980-luvulla selitys kuulosti täysin epäuskottavalta: ajatus, että huippu-urheilija ei käytä dopingia, mutta huippu-urheilijan naapuri käyttää, oli ehdottomasti yksi historian läpinäkyvimpiä hätävalheita.

Siinä vaiheessa kun Vainion syyllisyydestä ei enää ollut epäilystä, koulukaverieni kelloon tuli vain hiukan toisenlainen ääni: nyt he näet eivät enää inttäneetkään Marttinsa vilpittömyydestä, vaan siirtyivät julistamaan, että kiellettyjen lääkkeiden käyttö olikin aivan yleistä eikä sitä siksi saanut laskea vilpiksi. Koska kaikki kuitenkin söivät pillereitä ja pumppasivat suoniinsa yhtä tujuja ruiskeita, oli epäreilua rangaista juuri *suomalaista* (kursivoitu sana äännetään pateettisen nyyhkynationalistisella äänellä) moisesta herrasmiehen hairahduksesta.

Toki tuohon aikaan kehissä oli vielä mukana itäblokki, jossa doping-aineita kehiteltiin yhtä hartaasti kuin joukkotuhoaseita rappeutuneen kapitalistisen lännen päänmenoksi, ja suomalaisten urheilujohtajien Ihantola, itse DDR, oli sekin yhä pystyssä. Mutta yhtä kaikki oli vaikeaa uskoa

SENSUROITU SUOMESSA: 2006

enää pätkääkään jonkun Pierre de Coubertinin yleviin arvoihin, kun nuorten urheilun ystävien mielessä urheilijamaisuuden ja reilun pelin ihanteetkin olivat ennen kaikkea vastapuolen lyömiseen tarkoitettu karttu, eivät sellainen eettinen tavoite, johon olisi itse pitänyt pyrkiä ja johon pitäytymistä oman puolen sankareilta olisi odotettu. Pitemmälle, korkeammalle, nopeammin, voimakkaammin – mutta ei rehellisemmin. Pikemminkin epärehellisemmin.

Ja jos minua risoo tämä suomalaisten urheiluhulluus, syynä ei viime kädessä ole se, että urheilusankarit vetelivät minua päin alventtia, potkiskelivat vatsaan ja heittelivät pallolla päähän ala-asteelta ylioppilasvuoteen asti, vaan pikemminkin se, että olen saanut kotonani vanhan ajan urheiluidealistisen kasvatuksen. Vuonna 1902 syntynyt isoisäni, jonka maailmankatsomus lienee Ylihärmässä muovautunut ennen kaikkea maakunnan nuorisoseuraliikkeen vaikutuksesta, yhdisti henkilössään kansanvalistusaatteen ja varhaisen urheiluaatteen rakentavan isänmaallisuuden: hän oli kansakoulunopettaja, joka toimi kauppalan pesäpallojoukkueen organisoijana ja valmentajana. Hän jos kuka uskoi täydellä todella coubertinilaisiin ihanteisiin ja koki juuruttaa ne minuunkin, vaikka olinkin sellainen pulska lukutoukka (70-luvulla ei vielä ollut nettinörttejä).

Vieroksun siis suomalaista huippu-urheiluintoa samalla tavalla kun sisilialainen kirjailija Leonardo Sciascia vastusti mafiaa: hän sanoi joskus jotain sellaista kuin että sota mafiaa vastaan merkitsee hänelle myös sotaa itseään vastaan, koska Sisiliassa kasvaneena hän oli varttunut mafian arvoihin. Minullekin Garmisch-Partenkirchenin mäkihypyt olivat monen nuoruusvuoden ajan uudenvuoden pyhä rituaali. Minutkin on kasvatettu uskomaan, että urheilu, myös penkkiurheilu kaljanhuuruisine nationalismeineen, on jotain lähtökohtaisesti hyvää ja hienoa ja että se pohjautuu yleviin ja yleishyödyllisiin arvoihin; ja jollain tasolla minulle on aina pettymys nähdä, että synkin ja kyynisin arvioni osuu oikeaan.

Esimerkiksi silloin kun Johanna Aatsalo-Sallinen ja Kari Väisänen joutuivat tuomituksi absurdeihin vahingonkorvauksiin Suomen Tietotoimiston kerrottua uutisen Hiihtoliiton doping-korruptiosta, inhimillinen myötätuntoni oli toki toimittajien puolella, joiden elämä näytti loppuvan järjettömiin maksuvaatimuksiin, mutta en varsinaisesti uskonut, tai halunnut uskoa, mihinkään salaliittoteoriaan oikeuslaitosta manipuloivasta hormonihiihtomafiasta. Uskoin, tai toivoin voivani uskoa, että Hiihtoliitolla oli oikeasti puhtaampia jauhoja pussissaan kuin itse olin STT:n uutisen kuultuani luullut. Jopa minusta näytti todennäköiseltä, että Aatsalo-Sallinen ja Väisänen olivat langenneet huonosti valmistellun skuupin houkutukseen.

Sitten tuli vuosi 2001, jolloin suomalainen hiihto uitettiin ravassa, räässä ja ripulissa. Nuorena itsetarkoituksellisen radikaalina kuvainkaatajana olisin varmasti hihkunut riemusta kansallisurheilulajin alennustilan nähdessäni, mutta olin jo vähän liian keski-ikäinen ollakseni kunnolla vahingoniloinen. Oikeastaan vain suretti ja tympäisi ajatella kaikkia niitä ihmisiä, joille kuvitelma lajin kansallisesta tärkeydestä ja puhtaudesta oli oikeasti merkinnytkin jotakin. Naiiveja ja harhaanjohdettujahan he ehkä olivat, mutta sekin on niin perin inhimillistä.

Jos vielä olisin nuori ja ihanteellinen, voisin ehkä ruveta jonkinlaiseksi urheiluidealistiksi minäkin. Perustaisin Suomeen vaihtoehtoisen kuntoiluliikkeen, joka keskittyisi kansanterveydellisen kuntoliikunnan edistämiseen *tietoisessa oppositiossa kilpa- ja penkkiurheilua vastaan*. Liikkeen ideana olisi raittiuden, terveiden elämäntapojen ja oikeiden liikuntatottumusten levittäminen – ja samalla tylyn kyyninen ja avoimesti vihamielinen asenne kilpaurheiluun. Tunnuslause olisi "Älä urheile – liiku" ja propagandajulisteet esittäisivät pallopelivalmentajan (anteeksi, isoisä) pedofiilisesti virnuilevana sarvipäänä, jonka selän takaa kurkkisivat viinapiru, tupakka ja pienempäänsä kuristava koulukiusaaja-nuorisorikollinen.

Urheilusuorituksissa kilpaileminen esitettäisiin yhtä typeränä kuin syömisessä tai juomisessa kilpaileminen, koska liikunnassa on perimmiltään kyse samantyyppisestä fysiologisesta välttämättömyydestä. Nuorillekin korostettaisiin liikunnan ja urheilun erilaisuutta käsitteinä: *urheilijanuori* olisi liikkeen tiedotuksessa järjettömiin pallo- ja kiekkopeleihin kaiken aikansa haaskaava fanaatikko, jonka elämään ei mahtuisi muuta kuin harkat, ottelumatkat ja niihin liittyvä ryyppääminen, kun taas *liikkuva nuori* olisi omassa tahdissaan ja rennosti ottaen kuntoileva nuori, joka tietenkin pärjäisi hyvin myös koulussa ja suunnittelisi tulevaisuuttaan ja ammatinvalintaansa.

Ehdotettu mikä ehdotettu. Joku muu varmaan sen vielä perustaa.

PINOCHET HENKITOREISSAAN

5. joulukuuta 2006

Chilen virkaheitto diktaattori Augusto Pinochet on ohitusleikkauksella "tuotu takaisin kuoleman porteilta", kertoo hänen poikansa tiedotusvälineille. Epäilemättä meilläkin yksi jos toinenkin paheksuu sitä, että niin monen ihmisen murhasta vastannutta roistoa, joka livisti vanhuudenhöppänyyteen vetoamalla oikeudestakin kuin koira veräjästä, tarvitsee pitää vielä väkisin elävien kirjoissakin. Toisaalta on tarpeen kysyä, miksi juuri Pinochetia pidetään niin suurena roistona, kun Latinalaisessa Amerikassa on ollut samaan aikaan paljon häntä kovapintaisempiakin yksinvaltiaita. Esimerkiksi Argentiinan juntta, joka lopulta kaatui 1980-luvun Falklandin sodan aikana, päihitti Pinochetin kuolonuhrien määrässä koska vain; ja Alfredo Stroessnerin Paraguay oli painajaismainen orwellilainen totalitarismi, joka pysyi pystyssä lähestulkoon yhtä kauan kuin Neuvostoliiton tukemat itäeurooppalaiset diktatuurit. Guatemalassa taas tapettiin omia kansalaisia vauhdilla, joka ei kokonaisväkilukuun suhteutettuna jäänyt paljoa Stalinista jälkeen.

Yksi syy tietysti on, että meillä on keskuudessamme ihmisiä, jotka ovat henkilökohtaisesti kokeneet Pinochetin kidutuskammiot, chileläiset näet olivat ensimmäinen Suomeen asettunut merkittävä pakolaisryhmä. Lisäksi Chilessä sotilasvallankaappaus kaatoi vielä suhteellisen elinvoimaisen demokratian, kun taas Argentiinassa ja Guatemalassa julmuudet voitiin perustella sillä, että näissä maissa oli sissiliikkeitä, eli sisällissota meneillään; ja toisin kuin vasemmistoidealistit mielellään uskottelevat itselleen, keskimääräinen sissiryhmä ei ole hirveän mukava tai sympaattinen porukka eikä mitenkään yksiselitteisesti vapauden tai demokratian asialla.

Salvador Allende oli toki sosialisti, mutta hän nousi valtaan varsin laajan vaaliliiton tukemana: mukana oli mm. osa kristillisdemokraateista. Pinochetin oikeistolaiset ymmärtäjät ja ihannoijat, joita löytyy meiltä Suomestakin, esittävät mielellään asian niin, että Allende pyrki kommunistiseen totalitarismiin. Tästä voidaan olla useampaa mieltä. Allende jatkoi kristillisdemokraattisen edeltäjänsä Eduardo Frein aloittamaa maareformia, mikä sinänsä lienee ollut ns. kapitalistisestakin näkökulmasta järkevää, koska Chilen, kuten monien muidenkin latinalaisamerikkalaisten valtioiden, ongelmana ei sinänsä ollut mikään "kapitalistinen riisto", vaan pikemminkin feodalismi.

Allenden muu politiikka oli jo huonommin harkittua ja johti sekä taloudelliseen että poliittiseen sekasortoon, mutta koska Yhdysvallat tunnetusti horjutti hänen hallitustaan tarkoituksella ja systemaattisesti, voidaan kysyä, missä määrin kaaos oli Allenden aikaansaannosta. Hänen puolustajansa viittaavat siihen, että Allenden kristillisdemokraattinen vastaehdokas oli lähtenyt presidentinvaaleihin jokseenkin yhtä vasemmistolaisella ohjelmalla kuin Allende itse, joten sosialistisilla uudistuksilla oli hyvinkin laaja tuki. Vastustajat puolestaan toteavat, että presidenttikautenaan Allende kääntyi jyrkästi äärivasemmalle sen sijaan että olisi vaikeuksien ilmaannuttua pragmaattisesti tarkistanut kurssia keskemmälle – kaiken lisäksi sekä vasemmiston että oikeiston radikalisoituminen ja ristiriitojen jyrkentyminen alkoi horjuttaa yhteiskuntarauhaa, ja äärivasemmisto syyllistyi omavaltaisuuksiin, joita Allende joko ei kyennyt hillitsenään tai ei halunnut hillitä. Tämä vuorostaan vieraannutti kristillisdemokraatit Allendesta siinä määrin, että he kääntyivät lopulta kannattamaan Pinochetin kaappausta, jos kohta järkyttyivät diktaattorin murhatöistä siinä määrin, että siirtyivät varsin pian oppositioon.

Pinochetin vallankaappaukselle oli sikäli asialliset perusteet, että maa oli ajautunut perustuslailliseen kriisiin ja yhteiskuntarauha oli murenemassa käsiin. Sotilasvallankaappaus oli maanosassa suhteellisen normaali keino selvittää tällaiset tilanteet, ja varsin monet chileläiset lienevät vilpittömästi uskoneet, että oman kansan oma asevelvollisuusarmeija rajoittaisi väkivallan käytön minimiin. Myös Argentiinan juntalla oli melkoisesti kannatusta silloin kun se kaappasi vallan; esimerkiksi Jorge Luis Borges menetti tiettävästi Nobelin kirjallisuuspalkinnon siksi, että oli tukenut junttaa. (Hänen tapauksessaan kyse oli siitä, että hän piti sotilaita pienempänä pahana kuin peronisteja, jotka olivat hänelle natseihin vertautuva totalitaristinen liike.)

Kaapattuaan vallan Pinochet ryhtyi toteuttamaan laajapohjaista yksityistämisohjelmaa, jota johtamaan hän kutsui ns. Chicagon pojat, Yhdysvalloissa opiskelleet taloustieteilijät. Toisin sanoen julma sotilasdiktatuuri ei ollut hänelle pääasia, vaan hän katsoi myös velvollisuudekseen panna maan talouden kuntoon sellaisin keinoin ja sellaisten asiantuntijoiden avulla, jotka eivät varmasti olisi ainakaan sosialistisia. Tällaisella ohjelmalla olisi missä tahansa kapitalistisessa maassa aika paljon kannattajia – varsin suuri osa perinteistä oikeistoa – ja vasemmiston näkökulmasta Pinochet on juuri sen takia niin pelottava.

Tämän vuoksi Pinochetilla on sellainen symbolimerkitys. Poliittisesti toistaitoinen ja avuton pyssyporukka, joka vain ampuu kaikki toisinajattelijat, ei oikeasti pelota ketään, joka ei asu samassa maassa sen kanssa, koska pelkkä ihmisten ampuminen ei ole sellainen poliittinen ohjelma, joka houkuttelisi kannattajia. Pinochetin ohjelma voisi houkutella – itse asiassa se olisi ehkä ainoa toimiva *ja kannatusta saava* tapa toteuttaa kovapintainen oikeistolainen diktatuuri nykyaikaisessa teollisuusmaassa. *Siksi* Pinochet on vasemmistolle niin suuri pelon ja vihan aihe – ja siksi niin moni demokraattisten maiden oikeistolainen myös salavihkaa ihailee häntä. Nykyään meikäläinenkin oikeisto uskaltaa jo sanoa ääneen arvostavansa sitä, kuinka "Pinochet pani Chilen talouden kuntoon".

Tämä luonnollisesti on omiaan johtamaan vastareaktioihin: nyt kun maassa on demokratia, sitä johtaa Allenden entistä, nyttemmin maltillisen sosiaalidemokraattista *Partido Socialistaa* edustava naispresidentti. Suuri osa kansasta siis äänestää vasemmistoa – "nyt kun saa" -periaatteella. Silloin kun Chile oli siirtymässä demokratiaan, nimenomaan nuoren polven kerrottiin olevan vasemmistolaisuudessaan myös kovapintaista ja katkeran stalinistista.

Juuri siksi, että Pinochetin politiikalla oli merkittävästi kannatusta liikemiesoikeistossa, vasemmistolainen nuoriso oli vilpittömästi vakuuttunut siitä, että "kaikki ne" – koko oikeisto siis – "ovat fasisteja", ja mitäpä muutakaan tällaiseen uskova ihminen kannattaisi kuin julmaa äärilaidan sosialismia.

Kuitenkin Chile on onnistunut siirtymään demokratiaan paremmin kuin useimmat muut maanosan maat. On merkillepantavaa, että se katkera stalinismi – jos sitä vielä on – ei ole kanavoitunut ainakaan poliittiseksi tueksi Chilen kommunistipuolueelle, jolla ei tiettävästi ole maan kansanedustuslaitoksessa ainoatakaan edustajaa, vaikka vasemmistolaisten puolueiden "demokraattisella kokoomuksella" onkin ilmeisesti enemmistö. Oikeistolainen näkemys tästä lienee, että Pinochetin aikana luotu vauraus ja taloudellinen toimeliaisuus ovat omiaan pehmentämään poliittisia ristiriitoja. Toisaalta eurooppalaisilta sosialistipuolueilta maanpaossa omaksutut maltillistavat vaikutteet selittänevät asiaa yhtä lailla.

TOINEN JOYCE, MUTTA TUNTEMATON SUURUUS
6. joulukuuta 2006

Perjantaina männäviikolla jouduin tapojeni vastaisesti heittäytymään meneväksi ja edustavaksi mieheksi ja matkustamaan täältä Turusta Helsinkiin, tuohon rauhanteossa Stalinilta meidän puolellemme rajaa unohtuneeseen Pietarin esikaupunkiin, koska Suomeen saapui Irlannista huomattava vieras: tri Gearóid Denvir. Hän jakaa aikansa Connemaran iirinkielisen alueen ja Galwayn yliopiston – tarkkaan ottaen Irlannin kansallisen yliopiston (*Ollscoil na hÉireann*) Galwayn collegen (*Coláiste na Gaillimhe*) – välillä, milloin ei matkustele maailmalla Irlannin-tutkimuksen mainosmiehenä.

Tri Denvir kuuluu siihen irlantilaisten intellektuellien sukupolveen, joka kolmisen vuosikymmentä sitten ajan aatteiden elähdyttämänä asettui asumaan Gaeltachtiin, iirinkieliselle maaseudulle. Hänen tapauksessaan kyseessä oli Irlannin suurin Gaeltacht-alue, joka sijaitsee Galwayn kaupungin kupeessa. Suuren osan tähänastisesta elämäntyöstään hän on tehnyt opettamalla maaseutualueen lapsia, mikä onkin iirinkielisen kulttuurin tulevaisuuden kannalta vähintään yhtä tärkeää kuin yliopistossa luennoiminen.

Galwayn iirinkielinen nimi *Gaillimh* tulee sanasta *Gall*, jolla iirin kielessä voidaan tarkoittaa kaikkia Irlannissa maan historian aikana rymistelleitä vieraita valloittajia, niin viikinkejä, normanneja – viikinkien ranskankielistyneitä jälkeläisiä – kuin englantilaisiakin, vaikka kaikille kolmelle kielessä on omat sanansa. Galway oli siis vierasmaalaisten linnake, joka rakennettiin normandialaisperäisen kaupunkiväestön turvaksi Aran-saarilta käsin ryöstöretkiä tehnyttä O'Flahertyjen klaania vastaan – nimen iirinkielinen muoto oli alkujaan niinkin pitkä ja hankala kuin *Ó Flaithbheartaigh*, mutta nykyään se kirjoitetaan mieluummin ääntämisen mukaisessa muodossa *Ó Flaithearta*. Se on yhä tavallinen nimi Aran-saarilla; sieltä oli kotoisin mm. elinaikanaan kuuluisa, mutta sittemmin irlantilaisen kirjallisuuden b-joukkueeseen vajonnut Liam O'Flaherty, joka teki suurimman osan elämäntyöstään englanniksi. Äidinkielellään hän julkaisi vain yhden novellikokoelman, mutta se lieneekin sitten kestävin osa hänen tuotantoaan: tunnelmaltaan se tuo lähinnä mieleen ranskalaisen Jean-Marie Gustave Le Clézion teokset.

Olen itse viettänyt Galwayssa kokonaisen lukuvuoden: se on nopeasti kasvava kaupunki, jonka säät ovat jopa Irlannin mittapuulla poikkeuksellisen sateisia ja tuulisia, koska se on alttiina valtameren myrskyille. Ilma on niin kosteaa, että kirjojen marginaaliin vesiliukoisella kynällä tuherretut muistiinpanot katoavat sivuilta parissa viikossa - sisätiloissa. Kaupungissa on syksy ympäri vuoden - kesällä syyskuu, talvella enemmänkin lokakuu. Joulukuun erottaa siitä, että silloin on pimein aika vuodesta, mutta lunta on turha odotella tulevaksi.

Galwayn kulttuurilähettiläs ei sentään tullut kertomaan siitä, millaisia ilmoja kotikaupungissa oli pidellyt, vaan aiheena oli iirinkielinen modernistikirjailija Máirtín Ó Cadhain, jonka sadatta syntymäpäivää tänä vuonna juhlitaan. Herra itse on maannut haudassaan jo kolme ja puoli vuosikymmentä, mutta oletettavasti se ei ole ollut hänelle erityisen vieras ympäristö, sillä hänen ensimmäinen - ja ainoa elinaikana julkaistu - romaaninsa on nimeltään *Cré na Cille*, Kirkkomaan multa: se kuvaa iirinkielisen maaseudun peräkyläläistunnelmia hautausmaan vainajien näkökulmasta. Nämä nimittäin jaksavat vielä kuoltuaankin kiistellä siitä, kuka nyt mahtoikaan olla vähän parempaa väkeä kuin muut ja kenen hautapaikka maksoi eniten.

Asetelma tuo mieleen Latinalaisen Amerikan kirjallisuuden, vaikkapa kuolemapakkomielteisen Meksikon suuren tuntemattoman, Juan Rulfon, romaanin *Pedro Páramo*. Sen päähenkilö Juan Preciado saapuu Comalan kylään, jonka paikallispomo Pedro Páramo on hänen avioton isänsä; äidin kuoltua hän aikoo vaatia Páramolta perintöosansa tämän rikkauksista. Vähitellen osoittautuu kuitenkin, että Comala on autio kylä, jota asuttavat sen asukkaiden haamut, Páramokin on kuollut, ja Juan Preciadokin osoittautuu vainajaksi.

Juan Rulfo julkaisi oman kirjansa 1950-luvulla, vuosikymmentä ennen suurta latinokirjallisuuden buumia, jota hänen teoksensa kuitenkin omalta osaltaan oli käynnistämässä. Máirtín Ó Cadhainin teos on syntynyt 1940-luvulla, kun kirjailija itse oli IRA-yhteyksiensä vuoksi sotavuodet internoituna Kildaren kreivikunnassa sijainneeseen Curraghin vankileiriin. Se on ennen muuta kriittinen ja realistinen kuvaus iirinkielisestä maaseudusta, joka aiemmassa Gaeltacht-kirjallisuudessa oli enimmäkseen romantisoitu tienristeyksessä tanssivien köyhien, mutta hyväsydämisten ja kristillismielisten ihmisten asuttamaksi idylliksi. Kirjan kerrontaan vaikutti kuitenkin myös vankileirin todellisuus. Sinne eristetyt tasavaltalaisliikkeen miehet kävivät päivästä toiseen yhä uusia inttäviä keskusteluja aina vain samoista aiheista yhteiskuntaelämän ulkopuolelle suljettuina, eräänlaisina elävinä kuolleina, jotka eivät juurikaan tienneet, mitä maailmalla tapahtui.

Postuumisti Ó Cadhainilta on julkaistu kaksi muutakin romaania. Toinen niistä on kielellinen kokeilu, joka on huomattavasti rankempi kuin James Joycen *Odysseus*, vaikkei sentään aivan *Finnegans Waken* veroinen.

Toisessa taas kylän nuorukaiset kiusaavat vanhaa luulosairasta miestä koko kirjan ajan uskottelemalla, että hänellä on varmasti vaikka millaisia tauteja, kunnes ukko sitten kaikkien tyrmistykseksi lopulta kuolee oikeasti. Merkittävämpi osa Ó Cadhainin tuotannosta ovat kuitenkin novellit, jotka kehittyvät realistisesta maalaiskurjuuden kuvauksesta yhä absurdimpaan suuntaan samalla kun miljöö vaihtuu maaseudusta kaupungiksi. Kaupunki on kirjailijalle futuristisen epäinhimillinen ympäristö, mikä on erityisen selvästi havaittavissa novellista *Ag Déanamh Páipéir* – Paperia tekemässä, tai Paperiksi muuttumassa – jonka päähenkilö on pikkubyrokraatti, Ó Cadhainin kielellä "paperinvartija" tai "paperinpitäjä", *páipéarchoinneálaí*.

Máirtín Ó Cadhain oli osallistuva kirjailija, mikä Irlannin oloissa tarkoitti yleisradikaalia asennetta. Irlantilainen nationalismi ja tasavaltalaisuus on siitä merkillinen aate, että se on kyennyt imemään puoleensa niin potentiaaliset vasemmisto- kuin oikeistoradikaalitkin tekemään yhdessä isänmaalliseksi mieltämäänsä työtä. Irlannin yhteiskunta on ehkä jossain määrin rasistinen, mutta uusnatsismi ei oikein ole kyennyt kotiutumaan sinne, koska kansallismielisyydellä on valmiit poliittiset purkautumistiet. Máirtín Ó Cadhain väitti olevansa marxilainen, mutta yhtä hyvin hänen maaseuturadikalismiaan voisi luonnehtia vaikka äärikeskustalaisuudeksi, eikä edes leikillään: hän vaati mm. maareformia iirinkielisten hyväksi. Hänen poliittisen toimintansa tuloksena joukko karun länsirannikon syntyperäisiä iirinpuhujia asutettiinkin itäiseen Irlantiin hedelmällisemmille viljelymaille 1930-luvulla; tämä yhteisö on yhä elinvoimainen.

Kuten Gearóid Denvir sanoi: jos Máirtín Ó Cadhain olisi kirjoittanut englanniksi – tai jos iiri olisi kuten mikä tahansa kansalliskieli, josta käännetään normaalisti kirjoja muihin kieliin – hän olisi varmasti kansainvälisesti tunnettu nimi, ja *Cré na Cille* kuunnelmasovituksia esitettäisiin muuallakin kuin Irlannin iirinkielisessä maaseuturadiossa. Nykyisellään hän on pelkästään alan miehille ja naisille varattu erikoisherkku. Ja mikäs siinä – me pidämme hyvänämme, jos ei muille maistu.

ITSENÄISYYSPÄIVÄ
6. joulukuuta 2006

Itsenäisyyspäivää vietetään sen kunniaksi, että eduskunta julisti Suomen itsenäiseksi kuudentena joulukuuta 1917. Pari kuukautta myöhemmin maassa oli sisällissota, ja kuin sitä enteillen porvarit ja sosialistitkaan eivät päässeet yksimielisyyteen itsenäisyysjulistuksen sanamuodosta. Porvarien versio voitti äänestyksen, joten siitä tuli virallinen. Päivän alkuperä ei ole aivan ilmeinen, kun ajattelee tapaa, jolla itsenäisyyspäivää yleensä juhlitaan – sotilasparaatilla, sankarihaudoilla käymällä, jääkäriliikkeen etappireitteihin viittaavilla kynttilöillä ja televisiossa esitettävällä Tuntemattomalla sotilaalla.

Mikään itsenäisyyspäivän "virallisista" perinteistä ei liity suoraan joulukuun kuudentena annettuun itsenäisyysjulistukseen, ja Linnan juhlia lukuunottamatta niissä kaikissa on kyse sodista. Itse asiassa itsenäisyyspäivän merkitys on kasvanut nykyiselleen vasta toisen maailmansodan myötä, kun "valkoisen Suomen" juhlapäivä eli puolustusvoimien vanha lippujuhla jouduttiin työväenliikkeen mieliksi ns. tammikuun kihlauksen tunnelmissa lakkauttamaan ja korvaamaan nykyisellä kesäkuisella lippujuhlapäivällä.

Vanhaa lippujuhlaa juhlittiin kansalaissodan lopuksi keväällä 1918 järjestetyn voitonparaatin vuosipäivänä, muutamaa päivää ennen nykyistä kaatuneiden muistopäivää, ja aikalaistodistusten mukaan merkittävä osa porvaripuolueita kannattaneista kansalaisista piti sitä Suomen oikeana kansallispäivänä. Koska se kuitenkin niin leimallisesti juhli valkoisten voittoa punaisista, siitä oli kansan eheyttämispyrkimysten nimissä luovuttava. Tämä oli sen aikaista poliittista korrektiutta.

Nykyinen itsenäisyyspäivä on sitten ladattu niillä merkityksillä ja sillä verenhuuruisella tunnelmalla, joka ennen sotia oli ilmeisestikin varattu vanhalle lippujuhlalle. Muiden maiden kansallispäivät ovat usein iloisia, karnevaalitunnelmaisiakin juhlia, mutta Suomessa synkistellään ja muistellaan sotia. En toki halua lakkauttaa nykyisiäkään perinteitä – marssikoon armeija kaikella muotoa paraatissa, ja hyvä leffahan se Laineen Tuntematon on – eivätkä karnevaaliasutkaan oikein sovi tähän vuodenaikaan, vaikka Lordi voi olla toista mieltä.

Kuitenkaan sota ei nykyään enää ole se, mistä Suomi maailmalla tunnetaan, eikä sotasankaruus sinänsä ole mikään yksiselitteinen valtti sivilisoituneessa nykymaailmassa. Jos sotilaallisista ansioista puhutaan, niin nykymaailmassa "suomalainen sotilas" tarkoittaa muiden kuin suomalaisten mielessä ennen kaikkea suomalaisia rauhanturvaajia, joiden puolueettomuutta ja ammattitaitoa maailmalla myös arvostetaan. Itsenäisyyspäivään voisi kaikella muotoa liittää muitakin kuin iänikuisia sotilaallisia perinteitä, ja sitä mukaa kun viimeiset sotaveteraanit siirtyvät Valhallaan, myös sotilasseremonioita voisi rukata hieman rauhanturvaajiakin arvostavampaan suuntaan.

Veikko Hurstin köyhien itsenäisyysjuhla, jota jatkaa perustajan jälkeen Heikki-poika, on oikeastaan ainoa kansallisesti merkittävän aseman saanut sotaan ja sapelinkalisteluun liittymätön uusi tapa juhlia itsenäisyyttä. Vaikka kiljupunkkarien takavuosina harrastama kuokkavierasöyhötys oli juuri niin typerää kuin keskenkasvuisten leikkiradikaalien pelleily nykyään pahimmillaan on, ymmärrän kyllä hyvin nuorten ihmisten tarpeen kapinoida juuri itsenäisyyspäivän yksitotisen militaristista juhlimistapaa vastaan. Linnan juhlien häiritseminen oli kuitenkin jokseenkin tyhjänpäiväistä huliganismia, ja siinä vaiheessa kun kuokkavierastouhut herättivät Suojelupoliisinkin huomion, reuhaaminen ei enää ollutkaan kivaa ja siitä luovuttiin vaivihkaa. Tämä jos mikä osoittaa, että suurin osa kuokkavieraista oli pohjimmiltaan hellyttävän peruskilttejä suomalaisen keskiluokan lapsia, jotka eivät oikeasti halua mihinkään Supon kortistoon, kun pitää sentään säilyttää varauloskäynti kunnialliseen tulevaisuuteen työ- ja yhteiskuntaelämässä. (Nyt tosin kourallinen kovapintaisia anarkisteja – noita valaistuneita, jotka halveksivat kaikkia muita oravanpyörähamstereina – on tuoreimpien uutisten mukaan kokoontunut torille meuhkaamaan kuokkavierasjuhlien elvyttämiseksi.)

Parempi tapa uudistaa itsenäisyyspäivää ja kyseenalaistaa sen vanhoja itsestäänselvyyksiä olisi vaikkapa järjestää – vaihtoehtona sotilasparaateille – vanhojen aseistakieltäytyjien kokous. Niissä juhlissa nimittäin nähtäisiin tummiin pukuihin sonnustautuneita, merkittävissä asemissa toimivia yhteiskunnan tukipylväitä huomattavasti enemmän kuin luulisi, ja ne jos mitkä olisivat omiaan ravistelemaan luutuneita ennakkoluuloja. Olisihan sekin yksi merkki siitä, että Suomi on pohjimmiltaan hyvin inklusiivinen maa, joka pystyy tempaisemaan kaikenlaiset vastarannan kiiskit, arvostelijat ja nurisijatkin mukaan rakentamaan yhteistä tulevaisuutta.

Edellisessä kirjoituksessani mainitsin iirinkielisen kulttuurityön kunniakonsulin, Gearóid Denvirin, tulleen viime perjantaina Helsinkiin puhumaan iirinkielisestä kulttuurista. Näin merkittävän vieraan kunniaksi järjestettiin tietenkin lähetystöön vastaanotto, ja olinhan minäkin siellä tietysti kutsuttuna, koska iiriä puhumalla pääsee piireihin. Suurlähettiläs puhui vastaanotolla siitä, mitä Suomi merkitsee Irlannille: positiivista mallia siitä, mitä pieni maa voi tehdä parantaakseen omia ja miksei muunkin maailman asioita. Kielipolitiikkansa Suomi on hoitanut esimerkillisen sivistyneellä tavalla ja kelpaa malliksi mille tahansa maalle, jossa on kielivähemmistöjä; tekniikan ja teknologian ympäristöystävällisessä hyödyntämisessä Suomi on edelläkävijämaita; Suomen pohjoismainen yhteiskuntamalli voisi olla Irlannille parempi esikuva kuin yksipuolinen angloamerikkalainen liberalismi *laissez faire* -asenteineen; ja Suomen kansanrunoustutkimus on ollut merkittävänä esikuvana Irlannille, sillä esimerkiksi irlantilaisen folkloristiikan isä James Delargy, alias Séamus Ó Duilearga, kunnioitti Kaarle Krohnia suurena opettajana ja esikuvana.

Luonnollisesti kaikenlaiset "pakkoruotsista" kitisijät, fundamentalistiset ekovihreät ja verojen vihaajat alkavat tässä kohdin julistaa, miten päin helkkaria Suomen asiat juuri näiltä kohdin ovat. Kansanrunouden tutkimuskin lienee insinööreille ja laskutikkumiehille silkkaa turhuutta ja rahan haaskuuta. Mutta jos meitä juuri näistä syistä ihaillaan maailmalla, lienemme osanneet tehdä ainakin jotain oikein, eikä sitä kannata ruveta korjaamaan, mikä ei rikkikään ole. Omasta puolestani olen ylpeä ja kiitollinen juuri tällaisista asioista, joita olen huomannut muiden meiltä kadehtivan. Niiden takia tämä on hyvä ja merkillepantava maa.

Hyvä Suomi!

PAHKASIKA-VAINAAN MUISTOLLE
10. joulukuuta 2006

Kirjakaupassa huomasin, että Tommi Liimatta oli toimittanut pilalehti Pahkasiasta tuhdin kokoomateoksen – ei kokonaisia numeroita yhteen liimattuina, vaan omalla maulla karsitun valikoiman. Nuoruutensa loppumisen huomaa totisesti siitä, että Pahkasika ei ole ilmestynyt kuuteen vuoteen, ja Peräsmieskin on maannut sen ajan haudassaan, olkoonkin, että perinteikäs Koululainen-lehti julkaisee nyttemmin Peräsmiehen poika -nimistä sarjakuvaa. Myrkky-lehteä en ole tullut vilkaisseeksi varmaankaan kertaakaan, vaikka Pahkasian vanhan ystävän tulisi varmaankin aivan periaatteesta tarkistaa, millaiselle huumorille nykynuoriso nauraa.

Suurin osa Kekkosen aikakauteen kohdistuvasta panettelusta on juuri sitä eli panettelua, mutta yhden asian kohdalla 70- ja myös alkavan 80-luvun Suomi on ehdottoman syyllinen siihen, mistä syytetään: se oli äärimmäisen huumoritonta ja huumorintajutonta aikaa. Suomettumisaikojen lopulla esimerkiksi joku itkuinen miespuolinen tantta valitteli televisiossa sitä, että sosiaalidemokraattien nuorisojärjestön lehden takakanteen oli mitä ilmeisimmässä irvailu- ja itseironisointitarkoituksessa painettu seuraava sitaatti: "Sosiaalidemokraatteja on lyötävä joka päivä – Stalin". Tämä tämmöinen oli sitten niin maan kauheaa naapurisovun rikkomista ja vastuuttomuutta, nyyhyhhyhhyy.

Tällainen ilmapiiri suorastaan kerjäsi omaa pilalehteä, ja 70-luvun lopussa, kun punk ja pienlehdet, angloamerikan kielellä *fanzinet*, olivat nousussa, se myös sen sai – Pahkasian. Tarkkaan ottaen päätekijä Paretskoi kavereineen aloitti lehden nuorena lukiolaispoikana spriimonistuspohjalta jo aikaisemmin, mutta ryhtyi tekemään sitä uudestaan vaihtoehtolehtien aallon myötä. Vaikka Pahkasika miellettiinkin meillä provinssissa osaksi samaa kulttuuri-ilmiötä, se kuitenkin erottui joukosta selkeästi, koska sillä oli oikeasti mietitty taitto ja ulkoasu, kun taas suuri osa vähäisemmistä lehdistä vaikutti lähinnä sekopäisessä järjestyksessä paperille oksennetulta.

Pahkasian merkittävin innovaatio siihen aikaan olivat muka vakavat pila-artikkelit, joilla irvailtiin oikeiden aikakauslehtien opettavaista sormenheristystyyliä – paraatiesimerkki oli juttu "toisinulostavista, vainotusta väestönosasta" eli ihmisistä, joille muka lapsuustrauman seurauksena kehittyy uusi peräaukko niskaan ja jotka sitten salailevat tätä poikkeavuuttaan kuin homoseksuaalit aikoinaan. Jutun ideaa laimensi ja tasoa laski jonkin verran se, että pojat eivät jaksaneet jättäytyä täysin ilman nuorisokielisyyksiä ja alatyyliä – se olisi toiminut huomattavasti paremmin, jos se olisi kirjoitettu alusta loppuun läpivakavissaan otsa rypyssä ja ylähuuli jäykkänä.

Toisaalta juuri hyvinkin hienostelevan ylätyylin yhdistäminen rahvaanomaisuuksiin oli aikoinaan samalla tavalla radikaalia kuin parodia-artikkelien kirjoittaminen ylipäätään, koska 70-luvulla lehtikielen steriili, paperinen asiallisuus oli aivan eri luokkaa kuin nykyään. Nyt rasittavan tuttavallinen ja tekonuorisomaisen tunkeileva kielenkäyttö puolestaan on niin yleistynyt, että äärimmäisen huolitellusta asiallisuudesta on tullut yhtä provosoivaa kuin pahkasikailusta aikoinaan. Parhaimmillaan Pahkasika-tyylissä ei kuitenkaan ollut kyse ainoastaan alatyylin sekoittamisesta asiatyyliin, vaan myös vanhahtavan juhlakielen ilmauksien elvyttämisestä: normista poikettiin molempiin suuntiin ja vieläpä samoissa teksteissä.

Kuten kaikki hyvä slangi, myös Pahkasika-kieli sisälsi runsaasti lainaa vanhoista murteista. Tamperelaisuudet siivilöityivät osaksi yleispuhekieltä juuri Pahkasian kautta ja haastoivat jo hermojaraastavaksi maneeriksi käyneen tekohelsinkiläisyyden. Sen lisäksi karjalaisperäinen Paretskoi opetti meille luovutettujen alueiden kieltä. Missään muualla kuin Pahkasiassa ei käytetty ilmausta "ääreen" merkityksessä "pois, tiehensä". Poikasena luulin sitä lehden tekijöiden itse keksimäksi ilmaukseksi, kunnes tulin lukeneeksi perestroikan myötä kiinnostaviksi käyneitä itäkarjalaisia julkaisuja – aikoinaan oli suurikin sensaatio se, että itäkarjalaisten suomenkielisessä kuukausijulkaisussa, Punalipussa, tohdittiin irvailla neuvostokielenkäytön "iskutyömaan kokovartaloprikaatimeiningille" (erityisesti tuo "kokovartaloprikaati" on hyvin osuva ilmaus) – ja oppineeksi niistä, että Itä-Karjalassakin sanotaan *iäreh*.

Pahkasika lienee kuollut etupäässä siihen, ettei se kyennyt uudistumaan eikä Paretskoi pystynyt värväämään uusia tekijöitä saati luopumaan pallistaan. Lehden lakkauttamisen jälkeen päätoimittaja sanoi parissakin haastattelussa, että yhteiskunta ja kulttuuri parodioivat jo liikaa itseään, jotta siinä olisi ollut tilaa jonkin Pahkasian satiirille. Tiedän kyllä, mitä Paretskoi tarkoitti: joskus kahdeksankymmentäluvulla lehdessä esiteltiin tulevaisuuden puhelinpalvelunumeroita, jotka silloisesta näkökulmasta vaikuttivat absurdeilta vitseiltä – esimerkiksi puhelinseksi. Sittemmin sekä seksipuhelimet että useimmat muutkin Pahkasiassa pilan päiten esitetyt puhelinpalvelut ovat toteutuneet, vaikka niille ehkä vielä jossain määrin nauretaankin. Mutta juuri siksi lehti olisi pitänyt jättää uudelle polvelle, joka olisi osannut pilailla samalla tavalla oman aikansa ilmiöille.

Tietysti Pahkasika poistui näyttämöltä myös siksi, että se teki itsensä tarpeettomaksi. Pahkasika-tyyppistä huumoria harjoitetaan monellakin taholla netissä – vaikkapa Niilo Paasivirran mielipidesivuista ja Kyttääjät.netistä kyllä huomaa, miltä taholta vaikutteet ovat peräisin. Myöskään kotimainen sarjakuva, jolle Pahkasika oli aikoinaan tärkeä julkaisukanava, ei ole sillä tavalla ahtaalla kuin ennen vanhaan: sitä painetaan valtalehtienkin sivuilla.

MITÄ HALUAISIN JOULULAHJAKSI?

10. joulukuuta 2006

Koska joulukin on käsillä, puhutaanpa joululahjoista ja siitä, mitä itse kukin haluaisi. Tässä on minun listani – mitä turhia kursailemaan, pannaan sinne vaikka kymmenen kohtaa.

1) Parhaan lahjan olen itse asiassa jo saamassa – nimittäin vuoden 2007 alusta iiristä tulee tasaveroinen virallinen kieli Euroopan unioniin. Satu Hassi kysyä möläytti taannoin kielistä tietämättömien ihmisten tyyliin, oliko iirissä ylipäätään sanoja jonkin häntä erityisesti pohdituttaneen EU-asiakirjan kääntämiseen. No, täältä tulee takuulla virallinen ammattimiehen vastaus: jos ei ole niin katsotaan sanakirjasta, ja jos ei ole sielläkään niin sitten keksitään itse. Niin on aina ennenkin tehty, ja hyvin on pärjätty.

2) Lisätään siihen sitten vielä sellainen toivomus, että katalaanille ja baskillekin saataisiin virallinen asema, ihan vain kiusaksi niille ääliöille, jotka vähän väliä parkuvat siitä, kuinka paljon virallisia kieliä Euroopan unionissa on: "Yhyy, emmehän me pääse ikinä snobbailemaan hienolla englannillamme emmekä ranskallamme, kun kaikki kumminkin käännetään suomeksi ja muille hassuille kielille!"

3) Kirjakaupassa oli mukavan laaja kahdeksisenkymmentä euroa maksava suomi-ruotsi -sanakirja. Sellaista tarvitsee ihan käytännön syistä, mutta se on fyysisiltä ulottuvuuksiltaan liian iso mahtumaan minnekään tähän jo ennestään kirjojen täyttämään kämppääni. Voisitkohan, Joulupukki, huolehtia siitä, että kustantaja tuo sen saataville sähköisessä muodossa, jotta voin ladata sen CD:ltä koneelleni? Pukinkonttiin itse kirjaa ei tarvitse panna, maksan sen kyllä omilla rahoillani sitten kun se sähköinen versio on ilmestynyt.

4) Sitä vastoin, Joulupukki, voisit kyllä tuoda tietokoneeseeni äänikortin. Ostin pari kuukautta sitten taas uuden tähtitiederompun muistellessani poikavuosieni luonnontiedeharrastuksia, mutta koneeni puutteellinen äänikapasiteetti estää tähtitiedeohjelman lataamisen, ja pelkään, että se ehtii litistyä kirjakasojen alla pilalle ennen kuin itse älyän raahautua alan liikkeeseen hankkimaan tarvittavat vehkeet.

5) Enkä panisi pahitteeksi kunnon kirjahyllyäkään sen puoleen. Selkä hiukan kärsii siitä, että kaksiosainen Espanjan historia osuu ristiselän alle ja Harry Potterin iirinkielinen käännös painaa lapaluuta.

6) Kai maar noille parin viime vuoden aikana hankituille DVD-levyillekin voisit jonkin telineen järjestää, Joulupukki hyvä? Pelkään, että kallis-

arvoiset Spede-klassikkoni *Näköradiomiehen siekailuista* aina *Speedy Gonzalesiin* eivät kauaa säily katselukelpoisina tuossa kirjojen lomassa rusentuessaan.

7) Sekä tyttöystäväni että minä iloitsisimme varmasti paljon myös matkalipuista Irlantiin. Niin, ja majoituksenhan varaisit meille tietysti iirinkielisten alueiden matkustajakodeista, mistäpä muualtakaan?

8) Kihlasormus itse asiassa on jo omasta takaa, joten sitä ei tarvitse tuoda lahjaksi, kiitos vain.

9) Niin, Joulupukki, ja itse asiassa voisit varmaan tehdä tohtorinväitöskirjani valmiiksi minun puolestani. Ai et vai? Kai maar sinulla nyt on puolan ja saksan taito, kun kerran joudut toimittamaan lahjoja niihinkin maihin?

10) Jollet nyt noita muita ehdi toimittamaan, niin järjestä nyt sitten edes se maailmanrauha ja ne pöperöt nälkäisille. Ja tuon immuunikadon voisit myös parantaa. Ai ei sinun hommiasi? Kenen? Jumalan? Joo, tiedän kyllä, tuttu kaveri. Koetetaan ottaa yhteyttä, mutta niillä linjoilla on koko lailla tungosta nykyään.

NISMI — AIKAMME SAIRAIN USKONTO
13. joulukuuta 2006

Italäystäkkeen nettisivut kertovat poliisin saaneen huumeliigan kiikkiin kikalla, jota tavallisemmin sovelletaan muurahaisiin: sokerilla houkuttelemalla. Tästä tekisi mieli heittää jotain pikkunokkelaa, sillä on liiankin helppoa kuvitella, kuinka refloissaan tärisevät friikit näkevät herskaa sokeriastiassakin (huomatkaa, kuinka sujuvasti halutessani hallitsen huumeslangin!), niin että heitä voi pyydystää jättämällä sokerisyöttejä sopiviin paikkoihin ja seuraamalla sitten kuinka narkkari tytisten hoipparoi vieheelle. Noin hupaisasta tarinasta ei kuitenkaan loppujen lopuksi ollut kyse, sillä itse asiassa poliisit vain löysivät liigan kätköt, vaihtoivat pusseihin heroiinin paikalle kidesokeria ja jäivät odottelemaan hepohemmojen ilmaantumista. Yhtä kaikki tämä kuitenkin kelpaa syyksi kirjoittaa pari sanaa huumeista.

Nuorena poikana pidin huumeita metafyysisen kauheana asiana, koska siihen aikaan oli tapana tehdä niin; toisaalta sama ahdistavuus liittyi myös alkoholiin, joka kotikasvatukseni näkökulmasta ei ollut juurikaan huumeita kummempaa. Kun koulukaverini aloittivat "viinakokeilunsa", eli ryyppäsivät tolkun pihalle joka viikonloppu, reagoin siihen kuten viinaa juovan, mutta huumeita vierastavan valtaväestön lapsi olisi suhtautunut siihen, että merkittävä osa hänen luokkatovereistaan olisi alkanut piikittää heroiinia heti kolmentoista vuoden ikään päästyään, alkaessaan mädäntyä lapsista aikuisiksi. Kesti aika monta vuotta, ennen kuin ymmärsin, että henkilö, joka juo silloin tällöin saunakaljan, ei ehkä välttämättä ole aivan niin surkeassa tilassa kuin vieroitusoireittensa kourissa ölähtelevä luu- ja jännekasa, jonka käsivarsien verisuonet ovat niin ryhmyiset ja sarveistuneet, että hän joutuu ruiskuttamaan heroiinin siittimeensä.

Nyttemmin olen tietysti ruvennut hieman vapaamielisemmäksi: kohteliaisuudesta suostun joskus jopa juomaan oluen tai viinilasillisen, vaikka olenkin yhä sitä mieltä, että kaikenlaisten alkoholijuomien nauttiminen on irstasta juoppoutta, paitsi ehkä jos alkoholin pahat henget manataan pois esittämällä nauttimisen yhteydessä pyhällä kielellä (ruotsiksi) rituaalisia lauluja (esim. *Helan går, sjung fadderallan lej*). Jos joutuisin syystä tai toisesta viettämään pitempiä aikoja Intiassa, jossa kannabiksen käyttö tietääkseni on ainakin paikoitellen laillista, voisin kuvitella maistavani paikallisia kannabispitoisia virvoitusjuomia kulinaarisena erikoisuutena, koska niitä on siellä tapana juoda – samalla tavalla kuin katsoisin, että kun täällä nyt lähiajat ilmeisesti oleillaan, niin on paras vain suosiolla opetella syömään vindalokananpoikaa.

Suurin osa päihteidenkäytöstä on kuitenkin minulle edelleenkin olemuksellisesti vierasta, eikä vähiten siksi, että useamman kuin yhden päihteen käyttämiseen tarvitaan erityisesti harjoiteltava, itsessään haitallinen menetelmä. Tupakointi (ja sen laajennuksina esimerkiksi kannabiksen tai crack-kokaiinin polttaminen) edellyttää epämukavan, vastenmielisen ja keuhkoja vahingoittavan nauttimistavan opettelemista. Alkoholin tai kannabisjuoman käyttö on sikäli järkeenkäyvempää, että juoda osaavat kaikki, eikä juopottelujuoman ja janojuoman erokaan ole ihan ilmeinen – vaikkapa olutta juodaan sekä janoon että päihtymistarkoituksessa. Kannabisriippuvuudesta voi olla helpompi päästä irti kuin alkoholista, kuten alan harrastajat mielellään väittävät; mutta polttaminen sinänsä on pahasta, ja sen omaksunut henkilö voi kannabiksesta irtauduttuaankin jäädä turmiollisen *tupakka*-nimisen päihteen käyttäjäksi, joka tunnetusti on suuri vaara kansanterveydelle, eikä vähiten siksi, että se on laillista ja kulttuurisesti suhteellisen hyväksyttyä.

Jollain tasolla tietysti kannabiksen ja ekstaasinkin käyttö on inhimillisesti ymmärrettävää, koska se kuuluu jonkinlaiseen sosiaaliseen tilanteeseen ja kulttuuriseen asiayhteyteen – jälkimmäistä tunnetusti nautitaan, jotta jaksettaisiin hillua diskossa yötä myöten ja vuorokausikaupalla. Yökerhoissa riekkumista sinänsä en koskaan ole harrastanut, mutta jopa minäkin olen ollut nuori ja tiedän, miltä tuntuu olla täynnä nuoruuden patoutunutta energiaa. On täysin mahdollista, että moinen juhliminen on parempi tapa purkaa sitä latausta kuin esimerkiksi uusnatsien, kaltaisiin yhteiskunnalle vaarallisiin ja hyödyttömiin äärijärjestöihin liittyminen.

Tämä ei tietystikään muuta sitä, että ekstaasihuumeen vaikutuksen alaisena voi bailata itsensä ihan kirjaimellisesti hengiltä: essoväkeä uhkaavat sekä janoon nääntyminen, liialliseen vedenjuontiin nääntyminen suolatasapainon häiriintyessä (ns. hyponatremia eli natriumin puute) että ruumiinlämmön hengenvaarallinen nousu (hypertermia, johon liittyy akuutin munuaishäiriön riski). Ekstaasin viihdekäyttäjät vastannevat tähän, että myös äärimmäisyyslajien harrastajat, kuten base- ja benjihyppääjät, voivat tehdä virheen ja päästä hengestään tai vammautua pahoin. Koska äärimmäisyysurheilu nähtäneen nykynuorison keskuudessa laajemmaltikin tapana hankkia kiksejä ilman huumetta, argumentissa on jonkin verran itua. Jos bailaaja kuolee ekstaasin vaikutuksen alaisena hankittuun ylirasitustilaan, onko kyseessä "huumekuolema" vai vaikkapa kohtalokkaaseen basehyppytapaturmaan (joita kyllä esiintyy) verrattava elämäntapakuolema, jossa huumeet ovat olleet mukana vain yhtenä vaikuttavana tekijänä?

Ekstaasin käyttöön liittyy sosiaalisia ulottuvuuksia kuten viinanjuontiin, mutta koska en ole koskaan ymmärtänyt päihtymistä päihtymisen vuoksi, esimerkiksi opiaattien ja hallusinogeenien käyttäjän näkökulma on minulle vieras. Valtaväestön, esimerkiksi kaltaiseni raittiusihmisen, mielikuvia heroiininkäyttäjän sisäisestä maailmasta hallitsee stereotyyppisehkö entisen narkomaanin, nykyisen uskovaisen kuivillepääsemistarina, jossa huumeiden aktiivikäyttövaihetta kuvaillaan hyvinkin ulkokohtaisin latteuksin, esim. "huumeita käytettiin runsaasti" tai "meni lujaa".

Nyt kun on netti, johon aktiivinarkkaritkin kirjoittavat, on mahdollista tutustua tarkemmin siihen, mitä se lujaameneminen käytännössä merkitsee, koska selviytymistarinat eivät vaivaudu kuvailemaan sitä kovin tarkasti. Mitä siis ajattelee hyvinkin kaltevalle pinnalle joutunut huumeidenkäyttäjä, joka kuitenkin *haluaa* jatkaa entiseen tapaan?

Jos kutsumme tylysti *narkkariksi* henkilöä, joka käyttää huumeita *itsetarkoituksellisesti*, ei siis esimerkiksi juhlimisen *välineenä*, tyypillinen tämän lajin edustaja valittaa sitä, että "huumeiden yhteydessä puhutaan jatkuvasti vain niiden huonoista puolista, ei koskaan hyvistä". Eräs kirjoittaja mainitsee huumeiden hyvinä puolina "rennon ilon", "luovan taiteellisuuden", "mukavan fiilistelyn" ja "tajunnan laajenemisen". Puhutaan siis niistä.

"Rennosta ilosta" ja "mukavasta fiilistelystä" – mitä tarkkaan ottaen tarkoittaa "fiilistely"? – en tiedä, mutta molemmat kuulostavat käyttäjän subjektiivisilta kokemuksilta ja sellaisina makuasioilta, joista on turha kiistellä. Omasta puolestani rentoudun mieluummin tekemällä omaksi huvikseni jotain älyllisesti haastavaa, kuten opettelemalla hassuja kieliä, lukemalla kirjoja tai vaikka piirtelemällä kalligrafisia koukeroita. Joskus kuulemma kirjoittelen jotain pakinoitakin joillekin nettisivuille.

Rennon fiilistelyn merkitys selviää, kun ajatellaan, mitä käytännössä tarkoittaa tuo "tajunnan laajentamisen" käsite. Kylmän luonnontieteellisesti ajatellen "tajuntaa" ei tietenkään voida millään tavalla "laajentaa", koska aivot ovat siinä missä ovat ja aistinelimet samoin. Tajunta voi laajentua vain alaspäin: huumeissa koetut näyt ja tuntemukset voivat asiallisesti ottaen olla vain narkkaajan oman mielikuvituksen tuotteita ja hänen alitajuntansa demoneja. Huumeharrastelijoiden keskuudessa kulkee kuitenkin Aldous Huxleyn ja Jim Morrisonin aikoihin palautuva tulkintaperinne, joka esittää juuri ne demonit jonkinlaisen objektiivisesti olemassaolevan, toisessa ulottuvuudessa sijaitsevan todellisuuden olentoina. Sekä rento fiilistely että tajunnanlaajentamiskokemukset ovat viime kädessä omaan itseen vajoamista, äärimmäistä egoismia.

Tajunnanlaajentamiskuvitelmat ovat tietysti perimmältään uskonnollista mystiikkaa. Voi sanoa, että *nismi* – huumemystiikka – on oma lahkolaisuskontonsa, johon liittyy vähintään yhtä paljon kiihkomieltä kuin muihinkin lahkoihin. Nismin kannattajat vaativat kyllä suvaitsevaisuutta itseään kohtaan ja esittävät olevansa fasistisen sorron uhreja, mutta samalla he suhtautuvat kaikkiin muihin äärimmäisen suvaitsemattomasti. Kaikki absolutistit tai huumeita käyttämättömät henkilöt haukutaan milloin kristityiksi uskovaisiksi (kukapa uskonkiihkoilija hyväksyisi kilpailevaa uskontoa), milloin "länsimaisen putkitietoisuuden" tai "kulutuskulttuurin" edustajiksi. Koko huumelahkon ulkopuolinen rikas maailma kuitataan halveksivalla leimakirveen heilautuksella. Huumeita käyttämättömät ovat tyhmiä, alempia olioita, joiden suvaitsemattomat lait rajoittavat minä-minä-minän yksilö-pyksilöllistä oikeutta vajota kemiallisin keinoin omaan erinomaisuuteensa ja kääntää selkänsä lähimmäisilleen.

Mitä sitten tulee huumeiden "taiteellista luovuutta" edistävään vaikutukseen, yleensä sen äänekkäimmät mainostajat eivät ole kovin merkittäviä taiteilijoita. Toki he viittaavat vaikkapa Jim Morrisoniin esimerkkinä päihteitä käyttävästä nerosta, mutta Morrison ei ollut ainoastaan narkkari, vaan myös pienestä asti lukutoukka ja runouden ystävä. Tämä vain ei juolahda huumeensyömään aivoon, koska tuo porukka ei ymmärrä, että kirjallinen ja taiteellinen ammattitaito ja näkemys on jotenkin hankittava ja sitä taiteellista luovuutta jotenkin ilmennettävä. Tyypillinen narkkarin "taiteellisen luovuuden" aikaansaannos on englanninkielisiä anarkistisia iskulauseita viljelevä nettisivu, jossa kehotetaan rikkomaan yhteiskunnan normeja pelkästä rikkomisen ilosta.

Jos vakaumukselliset nistit vaivautuvat innostumaan jonkun kirjailijan tai taiteilijan tuotannosta, he julistavat yleensä suureen ääneen, että asianomaisen täytyy olla heikäläisiä, ts. huumeidenkäyttäjä, koska heille on täysin vieras ajatuskin, että ihmisellä voisi olla mielikuvitusta selvin päin.

Huumeharrastus ei juurikaan inspiroi vieraiden kulttuurien ymmärtämiseen, vaikka vakaumuksellinen narkkari mielellään väittääkin päinvastaista. Hänen maailmankuvansa koostuu sentyyppisistä kliseistä, että 1) idässä on ikuista viisautta, ja 2) idän ikuinen viisaus ilmenee siten, että kulutus- ja kapitalismikeskeisen ahdistavan länsimaisen elämän sijasta vedetään jännittäviä viisaaksitekeviä huumeita. Ja omasta ammattimiehen näkökulmastani – kun kerran joudun leipäni eteen ymmärtämään vieraita kulttuureja ja opettelemaan niiden kieliä – tämä on ehdottomasti huumehemmojen vastenmielisin piirre. Kas, kielten ja kulttuurien tutkiminen on oikeasti kivaa – kun sen tekee hyvin ja vaivaa näkemällä. Nistien puheet kuulostavat siltä kuin he tietoisesti yrittäisivät tehdä pilkkaa minusta ja ammatistani. Siitä on syytäkin loukkaantua.

ZUVIEL DES GUTEN
15. joulukuuta 2006

Paavo Lipposta ei ainakaan voi moittia omintakeisten visioiden puutteesta, sillä nyt hän on mennyt ehdottamaan, että tupakan myynti pitäisi lopettaa kokonaan. Olettaisin, että lukijani odottavat minun riemuitsevan tästä ehdotuksesta, mutta itse asiassa pidän sitä typeränä ja vastustettavana. Jos tupakasta todella halutaan pois, on ehdottomasti pidettävä hajurakoa selvään kieltolakiin, vaikka sauhuttelua pitääkin kaikin voimin yrittää rajoittaa. Muuten on olemassa varsin todellinen riski, että tehdään sama virhe kuin sen oikean kieltolain aikana.

Saatan olla väärässä, mutta mielikuvakseni on jäänyt, että silloin kun kieltolaki säädettiin, yllättävänkin suuri osa suomalaisista uskoi vakavissaan alkoholinkäytön olevan katoamassa maailmasta ja kieltolain olevan pelkkä sinetti väistämättömälle kehitykselle. Tämä oli vieläpä silloisissa oloissa täysin realistinen ajatus. Raittius oli etenemässä useammalla kuin yhdellä rintamalla: esimerkiksi työväenliike näki viinan orjuuttavana kahleena, jolla kapitalisti yritti estää työmiehen poliittisen emansipoitumisen. Raittius ei siis ollut sinänsä merkki vanhoillisuudesta eikä yksinomaan tuonpuoleiseen suuntautuneesta ääriuskonnollisuudesta, kuten alkoholia käyttävät nykyään mielellään uskottelevat itselleen ja muille. Raittius oli soluttanut koko yhteiskunnan, koska monet – myös keskenään vihamieliset – yhteiskunnalliset ryhmät ajoivat sitä toisistaan riippumatta ja niillä oli omat raittiusjärjestönsä.

Tuolloisen tilanteen nykyaikainen vastine olisi, että meillä olisi mm. Satanistien Raittiusliitto ry, Ryhmäseksiväen Raittiusliitto ry, Prostituoitujen Raittiusliitto ry, Anarkistien Raittiusliitto ry ja kukaties jopa – niin epätodennäköiseltä kuin tämä kuulostaakin – Feministien Raittiusliitto ry. Tällaisessa tilanteessa alkoholi menettää merkityksensä sosiaalisena kittinä, jolloin siitä on mahdollista luopua joutumatta sen takia luopumaan seurustelusta samanmielisten ihmisten kanssa.

Muistan koulussa lukeneeni kansalaistaidon oppikirjasta alkoholismiin vaipumisen ja raitistumisen eri vaiheita ja tasoja esittävän kaavakuvan, jossa raitistumisen viimeinen vaihe oli, että entinen alkoholisti nousee "valistuneen ja mielenkiintoisen elämäntavan" avulla korkeammalle tasolle kuin koskaan ennen. Tässä on se haittapuoli, että suuri osa yhteiskunnasta näkee alkoholin nimenomaan älyllisesti haastavan, "valistuneen ja mielenkiintoisen elämäntavan" oleellisena edellytyksenä ja osana. Kieltolakia edeltäneessä Suomessa näin ei ollut, vaan siellä oli mahdollista elää "valistuneesti ja mielenkiintoisesti" myös raittiina: omassa kodissani minulla oli kaksi ihmistä – isovanhempani – jotka sekä kuluttivat että loivat monenlaista kulttuuria luontevana osana elämäänsä ja joille tämä ei ollut mitenkään ristiriidassa raittiuden kanssa.

Kieltolaki sotki pakan kokonaan, koska sen myötä raittiusjärjestöt kuihtuivat päästyään utopiaansa. Raittiusliikkeen todellinen, taivaallinen tarkoitus ei missään tapauksessa ollut kieltolakiin pyrkiminen, vaan rinnakkaisten rakenteiden pystyttäminen alkoholinkäytölle – alkoholittoman vaihtoehdon pitäminen esillä ja saatavilla. Alkoholinkäytön väheneminen oli ollut mahdollista siksi, että tällainen rinnakkaisyhteiskunta oli toiminnassa ja saattoi esittäytyä viinankäyttäjäosastoa houkuttelevampana ja fiksumpana. Toisin sanoen se alkoholin maihinnousu, joka alkoi kieltolain myötä – itse asiassahan alkoholin saatavuus lähinnä *helpottui* – ei kohdannut sitä ainoaa vastustajaa, joka sen olisi nujertanut, eli vahvoja alkoholinvastaisia yhteiskunnallisia verkostoja ja elinvoimaista ja kaikkiin ryhmiin soluttautunutta raittiuden alakulttuuria. Alkoholinkäyttö oli vähenemässä siksi, että kulttuurissa oli tapahtumassa spontaani muutos; ja joskus voi olla viisainta olla häiritsemättä muutoksia hyvääntarkoittavalla, mutta toteuttamiskelvottomalla lainsäädännöllä.

Tupakkalait ovat tähän asti välttäneet kieltolakiansan: ne ovat ennen kaikkea keskittyneet luomaan savuttomuuden kulttuurille toimintaedellytyksiä, eivät poistamaan tupakkaa maailmasta lainsäädännöllisin keinoin. Tupakkalakien säätämisessä on lähdetty siitä, että ketään ei saa julkisessa tilassa eikä työpaikallaan altistaa savulle, vaan ihmisen tulee voida itse valita, hengittääkö hän häkää ja tervaa. Tämä kehitys ajaa tupakan yksityiselämän puolelle, jolloin siitä tulee henkilökohtaisen omalaatuisuuden muoto sosiaalisen välttämättömyyden sijasta.

Tauteja vastaan taisteltaessa on aina tärkeintä estää taudin leviäminen. Tupakoinnin kansanterveydellinen haitallisuus on ollut siinä, että tupakansavulle ovat joutuneet altistumaan myös tupakoimattomat, sekä siinä, että nuorten on ollut liian helppoa oppia tupakoimaan, koska julkinen tila on ollut täynnä roolimalleja ja opettajia. Tupakalla on ollut voimakas sosiaalinen ulottuvuus, jolloin pikemminkin tupakoimattomuutta on pitänyt harjoittaa kotona ja yksityiselämässään, koska julkisessa tilassa – esimerkiksi kapakkamiljöössä – tupakointi on ollut normi. Painovoima on vetänyt kaikkia ihmisiä kohti tupakointia; tupakoinnin aloittaminen ei ole tuntunut pakkoon alistumiselta, vaan normaalilta sosiaalistumiselta.

Vanhana vasemmistokyrmyniskana uskon ehdottomasti sosiaaliseen insinööritaitoon ja tietoiseen yhteiskuntasuunnitteluun, mutta suunnittelu ja lainsäädäntötyö on tehtävä taiten, turvautumatta kömpelöihin hehtaaripyssykieltoihin. Juuri tuo sosiaalinen painovoima tulee vaivihkaisilla laeilla pyrkiä kääntämään tupakanvastaiseen suuntaan. Tupakoitsijat vetoavat usein siihen, että tupakointi on jokaisen oma asia, johon tulee olla oikeus. Heille on kohtuullista antaa omissa yksityistiloissaan tämä oikeus, kunhan on lailla huolehdittu siitä, etteivät he liiku yleisillä paikoilla pilaamassa ilmaa ja opettamassa huonoa tapaansa muiden lapsille. Tällaista lakia voidaan käytännössä valvoa ja ylläpitää; sitä vastoin täydellinen kieltolaki ei ole realistinen, ja pahimmillaan se johtaa yleiseen kaksinaismoraaliin.

Kuvaavasti Lipponen halusi omalla ehdotuksellaan "antaa signaalin" siitä, ettei yhteiskunta hyväksy eikä kannata tupakointia. Tämän hän lienee oppinut puolueensa feministeiltä, jotka myös haluavat "antaa signaalin" säätämällä valvomiskelvottomia prostituutionvastaisia lakeja. Lainsäädäntö ei kuitenkaan ole mikään signaalitorvi, vaan yhteiskunnan tarkkuusinstrumentti; ja ollaan menossa varsin ikävään suuntaan, jos oikeiden, toimivien lakien sijasta säädetään moralisoivia julkilausumia, joita käytännössä ei tarvitse noudattaa.

SUOMETTUNUT VAI LÄNNETTYNYT?

19. joulukuuta 2006

Uutiset kertovat, että suomalaiset seismologit ovat toimineet Yhdysvaltain tiedustelun palveluksessa silloin ennen vanhaan, kun oli vielä olemassa Neuvostoliitto-niminen valtio, jonka johtajat hurvittelivat jysäyttelemällä kuuluisan "Tsaaripommin" kaltaisia ydinräjähteitä. Nyt kylmän sodan jälkeen on jo päässyt tihkumaan useammasta kuin yhdestä suunnasta sellaisia tietoja, että Suomi olisikin todellisuudessa ollut Kekkosen kaudella tiukemmin lännen leirissä kuin kukaan uskoikaan.

Seismologia ei ollut ennen toisen maailmansodan jälkeisiä aikoja erityisen arvostettua eikä se ollut tieteenäkään kehittynyt järin pitkälle; ja täällä Suomessa maanjäristyksiä on niin vähän, että seismologin oli turha kuvitellakaan löytävänsä alan töitä kotimaasta. Kylmän sodan ja ydinaseiden myötä seismologiasta ja geofysiikasta tuli kuitenkin Yhdysvalloille strategisesti merkittävä ala, koska ulkomaailmalta suljetun Neuvostoliiton ydinkokeista oli mahdollista saada tietoa seismologisin mittauksin. Niinpä suomalaisten maanjäristystutkijoiden ja Yhdysvaltain maanpuolustuksen edut lankesivat mukavasti yhteen.

Yhdysvaltoihin kutsuttiin sodanjälkeisinä aikoina useitakin suomalaisia seismologeja, joilla tuntuu olleen hämmästyttävänkin merkittävä rooli kehitettäessä amerikkalaisille mittauslaitteita ydinkokeiden havaitsemista ja seurantaa varten. Suomessa oli amerikkalaisille tietoja toimittavia seismometrisiä mittausasemia, ja suomalaisilla tiedemiehillä oli rapakon takana pääsy kaikkein pyhimpään. Amerikkalainen tutkija, joka on seurannut suomalaisten geofysiikan tutkijoiden kohtaloita Yhdysvalloissa, ihmettelee kovasti, että ulkomaalaisia otettiin mukaan niin arkaluontoisiin tutkimusohjelmiin – vallankin suomalaisia, kun kerran Suomi oli miltei Neuvostoliiton liittolainen. Vai oliko? Tämäkin tieto on omiaan kyseenalaistamaan tähänastisia käsityksiä Suomen tosiasiallisesta sijainnista kylmän sodan maailmanpoliittisella kartalla.

Avainkysymys on tietysti, toimivatko suomalaiset geofyysikot enemmän yksityishenkilöinä kuin maansa kansalaisina. Suomalainen yliopistomaailmahan oli tuonaikaisilta asenteiltaan varsin oikeistolainen, ja aivan kuten 70-luvulla suomalaisten yliopistoihmisten oli mahdollista olla Neuvostoliiton henkisiä kansalaisia, kaksikymmentä vuotta aiemmin lienee vastaavalla tavalla Yhdysvaltain etuihin samastuvia henkilöitä ollut runsaasti – ja vaikka vasemmistomytologiassa onkin melkoisesti liioiteltu toista maailmansotaa edeltäneen Suomen "fasistisuutta", on syytä myön-

SENSUROITU SUOMESSA: 2006

tää, että kolmikymmenluvulla Suomessa oli paljon wannabe-saksalaisia, anteeksi, piti tietysti sanomani *möchtegern*-saksalaisia. – On siis mahdollista, että Yhdysvaltain tiedustelupalvelun verkkoon sotkeutuneet suomalaiset maanjäristystutkijat tekivät tietoisen päätöksen auttaa vieraan vallan tiedustelupalvelua, koska kokivat Yhdysvallat maailman viimeiseksi ja parhaaksi toivoksi kommunismin uhkaa vastaan – senkin uhalla, että kotimaan viranomaiset pitäisivät heitä vakoojina.

Taitaa kuitenkin olla niin, että suomalaisten geotieteilijöiden tiedustelutoiminnalla oli viranomaisten tuki, ja ilmeisesti myös ulkopolitiikan johtajan – joka tunnetusti jo viisikymmenluvun loppupuolella oli Urho Kekkonen – hiljainen siunaus. Eduskunnalta ei toki kysytty mitään – onhan Suojelupoliisikin perinteisesti ollut nimenomaan presidentin poliisi, ja loppujen lopuksi tiedustelutiedot kuulunevat periaatteessakin ennen muuta toimeenpanovallan käyttöön. Suomen omat tiedustelulaitokset toimivat yhteistyössä Yhdysvaltain kanssa, mutta Neuvostoliiton laskuun ei vakoiltu. Olihan Suomi myöhemmin mukana myös Yhdysvaltain pyrkimyksissä estää amerikkalaisen huipputeknologian, esimerkiksi tietokoneiden, joutuminen neuvostoliittolaisten haltuun – siitä puhuttiin melko avoimestikin 1980-luvun alussa. Muistelen nuorena luonnontieteilijänörttinä lukeneeni uutisen siitä, kuinka nätti venäläinen tyttö oli voittanut tietokoneen jostain kansainvälisestä matematiikkakilpailusta ja ihmetelleeni, saako hän viedä koneen maahansa ollenkaan, kun amerikkalaisilla oli nämä embargomääräykset.

Kekkosen rooli tuossa viisi-kuusikymmenluvun amerikkalaisyhteistyössä vasta herättääkin kysymyksiä. Jos Kekkonen oli tietoinen noista touhuista, hyväksyi ne, kenties jopa aktiivisesti ajoi asiaa – missä määrin on enää mahdollista ottaa vakavasti pilipalioikeiston vihjailuja Kekkosesta KGB:n käsikassarana? Kekkosen johtamistavassa ja aika ajoin arveluttavan omavaltaisissa otteissa on varmasti yhtä ja toista moitittavaa, mutta on mahdollista, että historian tuomioistuin antaa kaljupäälle etupäässä vapauttavan ja ylistävänkin tuomion: mieshän pyöritti Neuvostoliiton johtoa miten tahtoi samalla kun ylläpiti kaikkien tietämättä kiinteitä yhteistyösuhteita Yhdysvaltoihin.

Mitäs Kekkosesta, mutta yhtä kaikki ajatus suomalaisista tiedemiehistä amerikkalaisten tiedusteluaparaatin ytimessä on jotensakin hupaisa ja hohdokas. Ehkäpä kaikilta salaliittoteoreetikoilta on jäänyt huomaamatta, että maailmaa todellisuudessa hallitsevatkin suomalaiset. Miten niin epärealistista? Muistakaa, että vuodenvaihteessa iiristä tulee virallinen kieli EU:hun, ja tiedätte, kuka siinäkin oli taustalla. Suomalaisten salaliitto iski jälleen!

Oheislukemistoksi suosittelen yhtä poikavuosieni lempijännäreistä, Desmond Bagleyn *Suomalaista nuorallatanssia* – englanniksi *The Tightrope Men*, ruotsiksi *Lindansarna*. Se tuntuu jotenkin sopivan tähän yhteyteen.

ITSE KUNKIN INTERNET
21. joulukuuta 2006

Time-lehti on valinnut vuoden henkilöksi Internetin käyttäjät. Siis sinut ja minut. Olemme varsinaisessa eliittiseurassa, koska saman arvon ovat aiemmin saaneet mm. virkaveljekset Adolf Hitler, Josif Stalin, Deng Xiaoping ja Ruhollah Khomeini. No, leikki sikseen: kun kerran tällainen kunnia on tullut osaksemme, muistellaanpa sitä aikaa kun isä netin osti. Netti on houkutellut käyttäjikseen kaikki, joilla vain on mahdollisuus sitä käyttää. Pinttyneimmätkin tekniikan viholliset lienevät olleet tietoverkoissa jo vähintään kymmenen vuoden ajan; oma nettihistoriani alkaa vuodesta 1995.

Yksi tärkeimpiä syitä siihen, että vaihdoin tiedekuntaa matemaattisluonnontieteellisestä kieliin, oli nuiva suhtautumiseni ATK:hon. Kai se johtui siitä, että olin kouluvuosinani aina ollut katkera ns. rikkaiden kakaroille, joiden vanhemmilla oli varaa ostaa heille tietokone. Linus Paulingia ja Stephen Hawkingia (jonka saavutuksista kertoi jo 70-luvulla suomeksi Raimo Keskisen ja Heikki Ojan loistava kirja *Mustaa aukkoa etsimässä*) ihailleena teini-idealistina kuvittelin naiivisti, että *tiede* oli rahvaanomaiselta rahalta rauhoitettu pyyteettömyyden sfääri, jossa säihkyvä-älyiset nerot keskittyivät silkan mielenkiinnon ja innostuksen vauhdittamina tekemään suurenmoisina keksintöjä matemaattisia symboleita viliseva̋n liitutaulun ääressä. Kun tietokoneet ilmaantuivat näköpiiriin, totesin sisimmässäni: jaahah, tämäkin elämänalue on sitten jäämässä rikkaiden kakaroiden hiekkalaatikoksi, johon kaltaisellani vanhanaikaisella kirjatoukalla ei tietenkään ole asiaa. Niinpä siirryin ripeästi opiskelemaan kieliä ihan päätoimisesti, olkoonkin, että jo kemistiaikoinani olin alkanut käydä puolan kursseilla.

Nettiin tutustuin vasta siviilipalvelusvuotenani. Siviilipalveluksen suoritin yliopistokirjastossa, jossa jouduin hankkimaan sähköpostiosoitteen ja käyttämään tekstinkäsittelyohjelmaa. Graduni ensimmäisen version laadin vähän ennen kuin siviilipalvelus alkoi ja kirjoitin sen puhtaaksi isosiskoni nyrkkivoimakäyttöisellä kirjoituskoneella – omani oli nimittäin kovassa käytössä jo hajonnut. Hämmentävää kyllä vuosikymmen sitten oli todellakin vielä olemassa kirjoituskoneita, eivätkä ne kaikki toimineet sähköllä. Nykyään koko kapistus kuuluu jo muinaishistoriaan – ensimmäisen vuoden opiskelijat yliopistossa tuskin lienevät kirjoituskoneeseen koskeneetkaan. Graduni lopullisen version toki minäkin väsäsin tekstinkäsittelyohjelmalla kruunun töistä vapauduttuani.

Olin tuolloin jo harrastanut iiriä vakavissani nelisen vuotta. Siviilipalveluksen johdantokurssille otin mukaan iirinkieliset kirjani, jotka silloin mahtuivat yhteen isohkoon matkalaukkuun ja täyttivät sivarituvan kirjahyllyn. Juuri ennen sivaria olin tavallisen lahjakkaasti pettynyt rakkaudessa – sillä kertaa toisena osapuolena oli abityttö, joka oli pitänyt minua ihannemiehenään, kunnes sai tietää että minua oli kiusattu kouluaikoinani, mikä tietysti merkitsi, että olin nynny, surkimus ja epämiehekäs, joten hän katkaisi välit minuun kirosanoin ja solvauksin. Tämän kokemuksen herkistämässä tilassa tarvitsin muuta ajateltavaa ja keskityin iltapuhteinani iirin kielen opiskeluun.

Tulin etsineeksi iirin kieltä netistäkin ja ajauduin *Sabhal Mòr Ostaig*in, Skye-saaren skottigaelilaisen collegen sivuille. Collegen ATK-opettaja sattui olemaan irlantilainen, joten skottigaelin lisäksi hänellä oli melkoisesti iiriäkin koulun kotisivuilla. Nämä kaksi kieltä muistuttavat toisiaan suunnilleen yhtä paljon kuin ruotsi ja tanska, ja iiri on tanska – skottigaelia äännetään näet niin selkeästi, että se on iirin osaajallekin puhuttuna usein ymmärrettävämpää kuin harvemmin kuullut iirin murteet. Sieltä löytyi myös pääsy iirinkieliselle Gaelic-L -sähköpostilistalle, jonka jäsenyyden hankin. Ja sen jälkeen kaikki sitten onkin muuttunut – todella paljon.

Jo listalle liittyessäni pääsin aika nopeasti melkoisen gurun maineeseen, mutta opin sieltä myös paljon, sain kirjavinkkejä, joiden avulla laajensin nopeasti iirin kielen taitoani ja sen murteiden tuntemustani. Iiristä tuli minulle tietokoneen ensimmäinen kieli. Sähköpostin avaaminen merkitsi joka päivä nimenomaan iirinkielisten viestien lukemista ja kirjoittamista. Varsin nopeasti rohkaistuin muotoilemaan sanottavani iiriksi juuri niin kuin se juolahti mieleen, vaivautumatta tarkistamaan mitään kieliopeista ja sanakirjoista. Tietokone tuli merkitsemään ennen muuta iirikonetta. Siinä missä olen oppinut saksaa klassikoita lukemalla ja puolaa puolalaisten kanssa puhumalla, iirini olen oppinut tietokoneen ääressä.

Gearóid Denvir, iirin kielen asian kansainvälinen matkasaarnaaja, jonka Suomen-vierailusta jokin aika sitten kirjoitin, kuvaa usein kielen vaikeaa asemaa muistelemalla sitä, kuinka hän yritti hoitaa jonkin poliisiasiansa – olisikohan kyseessä ollut parkkisakko? – iiriksi iirinkielisen kylän poliisiasemalla. Se vain ei onnistunut, sillä – kuten poliisimies myötätuntoisesti sanoi – "tietokone ei osaa iiriä, Gearóid hyvä!" Silloin kun jokin irlantilainen tiedotusväline haastattelee minua iirin taidostani – ja aika monia on viimeisten kymmenen vuoden aikana kiinnostanut esittää ne samat iänikuiset kysymykset siitä, missä olen kielen oppinut, olen omasta puolestani esittänyt asian vastauksena Gearóidin lempianekdoottiin: tietokone totisesti osaa iiriä, ja toisinaan minusta tuntuu, että juuri iiri on sen äidinkieli.

SENSUROITU SUOMESSA: 2006

Tietysti minäkään en ole käyttänyt tietokoneita ja nettiä pelkästään iirin kielen edistämistyöhön, vaikka se on käytännöllisesti katsoen aina ollut ensisijainen syy, miksi vaivaudun avaamaan selaimen. Voisin kertoa siitä, kuinka olen kaikenlaisissa sättimishuoneissa notkumalla päässyt selville siitä, miten läpeensä valheellinen edistyksellisestä feministikirjallisuudesta omaksuttu mielikuvani naisen seksuaalisuudesta on. Voisin kertoa siitä, kuinka tutustuin nykyiseen tyttöystävääni tai häntä edeltäviin seurusteluyritelmiini. Mutta se ei ole kiinnostavaa, koska tuon puolen asiasta tietävät oikeastaan kaikki – nyt jo seniori-ikäisetkin, siis jopa minua vanhemmat, löytävät elämänsä iltaseuran internetskusta.

Se sitä vastoin on merkittävää, kuinka pitkälle netti muokkautuu kunkin käyttäjän henkilökohtaisten tarpeiden ja persoonallisuuden mukaan. Netti tuo samojen asioiden harrastajat yhteen eri puolilta maailmaa. Muuan nettiguruistani, joka keksii tolkienilaiseen tyyliin kieliä omasta päästään ja kehittää kulttuureja niiden ympärille, sanoi jossain yhteydessä netin paljastaneen hänelle muiden ihmisten oikeasti olevan yhtä kummallisia kuin hän itsekin – esimerkiksi hänen keinotekoisten kielten harrastuksensakaan ei ollut niin ainutlaatuinen kun hän kuvitteli ennen Internetin maailmanvalloitusta.

Tällainen on minun nettini. Entä teidän?

SEKODIKTAATTOREITA TURKMENISTANISSA
JA MUUALLA

21. joulukuuta 2006

2000-luvun ensimmäisellä vuosikymmenellä Saparmyrat Nyýazow oli hankkinut maailman virallisen hullun diktaattorin aseman. Noina onnellisina aikoina diktaattoreille saattoi vielä nauraa.

Turkmenistanin presidentti Saparmyrat Nyýazow – tai kuten meikäläisissä lehdissä on tapana kirjoittaa, Saparmurat Nijazov – on kuollut ilmeisesti sydänkohtaukseen. Miehellä alkoi jo olla jonkin verran ikääkin, vaikka seitsemääkymmentä hän ei ollut vielä ehtinyt täyttää. Diktaattorin ammatti pakkaa käymään sydämelle, kun on noita johtajantauteja: pitää pelätä salamurhaa, ja toisaalta hermostuksissaan tulee varmasti syötyäkin enemmän ja rasvaisempia ruokia kuin olisi hyväksi. Toki on aina oletettavissa, että Nyýazowin sydänkohtausta hieman "edesautettiin" ulkoapäin.

Nyýazow oli luonnollisesti sortaja ja despootti, eikä sitä kukaan yritä kieltääkään. Paremmin kuin mistään varsinaisesta julmuudesta hänet tunnetaan kuitenkin siitä, että hän käytti maansa öljytulot persoonallisten päähänpistojensa toteuttamiseen. Hän julistautui turkmeenien isäksi, keksi siihen asti kyrillisin aakkosin kirjoitetulle turkmeenin kielelle omasta päästään latinalaiset aakkoset – hänen ensimmäistä versiotaan, jossa tiettävästi käytettiin kirjaimina mm. punnan ja dollarin merkkejä, saivat kielitieteilijät kuitenkin korjailla asiallisempaan suuntaan – ja lähti avoimesti kilpailemaan Muhammedin kanssa kokoamalla omat neronleimauksensa *Ruhnama-* eli Sielukirja-nimiseksi pyhäksi kirjaksi, jolle hän sitten hankki Koraaniin verrattavan aseman maan moskeijoissa ja muussakin julkisessa elämässä. Jos joku imaaminplanttu mukisi vastaan, Nyýazow ilmoitti sopineensa henkilökohtaisesti Allahin kanssa, että hänen kirjansa on tästedes Koraanin veroinen pyhäinjäännös. Suurin osa Ruhnamasta ei toki ole Nyýazowin omaa tekstiä virallisestikaan, vaan esimerkiksi sitaatteja diktaattorin lempirunoilijoilta.

Tässä ei tietenkään vielä ole kaikki: lisäksi Nyýazow nimesi kuukaudet ja viikonpäivät uudelleen, mm. sekä itsensä että rakkaan äitivainajansa mukaan. Luonnollisesti hän pystytti patsaita itsensä ja äitinsä kunniaksi vähän kaikkialle. Jollei muuta, niin ainakin hän otti kympillä kaiken irti diktaattoriudesta.

SENSUROITU SUOMESSA: 2006

Koska se, joka härjillä kyntää, myös härjistä puhuu, en voi olla mainitsematta pientä kielitieteellistä kuriositeettia: turkmeenin kieltä puhutaan lespaten. Toistan: turkmeenin kieltä – joka on hyvin läheistä sukua turkille ja azerille – puhutaan lespaten, siis niin, että siinä kohdassa, missä lähisukukielet käyttävät ässää, turkmeeni ääntää englannin sanan *thick* alussa kuultavan äänteen. Se kuitenkin kirjoitetaan ässällä, ja se äännetään myös diktaattorin etunimen alussa. Koska kärsin itse ässäviasta pikkupoikana varsin pitkään – ehkä juuri siksi opettelinkin puolan kielen kaikkine hassuine ässineen – minua kierosti kiehtoi ajatus, että Nyýazow olisi ollut puhevikainen hänkin ja pakottanut kansansa sössöttämään oman mallinsa mukaan. Olin miltei pettynyt, kun muuan turkkilainen kielitieteilijä kertoi minulle, että turkmeenien lespaus on vanhempaa perua. (Sittemmin olen alan kirjallisuudesta lukenut, että baškiirit – joiden kieli on läheisintä sukua tataarille – lespaavat samalla tavalla.)

Diktaattorit ovat pelottavia niiden mielestä, jotka ovat itse diktaattorien vallan alla – tai vaarassa joutua diktaattorien armeijojen alistamiksi. Mutta kun kyseessä on pieni valtio, josta ei ole vaaraa kenellekään ulkopuoliselle, yksinvaltiaan oikut on helppo ottaa huumorin kannalta. Lapsuudestani muistan, kuinka lehdet herkuttelivat Ugandaa tuolloin hallinneen nyrkkeilijäjätti Idi Aminin omituisuuksilla (olikohan se Ilta-Sanomat, joka revitteli otsikolla "Amin söi ministerinsä maksaa"?). Amin oli kaikesta päätellen diktaattorien ja sotilashallitusten vaivaamassa Afrikassakin harvinaisen kajahtanut tapaus, ja hänen julmuuksistaan oli saatavissa runsaasti tietoja ilmeisesti siksi, että hän pikemminkin kerskui niillä kuin yritti peitellä niitä.

Uhrien näkökulmasta Amin ei rehvakkaasta huumorintajustaan huolimatta toki ollut mikään naurunaihe: rasistisen propagandakampanjan jälkeen intialaisväestö karkotettiin maasta ja sen kaupat ja liikeyritykset – maan elinkeinoelämän selkäranka – ryövättiin; vangit pakotettiin keskitysleireillä murskaamaan toistensa kalloja moukareilla; ja naapurimaita uhkailtiin valtausaikeilla, mikä sitten johtikin aikanaan Aminin kaatumiseen, kun Tansanian presidentti Julius Nyerere sai mokomasta tarpeekseen. Amin sai turvapaikan Saudi-Arabiasta, koska oli ilmeisesti ulkopoliittisista syistä kääntynyt katolisesta muslimiksi; diktaattoriaikoinaan hän oli merkittävästi vähentänyt Ugandan muslimien lukumäärää, joten mitään varsinaista solidaarisuutta hän ei tuntenut uskonveljiään kohtaan, paitsi jos näillä oli rutkasti öljyrahaa hänen ruokkimiseensa ja paapomiseensa.

Aminilla taisi kuitenkin olla merkittävästi kansansuosiota aika pitkään, eikä hän ollut vailla sympatisoijia ulkomaillakaan: tähän oli syynä ainakin jossain määrin hänen kykynsä tapansa kohdella länsimaiden johtajia, eritoten Englannin kuningatarta, karkean pilkallisesti. Kolonialismin nöyryyttämille afrikkalaisille tämä oli ilmeistä itsetuntoterapiaa, kun valkonaamavastainen rasismi nousi maanosassa laajemmaltikin siirtomaavallasta vapautumisen seurauksena.

Osittain kansansuosio selittynee kuitenkin sillä, että Amin nautti asemastaan täysin siemauksin ja myös näytti sen: esimerkiksi hänen haareminsa kuuluu olleen melkoinen. Tosiasia on, että diktaattori, joka osaa pitää rahvaanomaisesti hauskaa, saa osakseen inhimillistä ymmärrystä ja myötätuntoakin. Esimerkiksi Boliviaa 1800-luvun loppupuolella seitsemän vuotta hallinnut sotilasdiktaattori Mariano Melgarejo on maan kansanperinteessä yhä kuuluisa ja suosittu burleski hahmo, josta liikkuu kaikenlaisia tarinoita. Tähän voi olla syynä vain se, että machomies Melgarejo ryyppäsi, rälläsi ja nai sikana – "kuin kuka tahansa meistä", tuumivat hänen sotilaansa. Myös valtaannousunsa hän suoritti aitoon melgarejomaiseen tyyliinsä: hänen kilpailijansa, aiemminkin Boliviaa hallinneen Manuel Belzún piti juuri pitää puhe kannattajilleen asuntonsa parvekkeelta, kun Melgarejo tunkeutui Belzún taloon ja surmasi miehen. Kun kannattajat mylvivät kannustushuutoja Belzúlle, Melgarejo ilmaantui parvekkeelle Belzún ruumista raahaten ja ärjäisi kansalle: "Jaa kuka eläköön?" Yleisö oivalsi heti mistä päin nyt tuuli ja ryhtyi huutamaan eläköötä Melgarejolle. Öykkäriöyhöilijä Melgarejo oli kuitenkin myös oikeasti huono ja kyvytön hallitsija – kaikki diktaattorit eivät ole – ja tuli vahingoittaneeksi maansa ulkopoliittisia etuja siinä määrin, että hänet lopulta pantiin viralta.

Turkmeenien isä Nyýazow kuuluu samaan sarjaan kuin Amin ja Melgarejo. Ainakin hän jää muistoihin aivan toisella tavalla kuin muut Keski-Aasian neuvostojämädiktaattorit, jotka ovat ainoastaan nimiä Amnesty Internationalin ihmisoikeusraporteissa.

TURKKI JA EU
23. joulukuuta 2006

Jo moniaita miespolvia on käyty neuvotteluja Turkin jäsenyydestä EU:ssa, jo silloin kun EU oli vielä nimeltään EEC. Äärioikeisto oli kovasti huolissaan siitä, että Turkki liittyy EU:hun ja islamisoi pelkällä olemassaolollaan saunatkin hammameiksi. Huoli oli siihen aikaan yhtä tehty ja teeskennelty kuin nykyäänkin.

Petteri Tuominen kirjoittaa Helsingin Sanomien euroasioiden blogissaan, että Turkista ei tule unioniin jäsenmaata, ja vastaan on vaikea väittää. Minua ovat jo pitkään hymyilyttäneet muslimikammo-osaston kauhistelut siitä, kuinka Turkki ihan just' kohta liittyy unioniin ja bassibasuukit nousevat käyräsapeli hampaissa muuria ylös leikatakseen päämme irti, koska sinisilmäisillä maailmanparannusaatteilla päänsä sekoittanut Erkki Tuomioja tai joku muu oikeiston vihaobjekteista ylenaikaisessa musulmaanimyönteisyydessään muka niin haluaa.

Kas, minä olen jo niin vanha mies, että muistan omakohtaisesti 70-luvun, sillä tuon vuosikymmenen alkaessa opin kolmivuotiaana lukemaan ja siirryin suoraan Suomen Kuvalehtiin. Jo siihen aikaan Turkin pääsy EEC:n jäseneksi – sillä nimellä sitä kutsuttiin silloin – oli yksi ulkomaanuutisten kestoaiheista. Siis kolmisenkymmentä vuotta sitten. Eikä se edennyt silloinkaan, mutta neuvottelut vain piti pitää käynnissä ihan periaatteesta. Veikkaanpa, etteivät asiat tästä minun elinaikanani aio merkittävästi muuttua.

Jonkin sortin islamilaiset puolueet ovat Turkissa viime aikoina menestyneet, mistä täällä meidän vääräuskoisten koirien maissa on rutiinitoimena ahdistuttu ja varmaankin myös pahoinpidelty turkkilaissiirtolainen tai seitsemän – piisaahan noita ainakin Saksassa. Kuulemma muslimifundamentalismi tulee kohta ja valloittaa Turkinkin, ja sitten kun (!) Turkista tulee Euroopan unionin jäsenmaa, samainen fundamentalismi alistaa jollain käsittämättömällä tavalla meidätkin.

Oman käsitykseni mukaan Turkin ääri-islamisoituminen on ainakin tällä haavaa kuitenkin pulmista pienemmästä päästä. Atatürkin politiikan ansiosta Turkin kulttuuri on sitten ottomaaniaikojen muuttunut tavalla, jollaista muualta maailmasta saa hakemalla hakea. Kielitieteilijänä korostan tietysti lingvististä näkökulmaa: turkin kielen sanavarasto on Atatürkin alulle paneman, mutta sen jälkeen omalla painollaan jatkuneen kielenpuhdistuksen vuoksi mennyt niin uusiksi, että nykypäivän nuoret eivät enää ymmärrä muutaman vuosikymmenen takaista turkkia. Arabialaiset ja persialaiset lainasanat ovat hävinneet kielestä huimaavan nopeasti, ja aitoturkkilainen sanasto mielletään ennen kaikkea moderniksi ja virtaviivaiseksi. Tämä ei tietenkään väistämättä suojaa turkkilaisiakaan islamismin tartunnalta, vallankin kun islamilainen fundamentalismi sinänsä on pikemminkin moderni fasististyyppinen totalitarismi kuin mitään paluuta menneeseen; mutta yhtä kaikki on merkillepantavaa, että uskonnollinen termistö ei ole Turkissa mitenkään itsestään selvästi kadunmiehen sanastoa, eikä turkkilainen välttämättä hahmota maailmaa uskonnollisen käsitteistön läpi. Porno, jota Turkissa tuotetaan omasta takaa ja omilla tytöillä, lienee suositumpaa ajanvietettä kuin uskonnolliset tilaisuudet.

Islamismin sijasta Turkissa huolestuttaa fasistisluonteisen nationalismin vahva asema. Kuten Osama bin Ladenin kaltaiset muslimifundamentalistit, myös turkkilainen äärioikeisto pääsi arveluttavasti lihomaan amerikkalaisten kustannuksella kylmän sodan aikaan, kun jenkit pönkittivät suurin piirtein ketä tahansa roistoa, joka oli luotettavan antikommunistinen. Turkissa tapahtui jotain samankaltaista kuin Italiassa, jossa kommunistimiehityksen varalle rakennettu salainen selusta-armeija, Gladio, sekaantui sekä äärioikeistolaiseen terrorismiin että mafian toimintaan; Turkissa oikeistonationalistien kuolemanpartioiden ja paikallisen Gladion välille oli vaikea vetää selvää rajaa, ja eräs näistä piireistä oppinsa hakenut herra nimeltä Mehmet Ali Ağca yritti sittemmin surmata paavi Johannes Paavali II:n. Terroristista potentiaalia turkkilaisessa äärioikeistossa siis on.

Ei Turkin virallinenkaan nationalismi kovin sympaattista ole. Turkin armeija on tosin tehnyt selväksi, että islamistien valtaannousua se ei aio sallia, mikä sinänsä on monelle meistä aivan hyväksyttävä periaate. Varjopuolena on, että valtion maallisen luonteen varjelemisen lisäksi Turkin armeija on katsonut asiakseen mm. perustaa isänmaalleen haaraosaston naapurimaan alueelle, koska siellä sattui asumaan suurehko turkkilaisvähemmistö. Sellainen temppu lienee kaikkien mahdollisten kansainvälisten lakien ja oikeusperiaatteiden vastainen, mutta Turkki ei ole ollut järin halukas neuvottelemaan tytäryrityksensä lakkauttamisesta.

Kun tähän vielä lisätään se, että Turkin ihmisoikeustilanne on vieläkin varsin kurja – jos kohta isojen kaupunkien olot tässä(kin) suhteessa eroavat tiettävästi paljon esim. kurdien asuttamista raukoista rajoista – alkaa näyttää siltä, että Turkin tulevasta EU-jäsenyydestä huolestuneet voisivat yhtä hyvin alkaa pelätä vaikkapa kuun juuston sulamista ja putoamista maahan. Monissa asioissa uusille jäsenmaille voidaan kyllä myöntää helpotuksia ja siirtymäaikoja, mutta minä en usko pätkääkään siihen, että

Turkin viranomaisille annettaisiin erioikeuksia esim. sortaa kielivähemmistöjä, raiskata pidätettyjä kurdityttöjä poliisiputkassa tai pitää Kyproksen pohjoisosaa miehitettynä.

Kokonaan toinen asia on, että jonkun Olli Rehnin tai Erkki Tuomiojan kuuluu diplomaattisen peruskohteliaisuuden vuoksi vetää showta ja esiintyä ikään kuin Turkin jäsenyys oikeasti olisi varteenotettava mahdollisuus. Herrat ovat siis uneksivinaan siitä, että Turkki liittyisi Euroopan unioniin, koska hehän eivät voi avoimesti sanoa, mikä on jäsenyysneuvottelujen todellinen, taivaallinen tarkoitus: painostaa Turkkia muuttamaan yhteiskuntaansa länsimaisempaan ja muutenkin asiallisempaan suuntaan. Turkin jäsenyyden toteutuminen alkaa ehkä näyttää mahdolliselta siinä vaiheessa kun turkkilaiset joukot, jotka ovat majailleet Pohjois-Kyproksella yli kolme vuosikymmentä, vedetään kotiin ja saari yhdistetään – tai siinä vaiheessa kun kyproslaiset suostuvat tunnustamaan Pohjois-Kyproksen turkkilaisvaltion itsenäisyyden. Kumpaakaan odottaessa minä en aio pidättää hengitystäni.

Jäsenyysneuvottelut kyllä jatkuvat maailman tappiin asti, se on jo kunniakysymys. Eiköhän Turkin yhteiskunnassa vielä pitkään riitä sellaisia epäkohtia, joiden korjaamiseksi EU haluaa roikottaa turkkilaisia poliitikkoja löysässä hirressä.

UUNO TURHAPURO
JA MUITA ISÄNMAAN IHMEITÄ
27. joulukuuta 2006

Taisinkin taannoisessa merkinnässä mainita, että kun reilun vuoden käytön jälkeen huomasin tietokoneeni pystyvän näyttämään myös DVD-levyjä, olen hankkinut itselleni kadehdittavan kattavan kokoelman vanhoja Speden elokuvia klassiselta kaudelta, kun Spede vielä muistettiin radion Ruljanssiriihestä ja viihdeohjelmia yhä kutsuttiin ajanvieteohjelmiksi. Ihan niin vanha minäkään en ole, että muistaisin henkilökohtaisesti nuo ajat, mutta Speden vanhimmat elokuvat kyllä muistan, sillä niitä näytettiin televisiossa 70-luvun mittaan aika useinkin. Kun nyt joulun aikoihin televisio ilahdutti meitä Uuno Turhapuron muistelmilla, lienee syytä muistella Speden elämäntyötä laajemminkin.

Speden elämän iltapuoli jäi mieleen lähinnä Speleistä, joissa mestarin ikääntyminen ja kärttyyntyminen näkyi valitettavan selvästi. Hampaattomana vanhana äijänä uskallan väittää, että te nuoret ette tiedä ollenkaan, miten hauska Spede oli silloin ennen vanhaan, kun täällä ei juuri muuta huumoria ollut. Ja mitä sitten Uuno Turhapuroon tulee, loppuaikojen hutiloidut Uunot hämärtävät näkyvistä sen, miten oivallinen ja osuva hahmo Uuno alkujaan on, tai oli.

Aina kun tulee puhe Uuno Turhapurosta, ns. virallinen totuus on, että Uuno edusti pelkkää halpaa puskateatteria mustattuine hampaineen ja ylinäyteltyine ölinöineen, vaikka nuoret elokuvatutkijat ovatkin viimeisten parin vuosikymmenen ajan pyrkineet arvioimaan uudelleen sekä Uunon että kotimaisen elokuvan yleisemminkin. On tuiki mahdollista, että Vesku Loiri ei edes ollut paras mahdollinen näyttelijä esittämään Uunoa – joku muu olisi saattanut saada Turhapurosta paremmin irti hahmon satiiriset piirteet. Loiri teki Uunosta liian alleviivattua kreisihuumoria, mutta omasta mielestäni osaan olisi kannattanut kiinnittää joku muu, joka olisi tehnyt Uunon ihan vakavissaan – lähtenyt siitä, että maailmassa on reaalisesti olemassa Uuno Turhapuro, joka tekee käsikirjoituksen mukaisia tekoja. Loppujen lopuksi Uuno on paljon lähempänä todellisuutta kuin luulisikaan – ja ehkäpä hahmosta pitikin tehdä alleviivatun humoristinen juuri siksi. Tosielämän Uunot eivät nimittäin paljoa naurata ketään.

Uuno Turhapuro lähtee siitä, ettei työtä kannata tehdä, vaan pitää panostaa johonkin vaivattomaan rikastumisjuoneen, jolla päästään ikävän raadantavaiheen ohi suoraan kuuluisuuteen ja suuruuteen. Tällaisia ihmisiä tunnetusti on: muusikkoudesta ja rocktähteydestä haaveilevia hamppareita, jotka eivät oikeasti osaa soittaa erityisen hyvin, eivät ehkä keskinkertaisesti tai ollenkaan, mutta jotka kuitenkin kuvittelevat, että mahtimiehen osa odottaa nurkan takana, kun pari triviaalia estettä on ohitettu; omatekoisia keksijöitä, joiden neronleimaus ei ole Honkajoen ikiliikkujaa ihmeellisempi, mutta jotka kuitenkin ovat vakuuttuneita siitä, että he nostavat maailman radaltaan sen avulla; sekä tietysti poliittisia helppoheikkejä äärivasemmalla ja äärioikealla, jotka yrittävät tehdä vallankumousta tajuamatta, että keskiluokka on liian tyytyväinen osaansa kerääntyäkseen heidän lippujensa taakse. Asiaan kuuluu luonnollisesti myös, että Uuno Turhapuro kutsuu itseään mielellään "johtaja Turhapuroksi", ikään kuin tavoiteltu status olisi viime kädessä vain sanamagiasta kiinni.

Tosielämän Turhapurot ovat sikäli masentavia, että yleensä heillä ei ole uhonsa takana minkäänlaista substanssia, joka kykenisi auttamaan heidät haluamaansa asemaan: he jäävät pelkiksi taivaanrannan maalareiksi, jotka uskovat maailmankaikkeuden olevan heille elannon velkaa, ja katkeroituvat, kun kuoletusta ei kuulu. Sitä vastoin Uuno on sympaattinen, koska hän oikeasti kykenisi nousemaan haaveilemaansa sankaruuteen ja on pariin otteeseen sen todistanutkin: kesken pakomatkan hän ohimennen poikkeaa johtamaan "kapellimestari Jetvusenkona" sinfoniaorkesterin huikaisevaan crescendoon; eräässä elokuvassa hän on jumaloitu tähtiviulisti; armeijan leivissä hän nousee parissa päivässä korkeaan upseerinarvoon. Uunolla on siis oikeastikin kaikki uskomansa yli-inhimilliset lahjat. Mutta hän ei viihdy konserttikiertueilla, koska ne käyvät voimille; armeijassa hän ei ylennyksensä jälkeen enää saa inhimillistä yhteyttä entisiin mukaviin tupakavereihinsa, koska hänestä on tullut hunöörillä saluteerattava iso herra, ja hänen yrityksensä heittäytyä tuttavalliseksi ovat mosurien mielestä vain kasvottoman armeijalaitoksen kiero yritys saada heidät käpälälautaan ohjesäännön rikkomisesta ja sotilaskurin noudattamattomuudesta.

Uuno ei siis oikeasti viihdy "johtaja Turhapurona", silloin kun hänelle avautuu tilaisuus tulla sellaiseksi. Hän haluaa mieluummin maleksia Härski-Hartikaisen ja Lörssonin (minun nuoruudessani Sörsselssön oli vielä nimeltään Lörsson) seurassa autonromujen välissä tai passauttaa itseään vaimon sohvalla. Oleellista on, että hän on itse omasta halustaan valinnut tämän osan, mikä onkin merkittävä ero hänen tosielämän esikuviinsa.

Uuno Turhapuro on tosiaankin realistisempi hahmo kuin kukaan uskookaan: suoraan sanoen olen tuntenut useamman kuin yhden Uunon henkilökohtaisesti. Mutta muutenkin Speden huumori on älykkäämpää ja satiirisempaa kuin yleensä uskotaan, ainakin silloin kun se on parhaimmillaan. Loisteliaimpia esimerkkejä tästä on vuonna 1967 tehty *Pähkähullu Suomi*, joka ei totisesti tunnu vanhentuneen päivääkään. Se käy tietenkin läpi kaikki mahdolliset Suomi-kliseet tavalla, joka tänään ei välttämättä edes kävisi päinsä – esimerkiksi Suomen pyhien sotien (jihadin?) ottaminen huumorin aiheeksi saisi heti sen tietyn huutokuoron syyttämään huumorimiesparkaa ihan vain varmuuden vuoksi taistolaisuudesta, kommunismista ja yleisestä narkkarisivariudesta – mutta mehukkaimmillaan se on näyttäessään suomalaiset poliitikot norkoilemassa pientä lahjaa tai lanttia valtion kassaan esi-isäinsä *karuun, mutta köyhään maahan* vierailulle saapuneelta amerikansuomalaiselta hiusöljymiljonääri Njurmelta: *Minä olen aivan kiikut-liikut-liikuttuneessa tilassa kun ajattelen, että teillä on niin paljon rahaa ja meillä niin vähän.*

Kun Turhapuron ja Pähkähullun Suomen yhdistää, tulos on tylyn osuva kuva suomalaisesta mentaliteetista: poikkeuksellisen lahjakkaan ihmisen normaali paikka tässä kulttuurissa on yhtenä kylähulluista, tavallisena keskikaljaan menevänä Turhapuron Uunona, jonka kykyihin kukaan ei usko ja joka ei liioin itsekään vaivaudu niitä hyödyntämään. Ulkomailla kyllä saa nousta sankariksi ja hiusöljymiljonääriksi – ja silloin kaikki maanmiehet ovatkin valtiovarainministeristä alkaen aivan kiikuttuneessa tilassa käsi ojossa kysymässä, liikenisikö tirehtööriltä hiukan.

PS: Joululahjalistaani lukeneille tiedoksi: tyttöystäväni ja kihlattu morsioni osti minulle sen DVD-telineen joululahjaksi, joten nyt minulla on paikka lukemattomille Spede-elokuvilleni. Nyt kun vielä löytäisin paikan sille DVD-telineelle...

RUOTSI HALUAA EDELLEEN
LISÄÄ MAAHANMUUTTAJIA
29. joulukuuta 2006

Ai ai, tätä herkkupalaa täytyy aivan erityisesti kommentoida: tuoreen eurobarometrin mukaan ruotsalaisista noin 77 prosenttia suhtautuu myönteisesti maahanmuuttajiin. Meikäläinen muukalaisvastaisto – on jaksanut vuodesta ja vuosikymmenestä toiseen jauhaa, että jos pidämme ovemme auki maahanmuuttajille (ikään kuin ne tähän astikaan olisivat olleet erityisen selällään), meitä uhkaavat "Ruotsin olot". Varmemmaksi vakuudeksi on tietysti esitelty jonkinmoisena salaisena totuutena Fox Newsin sopivasti valikoimia ja kommentoimia uutisfilmejä "muslimimellakoista" Ruotsissa, ikään kuin kyseisen uutislähteen poliittinen agenda ja asennoituminen Eurooppaan ei olisi jo kaikkien tiedossa. Kaikesta päätellen Ruotsin "olot" ovat kuitenkin ruotsalaisten itsensä mielestä viime kädessä ihan kohtuullisen mukavat, ja heidänhän asiansa Ruotsin maahanmuuttopolitiikka ensi sijassa on.

Toki Ruotsissa varmasti on jonkinlaisia siirtolaisuuteen liittyviä yhteiskunnallisia ongelmia, en yritä päinvastaista väittääkään. Ilmeisesti ruotsalaiset lähtevät kuitenkin monikymmenvuotisen kokemuksensa valossa siitä, että esimerkiksi muslimiterrorismin uhka voidaan riittävän hyvin pitää aisoissa normaalilla poliisitoiminnalla, vallankin kun poliisin palveluksessa tai mobilisoitavissa lienee jo nykyisellään riittävästi etnistä väkeä minkä tahansa hassulla kielellä laaditun salasanoman selvittämiseen. Siirtolaisjengit taas ovat samanlaisia nuorisohuligaanien sakkeja kuin muutkin nuorten retkujen tappelijajoukkiot kettutytöistä skineihin, ja kaikki tottelevat Nokian kuuluisaa nuoriso-ohjaajaa.

Ruotsin julkisuuden muslimeihin kuuluu esimerkiksi sellaisia henkilöitä kuin Nima Daryamadj ja Evin Rubar. Jostain kumman syystä muslimivaaralla pelottelevat eivät koskaan vaivaudu mainitsemaan heitä "muslimeina". Mutta yhtä vähän he muistavat, että vaikkapa Salman Rushdie on aikoinaan saapunut Isoon-Britanniaan maahanmuuttajamuslimina.

Daryamadj on Aftonbladetin iranilaissyntyinen kolumnisti, joka kirjoitti taannoisessa pakinassaan siitä, miten vähän hän oikeasti löytää esimerkiksi eettisiä tai runollisia arvoja Koraanista. Minun on aika vaikea uskoa, että hänenlaisensa maallistunut muslimi ei arvostaisi ruotsalaista yhteiskuntajärjestelmää, joka takaa hänelle oikeuden vaikka arvostella Koraania julkisella foorumilla.

Kolmeakymmentä tärppivä kurdineitokainen Evin Rubar taas, kuten tiedämme, livahti kameroineen ensin kiihkomuslimien yksityiskouluun, sitten ruotsalaisten feministien ulkopuolisilta suljettuihin hengennostatuskokouksiin, ja molemmista kohteista hän laati televisiodokumentit. On opettavaista verrata muslimikoulun ylläpitäjien ja naisasiaväen reaktioita heidän aatteidensa varjopuolen näyttäviin dokumenttiohjelmiin. Julman ja armottoman vainoliikkeen kannattajat lähettelivät Rubarille tappouhkauksia kasapäin, kun taas kiihkomuslimit pitäytyivät laillisissa muodoissa ja tekivät hänestä rikosilmoituksen. Puheet "länsimaihin soluttautuvasta kiihkoislamista" jättävät huomiotta sen, että länsimainen kulttuuri, nämä Evin Rubarit – nuoret naiset, jotka osaavat arvostaa uuden kotimaansa naisille tarjoamia oikeuksia – ovat jo aikapäiviä sitten soluttautuneet muslimiyhteisöihin.

Kumpi voittaa solutuskisan? Ei ole vaikeaa arvata. Kiihkomuslimit toki uhoavat, mutta uhon epätoivoisuuteen on syynä juuri se, että ollaan vääjäämättä häviävällä puolella. On aina houkuttelevampaa antautua kaikkialla ympärillä näkemälleen länsimaiselle vapaudelle kuin yrittää väen vängällä pitää kiinni kolmasmaailmalaisen vanhan maansa kurjuudesta ja autoritaarisuudesta, vallankin siksi, että länsimaisuuteen on jo pitkään kuulunut mahdollisuus valita suuresta marketista haluamansa elämäntyyli. Tämä onkin ainoa mielekäs merkitys, joka iskusanalla "monikulttuurisuus" voi olla. Kukin maahanmuuttajaryhmä panee oman tavaransa myymälään tyrkylle, ja se brändätään, tuotteistetaan, laimennetaan ja muokataan valtakulttuurin makuun sopivaksi samalla kun asianomainen etninen ryhmä laimenee vastaavasti.

Amerikanirlantilaiset ovat tästä erinomainen esimerkki: heidänkin kulttuurinsa on kitschiksi sentimentalisoituna hyväksytty osaksi pohjoisamerikkalaista sivilisaatiota, vaikka he aloittivat tuskin sen paremmista lähtökuopista kuin muslimit Euroopassa, ja heillä on oma historiansa terroristeina, rosmoina ja hulinoitsijoina. Meillä ei myöskään aina ymmärretä, miten syvällekäyvää laatua katolisuuden ja protestantismin välinen vastakkainasettelu on ollut muuallakin kuin Pohjois-Irlannissa. Paavi Pius X:n aikana 1900-luvun alussa voimaan tullut katolisen kirkon *Ne Temere* -asetus käytännössä kielsi katolisia menemästä naimisiin muiden uskontokuntien kristittyjen kanssa, ellei toisuskoinen aviopuoliso suostunut kasvattamaan avioliitosta syntyviä lapsia katolisiksi – muuten katolista puolisoa uhkasi kirkon yhteydestä sulkeminen, ekskommunikaatio.

Nykyisin muslimivihamielisyyttä lisää länsimaissa juuri se, että muslimimiehillä on lupa naida kristittyjä naisia, kun taas musliminaiset eivät periaatteessa saa mennä naimisiin kristittyjen miesten kanssa; *Ne Temere* -asetus antoi aikoinaan aivan vastaavalla tavalla aseita irlantilais- ja katolisvastaisten tahojen käsiin protestanttivaltaisissa anglosaksisissa maissa, joissa peloteltiin "sikiävien katolisten" kohtsillään alistavan koko poliittisen järjestelmän paavin valtaan. 1900-luvun alkupuolen Ku Klux Klan suuntautui keskeisesti juuri katolisia maahanmuuttajia vastaan, ja katoliset – aivan kuten muslimit nykyään – esitettiin erillisenä ja huonompana ihmislajina, joka ei koskaan sekoittuisi "meikäläisiin".

Kuten tiedämme, katolisten avioliittoesteet ovat maallistumisen myötä pitkälti menettäneet merkityksensä; mutta eivätpä vastaavia kieltoja noudata kaikki musliminaisetkään esimerkiksi täällä Suomessa. Jo nyt vaikkapa kurditytöt seurustelevat ja menevät naimisiin suomalaispoikien kanssa. Rasismilta ja "sikiävien mutiaisten" pelolta katoaa mielekkyyden hivenkin siinä vääjäämättä lähestyvässä vaiheessa, kun siirtolaisten tyttäret ovat suomalaispojille yhtä vapaata riistaa kuin suomalaisten tyttäret maahanmuuttajanuorukaisille: jo muinaisista ajoista saakka miehet ovat solmineet ystävyysliittoja naisia vaihtamalla. Seka-avioliitoista syntyneet lapset taas ovat käytännössä suomalaisia, koska heillä on jo suomalaisen kulttuurin ja elämäntyylin malli kotona: nimellinen muslimiuskaan ei siinä paljoa paina.

Tietty joukko varmasti pysyttelee tulevaisuudessakin uskovaisina muslimeina, mutta maailmanpoliittisen tilanteen painopisteiden vaihtuessa ja maallistumisen jatkuessa se saattaa – yhteisen juutalaiskristillisen perinnön ansiosta – käytännössä sulautua osaksi nykyistä vapaakirkollisvoittoista kristityn "uskovaisuuden" alakulttuuria. Imaamit ja papit varoittavat yhdessä nuoria viinan, huumeiden ja vapaan seksin vaaroista ja pitävät ekumeenisia rukoushetkiä. Tunnustusrajat ylittävät kristilliset suurtilaisuudet muuttuvat tunnustusrajat ylittäviksi monoteistisiksi yleisötapahtumiksi, ja väestön maallistunut enemmistö – kristityt ja muslimit – suhtautuu niihin joko huvittuneesti, säälien tai ärsyyntyen, kuten nykyäänkin.

Siirtolaisuuteen liittyvistä ongelmista vaarallisimpia on se, että siirtolaiset, vaikkapa nuo muslimit, saattavat sopeutua väärään ja huonoon suomalaisuuteen, se, että me itse annamme maahanmuuttajillemme vain kehnoja malleja ja esikuvia. Nuorison elämään kuuluva päihteiden ja rikollisten ihannointi – jota pedagogisella hellittelykielellä kutsutaan "rajojen hakemiseksi", "auktoriteettikapinaksi" tai "kyseenalaistamiseksi" – on vaarallista maahanmuuttajien lapsille, jotka eivät saa kotoa lainkuuliaisen suomalaisuuden malleja, ja murrosikäinen voi erehtyä "kotoutumaan" liian hyvin kovien kundien uhokulttuuriin.

Taannoin kohua herättänyt somalipitoinen nuorisorikollisjengi, jonka pääroistoilla kuuluu nyttemmin olevan maastakarkoitus niskassaan, oli ennen kaikkea tyypillinen esimerkki siitä, kuinka helppoa maahanmuuttajanuoren on omaksua sopeutumismallikseen suomalainen rikollinen alaluokka. Esimerkiksi meikäläisen koulumaailman määräävänä tahona toimivat nimenomaan lähiöalaluokan arvot sisäistäneet huligaanit ja jengikuninkaat – olivatpa koto- tai vierasperäisiä – eivätkä humaaniushöpötyksillä aivopestyt opettajat uskalla tehdä selväksi kakaroille, että syrjäytyneen alaluokan elämäntyyli nyt vain kerta kaikkiaan on objektiivisesti huonompi kuin keskiluokan ja että itse kunkin tulee yrittää sosiaalistua nimenomaan keskiluokan arvoihin, jos mielii itselleen elämässä häävisti käyvän. Taparikollisuushan on tunnetusti valistuneessa nykykatsannossa vain omanlaisensa elämäntapa, jonka harjoittajaa ei pidä leimata eikä syyllistää ja jota ei saa esittää keskiluokkaisuutta huonompana.

NILJAISET KOURAT KÄHMIVÄT JA KOPELOIVAT KANKKUJA JA TISSEJÄ

30. joulukuuta 2006

Iltaläystäkkeessä on viime päivinä päivitelty jonkun hengenmiehen halimisharrastuksia, joista naispuoliset alaiset ovat ottaneet ns. pultin. Syyllisyyden toteaminen yhteiskunnassamme kuuluu vielä ainakin toistaiseksi oikeusistuimille eikä tiedotusvälineille, ja vaikka päinvastaista luulisi, siitä eivät myöskään huolehdi feministisen kaaderikoulutuksen saaneiden naisten tribunaalit. Niinpä en ryhdy pohtimaan, onko pastori syyllinen vai ei. Puhutaan mieluummin seksuaalisen ahdistelun käsitteestä vähän yleisemmällä tasolla.

Nuoruudessani olin täysin sisäistänyt sen valistuneen näkökulman näihin asioihin, jota meille 80-luvun murrosikäisille tyrkytettiin joka tuutista: tyttöjä ei saa lääppiä, koska se loukkaa heidän ruumiillista koskemattomuuttaan eli on eräänlaista raiskaamista. Tätä mieltä ei ollut ainoastaan keskiverto valistunut ja katufeministiset kliseet sisäistänyt medialöpinöitsijä, vaan myös nuorison seksiholhoojaksi itsensä nimittänyt Ulla-Maija "Uma" Aaltonen, jonka iskulause meni muistaakseni sen suuntaisesti, että paras ehkäisyväline on järki, hyvä ehkäisyväline on kiinnioleva vetoketju ja optimaalinen tulos saavutetaan yhdistämällä nämä kaksi. Kiitos vain, rakas Uma: minäkin olisin halunnut isäksi, mutta sinun nerokkaita oppejasi noudattamalla olen onnistunut pysyttelemään lapsettomana miehenä näillä näkymin ainakin nelikymppiseksi ja kokemattomana kolmikymppiseksi. Ei ole näkynyt epätoivottuja raskauksia tämän pojan jäljillä, jos kohta ei toivottujakaan.

Luonnollisestikaan kähmintäkiellon kannattajat eivät koskaan osanneet kertoa meille kilteille pojille, mikä sitten olisi ollut oikea tapa ilmaista ihastuksensa, rakastumisensa tai seksuaalinen halunsa tyttöön. Ei saa halia, ei pussata, ei koskettaa: kaikki loukkaa toisen seksuaalista itsemääräämisoikeutta. Samanaikaisesti ne ääliöt kuitenkin julistivat olevansa niin maan perusteellisen seksuaalimyönteisiä ja kannattavansa tervettä, kokonaisvaltaista ja inhan, rakkaudettoman pornon saastasta vapaata erotiikkaa.

Ihmekös tuo, että nuoret pojat hämmentyvät. Jos joukossamme ei olisi niitä brutaalin himokkaita nuorukaisia, jotka ovat ronskin avoimia niin urheilun, viinan, tupakan kuin seksinkin tarjoamille fyysisille äärikokemuksille eivätkä ota valistajaämmien kotkotuksia vakavasti, suomalaiset olisivat Uman ja muiden nuortenpalstatätien ohjeilla jo kuolleet sukupuuttoon. Hiukan ilkeästi sanoen valistajatanttojen sanoma kilteille nuorille pojille on: seksuaalisuus on hieno juttu, paitsi sinun seksuaalisuutesi. Tyttöjen seksuaalisuus on hieno juttu, koska tytöt ovat niin hirveän paljon poikia parempia, jalompia ja ylevämpiä ihmisiä; ja rasavillipoikien seksuaalisuus on hieno juttu, koska se on niin ihanan, kiihottavan kesytöntä ja alkuvoimaista, eikä sitä ole mikään lukutaito tai muu hienostelu päässyt degeneroimaan. Nynnypojun seksuaalisuus on naurunaihe, paitsi silloin kun nynnypoju tarpeeksi kauan kilttiä leikittyään saa tappiinsa pilkattavana olemisesta ja sanoo avoimesti naiselle haluavansa tätä, ja silloin nainen huutaakin jo avuksi poliisia, pamppua ja pumppuhaulikkoa, hyvä jollei palokuntaa tai kobolttikanuunaa.

Samanaikaisesti meille on intetty, kuinka suomalaiset ovat kauhean jäykkiä eivätkä uskalla ilmaista tunteitaan eivätkä kosketella toisiaan. Erityisesti tietenkin suomalaiset miehet. Tätäkin vanhaa laulua veisaavat juuri ne samat muka kosmopoliittiset, hienostuneet ja valveutuneet ihmiset, jotka toisesta suupielestään selittävät, kuinka miesten tulisi kunnioittaa naisen koskemattomuutta ja intiimisfääriä. Olen hiukkasen sillä kannalla, että jos toisaalta intetään, kuinka pitäisi koskea ja ilmaista tunteita, ja toisaalta taas kehotetaan naisia pitämään pienintäkin kosketusta, saati halausta, raiskauksen veroisena henkilökohtaisen sfäärin loukkauksena, siitä seuraa ennen pitkää, että joku hyväätarkoittava ja hyvänä ystävänä itseään pitävä mies halii hyvää hyvyyttään, ja feministien miesvihapropagandalla vainoharhaiseksi aivopesty nainen nostaa siitä oikeusjutun.

Mitä tästä kaikesta pitäisi sanoa? Ainakin sen verran, että suomalainen seksuaalikulttuuri ei ole terve eikä selkeä, eikä meillä ole sukupuolten väliselle käyttäytymiselle sellaisia sääntöjä eikä normeja, joita noudattamalla mies voisi elää elämänsä välttäen sekä naisetta jäämisen (joka tunnetusti tappaa suomalaisia miehiä enemmän kuin tupakka, viina ja itsemurhat yhteensä) että enemmän tai vähemmän ilkivaltaiset poliisitutkinnat sukupuolisesta häirinnästä (jotka tuottanevat stressiä yhtä paljon kuin tunnetusti sydämelle käyvät puolison kuolema ja avioero). Ideologisten päähänpinttymiensä vuoksi feministit ovat kylväneet koko maaston täyteen myrkkyä ja miinoja, eikä agitaatiotuuba tunnu vuosien myötä hiljenevän yhtään. Mitä kumman iloa on sellaisesta "vapautusliikkeestä", joka itsetarkoituksellisesti politisoi pilalle ihmisten yksityiselämänkin toistellen fanaattisesti natseilta perimäänsä iskulausetta "henkilökohtainen on poliittista"?

www.ingramcontent.com/pod-product-compliance
Lightning Source LLC
Chambersburg PA
CBHW020347170426
43200CB00005B/86